从长安出发

HEQIN ZHILU

和亲之路

唐
上卷

韩红艳 著

西安出版社

图书在版编目（ＣＩＰ）数据

和亲之路. 唐： 全2册 / 韩红艳，杜睿著.—西安： 西安出版社，2019.11（2021.5重印）
ISBN 978-7-5541-3619-5

Ⅰ.①和… Ⅱ.①韩…②杜… Ⅲ.①和亲政策－研究－中国－唐代 Ⅳ.①K280.02

中国版本图书馆CIP数据核字（2018）第297109号

和亲之路　唐（上卷）

著　　者：	韩红艳
出 版 人：	屈炳耀
策划统筹：	莫　伸
审　　读：	王永莉
责任编辑：	吴　革
封面设计：	何　岸
版式设计：	王　苗
封面插图：	李秦隆
内文插图：	董雨纯
责任校对：	邵鹏飞
印刷统筹：	尹　苗
出版发行：	西安出版社
社　　址：	西安市曲江新区雁南五路1868号
	影视演艺大厦11层
电　　话：	（029）85253740
邮政编码：	710061
印　　刷：	永清县晔盛亚胶印有限公司
开　　本：	880 mm×1230 mm　1/32
印　　张：	28
字　　数：	420千
版　　次：	2019年11月第1版
	2021年5月第2次印刷
ISBN	978-7-5541-3619-5
定　　价：	98.00元（全2册）

陕西出版资金资助项目

序 /　几多愁思向青春

1 /　真假难辨·身世飘零

　　　弘化公主李心月

65 /　了可悟·济世心

　　　文成公主李景寒

115 /　玉门遮·胡笳声声

　　　金城公主李奴奴

167 /　如花美眷·冷冷清清

　　　永乐公主杨美棠

215 /　长相思·离恨苦

固安公主辛沁阳

257 /　寂寞双双回

燕郡公主慕容妍

303 /　腥风血雨·女儿独行

东华公主陈黛岚

345 /　归去来兮·胭脂泪

东光公主韦青荷

391 /　浮世繁华·花溅泪

和义公主李微瑶

目录

几多愁思向青春

（代序）

大唐的盛世繁华，让后世人魂牵梦萦，让世界为之倾慕。她的容颜在诗歌中流转，在史书中灿烂，经久不息。那繁华中的儿女们，演绎着一出出的悲欢离合。尤其是大唐的女人们，更是让后人不停地诉说。大唐和亲的公主们，在这繁华中也留下了自己的痕迹。

曾经的大唐，国力强盛，周边各族的首领前来求婚，以求交好。在唐代的两百八十九年间，大唐曾经与吐谷浑、吐蕃、突厥、奚、契丹、宁远、回纥、南诏等联姻，为唐朝的稳定和繁荣起到了作用。这些和亲，与安邦治国紧紧联系在一起。在后世人的眼里，这些公主是政治的牺牲品。对统治者而言，为了国家的安稳，牺牲一个女子不算什么，或者说一个女子的幸福是微不足道的。不要说是那些宗室女和外姓女，就是皇帝的亲生女儿也在所不惜。享受富贵的女子，自然必须为国家效力。

《和亲之路·唐》分为上下两册，共写了十七位和亲公主的悲欢离合。这不包括四位公主虽然已经赐婚，但是到后来却没有出嫁。太宗李世民女儿新兴公主，本来许嫁给西突厥薛延陀王真珠可汗，但是最后没有和亲，改嫁长孙曦；宋王李成器女儿金山公主，许嫁给东突厥默啜可汗，却旋诏绝婚；宪宗李纯的女儿永安公主，许嫁回纥保义可汗，但是可汗突然死亡，公主请求出家为道士；唐懿宗李漼的女儿安化公主，许嫁南诏的隆舜，成议后却未婚。还有一位交河公主阿史那氏，是西突厥十姓可汗阿史那怀道的女儿，唐玄宗将她封为交河公主，嫁给了突骑施的苏禄可汗。考虑到篇幅所限，本书没有写到。

和亲最初，皇帝的亲生女儿自然不舍得嫁，所以临到异邦来请婚，就把郡主、县主或功臣之女封为公主，让她们体体面面地出嫁，为国家出力。亲王或王族的女子，称为"宗室女"；公主的女儿称为"宗室出女"。到了安史之乱后，随着大唐国力的衰退，出嫁了三位真正的公主，即宁国公主、咸安公主和太和公主。

唐代的和亲公主从弘化公主开始，至太和公主结束，可以分为两个时期。第一个时期是从唐太宗到唐玄宗安史之乱前的时间，共有十一位公主。这一时期，唐代国力强盛，出嫁的都是宗室女和宗室出女，没有皇帝的亲生女儿。但是可悲的是，最后竟然发生了嫁到奚和契丹的和亲公主被杀的惨剧，让人扼腕叹息。从安史之乱到唐穆宗时期，一共有六位和亲公主，其中有三位真正的帝女。为了平息安史之乱和笼络回纥，皇帝下嫁了自己的亲生女儿，显示了大唐和亲满满的诚意。

唐代第一位和亲的是弘化公主，她嫁给吐谷浑王诺曷钵。吐蕃看到吐谷浑娶了大唐公主，就极力想和大唐联姻。之后，有两位公主到吐蕃和亲。在弘化公主下嫁的第二年，文成公主嫁给了吐蕃王松赞干布。在诸多的和亲公主中，她的故事广为流传。唐中宗李显的养女金城公主李奴奴嫁给赤德祖赞。她入吐蕃和亲的三十余年间，唐朝与吐蕃之间的战争从没有停息过，公主的和亲目的并没有达成。

契丹和奚称为两蕃，也是唐的劲敌之一。唐玄宗时期，国力强盛，但是边境依然不安稳。为了笼络契丹首领和奚族首领，先后有永乐公主、燕郡公主、东华公主、静乐公主四位公主嫁到契丹，固安公主、东光公主、宜芳公主三位公主嫁到奚族。这些公主所面临的困境，就是嫁给夫家多人。还因为安禄山数次杀掠契丹和奚的缘故，导致静乐公主和宜芳公主被杀。

天宝三载(744),告城县令李参的女儿被封为和义公主,嫁给拔汗那王阿悉烂达干。在大唐发生了安史之乱后,拔汗那派人来助大唐平复战乱。然而,可惜的是,从此大唐浮世繁华不再,只能追忆往昔的岁月了。

安史之乱后,六位公主的和亲之路,更加充满了坎坷,命运更悲凉。此时,长安沦陷,大唐的军队士气不振,难以应战叛军,大将郭子仪和唐肃宗商议,要向回纥借兵。唐肃宗派遣雍王李守礼之子敦煌王李承寀、名将仆固怀恩、将军石定番出使回纥。回纥的英武可汗也有同唐朝交好的心愿。巩固联盟的最好方式就是联姻,于是英武可汗将女儿嫁给李承寀,其女被唐朝封为毗伽公主。毗伽公主入唐和亲之后,回纥就向唐朝求亲。唐有求于回纥,自然不能怠慢。

唐肃宗将次女宁国公主、荣王李婉的女儿小宁国公主嫁给了毗伽公主的父亲英武可汗;同时,又将将领仆固怀恩的两个女儿嫁给英武可汗的次子移地健,他后来成为登里可汗。仆固怀恩之女被封为光亲可敦,她病逝后,登里可汗指名让其妹妹做妻子。第二年,唐代宗又将崇徽公主嫁给登里可汗做可敦。唐德宗第八女咸安公主嫁回纥武义成功可汗。她先后嫁过四位可汗为妻,内心的悲凉和酸楚难以描述。唐穆宗妹妹太和公主嫁回纥崇德可汗。她是唐宪宗之女,是唐朝最后一位和亲回纥的帝女,始封"太和公主"。她在回纥生活了二十多年,嫁过四位可汗,后来又被乌介可汗抢去。她颠沛流离,饱受了战乱之苦,后来由唐大将石雄夺回。她回到阔别多年的故乡,归来后晋升为"定安大长公主"。

此后,唐再也没有公主出嫁。

不管是哪位公主,她们离开家乡的时候,一定是泪流满面,内心惶恐不安。前方的路未知,故乡却越来越远,亲人越来越远,悲凉自然涌上心头。在美人的哭泣中,华丽的车马和随从一直在缓缓地行走,夕阳西下,更添孤独。

战争离恨苦,时光憔悴了容颜,回首往事,人生几多凄凉,青春却已经逝去了。回首往事,别是一番滋味在心头。正如诗人李频在《太和公主还宫》中叹息的那样:

天骄发使犯边尘,汉将推功遂夺亲。

离乱应无初去貌,死生难有却回身。

禁花半老曾攀树,宫女多非旧识人。

重上凤楼追故事,几多愁思向青春。

弘化公主

真假难辨·身世飘零

弘化公主李心月

贞观十四年（640），李心月被封为弘化公主，太宗派她的父亲送亲。到吐谷浑后，她被宣王指出不是帝女，差点被王诺曷钵杀死。宣王谋反，诺曷钵和弘化公主仓皇出逃。在唐的帮助下，他们重新回到吐谷浑。后来，吐蕃入侵，吐谷浑灭亡，王和公主背井离乡，在异地生活。

一

吐谷浑的大草原上，突然间喧闹异常，一匹匹马奔驰而来，马上的人吹着口哨，大声呐喊着，欢呼着，引得帐篷中的男女老幼急忙走出来，看到底发生了什么事情。

领头的人是慕容征，他在马上挥手，大声喊着："我们又抢了很多财物，今天要宰羊庆祝一番，好好犒劳兄弟们。"

他们卸下了马上的物品，真的很丰盛，有一箱箱

弘化公主墓志盖

的丝绸、珠宝、粮食、香料等，都是上好的货物，周围的人赞不绝口。

燕王诺曷钵问慕容征："舅舅，这些东西是从哪里来的？"

慕容征说："王子，这是我们从大唐边境掠夺来的。那里有来往长安的商人，他们都拿着一箱箱的奇珍异宝到处贩卖，非常富有。"他得意扬扬地展示自己的战果。

诺曷钵更好奇了，就问："长安在哪里？我很想去看看。"

慕容征指着长安的方向说："在那里，不过离这里很远，我没有去过。等你长大了自己去看看。"

燕王点点头，顺着舅舅指着的方向望去，却看到了茫茫草原无边无际。舅舅把他架在自己的脖子上，欢快地转圈。

"舅舅，我要你带我去看看，我现在就想去看看。"

"好嘞，下次和唐军打仗，我就带你去看。"

诺曷钵的父亲慕容顺也走出帐篷，和慕容征打招呼。他冷冷地打量着军队掠来的财物，气愤地说：

"你们又出兵了！可汗总是听信天柱王的谗言，要进犯大唐，这是给自己埋下祸根呀！"

慕容征不以为然，指着抢来的财物说："你看看我们抢了多少东西。大唐真富有，兄弟们好想打到长安去。你在大唐待久了，母亲又是汉人的公主，总是长他人志气，灭自己威风。"

慕容顺哈哈大笑，不屑地说："你们这是做梦，说不定什么时候大唐就打到我们这里来了。"

慕容征满不在乎地说："管他呢，今天我们先痛快地喝酒吃肉。"

两个人喝着酒，慕容顺醉醺醺地发牢骚。他本来是吐谷浑的太子，可惜被隋当成质子扣押，后来在唐又被扣留，回来发现父亲伏允已经立尊王为新太子。他心里窝火，但是无可奈何。尊王还一直排挤他，暗中陷害，他只好借酒消愁。

他们正喝着酒，侍从紧急来报，说唐军突然袭击，已经逼近这里。可汗和天柱王正在商议如何退兵，太子已经前往，希望他赶紧去商议。

两个人从酒醉中惊醒，立刻前往王宫。

王宫的大门口，聚集了大量的兵马，慕容顺看了看，突然脸色一变，那都是天柱王的部下，他感到情况不妙，于是吩咐慕容征赶紧回去，带兵前来。

宫中站着侍卫，重重把关，慕容顺感到危机四伏。他走到大殿之中，看到父亲坐在座位上一动不动，天柱王站在父亲的旁边，看到他后赶紧向前请安。他想走近父亲，却被天柱王拦住了。

"可汗听说唐军要打过来，心急如焚，就昏过去了。已经让大夫看过了，他需要休息。"

慕容顺虽然远望，却看到父亲身上的血迹。而大殿后面的幕布边，隐约埋伏着侍卫，杀气腾腾。

他一把推开天柱王，走到父亲身边，看到父亲的身上插着一把刀，正在汩汩地流血。天柱王抽出刀，向他刺来。他躲过去，刀刺空了。一群人冲出来将他团团围住。

天柱王阴沉地说："你父亲责备我，说我挑起吐谷浑和大唐的战争，想要杀我然后去请罪，我就先下手了。可惜让尊王逃跑了，今天我就杀了你。现在外面都是我的人马，你跑不了了。"

慕容顺奋力抵抗，被团团围住后生擒。他被绑到天柱王的面前。天柱王抓住他的头发，要割下他的人头。

王宫外边突然一阵厮杀声，败退之兵到了大殿中。天柱王一看是慕容征带领兵马冲了进来，他拿慕容顺做挡箭牌，一边往后退。眼见着天柱王大势已去，他的手下从背后捅了一刀，天柱王倒地而亡。看到天柱王已死，他的部下纷纷投降。

慕容征为慕容顺松绑后，高举着慕容顺的手，大声说："这是我们的新可汗。"

众人拥簇着慕容顺，呼喊着："可汗！可汗！"

这时，有人匆匆来报，大唐的军队就要打过来。

慕容顺对众人说："如果唐军过来，这里势必血流成河。我们不如先归顺大唐，再寻计策。"

众人高声喊："一切听可汗的命令。"

唐军一直在逼近着，慕容顺亲自前往唐军阵营请降。

二

太宗听闻吐谷浑投降的消息后，十分高兴。当年伏允为其子尊王向大唐请婚，太宗邀请他来大唐亲迎，想借此机会笼络。但是伏允不答应，还派兵寇掠兰、廓二州，屡次骚扰边境，扣押唐使，亲附吐蕃。

慕容顺在长安做质子的时候，太宗曾经见过，还是他亲自送慕容顺出长安回到吐谷浑。见他归降，太宗封慕容顺为西平郡王，称趆胡吕乌甘豆可汗。

凉州都督李大亮向太宗报告说，吐谷浑现在局势还不稳定，有很多人反对慕容顺做可汗。而且尊王还准备联系吐蕃进攻吐谷浑，要夺回自己的王位。天柱王残余的势力还在反抗。太宗考虑到慕容顺不能服众，就命李大亮派出精兵数千去声援他。

慕容顺登上了可汗的宝座，却是四面楚歌。朝中的一干大臣认为他久在大唐为质子，必然要听从唐的摆布，成为傀儡。因此，以宣王领头的人密谋要杀死他。宣王一直野心勃勃地想要做可汗，在暗中伺机欲动。尊王秘密回到吐谷浑，也想杀死慕容顺后自立可汗。两个人暗中勾结，要谋杀可汗。

慕容顺的部下沃托奉命抄天柱王的家，却大肆贪污，慕容顺一气之下把他革职，沃托怀恨在心。宣王知道后，就煽动他去杀可汗。

慕容顺的生日当天，大摆宴席，请大臣在宫中饮酒欢愉。待众人散去，杯盘狼藉之时，可汗带着儿子诺曷钵在后花园赏月。

沃托悄悄地潜入后花园，准备杀了慕容顺。

诺曷钵恳请父亲："您要去长安拜见大唐的皇帝，我也想一起去。"

慕容顺摸着儿子的头，说："长安离这里很远，等你长大了，父王再带你一起去。"诺曷钵噘着小嘴，不高兴的样子。

"我现在就要去，我不怕吃苦。"诺曷钵哀求着父亲，"舅舅说长安特别繁华，我要去看看。"

看着儿子执意要去，他答应了。诺曷钵高兴地扑到他的怀中。当他抬起头时，惊声尖叫起来。沃托拿着刀，刺进了慕容顺的后背，他倒在血泊中。诺曷钵吓得往后退缩，一直躲到桌子底下。沃托拔出了刀，刀上还滴着血，又刺向诺曷钵。

"先留着他。"尊王在沃托背后冷冷地说。

听到诺曷钵的喊声，侍卫一拨拨地赶来，把后花园围得水泄不通。

尊王挟持诺曷钵，从王宫的秘密通道撤退。刚出了通道口，一支支箭射过来，是宣王命人放的箭。尊王用手指着宣王，倒地而亡。

惊魂未定的诺曷钵，噤若寒蝉，看到宣王带着人站在那里。宣王把诺曷钵搂在怀里，安抚着他，然后命人抬走了尊王的尸体。

宣王写信告诉凉州刺史，说叛臣尊王杀了可汗，他杀了尊王，希望能立慕容顺的儿子诺曷钵为新可汗。

太宗知道后，想起送他离开长安的事情，有些唏嘘。他同意了宣王的请求，让年幼的诺曷钵为可汗。

三

不管边境的战事如何，长安城里，却是繁华似锦，东西两市店铺林立，买卖之声四起。东市附近都是皇室贵族和达官显贵的宅邸，出售的都是四方的珍奇异宝。西市市场经营的商品，大多是日常生活品。大量西域外族的客商在里面做生意，人来人往，好不热闹。

唐高祖武德五年，这一天明月当空，照在左骁卫大将军府庭院中，显得静怡安详。但是在庭院中的将军李道明却显得焦虑不安，他在屋外踱来踱去，不时地望着"守梅轩"，屋里他心爱的女人在生产。

屋里终于传出一声声婴儿的啼哭，在房间外紧张等候的人都露出了笑容。侍女匆忙出来道喜，说夫人生了一个女儿。李道明走进房间，望着襁褓中的小女儿，开心地笑了。他的三个儿子依次站在旁边，也好奇地望着小妹妹。夫人梅书翎坐在床上，怀中抱着女儿，甚是喜悦。

梅夫人是王爷最宠爱的女人，她问道："王爷，可曾为我们的女儿想好名字？"

"她是我们唯一的女儿，真是心头肉，自然要像掌上明珠一样地倍加爱护。她出生时候，一轮明月当空照耀，就叫她李心月吧！"

而此刻，婴儿突然停止了啼哭，脸上露着微笑，似乎很喜欢这个名字。将军禁不住把她抱在怀中。

李道明是唐高祖李渊的堂侄，父亲是河南王赟。他的兄长是淮阳王李道玄，但是战死疆场，没有子嗣，所以他就继承了哥哥的封号，升迁为左骁卫大将军。

可巧的是，在同一天的晚上，秦王府中的青燕王妃也生了一个女儿，与心月同年同月同日生。同样在房间外等候的李世民看到女儿，也是分外地欢喜。他看到明月光华，皎洁地照在大地，就为女儿起名李月华。

王妃未进宫时，和梅夫人是非常要好的表姐妹，王妃是张将军的女儿，和李将军的府上离得不远，常常一起结伴游玩，胜过亲姐妹。听闻她当日也生了一个女儿，非常欣喜。青燕王妃收心月做了自己的干女儿，让两个人拜为姐妹。她时常命人把心月接到秦王府，陪女儿玩耍，两个女儿的相貌有些相像。而且两个女孩儿在一起非常欢喜，几天不见，就想得慌，如同孪生姐妹般亲昵。

月华经常也到大将军府去玩，和心月的表哥韦真喜欢玩在一起。由于母亲早逝，韦真自小寄养在将军府。三个人从小到大都是性情相投，无话不说。

岁月匆匆而过，两个女子渐渐地长大成人，都出落得标致可人。韦真喜欢月华，两个人青梅竹马，彼此倾心。只是情窦初开，这份情感都埋藏在彼此的心中。两个人非常般配，周围的人都说是天生一对。两位母亲看在眼里，就相互打趣地说让他们长大后结为夫妻。

出身名门，又受到了良好的教育，这两个姐妹举止端庄温婉，在长安城中，盛传她们的才貌与智慧。心月温婉可人，聪明伶俐，月华端庄优雅，心思细腻。平日里，只要她们出门去，总有人跟在车子后面，想一睹她们的容颜。她们在一起读书、弹琴、赋诗、骑马，加上父母宠爱，生活得逍遥自在，根本不知道人间的烦恼。

四

诺曷钵年幼，因而吐谷浑王室和大臣之间相互争权，局势非常动荡。吐谷浑军队经常侵扰唐的边境，袭击来往商人，成为边患。于是太宗下令兵部尚书侯君集去协助治国，吐谷浑开始实行大唐历法、大唐年号，并派子弟入侍大唐皇帝。同时，太宗派淮阳王李道明持节去册封诺曷钵为河源郡王，号乌地也拔勒豆可汗，并且赐给了战鼓与大旗。

多年来的征战，也让吐谷浑自身伤痕累累，急需要休养生息。在大唐的扶持下，十几年间吐谷浑渐渐地安顿清明，边境安稳。

时光流转，一晃春夏秋冬轮回而过。诺曷钵慢慢长大，年轻的诺曷钵想有所作为，让民众安乐，国内富强。他正值青春年少，英俊挺拔，很多王公大臣想把女儿嫁给他，但是都没有他中意的。

宰相宣王非常有野心，想把自己的小女儿嫁给诺曷钵，这样就能控制住年轻的可汗，控制住朝野，为自己登上王位做准备。诺曷钵的母亲弦悦太后忌惮他位高权重，不敢拒绝他，但是内心很焦虑。一旦他女儿嫁过来，他在朝中的势力就会更大，吐谷浑就掌握在他手中。于是她就故意拖延，说诺曷钵还年轻，婚事需要过几年再商议。

宣王被拒绝后恼羞成怒，自己的如意算盘竟然被打乱了。他心生一计，准备让诺曷钵迎娶自己的小女儿静媚。

诺曷钵过生日的时候，宣王送女儿静媚进宫，在宴席上跳舞。静媚青春貌美，被称为吐谷浑第一美女，她的舞姿优美迷人，宴席上的人都为之倾倒。诺曷钵初次见到她，简直就魂不守舍，连族人来敬酒，他都心不在焉，忘记了喝酒。静媚到了王的面前，香袖拂面，一直向他暗送秋波，让他情不自禁。

宣王一直在观察诺曷钵，这些情景都看到眼里。诺曷钵就问宣王，这是谁家的女子？宣王说是自己的小女儿。他就向宣王说喜欢这个女子，想让他的女儿进宫。

弦悦太后知道后，极力反对，但是儿子的心意已定，无法阻拦。几天后，静媚被迎娶到后宫。诺曷钵对她非常宠爱，她极力讨好王，常在王的枕边吹风，让王对岳父听命。朝中很多人攀附宣王，一时间，宣王更是飞扬跋扈，不可一世，常常在大殿之上对王指指点点。朝中对此议论纷纷，诺曷钵渐渐地感到了威胁，但是不知道如何应对，又碍于妃子的缘由，他只能忍耐。太后对此忧虑重重，和静媚的矛盾极大。她和弟弟慕容征暗地里商量，如何削弱宣王的势力。

慕容征是诺曷钵的舅舅，曾经扶持过慕容顺，一直秉持要与大唐和好，宣王一直反对和大唐交好，两个人经常在朝堂上争辩。他对姐姐说，要想抑制宣王的势力，就需要大唐的帮助，如果能和大唐联姻，才能平息内忧外患。姐弟两个商量之后，就准备去大唐提亲。

诺曷钵自小失去父亲，舅舅慕容征协理朝政，对他非常依赖。慕容顺临终之时，嘱咐他照顾好自己的儿子。他经常给诺曷钵讲自己在大唐边境的所见所闻，大唐的盛况。王非常喜欢听，也羡慕那里的国力强盛，满城繁华。

慕容征就对王说："听说大唐的公主美丽智慧，王何不联姻和大唐交好，这样也可以百姓和顺，相互不再打仗，也不再受外敌的侵扰。"

诺曷钵听了有些心动，就让慕容征来办理此事。为了证明自己的诚意，他要亲自到长安去，拜见大唐皇帝，并请求赐婚。

于是在朝堂之上，诺曷钵和大臣商量这件事情。宣王听到后立刻反对，若大唐公主下嫁，迷惑可汗，女儿的地位难以稳固。而且，大唐要是来人，万一察觉到自己造反的野心，估计会协助可汗铲除自己。

宣王急切地说："臣听说大唐野心勃勃想吞并我们，此时去是羊入虎口，王恐怕凶多吉少。大唐一直与我们兵戎相见多年，岂肯为了一个女人就罢兵的道理。若和，恐怕要吞并吐谷浑，我们都是阶下囚了。"

慕容征早料到宣王会反对，就说："如今大唐繁盛，与其一战，不如一和。而且借此机会，我们休养生息，强壮军队，才好壮我国威。"

大臣议论纷纷，各执一词，朝中一时喧哗不休。攀附宣王的人，一直反对和亲，国舅一派又极力主张和亲。

王看着底下吵吵闹闹，他思虑再三，制止了各派的争执，坚决地说："我要亲自去大唐求婚，献上马牛羊一万头，大量黄金作为聘礼。"

宣王还想再说一番，被王用手制止了。宣王非常恼怒，握着拳头，怒气冲冲地盯着慕容征。慕容征在一旁冷冷地看着。

王回到后宫，静媚立刻哭哭啼啼地来到王的面前，跪拜在地，楚楚可怜，哽咽着说："王难道不喜欢我吗？要抛弃我吗？非要去迎娶大唐的公主？"

诺曷钵扶起她，帮她拭去眼泪，握着她的手，温和地说："你是我的爱妃，怎么会冷落你？我喜欢你还来不及。与大唐的联姻，是为了吐谷浑能强大。"

静媚就问："我听父亲说，大唐一直想把吐谷浑占为己有，这联姻就是一个阴谋。听说慕容征被大唐收买，王不能被蒙蔽了。"

诺曷钵说："舅舅不可能投靠大唐。他这个主意甚好，是为了吐谷浑强大。你不要说了。"

静媚看到王的脸色，不敢再乱言了，否则王迁怒于她，事情就更不好办了。万一送她回娘家，就更糟糕了。

诺曷钵让舅舅慕容征暂时主持朝政，他亲自给唐皇帝写了一封信，提出和亲，并且打算亲自去大唐迎亲。宣王见事已至此，就不再好劝阻，他打算一有时机就阻挠和亲之事。

五

长安城中王公贵族的后院里，依然不知岁月动荡。两个女子慢慢地长大，出落得非常漂亮，已经到了谈婚论嫁的时候。李心月美貌在外，她肌肤若雪，一头乌黑的秀发挽髻，一双美目流转，有硕人之美，京城中的人都叫她"月美人"。

李心月十七岁的时候，王公大臣纷纷前来提亲，希望能与李道明结为亲家。只是李心月都不中意，她央求父亲，让她自己来选择夫君。父亲只是笑笑，哪有女儿的婚姻自己做主的事情。但是他最疼爱这个女儿，也不逼迫她。

诺曷钵带领庞大的迎亲队伍，一行人跋山涉水，风尘仆仆地向长安行进。贞观十三年（639）十二月，历经数月的奔波后，一行人才到了长安城。盛装的诺曷钵进入大唐请婚。他们穿着胡服，牵着马，长安城的人都来看热闹。城里亭台楼阁，集市熙熙攘攘，远胜塞外的孤寂，这一切让王大为惊奇，也更庆幸自己来到了大唐。

他们一行人来到皇宫，看到楼宇鳞次，气势恢宏。他们由宫人引领着，来到两仪殿。李世民坐在龙椅上，气宇轩昂，不怒自威。他看到吐谷浑王的信，知道他此行的目的。他正在为边疆的事情思虑，见到诺曷钵主动求和，于是顺水推舟，答应诺曷钵的请求。通过和亲可以安稳边疆，正合他的心意。

诺曷钵很虔诚地拜见了唐太宗后，说："听闻大唐富饶，宫殿宏伟，今天我见识到唐的恢宏气势，真的非常钦佩。我愿意和唐结好，请求联姻，赐我帝女，荣耀吐谷浑。我带来了一万头牛羊和黄金作为聘礼，请收下这份礼物。听说陛下喜欢马，就敬献草原上最好的马'碧骢驹'给陛下。"

李世民大悦，说："我们边境经常战乱不断，为了民众能安居乐业，应当联姻。我答应把公主许配给你。"

诺曷钵非常高兴，他感谢了皇帝的慷慨。但是随从中慕容敌显出不悦，他是宣王派出的细作，不想让和亲成功。皇帝这么愉快地答应了求亲，他也无可奈何。

　　李世民下朝，回到寝宫。他仔细想了想，准备去找张青燕贵妃商量这件事情。他来到后宫，却发现贵妃染疾在身，女儿李月华正在喂药。贵妃面容憔悴，月华分外地焦急。李世民安慰了贵妃，让女儿随自己来到花园。

　　"月华，今日我有件事情要问你的意见。"

　　"父皇请说，我若是能做到，一定会为父皇解忧。"

　　"今日吐谷浑的首领诺曷钵来求婚，他长得仪表堂堂，我想把你许配给他。"

　　李月华听完后，一下子目瞪口呆，非常痛苦。她呆呆地不语，随后泪流满面。

　　"你可愿意嫁给他？"

　　李月华沉默了一会儿，低声说："父皇……我不愿意。"

　　李世民脸色阴沉地说："你是我的女儿，就当为大唐的安宁担负责任，这是一个公主的责任。朕平日那么疼爱你，这件事情不能由着你。"

　　"不是我逃避责任，不是我怕那里享受不到荣华，而是母亲病重，我不能离开。还有……我……已经有心上人。如果不能嫁给他，我宁愿死了，或者去出家，也不愿意嫁给诺曷钵。"李月华突然跪在地上，请求道，"我是您的女儿，大唐的公主，难道这点请求都不能实现吗？"

"这是你的责任，你必须嫁。我难道不心疼你吗？朕是皇帝，自然疼爱女儿，但是朕更要为天下安危负责。"

李世民说完就离去了。月华只好在自己的房间不停地哭泣。

张青燕贵妃来到皇帝面前，跪拜在地，说："陛下，我就这一个女儿，您把她送去和亲，只留我一个人孤零零地守在宫中。昔日汉高祖与匈奴和亲，吕后不忍心亲生女儿鲁元公主去匈奴和亲，日夜哭哭啼啼。于是皇帝没有派出大公主，只是找了个宫女以大公主的名义，嫁给匈奴的冒顿单于作妻子。昭君也只是宫中选秀的女子，又不曾是帝女。"

李世民赶紧扶起妃子，眼看着妃子体弱，又想起女儿的哭泣，瞬间有些心软了。但是他已经答应诺曷钵嫁女之事，又怎能食言？自己向来自称对外要以诚相待，若不出嫁女儿，这不仅损害了自己的声誉，万一被发现是假公主，说不定边境又起战火。

他安慰着妃子，说："我何尝不爱自己的女儿！朕不仅是一个父亲，还是一个皇帝，必须以国事为重，要为苍生考虑，朕不得不狠心。朕的儿子也在战场上厮杀，为国家流血出力。朕的女儿难道就在后宫享福吗？"

"陛下，我只有这一个女儿……"

"爱妃，月华心思细密，去和亲很合适。派其他女儿去，我不放心。"

贵妃看到皇帝不为所动，只能黯然离开。她的病更重了。

六

李心月应邀来到宫中，到了月华公主的房间，看到她哭得很伤心。

李心月就问："月华姐姐，你平时都很开心，今天怎么这么伤心？"

李月华哽咽着说："从此我就要离开长安了，再也见不到父亲母亲，再也见不到你，还有你表哥了。我活着还有什么意思！"

李心月愣了一下，慢慢地说："难道让你去外藩和亲？我听到宫中人在议论了。"

李月华点点头，只是一味地哭泣。"我生不如死。我和韦真青梅竹马，已经相互许诺，非他不嫁，非我不娶。如果我去和亲，怎么对得起你表哥！但是，父皇的心意是不会改变的。"

李心月看着李月华，明白她的苦楚，也禁不住陪着一起落泪了。

两个人相拥而泣，却没有办法去应对。李心月开始在房间中不停地走着，她心如刀割。表哥韦真对公主一往情深，若公主和亲，这姻缘就要散去，辜负了彼此，空留下遗憾。

她终于停住脚步，坚定地说："姐姐，让我去代替你，嫁给那个首领诺曷钵吧。这样就可以成全你和表哥的婚事。"

李月华停止了哭泣，连连摆手，吃惊地说："不可以的，听说那里天寒地冻，人也蛮横，去了会受很多罪，甚至会丢了性命。我怎么能让你代我受过！"

李心月说："我能吃苦，听说那里有大草原，还可以骑马射箭，挺畅快的。最近有很多人来提亲，我都不喜欢，若父亲逼我嫁给一个不喜欢的人，还不如去嫁给那个诺曷钵好了。"

李月华抱着她说："我不能这样做，怎么能让你去受苦。"

李心月握着姐姐的手，说："我心甘情愿，表哥是个痴情的人，他还盼着和你厮守在一起，如果你走了，他也活不下去。"

李月华不忍心李心月替自己和亲，她焦急地走来走去。一边是姻缘，一边是姐妹情谊，真的不能两全。她问心月："你真的愿意吗？那你就是我的救命恩人。"

李心月点点头，痛快地说："我当然愿意，你是我的好姐姐，成全你就是成全我自己。"

"我不能，这样你表哥会埋怨我一辈子的。我不能这么自私。"

"我听宫人说，那个诺曷钵长得很英俊，又年轻有为。我愿意嫁给他。"

李月华见妹妹的主意已定，就坐在书桌前，给李心月的表哥写了一封信，里面讲了妹妹要替代自己去吐谷浑的事情。她让李心月带给表哥，一起商量。

"你把信给表哥，如果他同意了，我就同意。"

李心月点点头，她接过信，走出了皇宫。

七

长安街上，李心月骑马急匆匆地往王府赶。迎面几匹马风驰而过，眼看就要撞到一个三四岁的小孩子。看到这一幕，李心月赶紧跳下马，眼疾手快地抱起孩子，躲在一边。马上的人也慌忙停下来，彼此相对而望。那个小孩子吓得哭起来，心月赶紧安慰。

李心月看到这几位穿着异族的衣服，是通服长裙，着小袖袄，小口裤，一看就是西域人。她就说："路上行人多，几位大哥路上要小心，万不可撞伤小孩子。"

诺曷钵还没有开口，随从慕容敌傲慢地说："是小孩子不长眼睛，怎么怪起我家主人了，实在太无礼了！"

李心月的丫鬟碧锦上前说："自己撞到人还不道歉，真是没有教养。"

两个人便吵起来。慕容敌看到一个丫鬟竟敢和自己顶嘴，就拿起马鞭，朝着碧锦挥过来。

诺曷钵在马上看到李心月后，就目不转睛地看着，有点发呆，觉得她若画中人一般，美得不可方物。看到慕容敞挥鞭，他立刻打掉了慕容敞的马鞭，然后下马走上前，抱歉地说："是我们不好，惊扰了小孩子，请姑娘原谅我们吧。"

李心月看着这个异族的男子，觉得他说话真诚，就说："只是以后要小心点，不要撞了行人。"

王对慕容敞说："是我们不对，你还挥鞭伤人，还不快道歉！"

慕容敞看到王动怒，就下马向碧锦道歉，请求原谅。

碧锦脸上还有些怒气，就哼了一声。

李心月说："幸好没有伤到孩子。我们先走一步。"说完她就策马扬长而去，一不小心将自己的葡萄花鸟纹银香囊掉在地上。

诺曷钵捡起香囊，看着她渐渐远去的背影，他呆呆地把香囊放在手心仔细看着，闻着香气。这香囊做得非常精巧，一看就是富贵人家的东西。香囊是圆球形的，外壁用银制，通体镂空，里面有两个半球可以自由转动，香气在转动中弥漫而出。

他嗅着香囊，痴痴地说："慕容敞，今天回去你把她的像画出来，真是惊为天人。见到她，真的不枉我来长安一趟。如果公主是这样的美丽和善良，那上天真的在眷顾我。不知道这是谁家的小姐？"

香气弥漫，搅扰得人意乱情迷。李心月的背影已经不见，他还望着她离去的路，不停地思念。

李心月急匆匆地回到淮阳王府。表哥韦真正在府中练剑。一树繁花下，表哥一袭白衣而动，真是个翩翩公子，和月华公主很相配。她叫了声表哥，把信递过去。

韦真看完公主的信后，他一面心疼表妹，一面割舍不了公主，左右为难。他对表妹说："此事会误你终身，难道你要坚持吗？"

李心月说："其实就是贵为公主，也是身不由己，更何况我？我代嫁而去，能够成全你们，心里乐意。"

韦真看着表妹，觉得她更加美丽娴雅。

"你这么做，我不愿意，我不能为了自己，而断送你的幸福。"他叹了一口气，"我知道你喜欢王大人的儿子王青，难道你要放弃自己的幸福吗？"

李心月突然愣住了，默不作声。过了一会儿，她小声地说："我是很喜欢王青哥哥，只是他有心上人了，落花有意流水无情。我去了外面，也好忘记他。"

表哥摇了摇头，不再作声，只是一味地叹气。

他和表妹一起来到梅夫人的面前，他告诉梅夫人这件事情，希望她能劝说表妹。

梅夫人听到女儿的决定，非常痛苦地说："你怎么这么傻，难道你不知道，你顶替公主，陛下会怪罪，而且不是帝女，嫁过去会有杀身之祸吗？"

李心月说："我顶替出嫁，陛下即使知道了，想必不会为难自己的女儿。吐谷浑离长安如此遥远，那里没有人知道公主的模样，我和公主有几分相像，可以瞒过去的。"

梅夫人拉着女儿的手，颤巍巍地说："我就只有你一个女儿，你出嫁在外，我如何去看你？你表哥和公主的婚事值得你牺牲自己的幸福吗？"

李心月点点头，说："值得，娘亲就答应我吧。"

梅夫人哽咽地说："你真是个傻孩子！"

八

诺曷钵在长安城中游玩了一些时日，看到长安城中秩序井然，听到了大唐皇帝的一些故事，拜访了一些人。他觉得此行非常必要，和亲之举很明智。

李世民宣召诺曷钵觐见，他又一次来到宫殿之上。

李世民说："我女儿月华愿意嫁给你。她是我大唐的一颗明珠，美丽聪明，希望你能好好地待她。"

"我会像爱自己的生命一样待她。"

"今天我赐婚于你，希望你们能白头偕老，让大唐与吐谷浑永结友好。"

"谢谢陛下。我亲自迎娶公主回到吐谷浑。"诺曷钵难掩喜悦之情，他拜谢了皇帝。

此刻的后宫里，李世民和贵妃在房间走来走去。月华公主和李心月跪在他们面前，泣不成声。

李月华哭泣着说："如果要我嫁给诺曷钵，我只有一死。而且，我肚子里已经有了孩子，即使我嫁给他，一旦他发现，到时候两国的矛盾会更加深重，一定会兵戎相见，我只能以死谢罪了。"

李世民气得摔碎了案几上的杯子，大怒道："你若不是我的女儿，一定会乱棍杖毙。"

李月华只是一味地哭泣，跪在地上。

李心月说："我愿意代公主出嫁。我们情同姐妹，而且公主喜欢的人是我表哥，我也想成全他们。希望陛下能成全我们。我一定会让诺曷钵与大唐修好，让百姓安康。"

李世民仔细地看了看李心月，两个女儿家是有些相像，而且以后即使被戳穿，李心月也是出身尊贵，容貌俊俏，想必吐谷浑也没有什么可以挑剔的。皇帝看着她们，无可奈何地答应了。他一再叮嘱心月说："你一定要慎言，不可被看出破绽。"

李心月点点头，虔诚地说："从此我便是公主，至死不改。"

贞观十四年（640）二月，皇帝下旨封李月华为弘化公主，赐婚嫁于吐谷浑王诺曷钵。然而，暗地里却是李心月代公主出嫁，这事情瞒过了所有人。皇帝打算派遣心月的父亲李道明和右武卫将军慕容宝携带着大批财物护送公主入吐谷浑。

李世民主持了婚礼，诺曷钵穿着大唐的婚服，他身材伟岸，衣服穿到他的身上，更加英俊。他满心欢喜地望着从远处缓缓走来的李心月。李心月蒙着盖头，长裙曳地，雍容华贵。

诺曷钵很想知道盖头下的绝世容颜，但是他知道还不能揭去盖头，这是大唐的规矩，之前的证婚使都告诉他了。

太宗在大殿之上，为这对新人颁发了诏书，赐婚证礼。

礼毕，李心月走进了凤辇，送亲的队伍排着长长的队伍，在等着她。诺曷钵带来的人也等在队伍后面，准备护送公主前往吐谷浑。

诺曷钵忙前忙后，他和道贺的人辞别，又安排着回家的事宜。他正忙时，有人来报，说吐谷浑发生了瘟疫，请王赶紧回去。他立刻向皇帝告辞，飞身上马回去。辞行前，他嘱咐随从照顾好公主。

临行前，太宗一再叮咛李道明，千万不可将李心月代嫁的事情泄露出去，否则就削去他的爵位，永不重用。

太宗亲自送出城，他赐给弘化公主大量的珠宝玉器，让她带走了很多侍女和杂役人等。护送的队伍庞大，队伍难以望到尽头。长安城中的人都来看热闹，看看大唐嫁女的奢华，想一睹公主绝世的容颜。

李月华乔装成侍女，坐在李心月的凤辇里面。她觉得对不住心月，只是希望能送她最后一程。她们相拥在车中，双目垂泪。李心月擦干了眼泪，也劝李月华不要落泪了，今天是自己的新婚之日，应该高兴才好。听外面的人声鼎沸，都是来看她的，这是她此生最大的荣耀。

她撩起帘子，想看看外面，这是她最后一次看到长安的景致了，恐怕今后再也无缘踏上长安故土。在熙熙攘攘的人群中，弘化公主回眸一瞥，却看到了自己的心上人王青哥哥。他和身边的一个女子谈笑，却不曾知道有人如此地爱他。一袭白衣的王青，在人群中不知道吸引了多少女子的目光。李心月有点心酸，不过想了想，她就释然了。

十八岁的弘化公主含着眼泪辞别了父亲母亲。李月华和韦真将公主送了一程又一程，却不忍离开。

夕阳西下，最是分别断肠时。

李心月说："你们请回吧，这里离长安已经太远了。我相信，有生之年一定会再回长安看你们。"

"希望你一路保重。我们在长安等你回来。"李月华眼中含泪，她下了车，向李心月挥着手。

李心月说："就此别过，希望有朝一日，我会回来探亲。"

一行人继续前行，只留下韦真和李月华在夕阳中的身影。

路途很长，而故乡越来越远。她一步步地离开了中原，走向那遥远的苍茫大漠，有些失落，又有些期待。

九

迎亲的队伍离长安越来越远，景致也越来越荒凉。在茫茫大漠之中，人迹罕见，迎亲的队伍奢华庞大，气势壮观的马队一字排开。路上，会遇到做买卖的商人，他们来往于长安和西域各国之间，商队都纷纷让道，停下匆匆的脚步，围在两旁等迎亲的队伍过去。他们发出一阵阵的惊叹之声，议论纷纷。

公主坐在车上，和侍女碧锦两个人百无聊赖。听到外面的驼铃之声，她很好奇，就撩起车帘向外张望。那商队竟然是从长安来的，是些异域人。她朝人群挥挥手，高兴地要跳下马车去和他们说话，碧锦赶紧拦住了她。她只好待在车上，一眼望去，那漫漫的黄沙望不到头，很快车帘又落下，马车继续前行。

慕容敞看到了公主的模样，他记起了在长安城中和女子的争吵，顿时心生疑虑。他让人快马加鞭地往回赶，带给宰相宣王一封密函。同时，他又秘密派人再次返回长安，拿着公主的画像，去探个究竟。

在车上，碧锦对弘化公主说，她代人出嫁，一定要谨慎，万一被熟人认出不是帝女，那下场很惨。还有，可汗的随从慕容敞认出了她，总是想和她套近乎，打听公主的情况。公主就提醒碧锦，千万不要说漏了嘴。她们提防着慕容敞，觉得他不怀好意。

见到侍女不好对付，慕容敞就从送行的李道明下手。李道明喜欢喝酒，每晚休息的时候，总会喝得醉醺醺的。慕容敞看在眼里，就拿出好酒，和他畅饮，将其灌得烂醉，想从中得到一些线索。他不停地盛赞公主的容貌，李道明就说："那是自然，长安城中的'月美人'自然是风华绝代……心月……爱慕的人很多。"他沉沉地睡去。

慕容敞冷笑着看着李道明，他知道这个公主一定有问题，公主一直不以自己的面目示人，遮遮掩掩，可汗还从来没有见过她的真面目。这其中有蹊跷，他一定要让和亲不成。

天气很冷，路上大都是风餐露宿，一行人疲惫不堪。终于，经过数月的长途跋涉，一行人来到了一片地域开阔的大草原，这里水草丰美，到处可见到牛羊成群，骏马奔驰。当地人住在毡房中，像是草原上星星点点的花朵，很是迷人。公主掀开车帘，看着美景，很是陶醉。

牧民从帐篷中出来，一起围过来，他们从来没有见过如此奢华的队伍，很少见到中原来的人。他们欢迎公主的到来，祝福王新婚幸福。

公主向百姓挥手，然后带着队伍前行。一些牧民跟在迎亲队伍的后面，追了很远才停止。

当他们到达吐谷浑"王者之城"伏俟城时，城里早已经清扫干净，一派喜气洋洋。诺曷钵、弦悦太后、国舅及一干大臣都在城门迎接弘化公主，气势宏大。

迎亲的队伍越来越近，在城门迎接的人却议论纷纷。大臣们在宣王的煽动下，认为诺曷钵向大唐求亲而归，是忘却了世代之间的仇恨，引起了他们强烈不满。宣王有点沮丧,他控制诺曷钵的计划落空了。静媚害怕公主进来,要和她争宠。一干人等心情复杂地在城门等待公主。

诺曷钵的母亲和舅舅听到这些议论,害怕宫中有变,也担心和大唐的关系处置不好,引起误会。

慕容征让众臣子安静下来,说:"今日是可汗迎娶大唐公主回来的日子,望诸位都要朝贺,而不是为难可汗。"

宣王冷冷地说:"自当贺喜可汗,你就等着看好戏吧。"这句话让慕容征听了,觉得他似乎有阴谋,又不知道是何伎俩。

弘化公主被诺曷钵迎进宫中。公主带着面纱,从车中走出来。虽然没有看到容颜,但是那华丽的衣服,满头的珠翠,已经让人惊叹了。公主奢华的送亲队伍,让他们内心稍稍安慰了一些。公主被送到自己的房间休息,送亲的人也都安排好。

可汗来到宫殿之上,大臣们议论纷纷,这让诺曷钵不解。

宰相宣王拱手站立,一脸严肃地说:"听说前来和亲的公主并非唐皇帝嫡亲女儿，而是宗室女。"他严厉陈词，盯着众大臣的脸色说："唐皇帝派一个假公主前来和亲，没有以诚相待，是对我们的蔑视！是看不起可汗呀！"

攀附他的大臣都纷纷响应，说要杀了公主，以报此耻辱。

诺曷钵立刻制止，说："我在长安亲自向皇帝提亲，他当面赐婚，怎么能假。你有何证据？"

宣王说："我派慕容敞打探，他听大唐宫中的人亲口说的，公主不是帝女。让我们先斩了假公主的首级，再向大唐宣战不迟！"

在宰相的带动下，大臣们慷慨陈词。大臣们的议论让慕容征左右为难，他眼前浮现出生灵涂炭的凄惨。他知道宣王的野心，整个吐谷浑国就处于奸臣的权术之中，他想用和亲的方式争取唐王室强大的兵力，保住吐谷浑的江山社稷。然而，当听到公主并非唐王室嫡亲时，他的幻想破灭了。既然唐太宗不情愿将嫡亲公主赐婚，那么唐王室出兵帮助吐谷浑也将成为一个泡影。

慕容征对一群大臣说："公主真假难辨。等证实了真假，再做决定。若是假公主，到时候再算账也不迟！"

宣王向慕容征耳语后，他点点头，吩咐侍从准备酒宴，迎接公主的到来。

十

连日奔波的公主，疲惫不堪，她甜甜地进入了梦乡。第二天醒来的时候，太后早就派人送来了吐谷浑的衣衫和头饰，又派了一个侍女来伺候她更衣。侍女为公主穿上了吐谷浑的披锦大袍，在头上辫发，又戴上了金花冠，动则摇曳生姿，妩媚动人。公主在铜镜中仔细地端详自己，感觉头饰别致好看。衣服穿上也非常好看，而且很舒服，非常适合骑马。她在房间走来走去，这新衣服让她穿着很开心。

公主梳妆完毕后，就去拜见了弦悦太后和妃子静媚。静媚左一个妹妹右一个妹妹喊个不停，很是热情，让她放下了戒心。她送给她们上好的丝绸和珠宝，那些人打开丝绸来看，花团锦簇，光彩夺目，让吐谷浑的宫人惊奇。她们都忍不住去抚摸，啧啧称赞，比她们见过的彩虹还要华美绚烂，比草原上的花朵还要明艳漂亮。其他人的礼物，公主按照个人的位分，赏赐了下去。她说话得体，丝毫没有骄纵之气。而且又慷慨大方，赢得了很多人的心。

公主和诺曷钵举行盛大的婚礼，宫廷中载歌载舞，非常热闹。歌女们唱着"马上歌"，迎接这一对新人。

桌上美酒好肉，很是诱人。劳累挨饿多日的送亲队伍，看到这些就尽情地喝酒言欢，醉醺醺地不辨东西。席间美艳的异族女子一边跳着舞，一边劝李道明多喝酒。

诺曷钵在一旁也一直劝李道明喝酒，说："王爷一路劳累，希望能痛饮美酒，洗去疲劳。也让其他人多喝些吧。"

李道明本来就嗜酒如命，听了这话后，更是欢饮无度。

宣王说："这次大唐派王爷来送亲，一路辛苦。听说公主美丽无比，又聪明过人。得此王后，是吐谷浑的福气。"

李道明已经醉了，听到席间夸奖自己的女儿，一时间口无遮拦："她是我的女儿……自然差不到哪里去……"

宰相问道："您的女儿？她难道不是帝女吗？"

李道明醉醺醺地说："她……是……我女儿。她……代替公主出嫁。"

果然是假冒的公主，可汗在一旁听了大怒，他摔碎了酒杯，拔出剑，让人把假冒的公主带过来。

"赶紧保护公主！"护驾的队伍从醉中惊醒，乱作一团，眼睁睁地看着自己被吐谷浑的士兵包围，没有还手之力。

惊魂未定的弘化公主被带到王的面前。就在王愤怒一瞥之间，想要挥剑砍人的时候，却突然停下来，不知所措地剑落地下。原来假冒的公主就是他在集市上见过的那位女子，是那个让他时时刻刻忘不了的女子。原来上天一直在听他的祈祷，让她来到他的身边。

王欢喜地说："原来是你！"

弘化公主看着王，认出是那日在街上相识的男子。

王说："你不是真正的公主。"

弘化公主看着杀气腾腾的士兵，看着可汗，她知道自己今天必死无疑。而且父亲也要葬身此地，怎么对得起长安的母亲！这么多的将士也会惨死，怎么对得起他们！长安城中帝王的嘱咐，又如何不被辜负！

趁着王愣神的时候，她捡起地上的剑，放在自己的颈上，说："可汗，我不是真正的帝女，但是我也出身名门，父亲是高祖的堂侄，公主和我亲如姐妹。皇帝亲自赐我弘化公主名分，陪嫁如此丰厚。今天你杀了我们，大唐必定要派重兵过来替我们报仇，到时候边境上又是一场厮杀，士兵惨死，骨肉分离，民众流离失所。这难道是你希望看到的吗？如果你觉得杀死我，可以平息你的愤怒，我不如自己了断。只请您放过其他人。"

李道明懊悔万分，急忙拦着她说："万万不可。你若是死了，这里所有的人都要死，我一定会陪你……都是我的错。"

诺曷钵在一旁暗示士兵夺过了弘化公主的剑，王让士兵放下武器，示意军队退下。他将剑送回剑鞘，牵住公主的手。

宫中顿时安静下来，大臣和李道明被眼前的情景惊呆了，一时间不知道如何是好。弘化公主仔细地打量着可汗，她有点迷惑，不知道他想做什么。

诺曷钵说："自从一别，我再也不能忘记你。你就是大唐的公主，如此美丽，如此高贵。我能和你结为夫妻，是上天的安排。"他从怀里掏出香囊，递给了公主。

惊魂未定的公主看到自己的香囊，接过来说："我们是见过面，我却从来不知道自己嫁给了你。"

诺曷钵举着公主的手，走上厅台，对着满朝的人说："从此她就是我的王后，任何人不得非议。"

宰相急匆匆地对王说："她不是真的公主，真的弘化公主已经嫁给了她的表哥。她一路过来，以面纱遮脸，就是害怕人知道她的身份。可汗，不能忍下这口气，一定要和大唐理论。"

可汗摆了摆手，说："大唐的皇帝既然封她为公主，赠予如此丰厚的嫁妆，派大臣护送，那她就是公主。"

诺曷钵向李道明深深一拜，说："岳父，从此我不许任何人再去伤害她。"

宣王的打算落空了，他本来想今天血洗婚礼，杀了公主，和大唐为敌。见到这种情况，知道事情已经不可为，只能愤然离去。妃子静媚感到了巨大的威胁，她冷眼看着喜悦的王。王对新人的喜爱显然胜过了她。

婚礼继续进行着，诺曷钵与弘化公主按吐谷浑的礼仪举行了盛大的婚礼。他紧握着公主的手，一刻也不愿分离。他说："我会让这里和你的家乡一样美好。"

良辰美酒，佳人相伴，一对新人缠绵悱恻。明月无声，照在床前。

十一

送亲的队伍待了一周之后，李道明就告辞了，一路奔波回到长安。慕容宝将军向皇帝叙述了一行的见闻，并且禀报了李道明酒后失言，差点害得公主被杀。李世民听完大怒，削去他的爵位，降为郓州刺史，除去了他的封国。李道明匍匐在地，浑身颤抖，不敢言语。

公主刚来到这个陌生的地方，感到新奇，穿上了胡服，戴着遮面的"罗幂"，别致飘逸，与王骑马在草原上，甚是快意。晚上，他们一起吃着烤肉，在宫中看着跳舞。公主那颗青春的心在抚慰中，渐渐地活泼起来。大草原的风景，让她着迷，连思乡之苦也减轻了不少。

在短暂的新奇过后，她又陷入了孤独。她想起长安城里，此刻正是繁花似锦，她和姐妹们骑着马，在郊外玩耍，还可以打马球。而这里，只是茫茫草原。可汗经常忙于朝政，后宫中妃子静媚又时常讥讽她是个冒名顶替的公主。侍女碧锦就劝慰她，何不出宫去，到外面散心。

大唐不仅赐给了公主丰厚的嫁妆，漂亮的丝绸，精美的瓷器，还带来了宫中的御医。弦悦太后到宫外去狩猎，回来染上风寒，吐谷浑的大夫治疗了许久，不见好转，可汗非常着急。可汗对公主谈及此事，内心忧虑。公主让伺候自己的御医为母后治病，还亲自去喂药。弦悦太后病好后，非常感激她。

静媚见到母后对一个假公主如此喜爱，内心不满，又见可汗如此宠爱她，自己被冷落，甚是恼怒。她给父亲宣王说了自己的苦恼，希望父亲可以除掉公主。宣王让她先忍着，有机会一定除掉公主。

可汗的深爱，让公主渐渐地将这片蛮荒之地当成了自己的家。可喜的是，公主入嫁吐谷浑后，吐谷浑

和大唐暂停侵扰。然而，由于宣王的煽动，引起了不少大臣的不满，宣王趁机煽动大臣造反。他打算废掉诺曷钵，自己登上王位。但是现在王和大唐的关系亲密，让宣王不敢轻举妄动。他一直在等待时机，并且暗地和吐蕃秘密联系，想让吐蕃助自己一臂之力，除掉可汗，自己取而代之。

吐谷浑面临的形势不容乐观，经常要与吐蕃周旋，甚至兵戎相见。弘化公主下嫁诺曷钵后，引起吐蕃首领松赞干布的妒忌。松赞干布几次向大唐求亲无果，就以吐谷浑王离间唐与吐蕃联姻为借口，攻打吐谷浑。

此后，松赞干布多次向大唐求婚，终于太宗让文成公主入吐蕃和亲。送亲的队伍到了松州，弘化公主和丈夫诺曷钵为文成公主举行了盛大的迎接仪式。

为了两国交好，吐蕃王将女儿嫁与诺曷钵，双方结成甥舅之国。因此，大唐、吐谷浑、吐蕃三方和平共处，暂时相安无事。

十二

吐谷浑风平浪静的表面之下，掩盖着阴谋诡计。

宣王暗地里招兵买马，又和女儿勾结，早已掌握了吐谷浑的兵权。他羽翼已丰，只待时机。他和两个弟弟密谋在祭山活动中，劫持诺曷钵和弘化公主后，投奔吐蕃。

祭山节是吐谷浑最重大的祭祀活动，是一年一度的传统节日，祭山活动非常的热闹。由诺曷钵领着公主，率领王公大臣进行祭拜，祈求祖先保佑，可以平安吉祥。

宣王征调了自己的军队，埋伏在四周，准备袭击诺曷钵和弘化公主，然后登上王位。如果失败了，他就去投降吐蕃。

祭山节人山人海，围成一个圈，巫师戴着面具，跳着舞蹈，在神庙前祭拜，杀牛祭山神，祭毕，全体分食牛肉来祈福。

暮色渐渐来临，宣王暗暗窃喜。他按捺住激动和不安，注视着人群中安插的杀手。杀手不露声色，在人群中就等着宣王的命令，然后大开杀戒。

众人都沉浸在喜悦当中。宣王突然站起身，向所有的人说："可汗倒行逆施，和仇人结成一家，完全忘记了仇恨。现在，我要在神的面前，废掉他。"他一声号令，命人敲鼓。鼓声一响，叛军立刻向可汗站的地方涌去，杀手也从人群中飞奔而出，向王的方向而去。

人群大乱，宫中的侍卫拼命地护住王，一边向后退，一时间血肉横飞、尸体遍陈。王的侍卫寡不敌众，只能先逃命要紧。

静媚怀中揣着匕首，飞身上马，向弘化公主刺去。侍女碧锦看到了，用身体护住了公主，静媚的匕首刺进了碧锦的身体，一股鲜血涌出，碧锦还死死地抓住静媚的手，喊着公主快走。公主捡起地上的刀，向静媚刺去，静媚倒地流血。她扶起碧锦，向后撤退。

祭祀现场一片嘈杂混乱，杀得鲜血飞溅。叛军追赶着可汗，越来越多的侍卫被杀死。终于他们打开一个缺口突围。

公主对可汗说："现在你我只有去鄯城躲避，然后再图谋回来。"可汗点点头，和公主上马，连夜向鄯城奔去，身边只跟着少量的亲兵。途中，碧锦气若游丝，让公主放下自己，逃命要紧，自己就是个将死之人。不久碧锦就死去了。公主把碧锦的尸体放在旁边的树林中，才流泪上马离去。

宣王占领了王的宫殿，凡是不拥立他的人，都被杀死，首级挂在城门上。吐谷浑上下，一片惶恐和哀鸣。

逃进鄯城的可汗夫妻被安顿下来，他们连夜和鄯州刺史杜凤举商量对策，打算趁着宣王还没有安定下来，赶紧进攻。慕容征说自己打算派心腹之人去联络威信王，里应外合，拿下宣王。

派去的密探很快回来，说威信王看不惯宣王的行为，愿意合作，迎接可汗回宫。

杜凤举与可汗共同攻击宣王。吐谷浑王要在战场的厮杀中，重新夺回王位。诺曷钵和公主站在车上，他慷慨激昂地声讨宣王的罪行。

宣王在马上得意扬扬地说："今日你们已经是丧家之犬，还在这里声讨我。等我拿下你们，献给吐蕃王，登上可汗之位，而你们就是阶下囚。"

他下令将领出兵，擒住诺曷钵夫妇者，重赏万金，封官赐美姬。吐谷浑士兵们冲杀过去，与唐兵厮杀在一起，难分胜负。

突然，吐谷浑军队的后面传来一阵阵厮杀声，宣王看到那是威信王的兵，明白威信王背叛他，在后面包围他。此刻他两面受到围攻，士兵立刻慌了阵脚，溃败下来如山倒之势。而吐蕃的援军还没有来到。宣王气急败坏地看着手下的将士纷纷逃离，临阵倒戈。眼见大势已去，宣王的手下擒住了他，他的两个兄弟也被抓住。

粉碎了宣王的阴谋，诺曷钵重新回到皇宫。宣王和他的兄弟被斩首示众，头颅挂在城门外警示。

但是，传闻吐蕃会派兵来攻打吐谷浑，因此人心惶惶。为了安抚人心，唐太宗命人持节抚慰吐谷浑民众。有了大唐的鼎力支持，吐谷浑迅速安定下来。

从此，吐谷浑每年派使者向大唐王朝进贡，甚为殷勤。

十三

内乱平定，吐谷浑国内暂时安稳，民众安乐，来往的商贾继续做着生意。大唐物品虽昂贵，但是吐谷浑的人非常喜欢。那些贵族女子经常一掷千金，去购买喜欢的丝绸。她们让裁缝按照弘化公主所穿衣服的样子，给自己做衣服。

　　婚后七年，公主怀孕了。可汗很欢喜，这是他的第一个孩子，因此格外重视。在响亮的啼哭中，公主生了一个男婴。诺曷钵高兴地亲吻着王后，感谢她为自己生下了一个儿子，他给孩子取名苏度摸末，汉语名字叫慕容忠。之后，公主又生了一个儿子阔卢摸末，汉语名字叫慕容万。

　　时间流逝，转眼间九年的光阴过去了，弘化公主深受当地百姓的爱戴。

　　十八岁出嫁的她，到如今已近而立之年。她依然思念长安，思念自己的父母，思念兄弟姐妹。但是她只能通过书信，以表相思之苦。

　　贞观二十三年（649）五月，李世民得了痢疾，最终医治无效，驾崩于含风殿。得知这个消息后，公主泪流满面，只能向着长安城的方向祭拜。她担心江山换新主，一朝天子一朝臣，父亲哥哥们的命运也难免动荡不定。

　　高宗李治继位，念及诺曷钵是大唐天子的女婿，就封诺曷钵为驸马都尉，赐物四十段。作为回礼，诺曷钵向皇帝贡献了名马，但是李治和父亲李世民不同，他并不爱马，因此没有接受。

公主派人去大唐打听家人的消息，听到母亲病重，想着母亲年事已高，恐怕难以再相见，决定前去长安探望。永徽三年（652）八月，公主写信给高宗，请求入朝省亲，皇帝接到书信后，派左骁卫将军鲜于匡济前往迎接。

和当年出嫁时一样，公主又是一路长途跋涉，十一月和诺曷钵到达长安，朝见了高宗李治。再回长安，却发现物是人非。长安城里，依然繁华，只是青春出门，回来已经是而立之年。

病榻上的母亲憔悴不堪，望着远道而来的女儿，止不住地流泪。而随同来的外孙，活泼可爱，让她母亲感到些许安慰，病似乎轻了许多。

月华公主看到一脸沧桑的李心月，知道她代替自己受了很多委屈，非常内疚。两个人相见，先是抱在一起痛哭，而后才坐下叙旧。

两个女人有说不完的话，仿佛要把十几年流逝的光阴中没能说的话全都说完。心月还有一件事情，只是不好意思开口，就吞吞吐吐的，欲说还休。

李月华知道她的心思，就问："你是想知道王青过得好不好？我知道你会问他，你是个重情义的人。"

李心月有些娇羞，那一刻似乎又回到了十八岁。她轻轻地说："不知道王青哥哥现在怎么样了？王对我很好，我别无所求。只是回到长安，我就仿佛回到青春年少，止不住想起过往的人和事。"

李月华突然叹了一口气说："世间总有不如意。他娶了礼部尚书王大人的女儿为妻。可惜他父亲和被废的太子有牵连，连累了他，被削去爵位，发配到荒蛮之地。你想见他一面也不能了。"

李心月听完愣了一下，如果待在长安，自己嫁给了王青，也要随他去颠沛流离吧。她不知道是喜是悲。

李心月拿出一把金刀，递给李月华说："这是吐谷浑最好的工匠打造的金刀，请你把它转交给王青哥哥。唉……或者，他已经忘记了我。"

李月华说："他不会忘记你的。只是那时候还小，不谙人间情事。你离开长安的时候，他还去送你了，晚上回来就一个人喝着闷酒。他离开长安的时候，还嘱咐我，如果有一天你回到长安，一定要代他向你问候。"

李心月感到内心的纠结突然释放了，原来王青哥哥没有忘记她。这么多年的思念，也是有了寄托。

弘化公主回忆起那年和月华公主到曲江池游玩，在杏苑偶遇王青的情景。他一身青衣，在柳树下站立，玉树临风，来往的人都为他的英俊倾倒，忍不住地看他。表哥韦真认识他，就上前打招呼。自此之后，只要是王青去的时候，她都纠缠着表哥一同前往。只可惜落花有意，流水无情。王青早已喜欢上他人，只当她是个小妹妹而已。

表哥知道她的心思，还曾经向王青提起，只是他听完笑了笑，说早有心上人。

回到长安的第一夜，竟然无眠。她起身到庭院中，一轮明月高挂空中，清澈明亮。而此刻她的内心却乱如麻，剪不断，理还乱。

宫中灯火通明，皇帝设宴，为诺曷钵夫妻接风洗尘。在此之前，有大臣说为了笼络住吐谷浑，不如再行和亲之事。皇帝答应了，趁机在晚宴上提及此事。

高宗说："和亲这些年，边境虽然有些争执，但少有大的战争，对民众多有益处。听闻你们的大儿子苏度摸末还没有订亲，如果愿意，我可将县主嫁于他，并封为左武卫大将军，次子封为右武卫大将军。

让两国永结同好，世代和平。"

诺曷钵听了非常高兴，说："这也是我心里所想，谢谢陛下的恩典。只是儿子尚小，无法成婚。"

高宗说："没有关系，县主现在也年幼，等她成年后，两个人再结姻缘。"

弘化公主就问："不知道是哪家的县主？"

高宗说："是交州大都督会稽郡王道恩的第三女，名叫李季英。贤良淑德，很配王子。"

弘化公主也非常高兴，能结亲如此，吐谷浑也有所依靠。

宾主尽欢，诺曷钵向高宗进献了黄金。

十四

时间匆忙，公主纵使千般不舍，过了不久也只能告别长安，回到吐谷浑。回家的路上，还是一路风餐露宿，内心却平和多了。

草原上草枯草长，公主的儿女渐渐地长大，国内政治稳定，对外也风平浪静。他们的大儿子苏度摸末已经到了婚嫁的年龄，他们准备好聘礼，黄金、骏马和牛羊，打算让儿子亲自到长安迎亲。

苏度摸末长得一表人才，高大挺拔，遗传了父亲母亲的优点。在草原上，他是骑马射箭的高手。公主让人教他《六经》，他幼时曾去过长安，但早已没有印象，听母亲经常描述，非常向往。母亲让人送上金城县主李季英的画像给他看，是一个美人儿。他对这桩婚姻很满意。

东西都已经收拾停当，迎亲的队伍都召集好了，苏度摸末准备第二天启程，去迎娶县主。

但是，到了傍晚，密探突然匆匆来报，说吐蕃大军入侵，正在逼近王城。诺曷钵和公主正在和儿子商量去长安的事宜，听到这个消息，震惊不已。

诺曷钵就问："吐蕃有多少人马？"

密探说："几乎是吐蕃一半的人马。由吐蕃大论禄东赞的儿子钦陵率领。"

诺曷钵说："人马这么多，而且突袭，显然是有备而来。赶紧召集将士，抗击敌人。"

密探答应了一声，立刻下去。

弘化公主说："现在没有办法去迎亲了。儿子，赶紧穿上盔甲，保家卫国。"

苏度摸末说："家国危难之时，儿女私情自然得先放在一边。吐蕃这次来袭击，是要置我们于死地才罢休。"

诺曷钵点点头，说："立刻去联系唐军，请求支援。召集将士，做好防守。"苏度摸末答应着，立刻赶赴军营。

吐谷浑和吐蕃的关系相好数年。这次，吐蕃当然是有备而来。自松赞干布薨逝后，大权掌握在大论禄东赞手中，吐蕃开始向四周扩张，首当其冲的便是吐谷浑。禄东赞派儿子钦陵攻击吐谷浑。因为双方都和大唐和亲，所以吐谷浑和吐蕃派使者到大唐请求评判是非曲直，请求军事援助。当时，唐高宗一心东征百济和高句丽，没有理睬。吐蕃看到大唐没有反应，侵略吐谷浑的野心就更大了。

吐谷浑和吐蕃的大军相遇，钦陵骑着马，趾高气扬。

诺曷钵气愤地说："当年，文成公主经过吐谷浑，我们热情接待。你们的王松赞干布和我们结好，商贾往来。但是他刚一走，你们就来入侵，此举是背信弃义。"

钦陵哈哈大笑，说："战场上只有'胜者为王，败者为寇'，哪有什么道义可言。我劝你们赶紧投降吧，还可以留个全尸。素和贵，今天是你立功的时候了。"

诺曷钵听了大惊，吐谷浑大臣素和贵在酒席间和人争抢美姬，不小心杀死了另一个重臣，因此逃往吐蕃。诺曷钵曾经派人追捕，却被他逃脱了。素和贵在吐谷浑的军队中曾担任要职，熟悉吐谷浑的军情，如果他泄露了吐谷浑真实的情况，那吐谷浑必败无疑。

素和贵骑马出来，诺曷钵恨不得立刻杀死他。

素和贵说："可汗，还是投降吧。吐蕃对吐谷浑了如指掌，我全都说了。"

苏度摸末趁机一箭射过去，正中他的前胸。素和贵直接从马上摔下。

钦陵下令进攻，吐蕃大军立刻向前，和吐谷浑大军厮杀在一起。暗地里，钦陵早就按照素和贵的建议，派一部分兵力从后面包抄吐谷浑大军。这招果然灵验，吐谷浑大军乱了阵脚，溃不成军，自相踩踏，死伤无数。

吐谷浑大军拼死护住可汗，杀出一条血路，诺曷钵和弘化公主最后只率残部几千帐逃出重围。他们回头望着故国，无限凄凉。曾经强大的吐谷浑就此灭亡，不复存在。

唐高宗接到吐谷浑的请求后，担心吐蕃控制吐谷浑，势力必然日益强大，如果与大唐为敌，后果会很严重，于是命令左武卫大将军苏定方统率诸路大军，支援吐谷浑。援军还在路上，却听到了可汗出逃的消息，知道吐谷浑大势已去，国家已亡，纵有千般外力，也无法起死回生。

诺曷钵一行人经过长途逃亡，来到凉州南山，暂时安居下来。他们依然以放牧为生，只是离开故乡，算是流落他乡了。

诺曷钵和公主正在帐篷中商量事情，侍女碧晴走进来说："贺喜了，今天有天大的喜事了！"

公主凄苦地一笑，说："你就知道安慰人。我们现在都是丧家之犬，能有什么喜事？"

碧晴欢喜地说："就是天大的喜事。大唐派人来送信，说要护送金城县主出嫁。这难道还不是天大的喜事吗？"

碧晴的一席话，如久旱逢甘霖，让两个人从椅子上站起来，直接往外走。送金城县主来到凉州，不仅仅是对吐谷浑走投凉州归附的抚慰，还给了诺曷钵一线希望，或许大唐能派兵帮他复国。诺曷钵就问："大唐使节在哪里？我要去见他。"

"大王子正在接待。"

大唐送信的人被好吃好喝地伺候着。他的到来，让这个地方沸腾了。

大唐使节拿出高宗的圣旨，宣读后递给了诺曷钵。诺曷钵命人送给他厚礼。

诺曷钵说："使节一路辛苦了！

使节说："能为国家效力，这是我的本分。金城县主还在路上，不久就能到来。她嫁妆丰厚，人也贤良美貌。"

诺曷钵说："多谢费心。陛下还有所交代吗？"

使节说："陛下说，让你们先在凉州耐心等待。吐蕃野心太大，不停地扩张，处处和大唐作对，朝廷打算派薛仁贵率军出击。"

众人听了欢喜，觉得复国有望了。

弘化公主对来使说："感谢大唐对吐谷浑的关爱。我还有一个请求，望能上奏给陛下。"

来使说："公主但说无妨，微臣一定尽力。"

"我二儿子梁汉王闼卢摸末过几年也到了娶亲的年纪，我想为他求婚。"

"这是好事情，陛下肯定很乐意。"

"还望使节多多美言，促成此事。"

"这是应该的。成人之美，何乐不为！"

送走了使节后，他们都在期盼早日回到吐谷浑。薛仁贵率军出击吐蕃，但大非川一役，唐军大败，吐谷浑依靠大唐力量复国的希望破灭。

金城县主的到来，给他们带来了希望。他们在凉州之地居留了九年，等待了九年，希望有朝一日能收复失地，恢复故国。在凉州的九年之中，弘化公主及所有逃难到此的吐谷浑人每天都在失望与希望中煎熬，当他们认识到吐谷浑再也无力复国，弘化公主及诺曷钵上书大唐，希望迁居大唐内地。

大唐也希望吐谷浑回到故地，以遏制吐蕃势力，于是将吐谷浑部落迁到鄯州大通河之南。这里离吐蕃比较近，吐谷浑部落害怕吐蕃的势力，不安其居。无奈，唐高宗又下令将其徙于灵州境内，设安乐州，诺曷钵任刺史，由其自治管理。安乐州者，本意就是让吐谷浑部族和弘化公主在这里安居乐业。百姓开始安居在此，生儿育女，也不再提起复国的话题。

此时的弘化公主已经五十岁了，颠沛流离的生活已经让她憔悴苍老了许多。她依然全力协助诺曷钵励精图治，建设新的家园。安乐州在他们的手里渐渐地繁荣。

十五

高宗李治驾崩后，中宗李显即位。武则天专权，将中宗废为庐陵王，贬出长安。李唐的天下被人夺取，从权倾天下到阶下囚，下场悲凉。

弘化公主闻听，内心甚是悲愤。而更悲凉的莫过于亲人的去世。与弘化公主相濡以沫四十八年的丈夫诺曷钵因病去世，其子苏度摸末继位，被唐王朝加封为青海王。弘化公主继续辅佐苏度摸末治理安乐州。

武则天称帝后改国号为周，下旨改封弘化公主为大周西平大长公主，并特赐弘化公主为武姓，但此时的弘化公主已经六十八岁。看着李家的江山易主，她不禁悲凉起来。昔日贵为天子的李唐王室，被武则天杀的杀，贬的贬，一时间宫廷充满着血腥之气。大唐变成了周，武家人权倾天下。宫廷的斗争，也让朝廷无暇顾及吐谷浑的生死。

公主内心悲凉，却无处化解。她的身体一天天地衰败下来，疾病缠身。

儿子苏度摸末来探望母亲。此时，天空一轮皓月当空，在安乐州一直生活了二十多年的弘化公主抬头望着天空，微笑着说："我出生那天，也是一轮明月当空，父亲就给我取名心月。今天的月，和那晚的月一样的明亮。可惜父母早已逝去，也没有再见一面，我很遗憾。"

此刻，她突然想起了鲍照的诗《王昭君》，随口吟诵：

> 既事转蓬远，心随雁路绝。
>
> 霜鞞旦夕惊，边笳中夜咽。

苏度摸末能理解母亲的哀伤，他劝慰道："今天您看到的月，就是长安的月，如果您想长安了，我过些天就和您一起去。我还要带着儿子一起去看看长安的繁华。"

"甚好，我真恨不得现在就回去，去看石榴花开，去看芙蓉花开。那年春天，我和一群姐妹在曲江杏苑游玩，看到一位翩翩公子，我那时候情窦初开，从此就再也难以忘怀。后来才知道，他就是新进士。我爱慕他，之后我本来打算央求父亲，要嫁给他，可是他却爱上别人。我代替被陛下赐婚的月华姐姐，远嫁这里。"她突然觉得胸口憋闷，不停地喘气。

"母亲，您歇息吧，这些日子，您很憔悴，一定是太劳累了。母亲如果想见故人，我派人去长安城打听就是。"

弘化公主点点头，她静静地走回房间，躺在床上，却一直回忆曲江池畔的公子，无法入睡。她穿上衣服，坐在窗前，看着一轮皎皎的明月升腾在空中。她觉得累，坐在椅子上，渐渐地睡去。

待到侍女进来时，以为她只是睡去了，就上前去，给她披上衣服，却发现她手上的玉镯已经掉在地上，碎成了几块。侍女连忙惊呼众人，等到太医到来，却是已隔阴阳。

她平静地离去，坎坷地走完了自己的一生，享年七十六岁。

苏度摸末离开了母亲之后，回到府邸。刚走到房中，他感到曾经打仗被箭射中的地方，一阵阵钻心地疼。他坐在床上，喊着叫太医来。太医来时，他已经昏迷不醒，在痛苦中死去。

得到消息的阚卢摸末匆忙赶来。他看着母亲和哥哥的尸体，失声痛哭。一天之内，他失去了最亲的两个人。

母子二人的棺椁于第二年三月运抵凉州，两人同日葬于青嘴喇嘛湾。这里峰峦起伏，峡谷纵横，河水湍流急下。在两水汇合处，弘化公主墓就坐落在山岗上。向南，是吐谷浑国，向东，是大唐的边境。弘化公主安息在此，看着她为之呕心沥血一生的国度，望着她回不去的家乡。

文成公主

了可悟·济世心

文成公主李景寒

贞观十五年（641），江夏郡王李道宗的女儿李景寒被封为文成公主，出嫁吐蕃赞普松赞干布。文成公主到吐蕃后，和随从一起为民众做了很多好事。她协助尺尊公主建立"惹萨寺"，自己修建了"热木齐寺"。自从文成公主下嫁后，唐蕃之间，数十年间，安稳平静……

一

灰暗的牢房中，江夏郡王李道宗一拳拳打在牢狱的墙上，墙上已经一片血渍，手也是血肉模糊。他因为贪污被关进监狱，此时正后悔莫及。他在狱中，想起自己从前的荣耀，真是羞愧难当。想当年，跟随堂兄李世民南征北战，功勋显赫，深受堂兄的器重。

牢房的门突然"咣当"一声打开了。李道宗抬头一看，是夫人韦寄白和两个女儿李景寒、李景雪走进

三彩载物骆驼

来。她们的手中提着食盒，来看望他。

李景寒打开食盒，拿出吃食，让父亲吃饭。李道宗摇摇头，说自己不想吃。

"爹，您要保重身体。母亲已经将钱财退还了刑部。"李景寒给爹爹宽心。

"唉……我一世的英明竟然就如此毁了。"他叹了一口气。

"王爷，您知道错了，陛下一定会宽恕的。再说破刘武周，破王世充，征战突厥、吐谷浑、高句丽等，哪一次您不是身先士卒。"夫人劝慰他说。

李景寒看到父亲手上的血，赶紧拿出手帕，替父亲包扎。

"爹，要是可以替代，我就替您坐牢。"李景寒心疼地说。

"我也替您坐牢。"李景雪也说。

李道宗看着夫人女儿，觉得自己委屈了她们，来到阴暗肮脏的牢狱之中。

"谁要替李道宗坐牢？"有人在牢房外面说。

李道宗听来人的声音，立刻跪在地上，满脸悔恨之色，说："陛下，臣有罪。刚才是两个女儿在乱说罢了。"

李世民敬重李道宗，虽然让他下狱，但是念及他旧日的功勋，就来到狱中探望他。

太宗叹息着，对李道宗说："你功勋赫赫，荣华富贵，怎么能因为贪污，玷污了自己的清白。"

李道宗说："臣是一时糊涂，已经知错了。所贪污的钱财已经退还，如今非常悔恨。"

太宗听完，见他言语诚恳，知道他已经悔悟，李道宗是皇室中人，又怎么会缺钱。而且在牢狱中多日，也该回家了。

李景寒跪在地上，对太宗说："父亲有罪，我愿意替他坐牢，让他到外面去打仗，以代替他的过失。"

唐太宗看着小小年纪的李景寒说出如此的话，很意外，就说："这个小姑娘有这样的孝心，有这样的胆量，实在是让人不可小觑。如果有一天，大唐需要你去效力，你愿意吗？"

李景寒点点头，说："身为大唐的子民，李氏的子孙，哪怕流血都在所不辞。父亲常说，为了江山，头都可以断。"

李世民看着李景寒，眼前的小姑娘漂亮又聪慧，让他很喜欢。他说："你一个姑娘家，能做什么呢？"

"我会骑马射箭，和哥哥相比，一点也不差。"

"战场上都是男子，你怎么上战场？"

"昔日有花木兰代父从军，如果要打仗，我也扮作男儿，和父亲一起去讨伐敌人。"

她的一席话引得太宗高兴。"你父亲让朕寒心了！可是你却让朕刮目相看，若天下的女子都如你这般，朕的江山一定会太平安康。"

他下旨罢免了李道宗的官职，削减了他的封邑，让他以郡王的身份回家。

李道宗跪谢了皇帝，和夫人女儿一起归家。自此，李景寒更是受父亲的宠爱，让她读书习武。她母亲韦氏信佛，也常让她读些佛典。母亲又花重金请人教女儿琴棋书画，希望她能寻得一个如意郎君。

过了些时日，李道宗又被朝廷启用了。

二

自从弘化公主下嫁给诺曷钵后，吐蕃的松赞干布感到非常不安。吐谷浑与大唐结亲，于吐蕃很不利。思前想后，松赞干布派遣能言善辩的大论禄东赞到大唐去探虚实。禄东赞聪明刚毅，会带兵打仗，也会外交周旋，让他去，松赞干布很放心。

由于对吐蕃不熟悉，唐太宗就派遣行人冯德遐出使吐蕃。于是，松赞干布再次派人到大唐，提出要娶一位大唐的公主。根据冯德遐的建议，太宗拒绝了松赞干布。由于当时吐谷浑王诺曷钵入大唐见太宗，于是吐蕃的特使回来后告诉松赞干布，声称大唐拒绝和亲是由于吐谷浑王从中作梗。

使者对松赞干布说："我刚到大唐的时候，待我非常优厚，还说要许嫁公主。可是吐谷浑王入朝，他使了离间计，后来大唐就礼数不周，也不许嫁公主了。"松赞干布听完后大怒，公开威胁太宗，要求和亲。

松赞干布十三岁继承了王位，年纪轻轻就当了赞普，性格骁勇，足智多谋，用武力征服了高原的许多部落，连实力与之相等的羊同国也俯首归顺，其余一些小的部落也都陆续归顺，成为各部落的首领。他还娶了泥婆罗王女尺尊公主为赞蒙。

松赞干布有雄心，更有野心，就借口吐谷浑从中作梗，出兵击败吐谷浑、党项和白兰羌，直逼大唐的松州。松赞干布得意扬扬地给太宗写信，说："如果

阎立本《步辇图》——禄东赞见唐太宗

不许嫁公主，我就亲提五万兵，夺你大唐，杀你，再夺取公主。"

太宗看完书信之后，大怒，想着一个小小的吐蕃，如此狂妄，实在是自不量力。于是派牛进达率领唐军先锋部队击败了吐蕃军。此时，松赞干布才知道大唐的实力，他非常害怕。在唐将侯君集率领的唐军主力到达前，他就自动地退出这些入侵之地，派遣使者去大唐当面谢罪，再次请婚。

一来二去，经过这一番较量，太宗认识到吐蕃不可小觑，就同意和亲之事。松赞干布乘机再派遣大论禄东赞、副论智塞恭顿至长安请婚，拿着黄金五千两，珍宝数百作为聘礼。

禄东赞一行人来到长安，见到了太宗，再一次恳切地陈述了吐蕃王对大唐公主的爱慕之情，希望两国和亲。他不卑不亢，殷切请求结亲的愿望和诚意打动了太宗。太宗答应把公主嫁给吐蕃王，还把禄东赞封为右卫大将军，想把琅琊长公主的外孙女段氏嫁给他，诱使他为大唐效力。

禄东赞何等的聪明，赶紧说："臣在吐蕃已经娶妻，这是父母所聘，我不能退婚。而且我王赞普还没有迎娶公主，作为臣子怎么敢先娶妻。"他婉言谢绝了太宗的好意。唐太宗不仅不恼怒，还更加器重他，就不再勉强他娶妻。副使智塞恭顿嫉妒禄东赞，乘机提出留下一名大臣作人质，他将目光投向禄东赞。禄东赞明白他的用意，愿作人质，就接受了太宗所赐的一处宅第，同意娶段氏为妻，由副使回报松赞干布，准备迎亲。

太宗思索将哪个女儿嫁给松赞干布。他知道，后宫的妃嫔不愿意将女儿嫁出去，之前嫁弘化公主到吐谷浑就是冒名顶替，惹恼了吐谷浑，差点杀了公主。这次选的公主不仅要愿意去吐蕃，还要能担当起和亲的使命，这让他有点犯难。

他翻看着呈报上来的和亲名单，看到李道宗之女李景寒的名字，突然想起那日在牢狱中遇到李景寒的情景。这个女子聪明有见识，可以去和亲。

太宗召见了李道宗。李道宗内心疑惑地来到皇帝面前，不知道有何事。

太宗说："你女儿美丽聪明，我也曾经见过。现在吐蕃的松赞干布派人来求亲，希望你能答应，让她去和亲。"

李道宗最疼爱这个女儿，自然不愿意让她去和亲。他惶恐地说："我女儿愚钝，恐怕不能担此重任。"

太宗不高兴地说："我知道你心疼女儿，我又何尝不是。若能平息边疆的纷争，不让将士流血牺牲，一女又何足惜。你我都曾经在战场上厮杀，难道将士的血还流得不够吗？"

李道宗诚惶诚恐，连称自己愚钝，不顾国家的安危。纵然心里千万个不情愿，他知道不能违背了皇帝的旨意。更何况他南征北战，知道国家现在面临的重重危难，只能答应。

"陛下，微臣之女能封为公主，为国效力，这是臣的荣耀。"

三

李道宗拖着沉重的步伐回到家里。他怀着心事，满脸焦虑憔悴。他坐在书房里，不言不语，不知道如何给夫人说这件事情。

女儿李景寒悄悄地来到父亲的身边。李道宗看到自己的女儿，更加伤感。

"爹，您怎么不高兴？母亲很担心您。这是您最爱吃的糕点。"她端着一盘绿豆糕，拿出一块递给父亲。

李道宗叹了一口气，说："如果为了父亲，为了大唐，让你做一件事情，你愿意吗？"

李景寒爽快地说："我当然愿意了，就是替父去从军，我也愿意。"

李道宗想起那日在牢房中的情景，他说："这次虽然不是战场，却和战场一样。你要去俘虏一个人的心，让他和大唐交好。"

李景寒有些不大明白，就问父亲："去俘虏一人的心？"

李道宗艰难地说："今天陛下召见了我，是要你去吐蕃和亲。是父亲无能，让你如此委屈。"

李景寒听后，突然愣住了。她没有想到和亲这件事情竟然会落到自己头上。她知道弘化公主去和亲的事情，因为不是帝女还差点惨遭杀害。事情来得太突然，她一时间不知道如何应对。她脑海中浮现出大漠孤烟的塞外景致，说不清是悲是喜。

沉默了一会儿，李景寒就对父亲说："父亲不必担忧，我想和亲也并没有多么可怕。弘化公主现在不是好好的嘛。汉时，有那么多公主嫁给外藩，我又不是第一个。如果不用打仗就可以太平，岂不是更好！"

李道宗本来想着女儿会哭哭啼啼，不肯去和亲，却没有想到女儿有如此见识。

他反问道："你不后悔？如果不想去，父亲再想办法。"

她回答道："我不后悔。在长安，我无非是嫁给一个王公贵族罢了，说不定也不是自己中意的人。就是真公主，也不能嫁个如意郎君。都说远嫁和亲中，女儿家不过是权力的牺牲品罢了，可是谁又不是在权力中挣扎！"

李道宗看着女儿，说："生女儿如你，我真的很知足。"

他来到韦夫人的住处，给她说了此事。夫人听了，只是一味地哭泣，恳请他再想想办法，不能把女儿往火坑里推。他能明白身为母亲的悲伤，可是皇帝已经下了旨意，谁又能违抗。他知道安慰不了妻子，只好到房间一个人喝闷酒。

韦夫人来到女儿的房间，看到女儿，止不住哭泣着，惹得李景寒也哭了，她安慰母亲说："外藩也不是那么可怕。再说，陛下决定的事情，父亲没有办法。"

韦夫人见女儿反过来安慰自己，不知道该如何回答。她来到佛堂前，在佛像面前上炷香，虔诚地祈福，希望能保佑女儿平安。

李景寒要去和亲，两个哥哥听说了此事，心急火燎地赶到家里。

大儿子李景恒对父亲说："我们替国家卖命，却连妹妹都保护不了。这岂不是笑话！从来国与国之间要靠武力取胜，怎么能牺牲一个弱小的女子。我们不能让妹妹去和亲。"

李道宗看着儿子，摇摇头，说："我打过多少次仗都已经忘记了。可是天下太平了吗？你们都太年轻了，不谙世事艰难。"

二儿子李景仁说："从来太平都是战争打赢才来的，不是一个女人能左右的！我们一家在战场上厮杀，就是为了保家卫国。"

李道宗呵斥道："住嘴！难道战场上将士的累累白骨还不够多吗？难道妻离子散的故事还少吗？和亲就是让边境太平十年，也会少了很多无辜人的尸体。你妹妹已经答应了，不必多说。"

他背过身，看到桌上摆着皇帝赏赐给自己的一对玉瓶，伸手一推，玉瓶落地而碎。

他们看到父亲动怒，只好告退，去看妹妹。

四

贞观十五年（641）正月十五，李世民下旨封李景寒为文成公主，下嫁松赞干布。圣旨到达的时候，母女两个人抱头痛哭。李景寒知道，此去异乡，不知何时见面，或者是永世不再相见。

母亲说："你只有十六岁，却要离开父母，到那么荒凉的地方去，让我怎么能不担心？"

李景寒就安慰母亲："听说那里有大草原，有成群的牛羊，母亲就不要担心我了。如果我想您了，就骑着马，回来看您。再说，您每天在佛祖面前祈福，佛祖会保佑我平安。"

韦夫人摇摇头，女儿还小，自然不懂世事的艰难，一切只能看命运的安排了。她早已经为女儿准备好了嫁妆。本来打算在长安的青年才俊中挑选夫婿，如今却是一场空了。

李景寒对妹妹李景雪说："我不在家，你一定要替我照顾好母亲。你我虽然不是一母所生，但是如亲姐妹一般。"

李景雪点点头，说："姐姐放心，我一定会照顾好母亲。希望你在外面，照顾好自己，不要让我们为你太担心了。"

她笑着回应妹妹："我会照顾好自己的。李家的女儿怎么能娇弱得连自己都照顾不好！"

出嫁的日子定了，李道宗夫妇为女儿操劳着婚嫁的事情，王府上下忙碌着，却笼罩着哀伤之气。

临行前几天，禄东赞拜见了公主，对公主说："您去吐蕃的时候，多带些五谷种子、锄犁和工匠，这样就可以帮助吐蕃种植更多更好的庄稼。民众就可以不用挨饿了，他们会非常感激您的恩德。"文成公主点点头。她让人又多备了几匹马和马车，挑选了上好的种子，驮在马车上。

文成公主让侍女取下日夜供奉的一尊铜铸释迦佛像，包裹好，放在携带的箱子中。母亲和她都笃信佛教，常去长安城内外的寺院中布施。这尊佛像会保佑自己一路平安。

出嫁之日，天气突然变冷。文成公主穿着华丽的衣衫，戴着凤冠，准备出嫁。皇帝下诏，让她的父亲李道宗持节护送。在禄东赞的伴随下，前往吐蕃。

除了李道宗夫妇为女儿准备的嫁妆外，太宗也为文成公主准备了丰盛的嫁妆。除了公主陪嫁的侍婢外，还按照公主的要求，让一批文士、乐师和农技人员相随。马匹上驮运着大量的书籍、卜筮经典，还有乐器、珍宝、绢帛和粮食种子、治病药方。送亲的队伍庞大，缓缓行走。

公主跪在地上，向皇帝辞行。大殿两旁的蜡梅此刻花开，暗香浮动，清香格外醉人。

太宗扶她起来，神情有些伤感，说："路途遥远，希望你能平安到达。你去后尽一己之力，让唐与吐蕃交好，让民众能安居乐业。"

公主点点头，说："谨记陛下的教诲。"

太宗让人抬出几个箱子，打开说："这里面是长安的土，长安的柳树，柳为'留'，若你思念故乡，可以看看这几棵柳树。"

公主拜谢，说："谢主圣恩，我定会让柳树在吐蕃扎根生长。"

公主出了宫殿，上了凤辇，皇帝和众人向她挥手送别。

想着要离开长安，离开父母，公主的内心很凄凉，原本活泼的她突然泪流不止。

一旁的禄东赞知道公主的苦楚，为了让公主开心，就唱起了吐蕃的歌谣。歌谣赞美着松赞干布的英明和果敢，描述着吐蕃的风光。公主听着，不知不觉心情宽慰了许多。

母亲拉着她的手久久不愿松开，这一离去或者就是不再相见。她落下眼泪，如梨花带雨，又和妹妹相拥而别。父亲和哥哥们一脸凝重，为妹妹的命运担忧。父母兄弟姐妹挥手相别离。

寒冬时节，却要离别家乡父母，就更显苦楚。

长安城内外，渐渐地落雪，而后白茫茫一片琉璃世界。文成公主一袭红衣，在雪中分外妖娆。禄东赞抱歉地对公主说，进吐蕃之所以要在隆冬季节出发，是因为路途遥远，沿途要经过几条湍急的大河，冬季河水平缓，才便于送亲的队伍通过。

文成公主裹紧衣服，望着茫茫的前路，对禄东赞说："我们上路吧，不要耽搁了。"

故乡渐行渐远。公主有些惆怅，却一脸的坚毅。

五

文成公主一行离开长安，风尘仆仆地走向吐蕃。他们翻山越岭，长途跋涉，一路上风霜雨雪，有时候甚至几十里见不到人烟。没有水喝，人只能啃冰块，马只能吃雪。

文成公主到了险峻的赤岭时，向西眺望，茫茫草原，牛羊遍野，湖里碧波荡漾。公主站在山上，取出了母亲送她的黄金日月宝镜，望着长安的方向，将宝镜抛下山，以断思念之情。

他们进入了吐谷浑境内。在文成公主刚刚启程时，太宗就诏令吐谷浑王诺曷钵修整道路，准备迎接她。到达吐谷浑界时，文成公主受到了诺曷钵和弘化公主的盛大欢迎。她被安排在翁城中心驻息。

同是故乡人，同为宗室女，同在异乡为异客，见面自然有说不完的话。弘化公主和文成公主一边散步，一边聊天。

文成公主问："这些时日，姐姐在吐谷浑可好？我们都很想念你。"

黄

河

日月山（青海）

柏海

吐

蕃

唐

长安◎

文成公主庙

◎逻些（今拉萨）

长

江

文成公主入吐蕃路线图

弘化公主说："还好。得知你要来，我激动得难以入睡。我们修好路，建好宫殿，只为你来。我出嫁时十八，你才十六，你离家比我还要早两年。逻些寒冷，你要多穿些衣服。"

文成公主点点头，说："和亲虽然有点伤感，不过我可以走出长安，看看外面的世界也好。临走时，陛下说要我劝和，让吐蕃和吐谷浑能友好，不要经常战争。"

弘化公主微微一笑，说："我当初走的时候，陛下也是这样叮咛我。我一直劝王这么做。"

文成公主拉着姐姐的手说："我知道自己来的目的，会做好自己的事情。只是没有见过松赞干布，不知道他长什么样。"

弘化公主说："我听王说过松赞干布，听说仪表堂堂，而且年轻有为。他统一了吐蕃部落，娶了尼婆罗国的尺尊公主，册封她为赞蒙，只怕你去了，会有点委屈。"

文成公主说："只要松赞干布对我好就可以了。我父亲就有好几个妻子，我想自己可以应付。我还带来了很多侍女，她们都是母亲亲自挑选的，个个聪明伶俐，如果我遇到困难，她们一定会帮助我的。"

弘化公主仔细地打量着文成公主，她觉得这个女子一定会有作为。她年纪轻轻，却心思缜密，一定会在异邦安身立命。她说："后宫人多，事情就多，你要学会应付。"

"谢谢姐姐提醒，我会谨记在心。"

她们晚上住在一起，弘化公主向文成公主诉说在吐谷浑的经历，诉说了离别之苦，诉说了宫廷中的斗争。文成公主说姐姐实在是太辛苦了。弘化公主说不辛苦，大唐的公主能享受荣华富贵的生活，就要担当起为国家效力的使命。如果以一己之力，能平息战火，也是一件无上功德的事情。

经过一个多月的休息，文成公主一行人又继续西行。弘化公主和她依依惜别，相约要书信往来，互相扶持。

六

文成公主一行继续向吐蕃进发，历经了千难万险。从恰卜恰再往前走，路过大非川，抵达那录驿，经过暖泉就到了列谟海。二十五岁的松赞干布已经等候在那里，他多年的夙愿得以实现，亲自率军远行至柏海迎候。在扎陵湖和鄂陵湖畔，他建了"柏海行馆"，按约早已到此等候公主。

天空朗晴，一行人来到了柏海行馆，松赞干布看到公主轻盈地走下马车，那华丽的衣衫，那优雅的举止，那妙曼的身姿，让人非常着迷，他一见钟情。虽然舟车劳顿，公主依然光彩照人，让他暗自感叹自己衣服的粗鄙，也感叹大唐的盛世繁华。在场的将士都惊叹着，恍若看到仙子。

行馆中温暖舒适，送亲的人都疲惫不堪，就好好地休息。

第二天起床时，阳光明媚，松赞干布已经在等候着公主。

李道宗以父亲和大唐重臣的身份主持婚礼。婚礼按照大唐的仪式进行，松赞干布对李道宗行女婿之礼，非常的恭敬。宴席上，大唐的歌姬表演着舞蹈，衣衫翩翩，乐声缠绵。

晚上，松赞干布和文成公主在这里度过了洞房花烛夜。红烛摇曳，暗香浮动，明月朗朗。他揭开盖头，深情地凝视着她，一切都在无言中。他牵着她的手，她的手微微地颤抖，走到红罗帐中，文成公主娇羞地低头，那一低头的温柔，让松赞干布对她更钟爱有加。

鬓发之间，是彼此的呼吸，烛火熄灭，裹被相拥，一夜到天明。

柏海行馆的日子快活逍遥，松赞干布带着公主骑马游猎，公主的思乡之情，渐渐地淡去。

文成公主与松赞干布结伴而行。他们翻山过河，长途劳顿，路上险峻重重，也看到美景无数。自小信佛的公主为了表达对神灵的虔诚，在行走到贝纳沟时，在岩壁上刻下了九尊佛像，感谢神明一路的护佑，让她平安地来到吐蕃。

公主到达逻些的那一天是四月十五日，吐蕃人穿着盛装，迎接这位远道而来的赞蒙。为迎娶文成公主，松赞干布在红山之上修建了一座华丽的宫殿，取名叫布达拉宫。松赞干布和文成公主的宫殿之间有一道银铜合制的桥相连。在向大唐上书求婚时，松赞干布说："我父祖没有和上国通婚的，我能娶大唐公主，深感荣幸，所以要为公主筑一城，以夸示后代。"

松赞干布命禄东赞及众臣安排隆重的大婚典仪。红山上煨起吉祥的桑烟，鼓号齐鸣，五色彩旗迎风飘扬，万民高呼"扎西德勒"。盛大的婚典开始了，文成公主、松赞干布在仪仗队簇拥下登上典礼高台。他们向欢呼的人群走来，百姓沸腾了。松赞干布登临宝座，为文成公主加冕，封作赞蒙。他们登上王座，接受民众的朝拜。

赞蒙尺尊公主和其他的妃子也列席欢宴。她有意迟行，以显示她的高贵。她是王的正妻，此刻眼中充满焦虑。文成公主的到来，对她的地位是非常大的威胁。她坐在旁边，冷眼看着这一切。她想起自己曾经盛大的婚礼。眼前的大唐女子青春美丽，能看出松赞干布非常喜欢她。她有点担心自己的地位，她一直没有为王生下儿女。

七

婚礼过后，文成公主拜见了甄玛托太后和尺尊赞蒙。她穿上吐蕃的衣裳，少了些妩媚，倒是多了些俊美之色。

太后打量着大唐来的俊美女子。新赞蒙流利地说着吐蕃语，一旁的大臣禄东赞不停地夸奖着她。在来逻些的路上，禄东赞一直在教公主吐蕃语，她聪慧，一路而来就学会了。

太后说："我没有去过大唐，但是听闻那里的繁华，也听闻你的美貌和智慧。希望你能辅佐我的儿子，成就一番伟业。"

文成公主点点头，让侍女给太后送了一尊佛像，用汉白玉雕刻而成，非常精美。又送上大唐宫廷的丝绸，那华丽的图案和精美的样式让太后赞叹不已。

文成公主对一旁的尺尊赞蒙说："听说姐姐非常能干，我有空的时候要向您讨教一些事情，更好地去辅佐王。这是我从大唐带过来的礼物，希望您能够喜欢。"那是一套雪白轻柔的丝绸衣服，打开来看，光华灼灼，让人眼前一亮。宫中的人都非常惊讶，他们从来没有见过如此精美的衣服。

尺尊公主让侍女赶紧接过了文成公主送来的礼物，道了谢。她一直在打量着这个女子。这个女子流利地说着吐蕃语，一看就是聪明之人。要是这个女子生了孩子，她觉得自己的地位岌岌可危。但是她知道自己的优势，她深得太后的欢心。

她对文成公主说："谢谢你的礼物。看到赞普迎娶你的时候，我就想起当日赞普迎娶我的情景，还历历在目。我是他的正妻，当时是举国欢庆。"

文成公主笑了笑，她知道尺尊公主在向她示威，要争嫡庶的位置。她不想在众人面前和她争执，就说："姐姐是王迎娶的第一个赞蒙，自然很隆重。当年，赞普向陛下请婚几次，陛下才答应了。我初来乍到，还望姐姐能多多指点。"

尺尊公主自讨没趣，就不再说什么了。

新婚的松赞干布陪同文成公主巡游领地，讲述他的远大抱负。公主就是他倾慕的大唐的化身，他向她展示着吐蕃的美丽。他们策马在草原上，公主的思乡之情也因为初来乍到的新奇而减退了。草原上的人大口喝酒，大块吃肉，没有那么多的繁文缛节，倒也逍遥快乐。

每到一处，文成公主发现吐蕃女人以赭色物涂面，而且以此为美。她感觉不美，就问王："为什么吐蕃的女人要赭面？她们原本长得很漂亮，这一赭面，却不美了。"

　　王笑了笑说："吐蕃风沙大，女人为了防护皮肤，减轻风沙吹袭，所以要赭面。如果你不喜欢，那我就下令禁止赭面。"

　　松赞干布下令禁止赭面，女人们露出了本来的容貌，看着确实是漂亮多了，宫中的女人都不再赭面，民间开始效仿。此时中原与吐蕃之间关系极为友好，使臣和商人频繁往来，使赭面的习俗传到长安，长安城里的贵族女子，都争相赭面，一时间成为风尚。

　　松赞干布因陪伴文成公主多日未上朝，引起一干大臣的非议，尤其是一些老臣的非议，他们找到禄东赞，让他去劝说王，不要迷失在这个女人的温柔乡中。他们害怕这个女人左右赞普，干涉朝政。

　　禄东赞为此亦颇费心思。他委婉地提醒文成公主不要因儿女私情使王疏于朝政，公主恍然大悟。她拜见了一干老臣，送上了礼物，并且说自己从今之后要尽心尽力辅佐赞普，不会干涉朝政。第二天一大早，公主提醒赞普，要早日上朝，不要耽搁了朝政。

　　同样，这也引起了尺尊赞蒙的不满。赞普很久没有去看望尺尊赞蒙和其他妃子，他只顾和文成公主一起巡游。尺尊公主在太后的面前，说了朝中的非议，也说了后宫的不满。

　　太后叫来了文成公主，委婉地转达了王后的意思。文成公主意识到自己的失误，开始想办法弥补。当赞普来到布达拉宫时，她就推说自己身体不舒服，要休息，让他去宫中看望其他的妃子。赞普无奈，只好去其他妃子那里。

　　此时，大唐和吐蕃相安无事。在弘化公主和文成公主的努力下，吐蕃和吐谷浑又和好，暂时平息了战火。

八

　　和赞普一起到外面巡视的时候，文成公主看到了吐蕃民间的疾苦。由于连年的征战，民众多流离失所，街上乞丐很多。男子战死在沙场上，留下孤儿寡母，疾病缠身，且无所依靠。这些人衣衫褴褛，食不果腹，在大街上乞讨。她看到这些悲苦，和宫中的奢华相比，让她内心不安，就决心做些事情去解救他们。

　　她请禄东赞帮忙，看如何去帮助百姓。禄东赞说让赞蒙临行前带的药材和种子等，现在就可以派上用场了。听了禄东赞的主意，她召见了从长安带来的御医，询问该怎么治疗百姓的疾病。御医说，这里非常寒冷，百姓多贫寒饥饿，可以煎熬中药，给百姓治病，再送些粮食，可以救急。公主让人在城中开设了几家医馆，让很多贫穷的人得到医治。还让人传授医术给吐蕃大夫，救治更多的人。

吐蕃的粮食收成太少，民众大多忍饥挨饿。公主让随嫁而来的农工传授大唐的技术，教吐蕃百姓挖畦沟，一时间田野阡陌纵横。她让工匠拿出五谷种子和菜籽，教人们种植。她带来的作物生长良好。

文成公主带来的那些能工巧匠，教会当地人做车舆等。

吐蕃民众不懂纺织技术，很多人都以动物皮毛为服。文成公主挑选出一些巧手的女子，向她们传授纺织技艺。

公主整天忙忙碌碌，一点都不觉得孤单。那些医治好的病人，跪拜在她的面前，称赞她的功德。赞普忙于朝政，出去巡游各方，平定叛乱，根本无暇去后宫。他很久都没有见公主了。

吐蕃民众把她视若神明，城中都在流传公主做了那么多好的事情。王宫中的人看到公主整天出宫去，然后再匆忙回宫。她出去总要带上大论禄东赞，遇到困难，就请求他的帮助。吐蕃的人信任禄东赞，只要禄东赞出面，很多事情就顺利地解决了。

松赞干布刚好征战大胜回来，他骑着马，经过繁华的街市。他看到公主和随从在一间棚子下面支着大锅，锅中烧着开水，正煮着东西。一群人排着长队，手里拿着碗，在等着施舍。

他觉得好奇，就走过去，想看个究竟。众人看到王来了，都急忙拜见。

"公主，你们在做什么？"

"王，我们在煮馄饨。今天是冬至，长安城里面的人都会吃馄饨御寒。吃了馄饨，全身都暖和了，也不冻耳朵了。这是汉朝的医圣张仲景发明的，叫'祛寒娇耳汤'，是用羊肉、辣椒和一些驱寒的药材在锅里煮，然后捞出来切碎了，用面皮包成耳朵状的'娇耳'，下锅煮熟了分给大家吃。"

听公主说得如此香，赞普顿时感到饥饿，就赶紧说："我也要吃馄饨，快端一碗。"这馄饨真香，吃得他竟然出汗了。

那些穷人一边吃，一边盛赞公主的美德，赞扬王的恩泽。看到这一切后，赞普感到非常欣慰，觉得她可以辅助他成就大事，就越发尊重这位赞蒙。在他的眼中，她既温柔，又有主见。王看着公主忙碌的身影，才想起自己离开宫中许久了。

在吐蕃西南，和田之南有羊同，朗日论赞的时候，曾与吐蕃联姻。后来发生叛乱，松赞干布亲自征讨羊同，羊同因而再次臣服吐蕃。松赞干布还将妹妹赛玛噶嫁给羊同王为妃，对他进行笼络。

想当年，松赞干布攻打吐谷浑进兵唐边境时，羊同也出兵随征，也曾与吐蕃使臣朝见唐太宗。但羊同王不甘心役属于吐蕃，对吐蕃征调财物深为怨恨，屡次反叛吐蕃，发生冲突。羊同王对赛玛噶越来越疏远，宠爱原有王妃，赛玛噶也决意帮助哥哥消灭羊同王。她秘密派人把羊同的虚实告诉了哥哥，还暗中收买羊同的大臣，准备里应外合，让哥哥杀入羊同。

一切就绪，在羊同毫无防备的情况下，松赞干布突然发兵攻入羊同，擒获了羊同王，但是羊同王不肯归顺，于是就杀了羊同王，羊同的部众都归附了吐蕃，收为编民。赞普将羊同王的首级在城门上悬挂着，震慑着那些有反叛之心的人。

吐蕃国内暂时和平，松赞干布野心勃勃地要民众臣服于他。他殚精竭虑，竟然累出病。他整日出去巡视，很难和妃子团圆。即使回到皇宫，他还是和禄东赞等人商量治理国家的事情，他很少去宠爱一个妃子。

尺尊公主和文成公主都没有为王生下孩子。他还有三位妃子，这些妃子是各个部落的贵族女子。芒妃墀嘉为他生下一个男孩，起名贡日贡赞。还有羊同妃勒托曼和木雅茹妃嘉姆增。公主设法与她们和平相处，她不想卷入后宫的是非之中。

九

消灭了羊同，松赞干布意气风发。但是，如何让臣子心甘情愿地顺服，让人心归降，这是非常难的事情，为此他日夜难安。他把自己的烦恼告诉了公主。

公主想了想，就说："要想让人心聚集，让人心向善，必须要有信仰才可。大唐佛教盛行，吐蕃何不把佛教发扬光大，这样可以让国家安稳，民心安定。"

松赞干布大喜，击掌而说："你说得很有道理，我听使者说到大唐去的时候，看见寺院林立，民众谦和，一派盛世景象。那如何去弘扬佛法，让民众信赖呢？"

公主说："我们可以建立寺庙，然后派人到天竺去学习佛法，解救民众疾苦。赞蒙尺尊也信佛，要不让我和她来一起做这件事情。先修寺庙，再弘扬佛法。"

松赞干布高兴地说："那明天你去拜访赞蒙尺尊，希望你们齐心协力，办好这件事情。我去和大臣商议，派人去天竺学习佛法，让吐蕃早日能国富民安。"

文成公主来到吐蕃时携带了佛像和经书，王同意了建寺弘佛的请求，她高兴得一夜无眠。第二天一早，她急匆匆地去拜见了赞蒙尺尊，对她说了自己的来意，而且说王大力支持这件事情，这件事情要由赞蒙尺尊牵头去做。

尺尊公主也是虔诚的佛教徒，听到文成公主来找自己修建寺庙，而且还是让自己带领修建，尽管两个人有嫌隙，但还是愉快地答应了。当年出嫁的时候，作为最贵重的陪嫁，尺尊公主带来了一尊释迦牟尼八岁等身像。佛像一直在宫中供奉，现在可以修建寺庙，是非常有功德的事情。文成公主从长安陪嫁的是释迦牟尼十二岁等身像。

赞蒙尺尊就问："赞蒙文成，你打算怎么去修建寺庙？"

文成公主说："我一切听从您的安排。"

尺尊说："我想在池塘边修建一座宏伟的寺庙。寺庙在水中会有倒影，重重叠叠，会非常漂亮。"

文成公主犹豫了一下，说："赞蒙尺尊，那里地基不牢靠，还是另择宝地吧。"

尺尊公主听了不高兴，她说："那我们还是各自修建寺庙吧。各自供奉佛像为好。"

文成公主不好反对，就说："听您的吩咐。"

尺尊公主回到了宫中，立刻吩咐人去尼婆罗请能工巧匠。一个尼婆罗的画师绘出了雄伟的寺庙，她看着心花怒放。她要亲自带人修建这座宏伟的寺庙，让王高兴。她让人把画稿呈给王，王被那宏伟的寺庙吸引了，觉得是世间少有的寺庙。他吩咐王后，一定要建好寺庙，让民众虔诚信佛。

文成公主向长安来的能工巧匠请教建立寺庙。有些人修建过长安的寺庙，就建议要修宏大华美的寺庙，不逊色于王后修建的寺庙。有的人说寺庙不能太过张扬，否则和王后的寺庙相提并论，会惹来不必要的麻烦。

文成公主想了想说："我们修建的寺庙，还是不要太过于宏伟的好，不然会耗费很多的人力和财物。征战多年，我还是修一个小点的寺庙吧。只要心中有佛，寺庙无所谓大小。"

工匠听从了公主的建议，他们商量之后重新再绘出寺庙的画稿。寺庙精巧，结合着大唐的风范，又融合了吐蕃的样式，公主看了很满意。

于是，公主领着一帮工匠，忙着修建寺庙的事情。无论刮风下雨，公主都要亲自去工地查看，检查进度。

十

两位公主带领各自的工匠，先去探访地址。尺尊公主决定在池塘东北边修建庙宇，她依照着寺庙的画稿，带领工匠建造。建寺庙的工地上，工匠们辛苦地劳作，为了鼓气，她亲自到工地上查看。松赞干布巡游回来，也去查看，看到寺庙的宏伟规模，他称赞着赞蒙尺尊的智慧。

可是寺庙的一层修好，刚要修建第二层的时候却倒塌了。尺尊公主看着废墟中的地基，非常焦急，但是又无可奈何。她只能虔诚地在佛前祈祷。

恰好禄东赞受王的委托来视察寺庙的进展，他看到尺尊公主束手无策，想了想向尺尊公主说："文成公主带来一批能工巧匠，他们精通中原的星算和风水之术，如果要修建寺庙，就要熟悉地理风水等方面的事项，需要向文成公主请教。"

高傲的尺尊公主自然不愿意，但是看着塌陷的工地，焦急万分却没有办法。无奈之下，尺尊公主只好命人带着礼品去请求文成公主。文成公主让手下的能工巧匠去实地查看，勘测佛堂的地址并造好了模型，向尺尊公主提出了可行的办法。匠人说先要填平池塘，才能在此建佛殿。

尺尊公主命人赶着山羊，驮着石头，一点点地填平了池塘，打牢了地基。顺利地建造了第一层后又建造了第二层。她非常得意，于是在施工的过程中，不按照事先文成公主算的那些解术来进行，以致新筑起的寺庙又倒塌了。

尺尊公主非常后悔和懊恼，她再一次在佛前祷告，又去请求文成公主帮忙。文成公主派了一名匠人去协助尺尊公主。这一次，尺尊公主按文成公主所说的方法，亲自率领工匠，在已填平的池塘上建成第一层佛殿，又建成尼婆罗风格的上层佛殿。

尺尊公主日夜忙碌，寺庙一天天地建好。赞普夸奖了她的功德。她带着厚礼，亲自去向文成公主致谢。

尺尊公主说："没有你的协助，我无法建成这么宏伟的寺庙。万分感激你。以前我害怕你的到来，会夺走王对我的宠爱，会夺走我的地位。但是看到你的所作所为，我为自己曾经的嫉妒感到不安。"

"尺尊公主，您的胸襟和大度让我感动。希望我们以后能和睦相处，协助王治理好国家。"

尺尊公主和文成公主两人前嫌尽释，携手示好。

文成公主一边协助尺尊公主，一边修建自己的寺庙。她拿着绘好的图纸，指挥着匠人们加紧施工，想让寺庙早日完工。她建造的寺庙虽然不及尺尊公主建造的寺庙宏伟，但是别具特色。

尺尊公主建造的寺庙日夜兼工，终于大功告成。众人站在寺庙的门前观看，神圣之气扑面而来。松赞干布带领着后宫的妃子，还有百官，设宴庆祝，声势浩大壮观。吐蕃的民众从四面八方赶来，匍匐在寺庙里，祈求福祉。

寺庙里面供奉了释迦牟尼八岁等身像，王带领着众人在佛前祈福消灾。

尺尊公主说："这寺庙建好了，请王赐名吧。"

王看着华丽的寺庙，说："这座寺庙建起来非常艰难，是由山羊驮土建的，'山羊'为'惹'，称'土'为'萨'，就叫'惹萨寺'吧。"

尺尊公主拜谢了王，说："借王的吉言，这里以后会弘扬佛法，成为吐蕃人心中的圣殿。"

天气炎热，人头攒动，寺庙外面没有一处阴凉处可待，人人都汗流浃背，饥渴难耐。王望着天空，说："如果这里有可以乘凉的大树就好了。"

文成公主对王说："唐天子曾传旨天下，让驿道栽柳树以荫行旅，大唐国土的驿道柳树成荫。临走时，天子赐我柳树，现在枝叶繁盛，何不种植在寺庙周围，为行人避暑热。"

松赞干布听后，非常赞同。公主让人取了柳树，和王一起栽种在寺庙外。

文成公主的寺庙也竣工了，寺庙的大门朝东，寄托着公主对家乡父母的思念。寺庙里面供奉的是释迦牟尼十二岁等身像，松赞干布也设宴，进行开光仪式。寺庙的主持由大唐来的高僧担任。

王说："这寺庙和大唐的寺庙相像，就叫'热木齐寺'，意思就是'汉人的寺庙'。"

公主拜谢了王的赐名。

大小两座寺庙都竣工，王制定法律，明令民众要虔信佛教，佛教开始在吐蕃传播起来。王派遣大臣端美三菩提等十六人到印度学习梵文和佛经，回来后创造了吐蕃文字并翻译了一些佛经。

十一

松赞干布终于完成统一大业。他效仿大唐建立吐蕃的法律和典章制度，制定吐蕃的法典，并在文成公主的建议下选派吐蕃青年去大唐学习。

大唐也不断派出各类工匠到吐蕃，传授各种技术。文士们帮助整理吐蕃的文献，记录松赞干布与大臣们的重要谈话。松赞干布欣喜之余，又命令大臣与贵族子弟诚心诚意地拜文士们为师，学习汉族文化，研读他们带来的《诗》《书》。他派遣了一批又一批的贵族子弟，千里跋涉，远赴长安，研读诗书，把大唐的文化带回吐蕃。

当时，唐太宗伐辽东返回，松赞干布派人送了金鹅，两地之间往来频繁。贞观二十二年（648），唐右卫率府长史王玄策率随从者三十人出使西域，途中为中天竺抄掠，王玄策等人被擒，西域诸国进献给唐的贡物全被抢走。王玄策夜中脱身逃到吐蕃，在文成公主和松赞干布的协助下，大败中天竺，擒其王阿罗那顺。

贞观二十三年（649），太宗李世民逝世，唐高宗李治继位后，派人遣使入蕃告哀，并授松赞干布"驸马都尉"，封"西海郡王"。噩耗传到吐蕃时，文成公主正在礼佛。侍女告诉她后，她泪流满面地向着长安之地跪拜。紧接着她换下华服，穿上一身素衣哀悼。

松赞干布知道消息后，立刻派专使前往长安吊祭太宗，献金供于昭陵太宗墓，并上书唐高宗，表示对大唐新君的祝贺和支持。唐高宗又晋封松赞干布为"宾王"，并刻了他的石像列在昭陵前，以示褒奖。

吐蕃日益强大，但是松赞干布的身体越来越虚弱。他早年殚精竭虑，耗尽心力，为了吐蕃的统一大业可谓付出太多，时常深夜还在与朝臣商讨事情。

这年的冬天非常寒冷，染瘟疫的民众很多。松赞干布在外巡游时不幸染上瘟疫，骑马中突然晕倒在地，竟然一病不起。文成公主让最好的大夫治疗，也没有起色。

松赞干布陷入昏迷之中，发高烧，大夫也束手无策。雪越来越大，他气若游丝，眼看不久于人世。

尺尊公主和文成公主站在他的床前，其他妃子站在两旁。

赞普叹了一口气，对尺尊公主说："你是我的第一位王后，这么多年陪伴在我的身旁，只可惜我们就要分别了。我永远记得第一次见到你的样子，那么美丽。"

尺尊公主流着泪，紧紧地握着王的手。

赞普对文成公主说："你从长安来，带来了大唐的文明，让我大开眼界，为吐蕃尽心尽力。这些年，也少有战争。你的聪明和智慧，我很感激。我去后，剩下你孤孤单单。"

文成公主悲切地说："我为您在佛前祈福，希望佛祖保佑您。"

赞普摇摇头，平静地说："可惜我的儿子早逝，否则我就能看到他登上王位的样子。"

他又一次望着文成公主，说："我有一件事情最担心，害怕我走后，大唐和吐蕃之间又重新燃起战火。希望你能为之周旋。"

文成公主点点头，说："我会尽力让大唐和吐蕃和好，不枉我在这里的时日。"

赞普问公主："我死后，你可想回归大唐？"

公主愣了一下，就流着泪，缓缓地说："王在哪里，我就在哪里。若王去了，我便终身为你守墓，不再嫁人，不回大唐。"

松赞干布满意地点点头，慢慢地闭上眼睛。一片哭泣之声在宫殿中响起。

松赞干布的一生太短暂，去世时年仅三十三岁。

次年，吐蕃以极为隆重的葬礼，在吐蕃历代赞普王陵之间为松赞干布建起了一座高大的坟墓。

松赞干布下葬后，文成公主在寺庙中日日为王祈祷。她修建的寺庙，在松赞干布死后，却凄凉廖落。

松赞干布去世后，王位由他的嫡孙芒松芒赞继承，芒松芒赞年幼即位，由大论禄东赞辅政。芒松芒赞即位初期，禄东赞致力于安定吐蕃内部。在整顿了内政之后，禄东赞率大军四处进攻，让一些小国臣服于吐蕃。此时，吐蕃对击败唐帝国已经信心满满。于是，文成公主尚在之时，便再度兴兵，与唐频频发生边境摩擦。芒松芒赞执政时期，闻知唐高宗派兵进攻吐蕃，担心大唐会抢夺释迦牟尼铜像，便将释迦牟尼佛像从"热木齐寺"迁移，封闭于"惹萨寺"的南厢密室中。

文成公主知道新王的野心，她急忙来到芒松芒赞面前劝说："两国交战，对双方都是损害。先王在时，努力与大唐结好，才能国力强盛。如今战事再起，生灵涂炭，对吐蕃的统治也不利。"

芒松芒赞哈哈一笑，不屑地说："禄东赞说，当年吐蕃被迫成为大唐的附属，现在羽翼丰满，当与大唐一战，夺回荣耀。"

文成公主继续劝说："你还年轻，当以国家利益为重，那些投降吐蕃的首领，都在伺机想夺回自己的土地。如果吐蕃一旦挑起战争，若起了内乱，后果不堪设想。"

芒松芒赞说："您贵为大唐的公主，自然要替大唐说话。如今吐蕃国力强盛，自是一统天下的好机会。您不必再说了。"他示意手下的人送公主出了宫殿，并派人暗中监视公主及随行侍从，防止他们暗中给大唐通风报信。

公主知道自己已经人微言轻，又被软禁在宫中，无法抽身，只能听着战事不停地报来，忧心忡忡。

她叹着气，自言自语说："如今吐蕃的强盛，也是我一手造成的。我对不起太宗的嘱托呀！"

十二

吐谷浑国力式微，吐蕃日渐强大。吐谷浑大臣素和贵叛逃吐蕃，将吐谷浑的虚实全部告诉了禄东赞。禄东赞对吐谷浑展开大规模入侵，几年之间，彻底攻占吐谷浑之地，逼迫诺曷钵与弘化公主出逃避难。此举损害了唐的利益，两国自此便在西域、河陇一带展开激烈地争夺。

禄东赞在吐谷浑逝世，芒松芒赞亲政，更是频繁出兵，与唐不断发生战争。吐蕃和大唐连年征战，双方都伤亡惨重。

芒松芒赞逝世后，其子赤都松赞嗣位。赤都松赞继位之初，唐与吐蕃的战争十分激烈，执政的重臣皆带兵在外，吐蕃境内的贵族阴谋叛乱。赤都松赞的母亲赤玛类暂时管理了朝政，下令召回赞悉若等人平叛，并停止了对唐的攻击。吐蕃由于连年征战，境内停战之声日隆。

文成公主派遣大臣论塞调傍前往长安报告赞普的丧事，吐蕃请求与大唐和亲。

她在信中说："自松赞干布逝世后，唐和吐蕃不停地战争。今芒松芒赞已逝世，特向陛下告知此事。今新王登基，又值吐蕃国内反叛。内乱外患，民心乏力。吐蕃愿与大唐和亲，再续和平。"

唐高宗李治看完信后，就问大臣的意见，大臣议论纷纷。

一大臣就说："万万不能和亲，现今吐蕃野心勃勃，就是和亲也不能平息边境纷争，反而白白葬送宗室之女。昔日文成公主进吐蕃，为吐蕃带去了能工巧匠、粮食桑种、医师乐师，把大唐的文明带去，才让吐蕃日益强大。今公主请求和亲，还请陛下三思。"

又一个大臣说："吐蕃屡次骚扰大唐，只能以武力解决，不能和亲。若吐蕃来犯，臣愿意请兵出战。"

另一大臣说："今赞普逝世，可派人前往吊唁，看看虚实。"

高宗看到大臣没有一个人主张和亲，就没有答应和亲的请求，只派遣郎将宋令文去吐蕃参加赞普的葬礼。吐蕃大臣论塞调傍带着皇帝的回信回到了吐蕃。

文成公主看到高宗的回信，知道唐蕃两国之间的战争难以调和，只能长叹一声，却又无可奈何。

十三

独居的文成公主，眼看着吐蕃和大唐交战不休，屡次请求面见新赞普，都被拒绝。公主力主唐蕃友好，但毕竟无力改变吐蕃内部主战派的观念与行动。她时常哀叹自己的无能，无法影响续任的执政赞普，每念及此，就觉得有负故国的重托。悲凉与无奈长期压抑在心，无以排遣，整天郁郁寡欢。她心灰意冷，搬出宫廷，与吐蕃百姓生活在一处，深得吐蕃民众爱戴，被尊为"绿度母"。

与公主一同进吐蕃的那些工匠、医师、文士等，有些已不在身边，那些侍女、卫士等，也是非死即老。夫君早亡，赞普不断更换，对她的照顾日少，而且膝下无子，十分孤寂凄凉。

大夫张生病逝了，公主非常伤感。张生是宫中有名的御医，当初太宗害怕她到了苦寒之地，身体难以承受，就派了张生随往。张生的医术高明，曾经阻止了瘟疫的蔓延。他在城中开设医馆，传授医术，在这里很受人尊重。

文成公主听到这个消息后，感叹了一番，和贴身的侍女花若去医馆拜祭张生。医馆外面站着很多的病人，回来后，花若感到身体乏力头痛，身体发烫。公主和花若相伴多年，情同姐妹，以为花若是受了风寒，就陪伴在她的左右。可是花若的病症越来越严重，长了斑疹，起了脓疱，最后竟然昏迷过去。她让御医赶紧医治。

御医诊断完后，说是到外面传染了天花，没有办法治疗。天花传染，御医看到公主的脸上也起了斑疹，就赶紧将公主与花若隔离开来，否则天花又将传染开来。几天后花若死了，公主悲戚不已。

公主昏睡几天，她总是梦见长安，梦见父母。

新赞普听闻公主病了，就过来探望，只是远远地观望。侍女告诉公主，赞普来看望她，她用微弱的声音说："我自嫁到吐蕃，一直想着能平息战争，让百姓过上安稳日子。可惜松赞干布去世得早，让我孤零零一个人留在世上。现在，你们和大唐交战，双方都劳民伤财。可曾记得先王的遗愿？"

新赞普说，"您现在身体不适，要好好地养病，朝廷上的事情，就不用操心了。"

文成公主叹息了一声，说："战争一起，恐怕朝中也不安宁了。我只想说一句话，和大唐交好，让百姓安宁。您若一意孤行，到时候会后悔的。"她觉得自己的心口很疼，她不住地咳嗽，感觉身体轻飘飘地向上飞升，她回到了长安，看到了自己的父母兄弟姐妹，那一张张熟悉的面孔，触手可及。

她微笑着离开了人世。在遥远的番邦生活了四十年，孤零零地守寡三十一年。她已尽了心力，只不过唐帝国遭人觊觎，而她在番邦自然也就没有什么地位和话语权，想帮也是无能为力。

吐蕃立即派人快马加鞭，将公主逝世的消息报告给唐。边境的士兵也快速地将消息传到长安。高宗和大臣正在商讨如何应战吐蕃的事情，听到这个消息后，有点失落。他命人写了悼念之词，遣使臣前去吊唁祭奠。

永隆元年（650）这一年，大唐与吐蕃正值争战，吐蕃还是为她举行了隆重的葬礼，将她和松赞干布合葬在一起。出殡那天，天空漫天大雪，如同文成公主刚出生的时候，长安那漫天的大雪一样。

雪渐渐地铺满了她的棺椁。唐使臣在公主的墓前读着高宗的悼词，情切至深，让人不禁落泪。使臣把从长安带来的土撒在公主的墓前，以安慰逝者。

随同公主陪嫁而来的那些人，都是鬓发苍苍，携妻带子，同来吊唁公主。他们围着使臣，向他打听长安的事情，打听长安的故人，既然公主不在了，他们就想和使臣一起回长安，叶落归根。

吐蕃自然不愿意放人。使臣就劝慰他们，说路上风餐露宿，他们的身体难以承受。他们说，就是死也要死在唐的土地上。

使臣离开时，他们跟在后面，挥手相送，老泪纵横。此生再难见到故人，再难回到故乡。

金城公主

玉门遮·胡笳声声

金城公主李奴奴

　　神龙三年（707），中宗封养女李奴奴为金城公主，下嫁年幼的赤德祖赞。吐蕃人贿赂送亲使者杨矩，请求把九曲当作公主"沐浴邑"割让给吐蕃，新继位的睿宗竟然答应了。赞普年幼，大权都在其祖母和大论手中，公主深感自己无能为力。大唐和吐蕃之间战争不断，公主不停地从中周旋，尤其是在唐蕃会盟中，公主功不可没。

一

　　文成公主到吐蕃和亲之后，大唐与吐蕃多年间虽然有小摩擦，但一直没有大动干戈。松赞干布去世，特别是在文成公主去世后，大唐和吐蕃关系一直比较紧张，吐蕃经常侵扰大唐，两国之间战争不断。由于宫廷内斗，大唐政局一度不稳定，吐蕃感到有机可乘，于是就频频骚扰大唐边境。而且契丹和奚也起兵反唐，让唐疲于应付。

　　但是，吐蕃自身的局势也不稳定，吐蕃赞普亲自率兵讨伐属国尼婆罗的反叛，不幸战死。为了稳定局势，吐蕃想与大唐和亲，指明要武则天的女儿太平公主出嫁。太平公主风华绝代，极受父母的宠爱。

收到和亲的请求后，李治与武则天商量和亲的事情。武则天怎么忍心唯一的女儿远嫁他乡，再者她也知道，即使把女儿嫁过去，吐蕃还是会骚扰大唐，两国间依然战火不断。

武则天说："虽说身为公主自当为国家效力，只是太平是我们唯一的女儿，从小娇生惯养，就是嫁到吐蕃，也无济于事。希望能另选他人代替。"

李治当然不会答应求婚，他最喜欢就是太平公主，怎么可以让女儿独自到荒蛮之地。如果断然拒绝，吐蕃又会借此挑起战争，因此不好直接拒绝吐蕃。当年太宗就是拒绝与吐蕃和亲，吐蕃才借机出兵。

"我也是不舍，可是有什么办法可以委婉地拒绝，又不伤了和气？"

武则天笑了笑，说："这个不难，你还记得太平八岁时，为了替已经去世的外祖母荣国夫人祈福，已经出家为女道士，太平一名是她的道号。就说女儿已经出家，想必这个理由一定很充分吧。"

　　吐蕃求婚太平公主的事情在后宫传开了，太平公主听到之后非常愤怒，她不想离开疼爱自己的父母，去做一个政治的牺牲品。

　　她怒气冲冲地来到父亲母亲的面前，任性地说："我才不要去吐蕃呢，要是让我去的话，我宁愿去死。我不能待在父皇母后身边，活着还有什么意思。公主那么多，可以再选其他人，哪有把自己亲生女儿远嫁的道理。"

　　太平公主在父母身边撒娇，武则天拉着女儿的手，柔声地说："我们已经回绝了吐蕃的求婚。"

　　太平公主听完后，拉着母亲的手，很好奇地问："还是母亲疼我，那是怎么回绝吐蕃求婚的？"

　　武则天说："你八岁那年，不是已经出家为道士了吗？出家之人，怎么能婚配他人。我已经下令，为你修建道观，也好堵了他人的口舌。还有其他国的使者前来求婚，一并都回绝了。"

　　太平噘着嘴，依然不快地说："就是住到道观，我也要时时回来看望父皇母后。"

　　李治爱怜地看着女儿，太平公主跪下对父皇说："如果哪天要是女儿嫁人，也一定是女儿喜欢的人。

否则就一辈子出家。"

李治说："那你想嫁给谁？长安城里，可有你喜欢的人？你要是喜欢谁，父亲就替你做主。"

太平公主突然间默不作声。她羞红了脸，借口自己要和哥哥们出去打猎，就匆忙地告退了。

李治传旨给吐蕃使者说，公主已经出家，还有其他的公主可以来和亲。吐蕃使者听了也没有办法，求婚只能作罢。来时没庐氏一再嘱咐，务必要和太平公主和亲，所以也没有答应让其他公主代嫁。

为了堵人口舌，武则天命人修建了太平观让公主入住，算是正式出家。太平公主虽然号称出家，却时常住在宫中。

二

赤都松赞是芒松芒赞与没庐妃赤玛类所生。赞普在位前期由噶尔氏家族专权，导致内部不稳，后来赤都松赞铲除噶尔氏势力，以悉诺逻恭禄代替论钦陵的大论之位。由于缺乏良将的缘故，吐蕃数次进攻大唐都失利，此后不得不转为与武周和解。

于是，吐蕃派使者给朝廷献良马千匹、黄金二千两，为赤都松赞求娶。这次，武则天应允了。但是赤都松赞在第二年死于征讨南诏之役。他亲自前往平定叛乱姜域的六诏，在回师途中病死于军中。赤都松赞薨逝之年，他的儿子赤德祖赞出生。赤德祖赞继位后由于年幼，政权由祖母没庐氏赤玛类执掌。吐蕃没有强有力的统治者，且内无谋臣，外无良将，因此政局动荡不安。属国起兵反抗，居心叵测的大臣们纷纷叛乱。摄政的没庐氏先后发兵征讨叛乱，又先后处罚了一些大臣，才算巩固了政权。

大周这边，武则天病笃，宰相张柬之发动兵变，拥立唐中宗复辟，迫使武则天退位。为了防止唐进攻吐蕃，没庐氏派遣使者悉薰热到唐进贡马千匹、黄金千两以求婚，中宗应允。

但是，赤德祖赞请婚时年仅三岁，中宗显然有些为难。宗室女中适婚的女子倒是有，但是年龄小的实在难以赐婚。他思量了许久，想着让谁去和亲。他想起自己的养女，只有九岁的李奴奴。他叹息了一下，觉得有些残忍，但是又一想，遂下了决心。

李奴奴的身世甚是凄凉，虽然是皇亲贵族，却因为父亲的缘故陷入凄苦。李奴奴是李守礼的女儿，李守礼是唐高宗李治之孙、章怀太子李贤次子、唐中宗的侄子。当年李贤犯下谋逆罪，李守礼遭遇父难，常年生活于动荡不安中，战战兢兢求得生存。他被囚禁在府上，看到自己的女儿出生，既高兴又是悲哀，想起自己身为皇室的遭遇，就叹息还不如生在奴家，还可以自在出入。

直至唐中宗复辟，李守礼才得以承恩进封亲王，他被授予光禄卿，与使者前往巴州迎回李贤的灵柩。他在父亲的陵前哭泣，那被压抑的痛苦到此时才得以解脱。

李奴奴上面有三个哥哥李承宏、李承宁、李承寀，都是随父亲飘零。李奴奴的母亲病逝后，李显收养了她。虽是宗室女出身，李奴奴与其他公主一同成长于皇宫中，一应的待遇与宫中的亲生公主无异。她聪慧乖巧，与中宗那几个想要效仿武则天的妹妹和女儿不一样，温婉娴静，乖巧懂事，深得中宗的喜爱。所以在吐蕃求婚时，中宗打算将奴奴许配给赞普作为赞蒙，以平息战火。

大唐对吐蕃的战争当时处于优势，此时李奴奴嫁给赤德祖赞，自然不会受到慢待。这么一想，中宗也就释然了。

三

中宗到了后宫，看到奴奴在弹琴。她神情落寞，面有哀伤。这让中宗很意外，她小小的年纪，竟然这么伤心。

琴声凄凉，弹的是蔡文姬的《胡笳十八拍》，一旁的侍女棋儿歌声相合，十分悲切：

> 十五拍兮节调促，气填胸兮谁识曲？
> 处穹庐兮偶殊俗，愿得归兮天从欲。
> 再还汉国兮欢心足，心有怀兮愁转深。
> 日月无私兮曾不照临，母子分离兮意难任。
> 同天隔越兮如商参，生死不相知兮何处寻？
> ……

中宗听完，内心酸楚，禁不住想起了自己的身世遭遇。当年他被囚禁，一直惶惶不安，常常晚上睡下不久，就被噩梦惊醒。眼前的李奴奴，小小年纪，竟然演奏如此凄凉的曲调。

李奴奴看到中宗到来，赶紧请安。突然之间，中宗有点难以启齿，他想让别的宗室女去和亲了。可是，李奴奴他知根知底，去了总是放心。

中宗就问："平日里，见你总是高兴，怎么突然间想起弹奏这么悲哀的曲调？"

李奴奴说："今天是母亲的忌辰。母亲以前总弹这首曲子，我就情不自禁地弹了，让陛下忧心了。"

中宗说："弹得真好，当真是情真意切。"

李奴奴说："谢谢陛下的夸奖。如果您爱听，我再弹奏给您听。"

中宗欲言又止，想了想，只得狠狠心，说："今天，我是为了一件事情而来。吐蕃前来请婚，我思量了半天，觉得只能让你去和亲。"

李奴奴听了，想了想，就问："是要嫁到很远的地方去吗？"

中宗说："是的，你要嫁到吐蕃去。那里离长安很远。"

李奴奴说："那我要是想陛下了，想家了，该怎么办？"

中宗说："那好办，朕让人接你回来省亲。"

李奴奴说："那我就去和亲。我们一言为定，陛下说话要算话。"

李奴奴还太小，单纯善良，她不知道和亲的目的。她还只是个孩子罢了。

中宗说："我一定会把你风光出嫁，如同亲生女儿一样。"

李奴奴赶紧跪谢皇帝。

中宗匆匆离去。他心肠软，性情懦弱，最见不得这种事情。如果奴奴哀求他，估计他会让其他的宗室女去代替。只是奴奴没有请求，他就没有更换，却在心里觉得愧疚。

侍女棋儿惊慌失措，说："这和亲之事，事关重大，公主怎么就答应了？"

李奴奴说："陛下亲自定了这件事情，我只能答应了。"

棋儿说："公主们都不愿意去和亲。我听说了文成公主的事情，赞普薨逝后，公主的命运甚是可怜。现在吐蕃和大唐之间不停地打仗，谁去了都有性命之忧。"

李奴奴失魂落魄地说："我已经答应陛下了，怎么能反悔呀！没有关系，陛下会接我回来省亲的。"

棋儿说："那只是陛下随口说说罢了。嫁到很远的地方，想回来都难。"

李奴奴闷闷不乐，就继续弹奏《胡笳十八拍》，不料一根琴弦断裂。她只好独自哭泣，棋儿在一旁劝解也无济于事。棋儿给她拿来了爱吃的桂花糕，又拿来了鸟儿逗她玩，她才擦干了泪，扑哧地笑了。

她突然想回家，看望父亲和哥哥。于是恳请皇后，让她回家团聚。迈出宫门的时候，她很开心，好久都没有看到父亲和哥哥了。

四

李奴奴回到了家里，见到了父亲和哥哥。皇帝已经下旨，进封李奴奴为金城公主，许配吐蕃赞普赤德祖赞，府里上上下下都知道了这件事情。鉴于赤德祖赞年幼，待成年后，方准迎娶公主。长安城里，百姓都知道了她被赐婚给吐蕃赞普的消息。

李守礼看着女儿，知道自己无能为力。他现在的地位是中宗给的，为此皇帝要他做什么都不过分。当年武后指太子谋反，李贤未能洗清罪责，被废为庶人，流放到偏僻的巴州，后被迫自尽，一家人受尽磨难。李守礼被幽禁宫中，时常遭到杖责。

女儿送入宫中抚养，李守礼以为她可以从此锦衣玉食，生活如意，结果还是难逃劫难。李奴奴看着愁苦的父亲，知道他在担忧自己。自小遭遇变故，寄人篱下，她学会了察言观色，知道父亲的担忧。家门的不幸，让她比别人更多了些隐忍。

她劝慰父亲，说："父亲不必为女儿担心，女儿有了夫君，也算是有了归宿，应该高兴才是。陛下待我和亲生的女儿一样，说等过几年，要让我风光地出嫁。"

李守礼知道女儿乖巧懂事，只是她还年幼，嫁过去不知道如何应付后宫的伎俩。再加上赤德祖赞年幼，吐蕃政权由祖母没庐氏赤玛类执掌，这情况就更复杂了。女儿不过是任人摆布的木偶而已。

他叮咛女儿说："你还这么小，实在是让人不放心。宫中多伎俩，只怕你应付不来。凡事要进退为度，不可强扭。要见机行事，不可鲁莽。"李奴奴点点头。她还太年幼，不谙世事险恶，却让她去分担国事，这有点残酷。

三个哥哥得知妹妹被皇帝赐婚，要去和亲，内心不舍，却也无可奈何。他们叹息，自己在外面打仗，保家卫国，却连妹妹都不能保护。

大哥说："妹妹还年幼，嫁过去什么都不知道，这如何是好？那赞普更小，奴奴嫁过去，只怕是要受苦了。"

二哥说："这婚姻对女儿家是大事，对朝廷而言是一桩买卖而已。只是苦了妹妹。"

三哥说："平日里，陛下多疼爱妹妹，只是在国家利益上，疼爱是疼爱，利益才是关键。"

李守礼黑着脸，说："你们不要议论了，陛下决定的事情，你我岂能更改。"

后宫中，其他公主都在议论和亲的事情。

"奴奴，听说吐蕃那里很冷，人也野蛮，你嫁过去可怎么办？"

"听母后讲，你的夫君很小，你要嫁给小夫君了，他要哭闹，你还要哄着他。"

"那里吃的东西很少，你嫁过去了，连喜欢的桂花糕都吃不到了。"

"那里的人都不穿丝绸的衣服，穿的都是羊皮做的衣服，身上闻起来都是羊膻味。"

"那里的皇宫没有长安的皇宫漂亮，听说他们那里的人都住在帐篷里，每天赶着牛羊。"

……

李奴奴听着她们七嘴八舌议论自己，她捂着脸，流着泪，就赶紧往自己的房间跑去，却不料撞到了来看望她的中宗。中宗看到她很委屈，就赶紧问发生了什么事情。侍女棋儿说了其他公主都在议论奴奴，吓着了她。

中宗赶紧吩咐人，给奴奴拿了很多好吃的点心，赏赐了很多衣服首饰，又送给她一对黄雀儿，奴奴才不哭了。

李奴奴就问："陛下，吐蕃那里真的很苦吗？其他人都这么说。"

中宗笑着说："她们都在吓唬你，不要理睬。这样吧，朕为你请一位吐蕃的夫子，让他来告诉你，吐蕃是什么样子，好不好？"

奴奴点点头，连桂花糕都不吃了，说："我现在就要见夫子。"

中宗派人请来的吐蕃人乞力徐在唐学习，此人是吐蕃的贵族，对大唐文化很是倾慕。他长得英俊高大，肤色黝黑。奴奴一看，不像传说中那么可怕，就放心了。中宗让奴奴跟他学习吐蕃语，了解吐蕃的习俗。公主聪慧，学得很快，那个吐蕃人很会讨好公主。他把吐蕃描述得土地肥沃、民风淳朴、能歌善舞，还为她画出了吐蕃的山川地貌、吐蕃人的样貌。渐渐的公主也不再畏惧下嫁吐蕃了。

夫子为公主定制了一套胡服，让她穿上，教她骑马，说草原上策马扬鞭，非常惬意畅快，就像古诗中描述的那样："敕勒川，阴山下，天似穹庐，笼盖四野。天苍苍，野茫茫，风吹草低见牛羊。"

公主觉得新奇，就很想到吐蕃去看看。

公主和夫子相处得很愉快，他悉心地为吐蕃培养未来的王后。

一晃三年过去了，公主十二岁了。她举止优雅，比自己的同龄人要成熟得多。中宗看着她一天天地长大，甚是喜爱。他收到了吐蕃的奏折，说要迎娶公主。中宗陷入了沉思，许久后，在上面批了"准奏"二字。

五

吐蕃派遣大臣尚赞吐明悉猎等人赴长安迎亲。为了表示和亲的诚意，显示吐蕃的强大，迎亲的队伍有一千多人，浩浩荡荡地到了长安。长安城中的民众看到如此多的人到来，都围在街上看热闹。他们牵着骏马，在城中好奇地走着。长安城中都传着金城公主要出嫁了。

吐蕃来的人太多了，宫殿中难以容纳，中宗就让人在宫苑内的球场中设宴招待来宾，美酒佳肴，宾主尽欢。吐蕃使者献上了名马和黄金，表达了吐蕃赞普对公主的倾慕之情。

宴会结束后，中宗让吐蕃使者在苑内球场观看打马球表演，吐蕃使者请求让自己的手下和马球队比赛。连续几个回合，唐都输给了吐蕃。无奈之下，中宗让驸马都尉杨慎交、嗣虢王李邕、临淄王李隆基和武延秀组队，和吐蕃使者一起比赛马球。场上，四人对战吐蕃十人。众人挥动球杖，往来奔驰如风驰电掣，策马持杖争击一球，场面甚是壮观。四人球技精湛，所向无敌，中宗和侍臣在一旁观看，都鼓掌助威，最后以四对十竟然打败了吐蕃马球队。

在送公主入吐蕃的人选上，中宗颇费周折。虽然贵为天子，但中宗仍难掌控大权，权力被韦后和太平

唐蕃会盟碑

公主等人瓜分。一开始，他想让熟悉吐蕃情况的侍中纪处讷为和亲使者，但是纪处讷依仗韦后的势力，以不熟边事为由多次拒绝。无奈之下，他又令中书侍郎赵彦昭为使者，但是赵彦昭害怕自己送亲，权宠为他人夺去，就请安乐公主留下他，也拒绝了中宗。最终，他只能遣左骁卫大将军杨矩充任使臣护送金城公主入吐蕃。

景龙四年（710）正月，金城公主下嫁年仅六岁的吐蕃赞普赤德祖赞。她出嫁的嫁妆礼仪，均按照皇室公主应有的规制进行。中宗对金城公主宠爱有加，还赠以锦缯、杂伎百工和龟兹乐，待遇比皇室公主出嫁还要好。

头顶有阳光，却依然寒风凛冽。众人穿貂皮裘衣，送别金城公主。公主穿着红色的衣衫，头上戴着凤冠，目光温和却坚定。她跪谢了皇帝，安静地走上凤辇，送亲的队伍，浩浩荡荡离开了长安。

中宗内心不舍奴奴，就亲自送公主到始平县，设宴招待众人。李奴奴的父亲和兄弟也一同送行。

唐中宗对李奴奴说："此去一别，怕是许久才能见面。在宫中，我视你为自己的女儿。你要嫁到远方，我自然很思念你。但是我还要为百姓着想，望你此去，能让两国修好，边境安宁，不枉我对你的疼爱。"

李奴奴满含着眼泪，哽咽着说："我虽不是您的亲生女儿，但是您待我视如己出。我虽一介弱女子，但是也当为国家效力，尽儿女的本分。"

中宗非常感动，想起自己女儿们忙于争权夺利，更觉得她的可贵。

"大唐有你这样的女儿，是件幸事。"

奴奴急忙说道："奴奴一家的性命和今日地位，是陛下给予的。我一个女儿家，不能像哥哥们那样上战场去杀敌，只要能为陛下分忧，就是我的荣幸。"

奴奴年龄虽小，却镇定坚强，让中宗想起了自己的韦皇后，在他落魄的时候，是韦皇后一直鼓励他，和他同甘共苦。

李奴奴的父亲在旁也是泪流满面，想着也许此生再也见不到女儿。

李奴奴望着父亲，说："女儿此去路途遥远，不知何时能重回长安。望父亲保重身体，在此作别。"

哥哥李承宏府上有个侍女苓儿手很巧，他知道妹妹喜欢苓儿做的刺绣衣服，于是把苓儿送给妹妹，让她到吐蕃去陪伴妹妹。

哥哥李承宏说："知道你出嫁，也不能同去相送，这侍女心灵手巧，可以陪伴在你左右。"侍女苓儿赶紧拜见了公主。公主看到她眉清目秀，年龄比自己大几岁，她心里很喜欢，想着有人陪伴自己去吐蕃可以少些寂寞。

二哥李承宁和三哥李承案还在外面征战，不能来送别。二哥派人送来一件雪白的狐狸裘皮，附上一封信，嘱咐妹妹说，那里天寒地冻，记得要保重自己。三哥送来了一件雕刻精美的玉佛，说请高僧开光，保佑妹妹一路平安。

人生最悲切的当是骨肉分离，而且这分离不知道何时能再重逢！或者是永远不能相见。

酒酣之时，皇帝命随从大臣赋诗为公主饯行。席间谈及公主年幼即要远嫁时，中宗不禁唏嘘涕泣。公主听了这番话，更是止不住掉眼泪。

随行的大臣和诗人们一个个作诗，表达自己的看法。他们吟诵着自己的诗，或者是歌颂，或者是不满，或者是送别时的悲凉。宴席中的人各自有各自的想法。

考功员外郎武平一是武则天族孙，在席间作诗《送金城公主适西蕃》，歌颂了这次和亲：

广化三边静，通烟四海安。

还将膝下爱，特副域中欢。

圣念飞玄藻，仙仪下白兰。

日斜征盖没，归骑动鸣鸾。

沈佺期是著名的宫廷诗人，他饮酒后，作诗《送金城公主适西蕃应制》表达了不满：

金榜扶丹掖，银河属紫阍。

那堪将凤女，还以嫁乌孙。

玉就歌中怨，珠辞掌上恩。

西戎非我匹，明主至公存。

贫寒出身的马怀素作诗《奉和送金城公主适西蕃应制》，诉说了离别之苦：

帝子今何去，重烟适异方。

离情怆宸掖，别路绕关梁。

望绝园中柳，悲缠陌上桑。

空馀愿黄鹤，东顾忆回翔。

李峤作诗《奉和送金城公主适西蕃应制》：

> 汉帝抚戎臣，丝言命锦轮。
>
> 还将弄机女，远嫁织皮人。
>
> 曲怨关山月，妆消道路尘。
>
> 所嗟秾李树，空对小榆春。

韦元旦写诗《奉和送金城公主适西蕃应制》：

> 柔远安夷俗，和亲重汉年。
>
> 军容旌节送，国命锦车传。
>
> 琴曲悲千里，箫声恋九天。
>
> 唯应西海月，来就掌珠圆。

崔湜写下了《奉和送金城公主适西蕃应制》：

> 怀戎前策备，降女旧因修。
>
> 箫鼓辞家怨，旌旃出塞愁。
>
> 尚孩中念切，方远御慈留。
>
> 顾乏谋臣用，仍劳圣主忧。

大臣和诗人即席赋诗二十多首。其中有些诗,让人不禁伤感。公主强忍着悲痛,不想让亲人为自己担忧。

宴席正欢,唐中宗命人改始平县为金城县,乡称为凤池,里称为怆别。而且免当地税赋一年,免死罪以下的罪犯,以显示对金城公主的宠爱,对这桩婚事的重视。

酒宴已罢,中宗亲自送公主出了城门,就此挥别。陪嫁的乐工杂伎、工匠和大夫跟随在后面,载着几万匹锦缎的车和书籍尤其沉重而缓慢。

这一去,就如同文成公主当年进入吐蕃一样。公主的凤辇越来越远,只留下长长的影子。棋儿和苓儿在车中陪伴着她。

中宗叹了一口气,眼眶有点潮湿,转身离开,回到了长安。

当地人很感激金城公主,他们跟在公主的凤辇后面,直到公主离开了这里。

六

可叹的是,送走金城公主不久,中宗就遭遇了宫廷阴谋,被韦皇后和女儿安乐公主毒死。终年五十五岁，葬于定陵。中宗去世十八天后，太平公主和李隆基联合发动了政变，讨杀韦皇后及安乐公主、上官婉儿、武延秀等，铲除了韦皇后一党。李隆基与太平公主一起拥立李旦复位，大赦天下。然而，太子李隆基与太平公主之间的斗争愈发激烈，太平公主极力想除掉太子，独揽朝政，而李隆基则欲巩固自身势力，为继位铺平道路。睿宗无法面对与平衡李隆基和太平公主的争端，索性就将政务交给李隆基打理。

金城公主沿着文成公主的旧道入吐蕃，吐蕃为迎娶公主凿石开路。她一路奔波，疲惫不堪。他们来到一个叫作"九曲"的地方，在黄河上游的左岸。九曲此刻正是春天，草长莺飞，天高云淡，放眼望去，黄河壮观美丽，美景尽收眼底，金城公主心旷神怡，兴奋不已。

她走下凤辇，被眼前的美景所陶醉。幽绿无垠，野花开在其间，湖水碧蓝，牧民们在放马。一路的辛苦，因为这美景都不觉得劳累了。她让侍女牵过一匹马，上马在草原上驰骋。

在水边，公主和侍女棋儿、苓儿戏水玩乐，她们摘了一大捧野花，抱在怀里。她太喜欢这个地方，于是就对送亲的使者杨矩说，要在这里多停留几天。晚上，送亲的队伍就扎营露宿，宰羊为食，吐蕃人唱着歌跳着舞，让公主很开心。

公主在九曲住了几日，杨矩就催促公主，赶紧上路。公主依依不舍，说要是能住在这里该有多好。她又磨蹭了一日，才起身上路。

这些被吐蕃的迎亲使者尚赞咄明悉猎看在眼里，他想出了一个绝妙的办法，要把九曲归吐蕃所有。

到了年底，金城公主一行终于抵达吐蕃逻些。迎亲使团浩浩荡荡地进入逻些后，万民欢迎，吐蕃人都想看看大唐的公主，人山人海涌在城门旁边。

吐蕃赞普在城门迎接她，他只是一个六岁的小儿。他挽着她的手进入王宫，尊称她为赞蒙。王年幼，一切都由他祖母打理。

在吐蕃来迎娶公主之前，就按照中宗的要求，专门为金城公主修建了一所宫殿。他们在宫殿中举行了盛大的婚礼，吐蕃为此事举国同庆。

赞普喜欢公主，两个人年纪差了六岁，都是爱玩的年纪。他经常来找公主玩。祖母忙着国事，他感到很孤单，公主的到来，让他感到开心。她带来了稀罕的玩意儿，陪他玩耍，让人给他唱歌跳舞。他天天来公主这里嬉戏，不愿离开。

　　大唐传来不好的消息，侍女告诉她中宗被韦皇后毒死，大唐已经换了新皇帝李旦。公主担心父亲兄弟卷入宫廷的斗争之中，内心非常焦虑。她赶紧写信回家，询问家中的近况。

　　吐蕃人一直将杨矩奉为上宾，赠送了美女和黄金，极力讨他的欢心。太后感谢他一路护送，让公主平安到达，送了很多的珠宝。太后让他住在宫中最奢华的地方，每天好吃好喝伺候着。杨矩本来因为让他来送亲，极不乐意。可是在吐蕃被人奉承，贿赂又多，心里极为受用。

　　尚赞咄明悉猎看到时机成熟，就约着杨矩喝酒，在酒酣之时，他说："金城公主来到吐蕃，多亏了杨将军的护佑。公主来时，喜欢九曲之地，希望将军以'公主汤沐之所'上表给大唐天子，如能赐给公主，公主一定会欢喜的。"说完，他让人献上了黄金。

　　金子放着光芒，迷了杨矩的心智。杨矩对吐蕃的情况不懂，自然不知道吐蕃的用心，加上又收了如此厚礼，自然要去和公主说此事。

　　第二天，杨矩看到公主一个人在骑马，侍女都远远在一边，就瞅准机会说："公主，您还记得九曲的美景吗？我还记得，公主对那里欢喜得不得了，要不我请求陛下，把这个地方赐给您，当作您的嫁妆，以后可以随时来玩。公主觉得如何？"

公主年幼，是贪玩的年纪，于是很爽快地答应了，说："这太好了。我喜欢九曲这个地方，以后就可以去玩了。"

"那臣回大唐后，就要奏请陛下批准了。公主就等我的好消息吧。"

"杨将军辛苦了，你走的时候，我要好好地谢你。"

年幼的公主绝不知道，她随口一说，就酿下了灾祸。得知公主答应了请求，吐蕃将领非常高兴，认为这将打开大唐的门户，为入侵大唐提供了便利。九曲土地肥沃，资源丰富，可以为军队提供粮草，又可以为畜群提供牧场。另外，这里还处于大唐本土的边陲，进可攻，退可守，对吐蕃而言，得到九曲简直是如鱼得水。

于是吐蕃趁着唐宫廷争权夺利时候，准备侵犯唐边境。

七

杨矩出使之后返回长安，朝廷上已经是人事多变。念在他护送公主有功，皇帝任命他为鄯州都督。睿宗询问了他到吐蕃的所见所闻。

他答道："吐蕃王热情好客，彬彬有礼，待公主尊重有加，为公主举行了隆重的婚礼，待我如上宾。回来时候，让我献给陛下黄金和名马。"

睿宗有点惊讶，就问："看边境奏折，说吐蕃有吞我大唐的狼子野心，听你如此一说，倒是令朕很意外。和亲之前，吐蕃还不停地进犯大唐，让朕不得不防。"

"陛下，那是和亲之前。和亲之后，他们向我保证说，再也不犯大唐了。"睿宗因为太平公主和李隆基之间的争执，懒得过问朝政，听他这么一说，就相信了。

杨矩看到皇帝的神情，就接着说："当日送亲的队伍经过九曲之地，公主非常喜欢，想让臣奏请陛下，把此地作为沐浴之地，赐给公主。"他说着递上了公主写的奏折。

睿宗看到公主的奏折，公主写了思念长安之情，写了对九曲的喜爱之意，情真意切，看得睿宗很感动。睿宗思索了片刻，就在奏折上写了"准奏"二字，杨矩高兴地告退。

杨矩让人快马加鞭，把消息传到了吐蕃。得到这个消息时，吐蕃的将士欢呼。赞普进宫告知公主这个消息，公主十分高兴，就让侍女苓儿给她备马，叫嚷着要去九曲。

侍女苓儿知道了公主奏请割让九曲的事情，非常震惊，说："你怎么能让陛下割让九曲给吐蕃？这样做简直是引狼入室。"

公主不高兴地说："九曲很美，给我做嫁妆，难道不好吗？"

苓儿说："九曲在大唐的边陲，如今吐蕃得到，可以放马养兵，来日必然要侵犯大唐。"

公主大惊失色，自己竟犯下了如此的错误，简直是罪人，她不知道如何是好，就哭了起来。苓儿只好安慰着公主。

赞普到她宫中来玩的时候，公主就央求他说："九曲之地，我不想要了，希望能归还大唐。"

赞普想了想，为难地说："这恐怕不行，现在已经归吐蕃了。再说这事情由祖母做主，我帮不了你。"

公主暗自懊悔，自己年幼被蒙蔽，可是杨矩为什么要如此陷害她。

赞普说："既然九曲现在是你的沐浴之地，我想去看看。我和你骑马去。"

公主非常内疚。她感到自己身处阴谋之中，却不知道如何摆脱。年幼的赞普根本无法帮助她，一切都在祖母没庐氏的掌控之中。

太子李隆基急匆匆地面见父亲。

"父亲，吐蕃自从取得九曲之后，就不停地骚扰边境。"

睿宗震惊之余，面露难色，他知道是自己的大意，才导致如此的结果。他愤愤地说："杨矩面见朕时，直说吐蕃已经休战，与大唐修好。谁知道是这等结局。"

李隆基说："我已经查明，杨矩收了吐蕃的黄金美女，就只顾着替自己打算，不顾大唐的利益。"

睿宗大怒，说："传朕的旨意，将杨矩下狱，集结兵力，对付吐蕃。只是苦了金城公主。"

太子李隆基命人去捉拿杨矩。消息灵通的杨矩知晓后，明白这次在劫难逃。等士兵来捉拿的时候，他喝了砒霜，畏罪自杀。

这场和亲，唐和吐蕃没有达到休战和平的目的，却为边境带来了一系列的骚扰和侵犯。

睿宗无法应对朝廷的权力之争，就把皇位传给了李隆基。

八

九曲归吐蕃后，他们就取得地理上的优势，开始率兵入侵，掠夺唐边民。监察御史李知古派兵防卫，吐蕃巧妙地进攻，杀了李知古，用他的尸体祭天，进攻大唐。为防吐蕃，大唐设置了河西藩镇和陇右藩镇。双方之间各有胜负。没庐氏病逝，由大论乞力徐摄政。他曾经在大唐教授公主学习，对大唐的情况了如指掌。从大唐回到吐蕃后，没庐氏很欣赏他，委以重任。

为了缓和局势，开元二年（714），玄宗李隆基派遣左骁卫郎将尉迟瑰出使吐蕃看望金城公主。同时让他寻找时机，和吐蕃修好。

得知使节要来，赞普和金城公主早早地在城门口迎接尉迟瑰。他被接入宫中，安排得特别周到。乞力徐知道他的来意，派人暗中监视。

尉迟瑰给公主奉上了玄宗的亲笔书信。玄宗在信中说："公主深明大义，自和中宗一别，为了大唐的江山，呕心沥血。如今新君立，战火又起，望能规劝吐蕃王，让两国交好，使百姓安康，才能不负重托。"

看到玄宗的信后，金城公主内心感慨万千。夫君年幼，难以决策大事，朝中的一切事情都听从大论乞力徐的安排。自己虽然贵为王后，却无能为力，真是辜负了皇帝的重托。如今两国再战，她在宫中却束手无策。

尉迟瑰拜见了大论乞力徐，向他说明了自己的来意。

大论乞力徐笑了笑，说："唐边将一直滥杀无辜，请功邀赏，李知古就是如此。他全然不顾吐蕃民众，吐蕃是被逼无奈才反抗的。"

尉迟瑰答道："若不是吐蕃屡屡向大唐挑衅，又何来镇压之说。陛下派我来，就是要消除误解，重新修好。"

乞力徐冷笑着说："消除误解？如何消除？谁来赔偿吐蕃的损失？"

尉迟瑰气愤地说："吐蕃无故侵扰大唐，如今还倒打一耙，是何居心？陛下体恤民众，才派我来请求和好。太上皇把九曲割让给吐蕃，难道还不够诚意吗？文成公主和金城公主入吐蕃，就可见大唐对吐蕃的诚意。"

乞力徐说："我吐蕃一直臣服于大唐，毕恭毕敬，却经常遭人欺负，这难道就是大唐的诚意吗？我吐蕃要求两国用平等的礼节，但是大唐皇帝不同意。"

尉迟瑰见大论一直胡搅蛮缠，非常气愤地走了。

他向公主告辞，说："公主，你在吐蕃一定要小心行事，吐蕃是决心与大唐为敌，早已不顾及和亲了，一定会撕破脸。我回去向陛下奏明此事。"

公主无奈，只好向赞普赤德祖赞去说明情况。

大论乞力徐正在宫殿中教赤德祖赞读书，是公主从中原带来的《诗经》。

赤德祖赞问道："大论说唐要侵占我吐蕃，为何还要学习他们的书？"

乞力徐笑着答道："这叫知己知彼百战百胜。大唐强盛，是各国学习的典范，这《诗经》就是他们文化的精华。要想打败敌人，必须要学会敌人的智慧才好。当年我去大唐读书，那里人才济济，大唐皇帝英明，才能让人敬仰。"

赤德祖赞点点头，跟着大论继续读书。

公主进到宫殿之中，看到大论在教赞普读《诗经》。她行过礼，对赞普说："大唐的使节尉迟瑰来见过我，他带来了陛下的旨意，希望两国能和好，可是他说自己有辱使命。"

赞普说："大论说，唐不可以信。现在我们羽翼丰满，不能臣服于唐。我想问你，若两国打仗，你要站在何方？"

公主大惊，她才知道，吐蕃上下原来是如此仇视大唐，可见自己的地位多么微不足道。"我不希望打仗，只希望能天下太平。当年吐蕃求婚的时候，就是为了天下太平。"

大论在一旁听了，对公主说："天下的太平都是势均力敌，才能太平。"

"大论说得很在理。你还是退下吧，我正在读书。"赞普附和着。

公主忧心忡忡地退出了大殿，刚出门，她就落泪了，侍女苓儿和棋儿在一旁宽慰她。

大论望着公主远去的背影，说："赞蒙是大唐的人，她的心不在吐蕃呀，你要留意。"

赞普点点头，说："以前祖母也这么说，还说过些时间，让我再娶妃子。"

九

赞普赤德祖赞渐渐地长大，他不满意大论专权，却无力摆脱，就和大论疏远。他知道大论总是挑拨他和公主的关系，但是他倾慕大唐的繁华，不时地去探望公主。公主出落得端庄标志，赞普十分心仪。公主向侍女苓儿学做针线，赞普的华服都是她亲手缝制。

赞普和公主一同出宫，在草原骑马游玩。公主的马突然受到了惊吓，在草原上乱跑，公主没有办法制止，随从在后面也追不上，马往悬崖方向狂奔。赤德祖赞骑马追赶，与公主平行时，大喊着让公主把手给他，他拉着公主坐在自己的坐骑上，等两个人定睛看时，那匹受惊的马摔下了悬崖。

赞普安慰了受惊的公主，和她来到湖边。湖边野花烂漫，赞普摘了一大捧花，献给了公主。公主的发髻歪了，她放下头发，用手抚平。那秀发飘动，撩拨着赞普的心怀。他把花戴在公主的头上，把公主揽入怀中，亲吻着公主，公主娇羞的模样真可爱。

草原上很安静，只听见两个人的呼吸。远处，听到有人喊着公主和赞普，两个人都不作声，静静地待在一起。

回到宫中，赞普赏赐给公主很多礼物。大论乞力徐冷眼看着赞蒙受到恩宠，他极力想阻止。如果赞普和公主走得近，那么吐蕃和大唐罢兵的机会就很多。他自然不愿意看到这种情景发生。

大论和太后商议，让赞蒙赶紧再娶妃，那囊氏芒波杰西丁模样俊美，出身贵族，是理想的人选。她被送进宫，处处听从大论的主意。

战争不停地进行，赞普新婚燕尔，沉浸在欢愉中。朝堂之中，大论和朝臣每天都在商量着如何攻打唐边境，金城公主被孤立了。她待在自己冷清的宫殿中，日日焦虑不安。烦闷时，她就和棋儿、苓儿一起，在草原上骑马，看到男人大都打仗去了，只剩下妇女和孩子。

吐蕃没有停止骚扰唐边境，令唐廷十分震怒。玄宗派出得力干将反击，边境屡有战事，唐蕃双方各有胜败。消息都被大论封锁着，不让公主知道。

公主怀孕了，她只能待在宫中养胎。百无聊赖，她望着窗外，抚摸着自己的肚子，胎儿在肚子中踢她，她十分惊喜。无意间，她听到侍从在殿外议论，说吐蕃要进攻松州了。公主听到后，心急如焚，她立刻去找赞普。她哥哥和松州都督孙仁献镇守在那里，她不希望看到双方厮杀。赞普正在检阅将士，准备出兵松州。公主骑着马，去找赞普。

赞普和新妃在一起。见到公主后，就问有何事情，为何不待在宫中养胎。

公主说："王，请不要攻打松州。松州都督孙仁献和我哥哥镇守在那里。不管是哪一方胜出，我都寝食难安。为了肚子的孩子，我在佛前祈福，不要去打仗涂炭生灵。当年唐军和吐蕃相攻，武街之战吐蕃军枕藉而死，洮水都不流了。这还不惨痛吗？"

赞普说："大论已经下令了，我也没有办法。你现在有身孕，还是不要过问朝廷的事了，安心养胎，等吐蕃军凯旋。对了，那囊妃也怀孕了，我就要有两个孩子了。"

公主知道大论掌握着兵权，赞普只能听从大论的建议。她落寞地站在原地，看着吐蕃将士远去。赞普挽着她的手，她的手在发颤，脸上苍白。

棋儿和苓儿扶住公主，回到宫中，她满脸痛苦之色。她躺在床上，血浸透了床褥。御医诊断后，告诉公主，她流产了。她吃了药，躺在床上，却无法入眠。黑漆漆的夜，如此漫长，如她的心境一般，沮丧凄苦。吐蕃一再违背盟约，让她心力交瘁。这次攻打哥哥驻守的松州，怎能让自己安心。

赞普知道了，赶紧来看望她，安慰她，说孩子以后还会有，让她养好身体。她对赞普失望了。

公主卧床休息，苓儿进来，悄悄地说："公主，这次松州之战，都督孙仁献在城下袭击了吐蕃，吐蕃兵败了，再次请和。知道公主生病，大唐派人送给公主一些锦帛。"

"那我哥哥有没有受伤？我一直在担心他的安危。"

"没有受伤，只是赞普和大论现在大发脾气。大论正在写求和的信，还派人来，让公主再写一封信给陛下。"

公主叹了一口气，说："早知道现在，何必当初！"她让人收下了锦帛。她挣扎着起床，在书桌前思量了许久，以谢恩的名义向玄宗上《谢恩赐锦帛器物表》，在表中称："现在是仲夏炎热之时，希望皇帝注意起居饮食。我见过两国当年的舅甥盟约，希望现在和好如初，还能像从前那样，若真能如此，我如获再生，欢喜得手舞足蹈。皇帝赏赐的金帛物品，我都收下了，请让我以金盏、羚羊衫和段青长毛毡回赠。"

她让苓儿把信交给大论派来的人，自己挣扎着起身，去拜见赞普。

十

边境战事稍停，唐廷接到吐蕃赞普和公主的请和奏表，于是商议是否请和。鉴于前几次的经验，大臣都认为吐蕃此举是在争取时间，然后再反攻。所以当务之急，是派重兵把守边境，不可大意。

吐蕃宫中，一派喜气洋洋。赞普和金城公主在宫殿外焦急地等待着婴儿的出世。后宫中婴儿的一声啼哭，打破了战争的紧张感，让人内心一喜。那囊妃芒波杰西丁为赞普生了个儿子，取名赤松德赞。

赞普沉浸在为人父的喜悦之中。公主送上了自己亲手做的婴儿衣服，恭贺王有了子嗣。那囊妃生了儿子，更是趾高气扬，窥视着王后的宝座。王的喜悦，让公主有些落寞，如果她没有流产，估计也生了孩子，如果是个男孩，自己的地位不至于如此被动。她感到那囊妃不怀好意，要取代她的位置。

吐蕃接到了唐廷的回信，说吐蕃三番五次骚扰大唐，这次请和，望能信守承诺，否则会兵刃相见。大论把信轻蔑地丢到地上，冷笑了一声，吩咐下去，整顿人马，来年再袭击大唐边境，抢夺财物，掠人妻女，要好好地和大唐再打一仗。

不出唐廷的猜测，过了不久，吐蕃又袭扰陇右地区。郭知运率军在九曲大败吐蕃军，将俘虏献于京师。又率领轻装骑兵夜袭九曲，缴获精甲、名马、牦牛等数以万计。玄宗接到捷报后，将战利品分别赏赐给在京任职的五品以上文武清官和朝集使三品官员。

这次吐蕃损失惨重，又丢了九曲。赞普和大论急得团团转，这种情况下，再进攻必然兵败。

赞普请来金城公主，说："我没有听从公主的建议，贸然出兵，伤了两国的和气，也让公主为难，还望公主多美言几句，上表请和。"

公主见赞普诚恳，就上奏《乞许赞普请和表》称："夏历六月，天气炎热，希望皇帝哥哥的饮食会超过平常。我一切平安，请皇帝哥哥不必担心。吐蕃的宰相对我说，赞普想请和，让双方立誓文。从前皇帝不答应立誓，我嫁到吐蕃后，双方和好。如今边境战事不断，难以继续安宁。如果怜悯我远嫁他国，请皇帝哥哥盟誓，这样就能使两国长治久安，恳请谨慎三思。"公主和玄宗的关系要好，以前公主称玄宗为叔叔，中宗封她为金城公主后，认作女儿后，就叫玄宗为哥哥了。

玄宗看过奏表，准许了求和的奏请。唐军连年征战，将士在外多辛苦，同时怜悯公主及边境百姓，唐和吐蕃双方暂时达成一致，战事稍歇。

吐蕃奉上奏表请和，请求舅甥亲署誓文，双方的宰相皆把名字写在上面。吐蕃元气大伤，需要休养生息。边境安稳了几年，没有战火。

公主虔诚地礼佛，把释迦牟尼十二岁等身像安置在"惹萨寺"，而将原来安置在"惹萨寺"的释迦牟尼八岁等身像迁移至"热木齐寺"。她希望岁月静好，边境安宁。

只可惜，几年之后，吐蕃又入侵其西部的小勃律。小勃律当时是大唐属国，北庭节度使张孝嵩派遣疏勒副使张思礼领兵四千前去营救，大破吐蕃军，斩获数万人。

战火又起，烽烟弥漫，公主站在高台上，忧心忡忡。她想起了陈子昂的诗：

前不见古人，

后不见来者。

念天地之悠悠，

独怆然而涕下。

公主念着念着不禁泪流满面。

十一

听到侍从报告战事又起，金城公主特别伤心，感到自己的努力没有达到预期的目的，心灰意冷，就产生归唐的念头。但在战争期间，这种想法不可能实现，她的住处都被赞普派人暗中监视。她思虑了很久，打算派两个心腹之人到北距勃律五百里的箇失密，提出借道箇失密回到大唐。这条路虽然曲折，却不引人注意。

公主在信中说："自嫁到吐蕃，我竭力让两国交好，却不料让九曲为吐蕃所占。这几年，两国战事不断，我非常痛心，自己也无能为力，因此希望能借道箇失密回到大唐。望王成全。"

两个人乘着夜黑，出了城门，快马加鞭，秘密地到了箇失密。

箇失密王看到信后，回信表示自己将竭心以待迎接公主，并派使者告诉谢飓王说："天子之女欲走来投我国，恐怕吐蕃兵马来逐。我力不敌，请求援军来击败吐蕃，迎接金城公主。"

他写了信，派出人领着两个使者，面见了谢飓王。

谢飓王回信说："非常支持箇失密王，我们会竭力帮助金城公主回到大唐。"同时，他还派人到大唐去告知此事，准备里应外合。

两个人回到吐蕃，告知公主，她满心欢喜地收拾行囊，打算和随从一起投奔箇失密王。他们以为这一切都做得天衣无缝，却不知道，那囊妃派人暗中监视着金城公主，她想成为王后，取代公主的地位。乘着公主出宫，她让人把密函偷出来，呈报给赞普。

得知金城公主要偷偷离开，赞普大怒，他不能原谅妃子竟然背叛自己。他暂时按捺下一腔怒火，派人密切地监视着公主的举动。

约定的日子终于来到了。一大早，天黑漆漆的，公主一行乔装打扮，准备出城门，城门外有箇失密王的人在迎接。只要出了城门，就可以取道回长安，她内心紧张而又欢愉。

刚出了城门，快到约定的地点时，听到后面有马蹄的狂奔声。她挑起车帘，看到吐蕃的军队向她包围过来。

"快跑！"马车加快了速度，却抵不过军马的奔驰。

军队将公主的马车团团围住。赞普骑着马在前面拦住了去路，他满脸的怒气。

他冷冷地对公主说："我待你很好，你为何要弃我而去？"

公主自知无法脱离，就回复说："你当年求亲说要两国交好，如今却一再地挑起战争。我在这里待着无益，还不如回去。望赞普成全。"

赞普拉着公主的手说："你是我的赞蒙，这里就是你的家。你不能回长安。"

公主摆脱了赞普的手说："我不想待在吐蕃。当年我来这里，希望你我能长相厮守，我把这里当作家。只可惜，我有情，君却无意。"

赞普听后，十分气愤，便一刀刺向棋儿，棋儿应声倒地，他指着苓儿说："难道公主还要我杀死苓儿吗？难道你想在此孤独一生？"

公主扶着棋儿，棋儿已死。她用身体护着苓儿，说："若苓儿死了，我也自杀。"

赞普拉着公主上马，让她坐到自己的马上，骑着马回到宫中。他吩咐侍卫，不能让公主离开宫中，将她软禁在宫中。

赞普赐给那囊妃很多珠宝，那囊妃请求废去公主的王后之位，让她取而代之。而且公主没有生育，她生了皇子，应该被封为赞蒙，但是赞普没有同意。他知道金城公主的地位不能动摇，她是吐蕃和唐之间请和的筹码。

十二

与吐蕃的几次战争中，唐军屡次大破吐蕃军，玄宗就派遣皇甫惟明和张元方前往吐蕃向赞普和金城公主宣旨。由于连战连败，吐蕃国内哗然，只好再次派遣使者求和。

赞普请求金城公主从中斡旋。公主说："若真心求和，还需要设立边境，立盟约，才能阻断战火。"

赞普说："一切听从公主的安排。"

公主给玄宗写信，信中说了求和的心愿，向玄宗进献金盏器物，同时请求赐给《毛诗》《礼记》《左传》《昭明文选》等书籍，让吐蕃多了解中原的文化。

鉴于自己的战败，赞普只能上表乞和。他提及先祖松赞干布曾娶文成公主一事，于是在表中称："外甥两代都迎娶天朝公主为妻，情同一家。但是，由于张玄表等人率先发起进攻，才使得双方关系恶化。外甥深知尊卑礼仪，怎么敢做出失礼冒犯之事。实在是边境情况所迫，才使我得罪了舅舅。我数次派使者入朝要说明真相，都被边将阻挡住。如今承蒙您远差使节前来探望公主，外甥不胜喜悦。假如能够两方修好，我死而无憾！"从此，吐蕃再度依附唐。

玄宗答应了吐蕃请求，让秘书省抄写诗书，送与吐蕃。当时正字于休烈上书劝谏玄宗，不可赠予书籍，怕吐蕃学习这些书后，给唐带来后患，玄宗没有听从，还是把书籍赠予吐蕃。

收到书籍后，金城公主向玄宗上《请置府表》，表中称道："听闻皇帝万福，我非常欢喜。如今舅甥和好，以后也不会再改变，这样，天下百姓才能够安居乐业。"

玄宗收到表后，就派遣了工部尚书李皓出使吐蕃，赐给吐蕃很多的礼物。赞普和金城公主接见了使者，然后商讨边境事宜。

金城公主从中调和，于是唐和吐蕃约定，在赤岭定界刻碑，约以互不侵扰，并于甘松岭互市。

为了表明吐蕃的诚意，金城公主亲自到赤岭立碑，她抚摸着界碑，内心感慨万千。唐使李皓感谢公主为两国和好做的努力。

"公主，我回长安后，向天子奏请，表彰您的功劳。这次平息了边界持续数十年的战乱，造福了边疆百姓，您功不可没。"

公主摇摇头，说："惭愧，这些年两国战火纷飞，是我无能呀！"

"公主太自责了，这等事情只能是尽人事而知天命。这次唐蕃会盟，定会让公主流芳百世。也助大唐巩固了繁荣，让两国在甘松岭互通往来，商贸往来频繁，对百姓是天大的喜事。"

回到长安，李皓向皇帝讲述了唐蕃会盟之事。玄宗大悦，派人送给公主一些锦帛，表彰她的功劳。

边界相对安宁了不少，双方百姓安居乐业，商贾往来，一派生机勃勃。吐蕃每年进贡礼物，谦恭有礼，让唐廷十分满意。

好景不长，开元二十四年（736），吐蕃再次出兵攻破大唐属国小勃律，玄宗立即派兵迎战，在两年的时间内多次大败吐蕃，双方关系恶化到无以复加的地步。

金城公主眼睁睁地看着战火蔓延，却束手无策。

公主屡次劝解赞普都毫无作用，反而让赞普疏远了
她。她悲叹自己只身赴吐蕃，却未能维持两国间的和
平，终于抑郁成疾。

十三

开元二十八年（740），天气寒冷，很多人都生
病了，城中一派萧瑟。金城公主觉得自己胸口疼痛，
吃了药也不见好。她躺在床上，冬日萧瑟中又添悲
凉。她极度思念长安和家人。

一日，天气晴好，她让苓儿搀扶自己到车上，去
文成公主的墓地祭拜。她拿出祭品，把烧纸点燃，然
后看着火光一点点地燃起和熄灭。一阵风吹过，把灰
烬扬得到处都是。她禁不住咳嗽，掏出手绢捂住嘴巴，
却发现鲜血滴在上面。

苓儿赶紧搀扶住公主，劝她回宫看御医，外面风
冷，病又加重了。金城公主摇摇头，说想在这里陪陪
长安的故人。

回到宫中，公主不停地咳嗽，还口吐鲜血。她脸
色惨白，知道自己不久于人世。御医摇摇头，说已经
尽力了。

　　公主让人拿来一幅画，是她画的长安的家。父亲在读书，哥哥们在舞剑，她在弹琴，一家人其乐融融。她轻轻地抚摸着画中的家。她让芩儿把画装好，又写好一封给赞普的信，是让送芩儿回长安的请求。

　　她又让芩儿拿出她出嫁时穿的红嫁衣，嫁衣已经旧了，如同自己的青春已经逝去，少了光彩。她久久地看着嫁衣，回忆自己来到吐蕃的时日。"如果我死了，你把画和这嫁衣带回长安，画交给父亲，在墓地为我立衣冠冢，把嫁衣埋在里面。"她用虚弱的手拉着芩儿的手说。

　　"公主，我会办好的。您要好好地活着。"

　　公主摇摇头，说："我在这里已经待烦了，孤苦伶仃，没有依靠。赞普也不会心疼我，我想还是死了好，一了百了。"

　　"我们随您一起来吐蕃，会生死相随。"

　　"我会尽力恳求赞普，让你们回到长安，和家人团聚。"

　　"我不能抛下您独自回家。"芩儿伤心地说。

　　"你回家，会带着我的心，一起到长安。我会开心的。"

公主呼吸急促，吐了一口血，晕死过去。

苓儿叫人去通知赞普。赞普正在等军士奏报战事，得知吐蕃兵败，他心里非常恼怒。他气得把手边的东西都摔碎了。苓儿进行禀报，他正在气头上，就不耐烦地问，什么事情来打搅他。得知公主薨逝，他惊呆了，等他急匆匆地来到公主寝宫的时候，公主已经手脚冰凉。赞普望着公主，虽然他经常不来这里，可是他知道公主内心凄苦，也知道她为两国做了多少努力。

赞普打开公主的信，信中恳求赞普放她身边的侍女和随从回家。说他们背井离乡，随她出嫁到吐蕃，如今年岁已高，想回家叶落归根。看在夫妻一场的份上，请赞普同意。自己嫁过来，虽然没有平息战火，但是已经尽力了。

赞普思考了一阵，对苓儿说同意公主的请求。

在十一月的冷风中，金城公主薨逝，宫中一片哀鸣。吐蕃为公主举行了隆重的葬礼。

葬礼后，苓儿带着公主的画和嫁衣，和想回大唐的一些随从，立刻出发，回到长安。一起走的还有吐蕃的使者，他们要到长安报丧。开元二十九年（741）春，一行人才抵达长安。

苓儿到李府上去送公主的遗物。

吐蕃使者到大殿之上献上赞普的奏章，向玄宗求和，说公主新丧，请和以告慰逝者。

玄宗看过奏章后不语，直接就问宰相："此时能否讲和？"

宰相说："此时讲和，就是给吐蕃休整的机会，以后战事会更多。"

玄宗同意了宰相的意见，没有答应求和，双方在陇右地区的战事没有停息。

听到女儿逝去的消息后，白发苍苍的李守礼再也抑制不住悲哀。他知道女儿的遭遇，她是忧愤而死，在吐蕃不被重视，是一个牺牲品罢了。

几个月后，朝堂之上的玄宗看到李守礼不在朝，就询问原因。宰相回答说，因为金城公主薨逝，他听后病倒在床，不能上朝。

玄宗想起公主出嫁时的情景，如今香消玉殒，魂不能归乡，于是心生怜悯，为金城公主举哀，辍朝三日。同时也体恤老臣李守礼，他派人送去了礼物，以示安慰。

两年后，李守礼薨逝，终年七十岁。玄宗恩制加赠太尉，陪葬乾陵。

永乐公主

如花美眷·冷冷清清

永乐公主杨美棠

开元五年（717），玄宗将杨元嗣的女儿杨美棠封为永乐公主，下嫁契丹松漠郡王李失活。李失活被刺客所杀，永乐公主又嫁给了他的堂弟李娑固。哪里料到命运不济，李娑固被手下可突于杀死，公主黯然失色地回到了长安。

一

宫殿之外，心腹之人把守，契丹酋长李尽忠和妻兄孙万荣、堂弟李失活在密室中商议反叛大唐之事。他们蓄谋已久，忍了很多时日，只待时机来临。

"都督，赶紧下决心造反吧！大灾年，这狗贼赵文翙不救济，还把酋长视作奴仆，肆意侮辱，怎么能忍下这口气！"孙万荣一直劝着，他当时去请求赈灾，却受了营州都督赵文翙的羞辱，一肚子的怒火无处发泄。他早年以侍子入朝做人质，深知唐虚实。武周时，宫廷斗争你死我活，边境多不太平，于是便想抓住唐内忧外患之机，起兵造反。

李尽忠一直在密室中走来走去，紧皱着眉头。他很担心，说："大唐强盛，万一失败，那是满门抄斩的大罪。"

"赵文翙视我们如草芥，现在很多人都饿死了，反正都是死路一条，不如痛快地杀了这狗贼，占了营州，说不定还能讨条活路。"李失活在一旁劝道。

李尽忠思索着，突然拔出刀，砍到桌子上，桌子裂成两半，说："赵文翙欺人太甚，当如此桌一样的下场。"

他们的军队当晚集合，悄悄地进攻营州。唐军对此一无所知，守城的将士多在睡梦中。突然听到喊杀之声震耳欲聋，到处火光冲天。毫无防备的唐军乱作一团，被砍杀众多。

刚愎自用的赵文翙从睡梦中惊醒，仓皇中穿好衣服，准备逃走。刚出了后门，却被孙万荣带人拦截住。

侍卫拼命地保卫着赵文翙，被孙万荣杀死，只剩下赵文翙一人，他哆哆嗦嗦，语不成句，跪在地上一直求饶，被孙万荣踩在脚下，一脸的狼狈。

"你这狗贼平日飞扬跋扈，现在却是个熊包。今天杀了你，出了这口恶气。"孙万荣抓着他的头发，一刀砍向脖子，顿时鲜血喷涌，身首异处。

契丹军队在营州城中烧杀抢掠，百姓不堪其苦。繁华的营州城一夜之间凋零破败，人们携妻带子，纷纷逃走。

李尽忠干脆自称"无上可汗"，孙万荣被任命为主帅。随后孙万荣率军东进，攻城略地，所向披靡。由于契丹各部都不堪唐官员的欺压，纷纷前来投奔，契丹军队迅速发展，随后又进攻崇州，俘虏唐龙山军讨击副使许钦寂，声势益壮。

消息传至洛阳，武则天大怒，迅速派兵征讨，企图一举消灭契丹。她还下旨改李尽忠名为李尽灭，孙万荣为孙万斩。唐军多次派兵围剿，却被李尽忠击败。后来李尽忠病死，孙万荣继位，继续扩大自己的势力。由于和契丹联盟的奚族突然间叛变，战争开始向有利于唐军一方发展。李尽忠、孙万荣妻子儿女被掳掠到突厥。随后孙万荣被家奴杀害，契丹眼看着生存不下去了，就归附突厥。但是，契丹没有从突厥那里得到什么好处，相反，常常受到突厥欺凌，备受虐待，比归顺大唐时更难过活。

李失活不想再受欺凌，他和手下的人商量，要归顺大唐。于是在开元二年，李失活与奚族首领李大酺一起到长安觐见唐玄宗，唐急于边境平和，也没有计较前嫌，于是玄宗恢复松漠府，以李失活为都督，封松漠郡王，授左金吾卫大将军，赐丹书铁券。

和其他附属国的待遇一样，玄宗想要笼络李失活，那最好的方式就是和亲。他开始在脑中想着，谁家的女儿最合适担当这一使命。

大殿之上，玄宗就问李失活："您可愿与大唐结亲？"

李失活欣喜地说："这是臣的荣幸。"

玄宗点点头，说："那我就将公主赐婚于你，希望能永结同好。"

李失活大喜，赶紧谢恩："大唐的公主美丽聪慧，如果能成为我的妻子，那是我的荣耀。"

李失活住在都亭驿中，每日闲逛长安，美酒佳肴，不亦乐乎。他觉得归顺大唐是明智之举。

嗣虢王李邕墓打马球图

二

李失活闲来无事，自己一个人在长安城中闲逛，觉得处处新鲜。他来到大唐西市饮酒，酒肆有西域来的胡姬当垆卖酒，深目高鼻，很惹眼。这也引得一些诗人纷纷来这家酒肆喝酒。西域的美女还善歌舞，就座的人一边喝酒，一边看着她们跳舞。

众人喝着酒，纷纷鼓掌叫好。李失活不停地喝酒，有点醉醺醺了。他准备回都亭驿，就踉跄着站起，往门口走去。

酒保拦着他说，还没有给酒钱。李失活就摸自己的口袋，来回找寻，却发现钱袋子不见了，可能是被偷了。

他踉踉跄跄地往外走，说："我……让人……送过来……"他没有站稳，摔倒在酒肆的大门口，然后爬起来，又往前走。

酒保拦住他，说："喝酒还没有钱，就想走？今天一定得好好地收拾你这个无赖。"店中的人抓住李失活，正要动手打人。杨府的杨美棠正骑马路过，看到闹哄哄的，要打人的架势，就勒住马问："怎么这么吵？你们又要打谁？"

酒保一看来人，就毕恭毕敬地说："杨小姐，这个人耍无赖，喝酒不给钱，我们打算收拾他一顿。"

杨美棠仔细看了看李失活，这个人应该是契丹人，看他的样貌和装扮，应该不是寻常的契丹人，肯定是个贵族。她说："你们不要打他了，看他的样子，不是一般人，万一闹出事，你们都不好交代。我替他付了酒钱。他喝醉了，你们把他送到都亭驿问问就知道了。"

酒保拿了钱，雇了一辆车送他。杨美棠今天陪母亲去寺庙，恰好碰到了皇帝宠爱的武婕好，就陪武婕好一起游玩。武婕好是武则天的侄孙女，深受皇帝宠爱。杨美棠的父亲杨元嗣是宗正寺少卿，负责掌管皇族事务，府上经常有人拜访。杨美棠自小就见识过各色人等，自然不会看走了眼。杨元嗣的府邸离此地不远，他是贞观朝东平王李续的外孙，李续是太宗第十子纪王李慎的儿子，是皇亲国戚。长安城这块地方，住的都是皇亲国戚，宅子都聚在一起。由于和皇族经常打交道，朝廷上下的人都认识他。杨元嗣喜欢喝酒，常常是女儿来帮他买酒，时间久了，酒保就认识她。

杨美棠是杨元嗣的小女儿，他有三子四女，三个儿子在外镇守边关。三个女儿已经嫁人，唯独小女儿杨美棠还待字闺中。她出落得姿容貌美，兰心蕙质，很受宠爱。女儿出生时，院中的一树海棠正在绽放，于是就起名杨美棠。

李失活一觉醒来，觉得头疼，又口干舌燥，起床猛地喝了一壶茶水。他不知道此时为何时，醉酒之事都不记得了。

奚族首领李大酺走进来，看到他醒了，就埋怨说："你一个人喝酒快活，都不叫上我。还是不是我的好兄弟？你醉酒了，酒保送你到都亭驿门口，我看到了，把你扶进房间的。"

李失活憨笑着，说："好兄弟，我都不知道自己睡了多久了。改天我们一起去喝酒，算是我赔罪。"

李大酺哈哈大笑，说："这长安太好玩了，我要多待些时日。今年三月陛下已经赐给我老婆，听说陛下也要赐给你老婆。这美酒佳人，人生快活呀！"

李失活就说："现在还不知道是美是丑。但愿是个美人。"

李大酺说："陛下赐给的女人一定漂亮，如果丑，你就不娶了。"

　　两个人哈哈大笑。

三

　　后宫中，玄宗和宠妃武婕妤说起与契丹和亲的事情。武婕妤知道他不愿意自己的女儿被赐婚和亲。她想了想，就说她几天前去寺庙祈福，见到一个女子亭亭玉立在人群之中，觉得赏心悦目，便叫过来问是谁家的姑娘。那个女孩儿过来，回答说自己是宗正寺少卿的女儿杨美棠。她从上到下仔细地打量着，女儿家看着甚是得体大方，很是讨人喜欢。武婕妤赐给她糕点珠花，还让她坐到自己的车里，车里还有自己的儿子李一正在玩耍。儿子见到杨美棠之后，欢喜得不得了，要让杨美棠抱在怀里，不愿意让她离开。

　　武婕妤说："这杨美棠知书达理，很是让人喜欢。要不陛下下旨让杨元嗣父女进宫，封其女儿为公主，嫁给契丹的首领，也不委屈她。"

　　武婕妤是李隆基的宠妃，自然对她是千依百顺。于是他下旨让杨元嗣父女进宫。

　　圣旨到达，杨元嗣诚惶诚恐，还不知道要发生什么事情。玄宗喜怒无常，他想到自己一直远离宫廷斗争，此番突然被召唤，是福是祸还不得而知。

他只好问来的太监："请问陛下召见，不知道是什么事情？为何如此匆忙？"

太监说："这事情还要恭喜杨大人了，您的女儿就要贵为公主了。"

杨元嗣还是摸不着头脑，又问："是何喜事？"

太监说："契丹来人请赐婚，陛下要给您女儿赐婚了。恭喜大人了。"

杨元嗣听了心里大惊，嘴里却说："这是我女儿的福分，有劳公公了。"他赶紧命人拿出银两，犒劳公公。

他让人叫来女儿，说要进宫面见皇帝。

杨美棠想问何事，但是她看到父亲面色不安，忧心忡忡的样子，就不好再问，只是内心隐隐不安。

后宫中，杨美棠是第一次进来，格外新鲜，只是父亲催促着她快走。

叩拜过后，杨美棠看到皇帝身边的妃子武婕妤，想起那日的相逢，今日又见，不知道有何事情。武婕妤把她叫到跟前，仔细地打量着。

玄宗看到此女，觉得惊为天人，可谓倾城倾国。就暗自思量，若是自己的女儿如此之貌，远嫁他乡，自是有些伤感和不忍。他看到杨元嗣的神情，尽管竭力掩饰，却还是能感到他的沮丧。

"听武婕妤说，你女儿美若海棠，今日一见真是名如其人。朕想把你女儿赐婚给契丹的李失活，不知道你可否愿意？"

杨元嗣自然不敢违背，就一直点头，说："谢陛下隆恩，这是我女儿的福气。女儿能为国出力，自然是非常愿意。"

玄宗很是高兴，就说："那就封为永乐公主，择日出嫁。"

杨美棠此时才醒悟，自己父亲为何如此一副模样。她自然知道皇命不可违，就赶紧说："谢谢陛下和武婕妤。"

武婕妤怜惜地看着她，说："契丹首领李失活相貌堂堂，身材魁梧，是人中之龙。你这般的美人，嫁过去也不委屈。"

父女两人告退，回家路上，一路无语。

回到府中，杨元嗣和夫人欧阳繁一直叹气，女儿要去和亲，做父母的怎么忍心她远嫁。杨美棠在一旁沉默不语。

夫人哽咽地说："此前和亲的公主，哪一个不是颠沛流离。若没有战事还好，要是打起来，性命都堪忧。和亲过去，只和平了几年不到，就又是打仗。一个柔弱女子，哪里经得起如此折腾。再说，女儿若嫁过去，恐怕此生再难相遇。"

杨元嗣烦躁地说："你以为我不难过。皇命难违，女儿和亲，是福是祸，只能看她的造化了。"

杨美棠倒是镇静，她说："父亲母亲不要为我担心，我知道外藩辛苦。但是留在长安，也是祸福难料呀。父亲一直小心谨慎，还不是要避免卷入宫中的内斗。看看就算是陛下的亲兄妹，也是相互倾轧。朝廷之上，有多少人夜不能寐，今天不知道明天的际遇。"

杨元嗣稍感安慰，他想不到女儿如此的豁达。只是夫人还在哭泣，女儿替母亲擦去泪水，哄着母亲。

夫人就说："我怎么能不牵挂你呀，你一个人要去那么远的地方。"

　　杨美棠说："母亲若是想念，可写信告知。我还可以请求回来省亲。"其实在她内心，也不愿意离开。但是没有办法，谁都不能违背皇令。

　　回到房间，她辗转反侧，一夜无眠。她想起弘化公主、文成公主和金城公主的遭遇，就感叹命运飘零。

四

　　开元五年（717）十一月，皇帝下旨将杨元嗣的女儿杨美棠封为永乐公主，下嫁给李失活。整个长安城都轰动了，街头巷尾都议论纷纷。李失活是第一个迎娶唐公主的契丹首领，永乐公主是第一个嫁给契丹的大唐公主。契丹人听后，亦是举国欢庆。玄宗赐给了大量的珠宝财物，杨家也准备了丰厚的嫁妆。

　　李失活接到皇帝的诏书，听唐使者说公主德才兼备，温柔聪慧，心里很是高兴。他去杨府拜见了岳父杨元嗣，又送上黄金和骏马，算是自己的聘礼。暗地里，他向杨府的侍从打听公主的模样，花重金买了公主画像。画像中的公主的确美艳迷人，让李失活魂牵梦萦。

　　出嫁的日子到了，婚礼由玄宗亲自主持，王皇后站在他身旁，武婕妤站在另外一侧。王皇后端庄典雅，武婕妤妩媚动人。

契丹派来了众多迎亲的使节，个个都骑着高头骏马，很是威风。

正午时分，阳光照耀在汉白玉的台阶上，明亮而又炫目。红色的地毯铺陈开来，永乐公主身穿百鸟朝凤的婚服，一头乌发绾起，头戴着凤冠，凤冠上的宝石珠翠随着她的慢移而摇曳生姿，花钿在阳光下璀璨。她一步步走上台阶，长长的裙裾在身后展开，纤纤玉指如凝脂，侍女碧桃搀扶着她。

李失活在不远处看着公主，准备迎接她。他身披大唐的礼服，等待着能与他并肩而站的人。她雍容前行，步履缓缓地迈向李失活，她蒙着盖头，看不清他的神情，只知走到他身边。

他们拜谢了玄宗，礼毕，韶乐庆贺之声不绝于耳，歌伎在跳舞，百官都在朝贺。

"恭贺李都督和永乐公主大婚！"歌声阵阵，祝贺之声不绝，婚礼热闹喧哗。众人欢饮，杯盘狼藉。

永乐公主在洞房等着他。他有些醉意，送走了客人，急匆匆地进了洞房。他带来的高官和奚族首领李大酺也进了洞房，吵吵嚷嚷地要看新娘子。洞房红彤彤一片，如红霞映照。公主端坐在床边，美如一幅画。

众人都吵吵着让掀开盖头，急欲一睹公主的芳容，就是赖着不走，他有点不耐烦了，直接把他们推了出去，关上了房门。众人还是不走，站在外面偷听。

李失活揭开盖头，看着永乐公主，仿佛看着仙女一般。他非常满意。公主为他斟了一杯茶。

李失活用手托起公主的脸颊，说："我暗自打听过了，早就听说公主是位绝代佳人，又聪慧过人。人生有妻如此，自当无憾。"

永乐公主娇羞地抬起眼，望着眼前的丈夫。他面目黝黑，身材高大，越发映衬得自己娇小。看到李失活的醉态，她微微一笑。

杨美棠说："夫君又有点醉了。上次在西市的酒肆我们见过。若不是我付了酒钱，估计都督就要挨打了。"

李失活非常惊讶，他那次酒醉醒后，听说是有人送他到都亭驿的，没有想到是公主派人送的他。

　　李失活鞠了一躬，说："公主真是善良之人，娶妻如你，我别无他求。"

　　公主抿着嘴，笑着说："望你我能相互恩爱，才不枉我的搭救之恩。"

　　"不知道公主可愿意与我一起到塞外，策马奔腾，在草原上快活？"他拉着公主的手，那肌肤如雪，温润如玉。

　　杨美棠说："你我已经成了夫妻，我自然要与你一起同行。一直待在长安城里，我也有点厌倦了，想去外面看看。"

　　"其实，我早就倾慕公主。你看……"他拿出公主的画像，公主禁不住娇羞一笑。

　　他迫不及待地抱起公主放在床上，吹灭了红烛，房间暗下来，外面的人哄笑着走开了。

　　洞房花烛夜，自是一番缠绵。窗外，明月皎洁，花影如剪。

五

　　永乐公主要离开长安时，长安城里人头攒动，都围着，想一睹公主的芳容。

李失活骑着骏马，在前面开路。他内心欢喜，皇帝赐给的爵位美妻，让他很满意。人生如此，夫复何求！

公主的车在后面，富丽堂皇。她让侍女碧桃掀起帘子，想在走之前再好好地看看自己住过的地方。她看着熟悉的街道，熟悉的店铺，还有长安城中的父老。

她的容貌引起了人群的惊叹，又引起了一阵阵叹息。

一些大臣和诗人也在其中送行。大臣孙逖看到公主的模样后，觉得她到蕃地如同仙女降临，会给那里带去无限生机，就随口吟出一首诗：

边地莺花少，年来未觉新。
美人天上落，龙塞始应春。

孙逖依依不舍地看着公主放下车帘，继续向前走去。他有些惆怅，就退出了热闹的人群，到了一处酒肆，痛饮起来。

一路渐行渐远，车马已经出了长安城的开远门，向郊外而行。路上，两旁庄稼长势正旺，艳阳正在照耀，公主内心有些悲凉起来。她悄悄地躲在车里哭泣，泪水潮湿了妆容，侍女碧桃也暗自垂泪。随行的人无限留恋地回望着长安，又神情落寞地继续赶路。

送亲的路途艰辛，要跋山涉水，所经过的地方有些特别荒凉，罕有人迹。晚上夜宿在荒郊野外，竟然能听到狼的叫声。公主哆嗦着醒来，内心恐惧。李失活拉着公主的手，安慰着她。帐篷外的侍卫在不停地巡逻。

一路的颠簸，终于到了契丹。公主看见到处是帐篷，成群的牛羊马匹，公主感到既陌生又新奇。

长长的迎亲队伍，引得人们都来围观，契丹的大臣和民众都涌在宫外要见见大唐公主。李失活骑着马在前面，得意扬扬。大臣和民众欢呼着，恭喜可汗。

李失活搀扶着公主，他们走进华丽的宫殿。路上的颠簸，已经让她憔悴不堪。她在宫中休息，李失活不忍心打搅。

待永乐公主整顿好后，李失活和她来到宫殿之上，又以契丹人的婚礼迎娶公主。她脱下了大唐的服饰，穿着契丹王后的衣服，大臣看着王后，在下面议论纷纷。他们拜见了王后，新来的王后端庄美丽，让人为之着迷。

热闹的婚嫁仪式过后，公主就要告别送亲的队伍，她把送亲的人送出很远。公主写了一封信，给父母报平安。又写了一封信给皇帝，表达了契丹愿与大唐修好的愿望。

她青春年少，对这里充满了好奇，虽然思乡心切，但还是努力去适应契丹的生活。契丹人以放牧为生，吃肉为食，用皮毛做衣服，转徙随时，车马为家，自在快活。她效仿文成公主，让随她来的能工巧匠，将大唐的手艺传给当地人。还用带来的粮食，教当地人种植。永乐公主深受契丹民众的爱戴，加上李失活很宠爱她，生活过得还算惬意自在。

六

边境安宁，唐与契丹的商贾往来，熙熙攘攘，一时间买卖热闹，民众安乐。大唐为了表彰公主的功劳，不时派人赐给公主锦帛。这边岁月安宁，但是却惹恼了突厥人。当初李失活背叛大唐投降了突厥，后来又背叛突厥投降了大唐，让突厥可汗恼羞成怒。他派人去暗杀李失活，可是每次李失活都能化险为夷，而且在遭遇暗杀后，李失活更加小心翼翼。

李失活宠爱公主，怕她在宫中待着烦闷，时常带她出去狩猎。他是射箭高手，军中能及他的人不多。他将打下的猎物，命人给公主缝制衣服，说契丹天寒地冻，怕公主不耐寒冷。

公主穿着王赐给的狐白裘，是用王打下的白狐狸皮制成的，轻暖又好看。她穿着裘衣出现在王的面前，王惊叹不已，命人给她画像。

转眼又是一年春暖花开日，李失活带公主去狩猎。在溪水边，他们看到一头鹿，全身雪白，在森林中游荡。李失活从来没有见过如此漂亮的鹿，就一直追赶。那鹿跑得飞快，李失活一直紧紧地跟在后面。鹿突然越过溪水，隐藏在一片茂密的林中不见了。

李失活骑马过去，隐隐看到鹿的影子。他刚要射箭，突然听到公主的喊声，她的马掉进一个陷阱中。

李失活走到了陷阱边，他下了马，正准备救公主。这时候，一支支箭从树丛中射来，他急忙躲避，有一支箭正中他的胸口。

他大喊了一声："有刺客！"然后迅速躲到一棵大树之后，血从胸口汩汩流出，他感到一阵阵的巨痛。他忍住疼，向外射箭。一个人应声倒地，但是密林中有更多的人向他逼近。

此时，听到王的呼喊声，侍卫冲过来，逼退了刺客，救起了王。王的胸口在不停地流血，浸湿了衣服，脸色苍白。

落在陷阱中的公主，突然间被人捂住嘴巴，掠上一匹马，向另一处地方跑去。她挣扎着，却无济于事。

李失活的堂弟李娑固听到了王的喊声，就急忙骑马赶来，却看到王嫂被人掠走。他上马在后面追赶。眼看就要追赶上，那个刺客跳下马，狠狠地抽着马鞭。马儿受惊，在前面狂奔，眼看就要到山崖边。李娑固跳到了那匹受惊的马上，紧紧地拽住缰绳，抱住了公主。

万丈深渊就在眼前。李娑固倒吸了一口冷气，再差一步，公主就要摔下悬崖了，公主惊恐万分。他牵着马，两个人走到山下。

李娑固紧张地说："估计是有人要行刺王，要把你掠去。不知道王现在如何，我们赶紧看看。"

王躺在地上，血流不止，伤口发黑，已经中毒很深。侍卫为王包扎好伤口，王被抬回宫殿，他已经昏迷过去。鲜血染红了王的衣衫，让人不忍心看。大唐来的太医在替他诊治，契丹的太医也在诊治，只是伤势太重，他依然不省人事。

公主泪眼朦胧，她只能握着王的手，祈祷他可以渡过这场灾难，重新在马上驰骋。王的安危就是契丹的安危。

她很自责，刺客设下圈套，让她落入陷阱，王为了搭救她，被刺客射伤。她一直守护在王的床边，望着昏迷不醒的王。

她趴在床边睡去，明月照进了屋子。李娑固轻轻地走了进去，为王嫂披上了一件外套，然后又默默地走开。

七

李娑固焦急地等在大厅之中。公主忍住悲伤，出来见他。

李娑固说："这几天我查出来是谁伤害的王。当初王向大唐归顺，有人暗中阻挡，现在他们想杀了

王，再将你掠夺去，向大唐示威，再掀起两国之间的
杀戮。"

"你可把他们都抓起来？"公主焦急地问。

"大部分已经落网，可惜让为首的逃走了。"

公主叹息了一下，说："人抓住就好，只是王
还在昏迷之中，让我很担心。现在，朝中大臣人心离
散，国家在危急之中。"

李娑固安慰她说："公主不必担心，现在奸人已
除掉。只是需要担心兄长的安危。"

公主感激地看着李娑固。

李失活还是躺在床上昏迷不醒。随公主来的太医
也无能为力，只是叹息摇头。

公主走进来，她着急地问太医："王好些了吗？"

太医摇摇头："伤得太重，已经没有回天之力，
这几天喂不下汤药，只能听天由命了。"

李失活突然咳嗽起来，众人大惊。

李失活用微弱的声音呼唤着杨美棠的名字。公主
来到他的身边，眼泪止不住滑落。

李失活说："我知道自己已经不行了。这段时

间，我总是在梦中徘徊，想起小时候在草原上和父亲骑马的事情。我娶了你，人生也无憾。只是留你在这草原之上，我于心不忍。"

"王，你不要说了。太医正在想办法，要救活你。我们还要一起在草原上骑马射箭。"

李失活苦笑着，又是一阵剧烈的咳嗽。

"我恨人生太短暂，不能好好地珍惜彼此，换来的都是一场场杀戮。我死后，希望你嫁给娑固。这是祖上的规矩，而且他是个好男人。"

他让侍从去请李娑固。李娑固急匆匆地赶来。

李失活望着兄弟，气若游丝地说："娑固，替我做两件事情：第一件是我要把首领的位子传给你，只有你才能统领族人，没有二心；第二件事情是娶了你的嫂嫂，替我照顾她。她一个人远嫁到此，不能让她孤零零地活着。"

娑固听完有些愣住了，"兄长，我怎么能这么做！我要请最好的大夫为您治病。"

李失活再次摆了摆手，脸上全是痛苦的表情。那支箭上涂着毒药，毒性已经渗透到全身，他知道自己命不久矣。他担心契丹的安危，好不容易不再打仗，民众可以休养生息。若自己被刺死，公主被掠，此事如果被奸人利用，将又是一场场战争。

他最牵挂的就是美棠，她独自一人，怎么在契丹安身立命？他曾经答应过她，要相守到老，照顾她一辈子。

"你要答应我，我才能安心离去。"他突然抓住兄弟的手，用尽了全身力气。

娑固跪在床前，抱着兄长的身体大哭。他点点头，算是对兄长的回答。

毒性再一次发作，李失活吐出一口口的血。大夫都手忙脚乱，想让他安定下来，可是无济于事。他一直挣扎着，痛苦地呻吟着，伸出手向空中乱抓。

公主紧紧地握着他的手，他看着公主的眼睛，恋恋不舍，却又无可奈何。他握着公主的手越来越冰凉无力，然后突然间滑落下去。

太医看了看李失活，对公主说："王已经薨逝了，请公主节哀。"

公主快要昏过去，李娑固一把扶住了她。

李娑固发令，通告契丹上下，王已经薨逝，赶紧发丧。他又派人快马加鞭向大唐报告。

八

天色阴沉，风凄厉地刮着，送葬的队伍抬着棺椁，缓缓地走着。王葬在一处林中，砖砌穹庐顶的墓室。要不是侍女碧桃搀扶着，公主早就晕倒了。埋葬了王之后，公主躺在床上，一病不起，身形憔悴。

李失活突然薨逝，宫中一时间人心不安。悲鸣之声过去之后，契丹需要一位新王来统领族人。族人一致推举李娑固为契丹王。他坐在哥哥曾经的王位上，内心却在翻滚。

公主在后宫日夜暗自垂泪，已经是非常憔悴。她知道自己的命运，又要转嫁于他人，内心十分不情愿。她写信给皇帝，想回到大唐。

按照契丹人的婚俗，永乐公主要嫁给李娑固。李娑固受兄长李失活的影响很大，对大唐文化极其钦慕。永乐公主尽管只是宗室女，但气质儒雅，举止端庄，风姿贤淑，与契丹女子截然不同。这一切，深深打动了李娑固。

大唐得知李失活逝世，赠了他特进之官，派遣使节，前来吊祠，并且下旨让其堂弟中郎将李娑固袭封。皇帝又给公主一封信，让她遵从契丹习俗。

公主接到信后，一夜无眠。她无限感慨，想起了汉代王昭君，美得沉鱼落雁，却是一生漂泊。她先是嫁给了匈奴单于呼韩邪为妻，呼韩邪单于去世后，昭君向汉廷上书请求归汉，但是汉成帝敕令她从胡俗，只能复嫁呼韩邪单于长子复株累单于。

想到这里，她禁不住吟诵了王昭君的《怨词》：

秋木萋萋，其叶萎黄，有鸟处山，集于苞桑。

养育毛羽，形容生光，既得行云，上游曲房。

离宫绝旷，身体摧藏，志念没沉，不得颉颃。

虽得委禽，心有徊惶，我独伊何，来往变常。

翩翩之燕，远集西羌，高山峨峨，河水泱泱。

父兮母兮，进阻且长，呜呼哀哉！忧心恻伤。

公主想回大唐的梦就此破灭。此刻她最孤独，想起父母兄弟，只能推窗而望，面向那遥远的长安城的方向。

九

李娑固刚成为契丹的首领，政事繁忙，只要有空，就去看望公主。他对杨美棠的敬重爱恋，所有人都能看到。只是美棠不知道如何去和他相处。他知道公主喜欢花草，就派人每天去寻找鲜花，送来给公主放在房中观赏。

公主养好了身体，人却百般寂寥，就骑马去四处闲逛。她喜欢打马球，在长安时，家里的兄弟经常打马球，连玄宗都是马球高手。当时，还设立了"打球供奉"一职，马球技术成为了拔官选将的标准之一。而且每逢科举之后，曲江宴中，新科进士之间的马球赛是必不可少的一项活动。

马球比赛不限于男子，也有女子的比赛。杨美棠在长安时，姐妹们身着各色的胡服，身材挺拔修长，风姿绰约，玩得不亦乐乎。

杨美棠让工匠帮她制作马球，在草原上和一帮侍女打马球，消遣娱乐。

李娑固看到公主喜欢打马球，就让侍从一起来玩，他想讨好公主。

这几日，草原天气晴好，李娑固要举行一场马球大赛。

契丹是骑马打天下的民族，骑兵骁勇善战，高大

金背瑞兽葡萄镜

魁梧。一群人开始比赛，他们穿着各色衣服，尤其是李娑固的红色衣服，在人群中分外惹眼。那些契丹贵族的女子都痴痴地看着他，议论纷纷。尤其是宰相的女儿李泉真，她爱慕首领，想成为他的妃子。

李泉真才不管公主的存在。她是这草原上的美人，向她求婚的人很多，但是她拒绝了，她说非娑固王不嫁。她嫉妒地看着坐在台上的公主。李娑固的眼睛，时常会望向公主。

场上，众骑手驰骋翻腾，球杆挥舞，骏马狂奔。众人喝彩不断。李娑固带领的骑手赢了，场上欢腾不息。

李泉真围在李娑固的身边，不停地献殷勤。

公主走到李娑固的身边，祝贺他的胜利，还说要送一幅画给李娑固。

李娑固谢了公主，把自己得胜的球献给了公主。

回到宫中，公主铺开宫绢，开始作画。她想起了李娑固在林中救她的事情，他送她的花儿还没有凋谢。她好些时候没有作画，甚至有点手生。她知道他对自己的心思，只是不知道该不该接受。她不能违抗圣旨，大唐的来信让她留下来，和李娑固成婚。

她内心凌乱，不知如何排遣，就弹琴唱歌消磨时间，弹的是汉乌孙公主的《悲愁歌》：

吾家嫁我兮天一方，远托异国兮乌孙王。

穹庐为室兮旃为墙，以肉为食兮酪为浆。

居常土思兮心内伤，愿为黄鹄兮归故乡。

侍女碧桃站在她身边，知道公主又想念长安了。

她劝慰说："公主，也不要多想了。既然在这里，就要好好过自己的生活。其实婆固王人也不错，还救过您的命，对您也是一往情深，您又何必自寻烦恼。就算回到长安，说不定还有其他烦恼的事情。"

琴声悠然，李婆固站在宫殿外聆听，也感到她的忧伤。他本来想进去，想了想，又止步了。公主身影在烛光中出现，形单影只。

这几日，公主都在画画，她没有出门，想着早日把画完成，送给李婆固。

终于画成，公主长出了一口气，伸了伸腰。

公主把画献给李婆固，他看了之后，非常喜欢。画中的他着红衣，骑着骏马，一群人追着他，他挥动球杆，英姿飒爽。画上的题词写的是曹植的《名都篇》中的一句"连骑击鞠壤，巧捷惟万端"。

李娑固拍手称绝，高兴地说："真是好画，我要用什么来回报你？"他停顿了一下，说："公主想必非常思念长安，我派人送你回去吧。"

公主闻言先是一喜然后又一惊，就问："王何出此言？"

李娑固说："我听到你唱长安的歌，很忧伤。想必你思念长安，思念家人。"

公主听完，眼眶有点红，就想落泪。李娑固心思如此细腻，让她始料未及。

公主就问："这可是你的真心话？"

李娑固说："当然，看着你高兴我就高兴，这比什么都重要。虽然我内心爱慕公主，也知道这不可勉强。你们汉人讲究'执子之手，与子偕老'。我虽然只是一介武夫，但是也知道这个道理。"

公主被感动了，她知道自己在这里孤身一人，无法立足，还是要依靠李娑固，更何况他还救过自己性命，可谓有情有义，于是就说："若君不弃，愿为连理。"

李娑固说："我会带公主回到长安，实现自己的承诺。"

李娑固喜悦地拉着公主的手，走出宫殿，和公主
一起骑着高头大马，在草原上驰骋。他在草原上得意
地大喊。

他为永乐公主举办了一个盛大的婚礼，比上一次
她来到契丹的时候更隆重。他对公主宠爱有加，每逢
遇到朝中的大事，总爱与她商量。

契丹和大唐之间，还是友好平和，这让唐廷非常
满意。

十

宰相的女儿李泉真一直爱着李娑固，他们从小一
起长大，可谓青梅竹马。只是李娑固长大后跟随兄长
南征北战，才有所疏远。她的父亲李闵杰也有心将女
儿嫁给李娑固，无奈李娑固娶了大唐的公主。于是他
请李娑固的母亲出面，为女儿说媒。李娑固的母亲喜
欢李泉真，就执意让儿子娶了她。而且，有了李闵杰
的支持，儿子的王位自然是巩固了不少。李闵杰为自
身考虑，和王联姻，当然自己的地位也提高和巩固了
不少。

手下的谋臣向李娑固陈述了其中的厉害关系，李

娑固觉得有理，但是他不知道如何向公主开口说。两个人千般恩爱，他却要为自己的王位考虑。

娑固王要娶宰相女儿的事情已经传开，得知这个消息的碧桃赶紧告诉了公主。公主听后有点诧异，但是转念一想，她也释然了。她知道他有苦衷，每一个王位都需要有人在背后支撑。只是她内心还是有点委屈。

公主说："其实我父亲就有妻妾多名，当今的陛下后宫有那么多妃子，其中有很多人是这样的联姻，宫廷之中的婚姻，大多都是为自己谋取利益罢了。我来和亲，不也是这样吗！"

碧桃不满地说："可是我打听过了，听人讲那个契丹小姐飞扬跋扈，我害怕她到时候欺负你。"

公主笑了笑，说："那只是人言吧。我希望能和她好好相处。其实一个女人的地位，还是在男人在不在乎罢了。"

两个人还在说话，李娑固走进来。他听到了公主的话，深深地感动。公主看到王，连忙起身相迎。李娑固欲言又止。

公主说："我知道你来为了何事。"

李娑固说："公主可否怪我？"

公主说："我自然不会怪你，你只是在为族人做该做的事情罢了。"

李娑固说："我来之前，还一直担心。今天听到你的话我就放心了。我会像爱自己的生命一样爱你的，我尊贵的公主。"

李娑固用隆重的婚礼迎娶了李泉真。她的确是美人，高鼻深目，光彩夺目，又青春逼人，那些大臣贵族都为她的容貌倾倒。当初她没有进宫前，很多人都在追求她，可是她不为所动。

李泉真走到公主面前敬酒，公主能感到她的矜持和傲慢。

新婚不久，李泉真就怀孕了，她在宫中的地位越来越高。而公主因为没有怀孕，被人在背后指责。

十一

李娑固为了实现自己的诺言，在开元七年（719）十一月，他与永乐公主来到大唐。离开之前，他让静析军副使可突于代替他主事。他非常欣赏可突于，可突于骁勇，深得众心。

玄宗设宴接待了李娑固夫妻，这阵子契丹与大唐平安无事。在宴会上，他赐给李娑固金银珠宝，以便笼络他。李娑固带着契丹的良马和黄金，献给了大唐皇帝。

公主回到家里，离家才短短三年，却已是物是人非。父亲无心卷入朝廷斗争，整日与一群诗人饮酒作乐，吟诗唱和。曾经那个有抱负的父亲，彻底堕落成一个酒鬼。父亲近来又宠爱一位侍妾，母亲被冷落了。

长安还是长安，却不再是她的长安。离开时，冰天雪地，回来时，却是杨柳依依。她眼前的长安是如此的陌生，比自己离开时候还要繁华奢靡，只是故乡已经是他乡。

公主心疼母亲，只能劝解母亲。母亲就问她在契丹的事情，她都一一作答。母亲知道李娑固又娶妃的事情，知道女儿的苦，就劝她要照顾好自己。后宫之内多斗争，不是你死就是我亡。

住了几日，公主到宫里拜见了武婕妤，她又生了一个儿子李敏，可惜的是两个儿子都夭折了。她还探望了自己曾经的姊妹。她们有的嫁为人妇，有的出家，有的家道落魄，各自有各自的造化。回首看自己的遭遇，她不知道如何来说。

长安虽好，却不是久留之地。依然是那条出嫁的路，她还要回去。只是家人泪眼婆娑，自己内心难以割舍。

母亲舍不得她离去，儿子们离家在外，女儿们已经出嫁，丈夫又时常醉卧酒肆，那个得宠的侍妾又在家里闹腾，她连个贴己的人都没有。眼见女儿又要离开，她此刻的悲切难以言表。

杨美棠知道母亲的心思，就笑着说："不用担心我，只是母亲这样，我才放心不下。契丹王对我不错，虽然他也娶了别的女人，但我是他的正妻，待我很好。"

母亲知道这是女儿的宽慰话，就说："你在外面受了苦，却不曾抱怨，自然比母亲出息得多。身为女儿家，生来就是受苦的命。"

母亲不知道，杨美棠不再是那个小姑娘，她经历了谋杀，目睹了皇位的更迭，然后守寡再婚，一个人在短短时间中可以承受这么多的变故，她的内心已经足够强大，已经可以保护自己。

长安城的欢愉太短暂，与亲人道别，又踏上漫漫的路途。娑固王知道杨美棠对家乡的不舍，就一路安慰她，还带着公主爱吃的长安石榴，一路返回契丹。

十二

长途跋涉回来，王却发现契丹人心惶惶。李泉真的父亲李闵杰想要把持朝政，但是可突于获得军心。两个人之间经常明争暗斗，相互较量。李娑固离开的这段时间，两个人正闹得不可开交。

李闵杰向王陈述了可突于的罪状，说他想谋权篡位。李娑固倚重李闵杰，害怕可突于造反，就想除掉他。王听信了李闵杰的话，打算联合李闵杰，杀死可突于。但是没有确凿证据，一时间不知道如何下手。

可突于的耳目众多。在王设计诛杀他的时候，他早已安插在宫中的侍女在一旁听见，赶紧给他传递消息，让可突于提防王，说王要杀他。可突于手握重兵，他决定先下手除掉王，然后取而代之。

开元八年（720），王在宫廷中宴请群臣，想趁机在宴会上诛杀可突于。宫中灯火通明，载歌载舞，热闹非凡。暗地里，却是杀机四伏，暗影重重。王的侍卫埋伏在宫中，只等王一声命令，就杀掉可突于。

可突于派出的杀手已经潜入了宫中，只等他的指令。

李娑固说："今日宴请诸位，是感谢诸位为国效力。尤其是可突于的功劳，我把这杯酒赐给你。"

可突于接过酒，他知道王心怀鬼胎，却平静地说："谢谢王的赏赐。这是我的荣耀。"可是他并没有喝酒。

李娑固就问："你平时爱喝酒，今日却为何不喝？"

可突于冷笑着说："只怕这酒中有毒。"

李娑固一惊，摔了酒杯，说："今天我要除去你这个奸臣。可突于，你知罪吗？"一群士兵从殿外涌进来，拿着刀剑，直逼可突于。

可突于冷笑着，掀翻桌子，气愤地说："我为王出生入死，却要遭人暗算，今天是你逼我造反，我不得不反。"

王宫之外，突然听到士兵的呐喊。王一听，突然变了脸色，可突于早有准备，显然他已经先下手了。

可突于得意地说："我包围了王宫，今天谁都逃脱不了。"

李娑固脸色苍白，才知道自己被人暗算，大声斥责："你这是造反！"

可突于冷冷地说："我对契丹是忠心耿耿，你却听信李闵杰的谗言，要置我于死地。你这么昏庸，让你为王，只会害了契丹。"

王宫之中，一时间刀光剑影，死伤无数。侍卫挡在前面，拼死守护着李娑固，可突于的人马越来越多，王被逼得一直后退。可突于把王逼到墙角，打算一刀杀死。在危急时刻，一支箭射了过来，正中可突于的胳膊上。随后，一队人马突然闯进来，领头人说："公主让我来救王，赶紧随我来。"

队伍在重重包围中杀出一条血路，公主和一干人等在焦急地等候着他。回首宫中，已经是一片狼藉。王的身上沾染着血，非常狼狈。

公主紧张地说："我听侍女碧桃说宫中叛乱，就赶紧组织人来营救王。王总算平安了。"

这时候，一队人马匆匆赶到，对公主说："李泉真妃子被叛军抓住，宰相也被抓住了。叛军正往这个地方赶来。"

公主说："我们暂时先投奔营州吧，然后再讨伐可突于。我写信请求大唐支援。"

李娑固听到妃子被俘虏，想着她怀着孩子，甚是心疼，却没有办法。一行人即刻上马，消失在夜色之中。

契丹国内，笼罩在血色之中，可突于抓住了李闵杰，控诉他的罪行，然后在万军面前杀死。他的女儿李泉真虽然怀着身孕，但是也被绞死在宫中。

契丹国中，一时间腥风血雨，人人自危。

十三

李娑固带领着残存的人马，狼狈地来到了营州。得知契丹兵变，营州都督许钦澹先安顿了公主一行人，然后立刻给唐延送信。他们在大厅中商议如何对付可突于。

李娑固说："可突于早有反心，他在我们去长安的时候就开始阴谋策划，我被他蒙蔽了。被我发现后，他就立刻造反，此人狼子野心，不得不除掉。如若延迟，他必定会侵扰大唐。"

永乐公主也在一旁说："趁着他还没有站稳，立刻除掉他。如果他做了契丹王，必然是祸害。"

他们商量了一夜，又让人送信给奚族首领李大酺。李失活和李大酺曾经结为兄弟，歃血为盟，要共生死。李大酺是个重情义的兄弟，得知兄弟有难，一定会鼎力相助。

许钦澹于是下令整顿人马，命令手下将领薛泰率领骁勇将士五百人，奚王李大酺又带领自己的军队，再加上李娑固的残部，一起联合讨伐可突于。

李娑固在两军对峙中，慷慨激昂，大声指责可突于的罪行。

可突于反驳王的指责，他说是王逼迫他。

两队人马在战场中厮杀。李娑固带领的兵太少，他们低估了可突于的实力，结果被重重包围，大唐官军也节节败退。血色残阳之下，战斗非常残酷，无数的尸体堆积着，染红了大地，散发着血腥之气。

李娑固和李大酺被包围后，一直在向后退。一只只箭射过来，两人倒在血泊之中，无法动弹。可突于一步步地逼近，他冷笑着抓住李娑固的头，一刀下去砍在他的脖子上，身首异处。李大酺见状往后退，被一支箭射中了腿，他一瘸一拐往后挪动，可突于上前一步，踩住他的肚子，一刀下去，也是身首异处。剩下不多的士兵，见首领被杀，纷纷四下逃亡，一时间溃不成军。

可突于拿着两个首领的人头，骑着马，在战场上炫耀。大唐的将领薛泰被可突于手下生擒，五花大绑着押送到可突于的面前。可突于用刀拨开了他的战盔，然后削去了他的头发，狠狠地羞辱了他。

李娑固和李大酺的人头，连同薛泰被削下的头发，都被送到了营州都督府。都督许钦澹看到后大怒，公主看到王的头，悲痛得昏厥过去。可突于还让人送信，在信中说："尔等若抵抗，当如此三人的下场。"

第二天，可突于率领部下，开始攻打营州，营州守兵不多，城门快被攻破之时，许钦澹被迫移军退入榆关，营州失守。公主悲痛欲绝，也没有办法，只好随着他一起后退。许钦澹把此事上报给玄宗，请求出兵平息叛乱。公主亦写信给玄宗，说自己想回大唐，如今她在契丹已经没有立足之地。

可突于掌握了契丹的大权，在国中无人敢不听其命令。他骁勇有谋，在契丹人中威信很高。他知道大唐会派兵攻打契丹，到时候自己会很被动，说不定会落个身首异处的下场。为了显示自己不是谋权篡位，他并没有立刻称王，而是立李娑固的堂弟李郁于为王，然后派遣使者向唐谢罪。李郁于性格懦弱，是个傀儡，可突于照样可以大权在握。

玄宗收到了许钦澹的报告，又收到了可突于的谢罪书。他询问群臣的意见。群臣中有人说，既然可突于立李郁于为王，并没有起兵造反之意，所以不必兴师问罪。两国要是再起战事，劳民伤财，与国不利。而且契丹现在强盛，强攻未必能取胜，还是采取怀柔政策比较好。

唐玄宗迫于形势变化，听从了谋臣的意见。当下可突于势力强盛，一时不可制服，为了稳定边疆，只得赦免了可突于之罪，又对李郁于进行加封，令他承袭李娑固官爵，并许嫁燕郡公主。同时，让奚族的李大酺之弟李鲁苏继任饶乐都督一职，统领其众。

十四

听到玄宗的圣旨后，公主泪如雨下。她在短短的三年之间，经历了契丹的宫廷厮杀，失去了两位夫君，对世事早已经心灰意冷。玄宗感念她的遭遇，于是派人把她迎接到长安，让公主与家人团聚。

公主悄悄地回到长安，一家人见面，悲喜交集。

　　长安城中热闹繁华，公主却内心悲戚。她对母亲说，自己目睹了太多人间悲欢离合，现在只求出家，远离宫中纷争，也能了却尘世的羁绊。

　　盛唐时期，皇城中道观众多，不但皇族的李家子弟们崇奉道教，连身在皇室的公主们也热衷其中。母亲听了女儿的决定，也没有劝说。她知道女儿心意已决，劝了也没有用。

　　正是海棠花开时，一袭白衣的公主走进了道观，海棠花瓣纷纷而落。天空突然下起了雨，连绵不断，雨滴敲打着花瓣，花儿随风而落。从此她要了断这尘世的情爱和纷争，只为自己的内心活着。侍女碧桃执意要跟随着她，一同修行。她曾经让碧桃留在长安城中，不要和她上山，碧桃舍不得公主，就一同前往。

　　杨美棠想起父亲为自己取的名字，就叹息自己如同这海棠一般，美则美矣，可惜不多时就凋零了。红颜薄命，说的就是她这样的女人吧。她生命中最美的时刻，如同满树的海棠花一样，都随风而逝，落在泥土之中，只留下心酸和悲苦。

　　她去掉了满头的珠钗，将头发盘成道姑头，却更清丽可人。只是她一脸的凝重，早已失去了女儿家的可爱活泼。她脱去了白衣，换上了黑衣，却更衬得肌肤胜雪，让人不禁爱怜。

道观的大门缓缓地闭上，如同她寂寞的青春一样，内心从容而冷清。她在道观中读书、作画、吟诗，寻求内心的平静。

一切都似乎远去，她平静地过着生活。永乐公主想这样了此一生，置身事外。公主闲云野鹤般的生活之外，政治依然在上演不同的冷酷。还有其他的公主步她的后尘，去为国家的利益而牺牲自己。

诗人孙逖在终南山游玩，他听到道观中有人在弹《高山流水》，琴声悠悠，飘荡在林中。林中宁静，飞鸟也不鸣叫，仿佛被琴声所感染。他轻扣大门，侍女碧桃来开门。他报上自己的姓名，碧桃报后，公主请他进去。他发现弹琴之人竟然是永乐公主。他曾在送亲的队伍中，看到过公主的惊鸿一瞥，早已深入他的脑海之中。如今，公主真切出现在他的面前，恍如隔世。

只是公主的美丽中透着哀婉、孤寂。公主的遭遇

早已被世人所知，众人都在为她的命运叹息。更有人
爱慕她的容貌才情，登门拜访，但是公主拒绝了。她
不再希望自己的命运掌握在男人的手中，好不容易摆
脱羁绊的她，只希望自己能自由自在地活着。

公主当年在凤辇中也看到了孙逖。她和亲之后，
那首诗在长安城中传唱。她到了契丹之后，母亲曾经
将诗传写于她。她曾经很好奇，还想着回长安去拜访
他。孙逖看到心中的美人，公主看到了英俊的诗人。
两个人微微一笑，公主念了那首诗：

边地莺花少，年来未觉新。
美人天上落，龙塞始应春。

孙逖说："如今公主重归大唐，是件庆幸的事
情。万事已过，您依然是美人如玉，宛如仙子。"

永乐公主淡淡一笑，说："我不再是公主了，只
是一个出家人。在终南山上，弹琴、读书，与群山、
清风为邻。"

终南山山峦绵延不绝，整个山林层林叠染，山花
烂漫，绚丽无比。

固安公主

长相思·离恨苦

固安公主辛沁阳

开元五年（717），辛沁阳被封为固安公主，嫁给奚族首领李大酺。三年之后，李大酺为了替契丹的首领李失活报仇，惨死在可突于的手里。她又嫁给李大酺的堂弟李鲁苏，杀掉了想叛逃的牙官。大唐皇帝重赏了公主，却引起了公主嫡母的嫉妒。嫡母上朝说固安公主是庶出，不能封为公主。皇帝听了之后让李鲁苏和公主离婚，又让东光公主嫁给李鲁苏。

一

冷陉之地，天气异常炎热，唐军和奚族两军对峙已经好几日，左羽林将军孙佺命令将士依山结为方阵，以求自固，不再贸然出兵。

任凭奚族的将士在下面肆意谩骂，孙佺死活不出兵。他已经领教了李大酺的厉害。孙佺派出了谋士，劝李大酺归顺大唐，却被李大酺骂得狗血喷头，狼狈而归。

之前，奚族首领李大酺率八千骑兵，与李楷洛率领的打头阵的前锋部队四千骑兵，在冷陉地区相遇，一举将唐军击败。孙佺生性懦弱，得知兵败消息后不敢救援，却引兵欲退。李大酺抓住战机，大败唐军。

此刻，孙佺躲在营帐中后悔不已。当初，自己被封为幽州都督，急于收复被契丹攻占的营州，率领左骁卫将军李楷洛、左威卫将军周以悌发步兵十二万，骑兵八千，分为三路进攻奚与契丹。他命令李楷洛为前锋，自己率领主力继后，向北开进。他立功心切，没想到犯了兵家大忌。

这一破绽被李大酺看出，他见唐军虽多，却不顾道路险要会被包围的危险，又加上天气炎热，士兵饥渴难耐，士气不振，还贸然孤军深入。他就知道孙佺领兵无方，便决定趁这个机会消灭唐军。

奚族自身实力较弱，李大酺为求自保，曾经一度臣服于强大的突厥。他还曾主动派遣使节向唐睿宗进献本地的贡品，皇帝以嘉宾之礼款待，大摆宴席，宴赐丰厚。后来，李大酺见大唐边防松弛，便联合霤族大举犯塞，抢掠渔阳、雍奴，然后出卢龙塞而去。唐军追击，但被李大酺击退。

一连几日，两军都在相互的谩骂中度过。

天更热了，李大酺站在炎炎烈日下，见孙佺不出兵，内心急躁，就派人大骂孙佺，想逼他出兵。孙佺已经败北，出兵只有死路一条，无奈之下，他只好谎称："我本来奉敕来此招谕蕃将，只是李楷洛等人不受节度而擅自用兵，我会把他斩首以谢罪。"

李大酺又问："若是奉敕来招谕，有何信物为证？"

孙佺于是将军中锦帛万余段和紫袍、金带等物收集，派人全部赠予李大酺，以示和好。

李大酺为了歼灭唐军，便佯装同意，对来人说："将军可从南面归还，我们不会惊扰的。"

唐军被困在此地多日，听说李大酺示好，放唐军一条生路。消息确定后，他们就争相逃命，以至在撤退时，将士恐惧不安，队伍乱糟糟一团。

正当唐军狼狈不堪撤退时，李大酺见时机成熟，立刻带领骑兵，突袭唐军。孙佺见状，立刻仓皇逃脱，弃军队不顾。李大酺决定擒贼先擒王，策马扬鞭快速冲上前去，一把抓住孙佺，周以悌见状，立刻冲过去救主帅，也被李大酺抓住。

坐部伎乐俑

战争异常惨烈，李楷洛和自己的手下拼死突围，他们最终冲出了重围，回首望时，唐军全部被歼，尸体堆成山。

孙佺和周以悌等大唐将领被李大酺押解着，献于突厥默啜可汗。可汗见此情形，非常高兴，下令处死了这两个人，并将首级送到了大唐。同时，他赏赐了李大酺。

李大酺让人抬着缴获的锦帛万余段，穿着紫袍和金带，大肆炫耀。他们大摆宴席，庆祝自己的胜利。

冷陉大战惨败，唐睿宗李旦听闻后非常震怒，却无可奈何。奚族和突厥联合，日益强大，难以收复。他只能命令将士训练兵马，伺机再战，一雪前耻。

二

开元四年（716）六月，突厥的默啜可汗死，朝中大乱，内部争权夺利不说，奚族还经常受欺压。遭遇此情景，李大酺与契丹李失活打算各率所部归附大唐。大唐本来想雪耻，但是看到两个人主动归顺，不用动一兵一卒，就可以让边境安宁。于是，玄宗复置饶乐都督府，封李大酺为饶乐郡王、行右金吾大将军兼饶乐都督，隶属营州都督府。

李大酺与契丹首领李失活奏请在柳城重建营州都督府，得到玄宗的批准，交由太子詹事姜师度负责。营州都督府重新建立后，玄宗为拉拢李大酺和李失活，召其入朝，准备派人和亲。

大唐皇帝深知这两个人的野心，并不会甘居于人下，时而归降，时而反叛。但是除了拉拢，许给高官厚禄，赐婚于他们，也没有其他更好的途径了。

玄宗先为李大酺赐婚，再准备赐婚李失活。让谁嫁给李大酺，玄宗在上朝之前深思熟虑。李大酺性格暴虐，行事狠辣，反复无常，如是一般的公主嫁过去，处置不好，反而会送了性命。

正当他在挑人和亲奚族的时候，纯平县主李瑾主动让女儿辛沁阳出嫁。县主是唐玄宗的堂姐，嫁给辛景初为妻。

辛景初的女儿辛沁阳，是唐玄宗从外甥女，她母亲是侍妾柳宜兰，因为长得漂亮，人又温柔，辛景初很是喜欢。沁阳的母亲虽然得宠，但是纯平县主依仗着父亲为大唐立下了赫赫战功，自己又是正妻，在家里作威作福。辛景初在官场中一直不顺利，当了多年的主事，却没有一点起色。要不是岳父提携，他根本就不会有什么大好前程。因而，家中的大小事情，他都只能听夫人的话。

纯平县主想让女儿被封为公主去和亲，可以得到很多赏赐。当然，她舍不得自己的亲生女儿沁颜出嫁，就让侍妾的女儿沁阳冒充嫡女出嫁。她恨沁阳，一则她比沁颜漂亮，二则是两个人都喜欢上了礼部尚书林大人的大公子林栎轩，但是公子只喜欢沁阳。李瑾看到女儿待在闺房中，独自哀怨，憔悴了不少。沁阳却是容颜娇媚，诸事顺利。

身为嫡女，却让一个庶女处处占了上风。受到如此的待遇，作为母亲的她自然记恨在心。她写了信，直接给玄宗呈上。信中说："得知朝廷需要公主和亲，我愿让亲生女儿沁阳去和亲。她聪明乖巧，美丽贤淑，可以担当重任，为国家出力，为圣上分忧，也为自己嫁一个好夫君。"

当初在宫廷斗争中，李瑾一家一直站在玄宗一边，为玄宗登上皇位出了不少力。玄宗看到纯平县主如此深明大义，为了国家的利益，可以让亲生女儿去和亲，就非常高兴地赐婚，赏赐了县主很多财物。

三

皇帝立刻昭告天下，下旨封辛沁阳为固安公主，嫁于李大酺，并赐锦缎一千五百匹。李大酺在长安受到了隆重的接待，又赐给美人和亲。他听闻固安公主是美人儿，非常满意。

圣旨已下，林栎轩公子和辛沁阳将被生生拆散。圣旨到来的时候，辛沁阳泪如雨下，接过圣旨，她思索再三，知道嫡母要拆散他们，不如趁机逃走，和林栎轩私奔。她派侍女紫儿偷偷给林栎轩送信，约好一起私奔。

纯平县主知道沁阳不愿意，害怕她逃走后，没有办法交差，于是就把她软禁起来，派人看管。辛沁阳心急如焚，却是无可奈何。

辛府上下，忙碌着张灯结彩，一派喜庆，为婚礼准备。辛沁阳在房间急得团团转，门口有人把守，难以支开。侍女紫儿为了让小姐逃出去，就穿着辛沁阳的衣服，做她的替身，打算替公主嫁给李大酺，让公主逃走。公主扮作紫儿，急匆匆地往外走。

姐姐辛沁颜来看望辛沁阳，却发现辛沁阳穿着侍女的衣服，急匆匆地往外走。她暗地里跟着，发现林栎轩在后门外骑马相迎接。她嫉妒得怒火中烧，赶紧让人通知母亲。纯平县主领着家丁，拦住了逃跑的公主和林栎轩。

纯平县主冷冷地看着辛沁阳，威胁说："如果你不想紫儿死的话，就好好出嫁。再说，你出走了，你父亲母亲的颜面何存？万一因为这个事情，惹得陛下发怒，全家都要受牵连。而且李大醐如果以此来起兵造反，你就是大唐的罪人。"

辛沁阳一时无语，林栎轩护着她，说："您明知我和沁阳相爱，却生生地拆散我们，让她去和亲，您做的事情难道不考虑后果吗？今天我要带她走，我不管什么后果，大不了皇帝再派一个公主和亲罢了。"

辛沁颜看到心爱的人处处在维护妹妹，因妒生恨，说："这欺君之罪，是要杀头的。妹妹，你忍心两府的无辜之人去为你陪葬吗？还有你母亲，如何活在世上？"句句戳中辛沁阳的心，她进退两难。

林栎轩铁了心准备带辛沁阳走，他拔出剑，说："谁要是阻拦，我的剑就不认人。"

辛沁阳的母亲气喘吁吁地到来，她看到这种情况，就劝女儿留下。辛景初也闻听此事，急忙赶过来劝女儿。

辛沁阳看到此种情况，知道自己是无法逃脱了。自己太单纯了，只记得和林栎轩的相爱，却忘记了自己的身不由己。她要嫁给的男人不仅仅是个丈夫，而且还是能够让大唐边境安宁的人。

她眼泪汪汪地看着林栎轩。林栎轩拉着她的手，对柳宜兰说："大唐那么多公主，沁阳不必非要嫁给他。那里路途遥远，沁阳一个弱女子，怎么经受得住。你作为母亲，难道就忍心看着她嫁过去吗？"

辛沁阳让林栎轩不要再说了，她知道自己必须嫁过去。和江山比起来，一个女人的幸福又算得了什么。她心意已定。

林栎轩呆呆地站在原地，他对着辛沁阳的背影说："如果你嫁出去，我将随你一道过去，在边境上与你遥遥相望，此生我会一生相随。"

辛沁阳回头，凄凉地说："你又何苦呢？如果天意让我们无法走到一起，你又何必自己折磨自己。我想你留在长安城中，如果哪天我回来看望爹娘，也能看到你。"

林栎轩说："留在长安，我只能郁郁寡欢，没有你，长安再美，也不是我栖身之处，我现在就去向父亲请求，去守边境，守着你。"

林栎轩骑马而去，徒留下辛沁阳柔肠百转。辛沁颜觉得自己很无助，她以为辛沁阳走后，自己会和林栎轩在一起，可是林栎轩却要随着辛沁阳走。她恨辛沁阳，更恨自己的无能，无法得到心爱的男人的青睐。

辛府喜气洋洋，人人忙碌着，只等着李大酺来迎亲了。只有辛沁阳推开窗户，痴痴地发呆，自己伤了公子的心，此生都会内疚。辛沁颜气愤难耐，一遍遍地想起林栎轩离开时说的话，难以释怀。

四

婚礼安排在洛阳举行，皇帝派河东少尹慕容珣任男家礼会使，洛阳令薛曦为副礼会使；少监李尚隐任女家礼会使，河南县令郑璿为副礼会使。

吉时已到，侍女紫儿搀扶着辛沁阳，缓缓地走进宫殿，在大殿之上和李大酺成婚。礼会使证婚，众人祝贺，皇帝赏赐了众多的财物。那隆重和奢华，和真正的公主无二。

大殿之上，熙熙攘攘，可辛沁阳的内心却是一片寒凉。人群之中，她看到了林栎轩，他低着头，独自喝闷酒。他满脸悲戚，不时地望着她。姐姐辛沁颜幸灾乐祸地看着她嫁给李大酺。辛沁颜也看到了林栎轩，那无名的怒火又涌上心头。

婚礼完成，皇帝赐物众多，过了些时日，又派右领军将军李济护送李大酺夫妻返回营州。

李大酺挽着辛沁阳，心满意足。他觉得大唐尊重他，这比在突厥强多了，突厥总是欺负奚族。大唐赐给他公主，还送给了众多财物。那一箱箱的财物，让奚族的人都惊叹大唐的强盛与富庶。

在送亲的队伍中，林栎轩望着公主的身影，心如刀割，面如死灰。他恳请父亲，派自己和李济将军到营州，说此生非辛沁阳不娶。父亲斥责他胡闹，他拔出剑，说如果自己不能去，宁愿死在父亲面前。父亲叹了口气，只好同意了他的请求。

李大酺骑着马，走在送亲队伍里面，得意扬扬地向送行的人一一告别。

固安公主的母亲柳宜兰，此刻最为伤心，女儿要远嫁，此生恐怕难以相见。女儿被纯平县主冒充为嫡女，她自然不敢说什么，庶出冒充嫡出，一旦被皇帝发现，整个辛家都将大祸临头。再说自己身份卑微，怎么能和纯平县主较量。

只是辛沁颜的美梦落空了，她看到送亲队伍中林栎轩的身影。打听之后她才知道，送完亲后，他就会守在边关。这让她更为伤心，才知道林栎轩只爱着妹妹，为此他可以不要自己的前途，不顾自己的生死。

五

公主到了奚族后，李大酺对她倒是和气。她的聪慧和美丽，让李大酺深深地迷恋。他甚至私下里开始学汉文，穿着唐服。而那些贵族，纷纷效仿他，竟然以此为时尚。

离开长安来到此地，人地两生，让公主感到孤独，她的寂寞无处倾诉。她想忘记林栎轩，却无法释怀。她知道自己必须谨记大唐皇帝的嘱咐，要辅佐李大酺，让奚地人民安康，让边境安宁。

过了不久的太平日子，却听闻契丹发生兵变。李大酺兄弟李娑固因为手下可突于叛变，狼狈出逃。李大酺听闻后，立刻召集人马，准备帮助兄弟平定叛乱夺回王位。当年，自己和李失活结为兄弟，李娑固是李失活的堂弟，和他也情如兄弟，现在兄弟有难，自己怎么能坐视不管。召集人马后，他打算立刻出发。

固安公主正在后宫弹琴，听闻后，立刻来到大殿上劝他："我闻听可突于号称'契丹战狼'，现在势力强大，而且精于打仗。他这次造反，必然是有所准备，若贸然出兵，恐怕有所损伤。而且听说他和突厥有瓜葛。王此时不能草率出兵。"

李大酺是一介武夫，非常鲁莽，他内心被复仇的火焰点燃，根本就听不进去任何人的劝解。他嚷嚷着说："当年我们兄弟有盟约，虽然不能同年同月同日生，但要可同年同月同日死。今日兄弟蒙冤，我一定要替他出气。否则怎么为人？"

固安公主耐心地劝说："现在还不是时候，如果贸然前去，只能白白地牺牲自己。"李大酺摆摆手，让公主不要说了。他主意已定，要立刻赶过去和李娑固一起讨伐叛军。

李大酺匆忙间调集人马，公主看劝解无益，也要跟着一起去，她十分担心他的安危。但是李大酺不想让她卷进去，就让她留守宫中，还嘱咐她说，要摆好宴席，等待他凯旋痛饮。她不放心，就骑着马，跟随而来。

　　契丹兵变的消息很快传到了大唐，安东都护薛泰奉营州都督许钦澹之命率精兵五百相助讨伐叛军，林栎轩也在其中。他劝说薛泰要谨慎出兵，可突于的军队早有准备，而且人数众多，而自己这边人少，怎么能和对方进行厮杀！薛泰不以为然，贸然出兵相助。

　　李大酺和李娑固低估了对方的实力，他们轻率地出兵，结果被可突于层层包围。林栎轩拼死护着李大酺，为他杀出了一条血路。可是，可突于一心要拿下李大酺、李娑固。乱军之中，两个人先后战死，薛泰也被俘。

　　林栎轩拼命杀敌，眼看着唐军溃败，却无能为力。他只能一直退后，非常狼狈地逃回营中。在撤退中，唐军兵败如山倒，他的胳膊上中了一箭，腿上也中了一箭，伤势不轻。回到军中，五百将士已经是寥寥无几了。他忍着疼，拔出箭，让人清洗包扎伤口。

　　固安公主在城墙上，望见丈夫被杀，林栎轩也受了伤，她难以平复自己的悲伤。她看到林栎轩为了救自己的丈夫拼命厮杀，内心感慨，他是个有情有义的男人，只可惜自己不能与他长相厮守，还连累他到边关厮杀。

那可突于实在可恨，他把李大酺和李娑固的头颅挂在旗杆上，耀武扬威。然后又命人把两个人的头颅以及薛泰被削下的头发，送到营州都督府耀武扬威。

固安公主擦干眼泪，她拿出黄金，重赏各位将士，思索着如何稳定大局。李大酺被杀的消息传到奚，奚族上下一片混乱，眼看着就要发生一场内乱。可突于还暗中勾结奚族的大臣，准备一起反叛，如果事情败露，就打算投降突厥。

固安公主亲自给皇帝写信，陈述奚国朝政危局，希望大唐能出兵帮助，以防止奚族发生内乱。她为王举行了葬礼，为王守孝，去掉华服，只有一袭白衣，楚楚可怜，让人不禁暗自叹息，红颜多薄命。

战败后，许钦澹被迫移军退入榆关，营州失守。

六

固安公主等着大唐派兵镇压可突于。狡猾的可突于知道自己的处境，派使者入唐请罪，说自己根本无意反叛，只是被奸人所害，不得已而为之。他派人送给大唐马匹和黄金，表示自己愿归顺大唐，没有二心。而且他愿意与奚再次结好，不生事端。

玄宗看到可突于势力强盛，一时不可制服，为了稳定边疆，只得赦免了可突于之罪，并让李大酺之弟李鲁苏继承饶乐都督一职，统领其众。固安公主为此很伤心，也无可奈何。奚族柔弱，无法对抗契丹，只能委曲求全。

李鲁苏对固安公主甚是谦恭，他知道哥哥喜欢公主。而公主来到奚族后，为民众看病，救济灾民，深得民心。朝中大臣说，既然首领已经薨逝，按照习俗，李鲁苏可以娶了嫂嫂。

奚刚刚稳定下来，接到大唐皇帝的圣旨，于是推立李鲁苏为主。可突于派人向李鲁苏表示祝贺，说希望不计前嫌，再结兄弟之情。

李鲁苏看到可突于的信后，非常愤怒，他在来使面前怒斥可突于的背信弃义，杀了哥哥，而现在却来讲兄弟情义，这是对他的侮辱。他让人立刻写信，说要领兵杀了可突于，为哥哥报仇。

他命令士兵将契丹使节押往宫殿外，准备杀了来使，然后和可突于开战。他派人去告诉公主，让她手刀使节，为丈夫报仇。

寒风凛冽，使节被捆在一根旗杆下，李鲁苏执刀而立。

固安公主得知后，不顾自己卧病在床，让紫儿搀扶着，立刻去见李鲁苏。

看到来使被囚禁，她赶紧让人松绑。李鲁苏急忙制止，他不明白嫂嫂为何要这样做。他劝她不要这么软弱。

固安公主说："两国交战，不斩来使，这是规矩。杀了使节只会激起更大的仇恨，让更多人丧命。"

李鲁苏气愤地说："难道嫂嫂要放过仇人吗？我这么做，就是为了哥哥报仇。我奚族并非懦弱。"

固安公主说："李大酺是我的夫君，我比任何人更想报仇雪恨，更想可突于人头落地。只是现在奚族的实力比不上契丹，我们先要养精蓄锐，整顿军队，才可以和可突于一战。现在贸然出兵，又要造成多少士兵阵亡，多少女人成为寡妇，多少孩子失去父亲。边境战火再起，只能对奚不利，这正好中了可突于的计谋。他将以此为借口，侵犯我边境。"

李鲁苏听了这一番话，开始冷静下来。他看着眼前这个柔弱的女子，为她的聪慧美丽深深折服。他自愧不如，是自己太莽撞了，差点又意气用事。

李鲁苏惭愧地说："嫂嫂说得对，我一时间为了报仇忘记了其他，应该以国家为重。我让人和可突于修好，不再起争端。从今以后，我要做的事情，就是发愤图强，让契丹不再小瞧我们。唐人不是说'君子报仇，十年不晚'吗，我就好好地准备报仇。"

固安公主点点头，说："你这么想就对了。想要威慑别人，需要先自身强大。"说完她和侍女紫儿一同走了，李鲁苏望着公主的背影，独自发呆。

他把剑插在地上，发誓说要让奚族强大，不再受人摆布。

自此之后，李鲁苏每天早出晚归，操练兵马，准备杀死可突于。他请求大唐派出大将，帮他训练人马。林栎轩主动请缨，来到了奚族。

七

春暖花开之时，李鲁苏邀请公主骑马观看他的军队演习。草原之上，旗帜飘展，队伍整齐，在林栎轩的训练之下，果然是军纪严明，威风凛凛。林栎轩站在军队前面，从容地指挥着军队。公主看到后，内心微微一颤。

奚族和大唐的边境上，人来人往，熙熙攘攘，一派繁盛景象。奚族和大唐的商人在做生意，用马匹等换大唐的日用品。奚的财富在不断地增加，人丁兴旺，民众安居乐业。

开元十年（722），李鲁苏进入大唐，皇帝下诏令袭其兄饶乐郡王的爵位，赐物一千段。朝堂之上，皇帝就想笼络他，准备让他娶大唐的公主。

李鲁苏说："如果陛下要赐给我一个妻子，就要像固安公主一样。她就像一轮明月，让人心里亮堂宁静。"

玄宗何等聪明，立刻就知道了他的心思，顺水推舟地说："那仍以固安公主为你的妻子，可好？"

李鲁苏听后大喜，说："谢谢陛下的成全，我愿意娶公主为妻。"

李隆基命人写了圣旨，传令下去为李鲁苏赐婚，又修书一封给固安公主，让她遵从奚族习俗，嫁给李鲁苏。

信使快马加鞭，日夜兼程，将书信送到。公主看到信后，沉默了许久，她知道自己无力改变命运，就和当初和亲一样，接受了命运的安排。

她到草原上骑马，遇到了林栎轩公子。两个人相望无言。

林栎轩已经知道了皇帝赐婚的事情，他忧伤地望着公主，说："你还是要留在这里吗？"

公主点点头，说："我身不由己。此生最亏欠的人就是公子。对你我而言，相濡以沫，不如相忘于江湖。"

林栎轩痛苦地说："我无法忘记，只要看到你，我就情不自禁。如果公主愿意和我浪迹天涯，我情愿抛下一切。"

"我抛不下，我要嫁的不仅仅是一个人，而是他和整个国家。"公主无奈地说出这番话。

林栎轩骑马奔驰，他想要忘记这一切不快。公主眼睁睁地看着林栎轩离去，内心柔肠寸断。心爱之人就在眼前，她却拒人于千里之外。

林栎轩回到营房，彻夜饮酒狂欢。他骑马不慎摔到地上，旧疾复发，病倒不起。公主派人去为他治疗，却被他拒绝。

过了些时日，他请辞离开了奚族，回到大唐的军营。公主知道，他要离开这个伤心地，不愿意见到自己罢了。

八

婚礼举行后，李鲁苏拉着固安公主的手走进寝室，一时恍若在做梦，自己倾慕的嫂嫂变成了妻子。而公主一时不知道如何面对，她有点慌乱。李鲁苏和李大酺不同，他心思细腻，知道公主的难处，也不强迫她。他说，两个人慢慢相处，不急于一时。

奚族表面一派生机勃勃，暗地里却波涛涌动。

李鲁苏的牙官塞默羯和突厥勾结，想要谋害李鲁苏，然后就归顺突厥。突厥许给他荣华富贵和高官厚禄。他决定效仿契丹的可突于，杀死王，然后掌控奚族。他精于射箭，在军中数第一，李鲁苏非常欣赏他，时常带在身边一起打猎。他准备在王去打猎的时候，一箭射死王，砍下首级，然后顺着小道逃脱。

塞默羯喜欢公主的侍女紫儿，时常给她献殷勤。每次随王出去打猎的时候，得了猎物，就把毛皮送给紫儿，或者王赏赐给他礼物，也是一股脑儿送给紫儿。

在他准备动手的前夜，他喝了酒，有点醉意地来到紫儿的住处，向紫儿求婚，说会让紫儿锦衣玉食，然后让紫儿和他一起离开奀。

紫儿本来不喜欢他，经不得他的纠缠，就问他："为何要离开这里？我还要伺候公主，不能和你一起离开。"

塞默羯笑着说："你和我一起去突厥，保你荣华富贵，再也不低三下四去伺候别人。我要让你活成一个真正的公主。"

紫儿摇摇头，不屑地说："我就是一个丫头，去了那里人生地不熟，还不是要吃苦。"

塞默羯悄悄地说："我是立功才去突厥的，去了之后，有大片土地，宽阔的房子，众多的牛羊，还有仆人伺候你。"

紫儿不相信他的话，只当是酒后的胡话。塞默羯见紫儿不相信他的话，很神秘地说："我要做一件轰轰烈烈的事情，我的箭射向谁，谁就要死。这样我就可以出人头地了。"

紫儿很聪明，听了他的话，心里非常惊恐。为了摆脱他，就假意答应他的求婚，要和他一起去突厥。

塞默羯走后，紫儿匆匆跑到宫中告诉了公主。公主听了之后，内心很担忧，恰好王出去巡视了，不在宫中。她和紫儿商量，要先发制人，除去塞默羯。

她让紫儿告诉塞默羯，说同意他们的婚事，还赏赐了塞默羯美酒和珠宝，骗他到宫中。公主说紫儿和她情同姐妹，所以要在宫中主持他们的婚事，先稳住了塞默羯，让他留在宫中。塞默羯喝得醉醺醺的，然后公主派人包围了他家，搜出了突厥给他的信，上面写着让他除去李鲁苏，这是叛逃的证据。密信中说，如果归顺突厥，就可以有高官厚禄，美女财物，人生岂不快乐。奚王李鲁苏只不过是唐的傀儡，软弱无能，皇帝也不重用他。

塞默羯被捆绑住，在宫中竭力否认，还趁着侍卫疏忽，挣脱绳索打算逃跑。公主发现后，命令侍卫用乱箭射死他。

恰好李鲁苏巡视回来，公主赶紧告知他宫中发生的事情。他感激公主所做的事情，保住了自己的性命。随后他命人修书给大唐，告知牙官叛乱的始末，还为公主请功。

玄宗得知后非常高兴，于是嘉奖公主的功劳，赏赐累万。一时间，公主的智慧远播，奚族上下，都对公主礼遇有加。

李鲁苏感激公主的所作所为，保住了自己的江山，对她不仅仅是爱慕，还有敬重。自此之后，每当朝中有难以决断的事情，他就和公主商量。公主很是聪明，每次都能陈述利弊，让王心悦诚服。

九

固安公主在奚过得顺风顺水，却不料嫡母纯平县主开始嫉妒她的荣宠。玄宗奖励了固安公主，却没有奖励纯平县主。加上固安公主恨她，也从不派人问候她，她很生气。而且，她眼见亲生女儿辛沁颜郁郁寡欢，容颜憔悴。庶出的辛沁阳却荣耀加身，让林栎轩念念不忘。她自然不能让辛沁阳过得如此快活。

那时候，王公贵族的人家都觉得奚族时叛时降，绝非女儿良配，都不乐意送女和亲，她为了拆散辛沁阳的良缘，得到赏赐，才瞒着朝廷，把辛沁阳以嫡女的身份出嫁，没有想到却成全了她。

纯平县主决定要毁了固安公主，于是向玄宗进言，说公主是侍妾的女儿，不是嫡出而是庶出，根本就没有资格和亲，不能封为公主，所以还是请皇帝另外派公主和亲李鲁苏。当初宗正寺在遴选宗女和亲时，她自作主张把辛沁阳的名字报上去应选，还亲自上表要辛沁阳和亲。

她一再教唆丈夫上书言明辛沁阳是庶女，不配为公主，请以嫡女为公主出嫁奚王。嫡与庶，按照唐律的规定，订婚时是不能隐瞒所定之人。固安公主当初以庶出冒嫡出，本身就是一个比较严重的事件，何况欺瞒的对象不仅是她的夫君，而且还有大唐天子。

纯平县主来到大殿，对皇帝一再恳请，说："辛沁阳母亲只是一个侍妾，她只是一个庶出的女子，根本就不能去和亲。如果李鲁苏知道她不是嫡出，只不过是个冒名的公主，肯定会心生怨恨。"

李隆基本来嘉奖了固安公主，她立下大功，如今知道此事后，勃然大怒，就斥责县主说："当初为何要冒充嫡女？这简直是欺君之罪。"

纯平县主跪在皇帝面前，哭哭啼啼地说："当初我女儿生病，辛沁阳说愿意代替姐姐出嫁。圣旨当时都昭告天下，我们不能违背。望陛下明鉴。"

李隆基一时间拿不定主意，有点为难。固安公主有功，而且李鲁苏又喜欢她，这时候如果再节外生枝，恐怕要惹起事端。可是纯平县主一副不依不饶的模样，让人心烦。如果此事让李鲁苏知道了，不知道又会掀起什么风波。

玄宗就问："那依你的主意，该怎么办才好？"

纯平县主见皇帝松口，就赶紧说："废掉固安公主的封号，让她和李鲁苏相离，让我亲生女儿嫁给李苏鲁。"

玄宗思考了一会，觉得此事很棘手，他对县主说："此事要从长计议，朕先要问问李鲁苏的意见。你且回去吧。"

纯平县主跪谢，说："那我就等陛下的裁决。"

玄宗写信去询问李鲁苏的意见。李鲁苏见信后，非常生气，想起哥哥当年满怀投诚之心，迎娶和亲公主，谁料却是个假公主。哥哥和李失活带人去打可突于，大唐只派了如此少的兵力相助，可见大唐根本就不把奚族放在眼里，不把他放在眼里。可突于派人去大唐请罪，几句话就说得唐皇帝原谅了罪责，这口气他又怎么能忍！

李鲁苏越想越生气，在大殿之上来回地踱步。但是，他想到公主曾经救自己一命，两个人如今恩爱，又不忍心斥责。他接连几天都不去公主那里，公主只好派紫儿去请王。

他强压着怒火，来到公主身边，责备公主以庶出冒充嫡出的事情。公主得知后，内心惶恐，就向王请罪，并说当初是嫡母所为，自己纯属被逼无奈。嫡母偏爱自己的女儿，总是欺负她，容不得她的存活。她索性嫁到奚族，还可以有条生路。

李鲁苏正在气头之上，根本就不听她的解释。他拂袖而去，只剩下公主独自在宫中发呆。她才知道男人的薄情，此刻想起林栎轩公子的深情，是何等的可贵。她内心悲愤，叹息自己的命苦。

固安公主独自在房间踱步，本来想着出嫁后从此可以安宁，却被嫡母嫉妒，挑拨是非。当年自己出嫁，都是嫡母逼迫，如今又遭嫡母陷害。她本来只希望能平安地和李鲁苏过生活，此生不再颠沛流离，为边境安宁出力。但是，李鲁苏斥责她，不愿意与她相守。她越想越伤心，自己可以与他离婚，让皇帝再送和亲公主来。

公主辗转反侧，一夜无眠，思前想后，深夜起床，点着蜡烛，眼中落泪，在信中写道：

　　臣女本是庶出，出身卑贱。承蒙陛下册封为公主，到奚族和亲，现在已经六年了。臣女时刻都谨记着陛下的教导训诫，不敢有丝毫忘怀。因为臣女前些时候立了微薄功劳，就赏赐众多财物，实在是不胜惶恐。当下奚族上下一心，王李鲁苏以臣女卑微的出身来问罪。臣女死不足惜，但是若李鲁苏问罪，两国之间不和，这与大唐不利，而且奚族朝中大臣，有投诚大唐之意，这是大唐幸事。如果因为臣女的缘故失去了这等好事，臣女虽死不能辞其咎。臣女是庶生，无可隐瞒，恳请陛下以圣人之尊，诏令臣女与奚王李鲁苏离婚，另选和蕃公主赐婚奚王，以断母寻衅之名。再允臣女回长安，另择一处住处，伺候母亲。臣女泣血再拜，陈情于陛下。

　　接到固安公主的信，玄宗看完后有些惋惜。他见识过固安公主的风华无双，如今又看到这样大义凛然的陈情，内心就替她可惜。他厌恶纯平县主的胡搅蛮缠，就算纯平县主说的是事实，可对比其女的深明大义，县主就是无理取闹。

皇帝派人请来了纯平县主，让她看公主写的信。嫡母看完后，就说既然她已经请求离婚，那就成全她好了。她还在玄宗面前数落公主的不是，说她未出嫁的时候，就打算和别的男人私奔。这样的女人，如果放任而为，会对国家不利。

玄宗听后，内心不悦，他经不住纯平县主的诋毁与纠缠，而且固安公主亲自写信请求离婚，他觉得何不顺水推舟，解决了这件事情。于是他传令中书省拟旨，令固安公主与奚王李鲁苏离婚，但是仍保留了公主封号。当日和蕃去了众多的护卫，皆为公主扈从，让他们护送公主回到长安。

纯平县主听了欢喜，她连声说陛下圣明。大殿之上，她还得寸进尺，想让玄宗封自己的亲生女儿辛沁颜为公主，嫁给李鲁苏。

玄宗听后，不耐烦地摆手让她退下，他不想再为这个事情让纯平县主搅和进来。这个女人的胡搅蛮缠他已经见识了，再让她亲生女儿嫁给李鲁苏，不知道又会闹出什么事端。

他让谋臣帮着挑选，看谁去和亲比较合适。最后，朝廷选中了成安公主的女儿韦青荷，封她为东光公主，下嫁李鲁苏。成安公主李季姜是中宗的第六女，不过是庶出，嫁给了韦皇后的堂侄韦捷。韦捷因与韦皇后的亲戚关系在李隆基政变后被诛杀。公主晚于韦捷去世，陪葬中宗定陵。韦青荷听到这个消息后，想着自己父母双亡，罪臣之女，韦氏宗族没有人做靠山，留在长安也是伤悲，还不如远走他乡。

十

接到皇帝圣旨的那一刻，固安公主就默默地收拾好行李，准备返回长安。她没有向李鲁苏告辞，准备悄悄地走。她默默地望着自己待过的宫殿，自己种植的花草，驻足看了好一阵子，徒然伤感，然后登上了马车，紫儿随着她一起上车。车中，公主泪如雨下，让她寒心的是，大唐不但不为她撑腰，反而下诏又送来一位和亲公主。

李鲁苏骑着马，远远地跟随着公主。他实在没有勇气面对公主，只能任公主离去。他一直送到很远处，直到夕阳下，看着公主车马的影儿不见了，才惆怅地回到宫中。

他独自在宫中饮酒，夜色中，他感到孤独袭来，只有酒才能安慰他的寂寞。他醉醺醺地睡去，嘴里不停地念叨着固安公主的名字。

走在回长安的路上，公主渐渐地停止了悲戚，想着可以和家人团聚，可以去见林栎轩公子，她就禁不住激动。她如今是个自由之身，车上满载着皇帝赐给的财物，终于可以自主地生活了。

一边是新人欢笑，一边是旧人悲戚。离婚的固安公主回到长安，家中自然已经无法再容忍她住下。纯平县主因为辛沁颜没有被封为和亲公主，迁怒于她，认为是她从中作梗。固安公主的母亲在府中也是备受欺凌，辛沁阳就恳求父亲，让母亲和自己一起搬出来住。

她有累万的赏赐和公主的身份，回到长安后，在城中买下一座院落，取名"安庐"，作为她和母亲的安身之处。母亲被大夫人整天欺负，丈夫又不为她出头，她早已经对家里心灰意冷，也乐意和女儿相守在一起。两个人的日子安宁平和。

　　经历了生离死别的固安公主，自此闭门谢客，落得自在逍遥。

　　长安城依然繁华，只是物是人非。固安公主身在长安城，却挂念着边疆。在奚族的时候，为了救李大酺，林栎轩在战场受了重伤，她一直牵挂着他的安危，后来知道他的伤渐渐地愈合，才放心下来。

　　林栎轩因为守卫边疆有功，被皇帝召见，看到他的伤情，皇帝就让他在长安疗养。他看望了父母，而他最想见的人，就是辛沁阳。他忆起两人初次见面的时候，还是情窦初开的年华，一别多年，却是满脸的沧桑和伤痛。

　　两人再次见面，那一瞬间，仿佛时间停滞，岁月依然安好。辛沁阳一袭的紫衣，长发披肩。林栎轩一袭的白衣，手中握剑。美人如玉，公子如松，站在一起如此般配。

　　辛沁阳依然美丽端庄，温婉可人，时光不曾在她的脸上留下痕迹。她依然是林栎轩心目中的仙女，无人可以替代。他知道她曾经受过的委屈，为了大唐的江山而搭上自己的幸福，她两次嫁给了奚王，最终却成了寡妇和弃妇。此后余生在他的眼里，就是要陪着她度过。他曾经以为再也见不到她一面，以为自己将孤独一生。

天尤怜人，她现在成了自由之身，而他还没有婚娶。他在佛前和她一起发誓，要厮守终生，要同生共死。

林栎轩脸上有一道伤疤，是为了救李大醺被人砍伤的。他的英俊披上了一道凌厉，然而不减他的英姿。他曾是长安城中的美男子，多少女人梦中的情人。他却只爱她一人。他的肤色变得黝黑，那是他在军中日夜操练的痕迹。

辛沁阳心疼地抚摸着那道伤疤，她知道那是为了她而留下的。人生不能再错过了。

安庐中的牡丹开得正艳。他们坐在花旁，紫儿为他们斟茶。

辛沁阳有点哽咽，她极力地忍住，轻声说："我觉得人生像是做梦一样，见到你，也像在梦里。"

"这是真的，我就在你的身边。从此，我们不再只是在梦中相见。"栎轩握着公主的手，他摘下一朵牡丹，插在辛沁阳的头上，人面花儿相映红。

辛沁阳有些娇羞地问："你还记得自己当初的誓言吗？"

"我当然记得，我们要生生世世在一起。虽然经历这么多苦痛和煎熬，但是我们终于在一起了。"他把辛沁阳拥入怀中，无限柔情地说。他在战场上经历了血肉厮杀，原本以为自己都已经铁石心肠，却在她的面前又复温柔。

辛沁阳在花下为他抚琴，他随着琴声舞剑，人生如此，夫复何求！

却不曾想这良辰美景，被辛沁颜打破了。辛沁颜一脸的怒气，推门进来。辛沁阳见到辛沁颜，叫了声"姐姐"。

辛沁颜痛苦地看着林栎轩，怒气冲冲地质问他："我哪里比不上辛沁阳？我的出身，我的容颜，哪一点比她差？我一直在等着你，一直写信给你，你却一回长安，就来到她这里。她嫁过两个男人，还出身低贱。你为什么要痴迷于她？"

林栎轩拉着辛沁阳的手，说："她的温柔，她的聪慧，她的付出，你不曾体会到。你在长安锦衣玉食，可曾想过她的九死一生。此生我只爱她一人就足够了。

长安城中那么多的男子爱慕你，你又何必在意我！"

辛沁阳看着辛沁颜，她姐姐小的时候，什么都要和她争，她每次都忍让。可是这一次，她不想再沉默了："我们是姐妹，我和林栎轩经历过生死，我能活着回到长安，是天在保佑我们能长相厮守。"

辛沁颜彻底绝望了，她走出了安庐。

两个人目送着沁颜的身影渐行渐远。

回到家中，辛沁颜答应了母亲为自己选的夫婿，准备择日结婚。

十一

辛沁阳和林栎轩两人曾在仙游寺佛前许诺，要厮守终生。这次，他们要一起去还愿，然后结为夫妻。仙游寺里，曾经发生过秦穆公之女弄玉与萧史的爱情故事。寺里香火正旺，游人众多。他们跪拜在佛前，虔诚地祷告。她的美丽让游客纷纷驻足相看，惊为天人。

他们暂时隐居在这里，做一对神仙夫妻，抛弃了世俗的那些纷扰，人生才有那宁静的快乐。他们一起看终南山间的清风明月，弹琴赋诗，寻仙问道，自是洒脱快活。

　　林栎轩回到长安城中，他请求父亲同意他和辛沁阳的婚事，可是父亲断然拒绝。当年他和辛沁阳私订终身的事情闹得家宅不宁，让父亲不好下台。在三个儿子中，父亲最器重他，希望他能有所作为，为国效力，接替自己的职位，光宗耀祖，但是儿子执意要和固安公主归隐山林，辜负了父亲的期望。

　　父亲的极力反对也没有让他屈服，一如当初他为了固安公主，镇守边关，只为和公主能见面。

　　朝堂之上，皇帝接见了他，隆重表彰了他的功绩，问他需要什么犒赏。林栎轩跪拜在皇帝的面前，郑重地说："请赐固安公主和臣结婚。这是我唯一的请求。"

　　玄宗愣住了，前些日子固安公主刚和李鲁苏离婚，而今天又有人求婚于她。

　　林栎轩说："我和固安公主从小青梅竹马，可是纯平县主将我们分开。现在我们又重新见面，自当重续前缘。只是父亲不肯，我才求陛下许婚。"

　　玄宗想何不送个人情，让有情人终成眷属，说："你为国英勇杀敌，我赐婚固安公主与你，谅你父亲也不敢阻拦。"

林栎轩跪拜皇帝，感谢他成人之美。

他们选好了日子，准备成亲。辛府女儿要嫁礼部尚书之子，还是皇帝赐婚，整个长安城的人都涌在巷道看热闹，花轿经过处，人头攒动。安庐是公主和林栎轩的婚房，红灯高挂，红烛明亮，洞房之内一对新人含情脉脉。几年的分离，不仅没有冲淡他们之间的情感，反而更浓更炙热。

长安城中，又是一年踏春季。李鲁苏听东光公主说终南山楼观台风景如画，就和她一起前往，去散心。路上翠竹林海，烟岚横断，溪水淙淙，景致赏心悦目。他们在一处竹林旁的亭子歇息，却看到了固安公主和林栎轩迎面而来。

李鲁苏瞬间愣住了，她还是记忆中的那个固安公主，美丽娴静。站在她身边的男子风度翩翩，只是脸上有道伤疤，但对她呵护有加。他记得这个男子，是为了救哥哥李大酺负伤的，还帮自己训练军队。

两个人没有想到会在这里相遇。固安公主夫妻迎了上去，和李鲁苏夫妻打招呼。东光公主不认识固安公主，不过她看到这种情形，也大致猜到了。

固安公主有点不知所措，但是很快就镇静下来，她说："与君一别好几年，今日春日明媚，要好好畅谈一番。"

李鲁苏说："一别几年，你我都安好。"他吩咐侍女准备酒菜，四人一起饮酒。春光无限美好，让人沉醉。往日的芥蒂也随着春光渐渐地消失，一同在酒里酣畅淋漓。

东光公主说："早听说固安公主的美名，今日一见，果然名不虚传，妹妹真是三生有幸。"

固安公主笑了笑，说："妹妹过誉了。"

李鲁苏说："再见故人，恍若隔世。"

固安公主就问："在长安可待得习惯？"

李鲁苏说："陛下召见了我们，安慰了一番，而且说会命令将士帮我收复失地。在长安繁华的地方，赐给一所宅子，让我们夫妻住下。"其实，这些日子，李鲁苏度日如年，他不知道自己还能不能回到奚族，再做首领。他借酒消愁，东光公主也没有办法劝解。

面对固安公主，李鲁苏想起昔日她救自己于危难之中，粉碎了突厥的阴谋，可惜自己一时间昏头，同意和公主离婚，就因为她不是嫡出。倘若固安公主在自己身边，说不定还能识破可突于的诡计，挽救自己的王位。只是一切都太晚了。他对固安公主一直抱着歉意，只是自己如今如此落魄，都不好意思去见她。听说她已经和大唐的将领林栎轩结婚，他内心的不安稍稍平息。

东光公主说："听闻固安公主在安庐居住，改天我们自当登门拜访。"

林栎轩说："那我们会洒扫庭院，侍弄花草，煮茶弹琴，恭候二位的到来。"

李鲁苏叹了一口气，举着酒杯，一饮而尽，说："还是远离权力的好，看你们夫妻活得如同神仙眷侣一般，让人羡慕，可是我们，却如同丧家之犬。我和东光公主被迫分开，我先逃到榆关，再到长安。东光公主先投奔平卢军，再到长安。"他消瘦了许多。在长安城中的宅子里，他时常在黑夜中惊醒，想起自己惊恐不安和公主一起逃跑时的狼狈不堪。他率领着残部，长途跋涉。现在看来，复国无望。

一旁的东光公主突然也有点伤感，她风光出嫁不多时，却灰头土脸地在士兵的护送下，又回到了长安。她接连喝了几杯酒，却觉烦恼更上心头。

固安公主知道李鲁苏的心事，也知道劝了无益。她身在安庐之中，不闻世事，林栎轩给她带来了奚族的消息。契丹的可突于弑其王李邵固，拥立遥辇屈列为王。同时，他率部下突袭奚族，胁迫奚部落叛唐投降突厥。李鲁苏夫妻只好逃命，辗转来到长安。

四个人饮酒，酒酣时，李鲁苏竟然醉卧不起。固安公主和林栎轩起身告辞。

燕郡公主

寂寞双双回

燕郡公主慕容妍

开元十年（722），余姚县主的女儿慕容妍被封为燕郡公主，下嫁契丹首领李郁于。他们结婚两年后，李郁于因病去世。其弟李吐于继位，又续娶燕郡公主。李吐于和可突于明争暗斗，可突于准备杀死王。无奈之下，余姚县主谎称病危，让夫妻两人到长安省亲，不敢再回契丹。

一

契丹静析军副使可突于的府上，他和一帮心腹大臣在密谋。桌子上契丹首领李娑固的首级，装在匣子中，鲜血淋淋，不忍直视。可突于亲手杀了王，契丹一时没有国君，大臣劝可突于称王，但是他非常聪明，知道如果自己为王，一定会挑起贵族内部争权夺位的矛盾，到时候契丹乱成一团，这不是他想要的结果；二来大唐要是起兵讨伐，他的兵力不足以抵抗，还要去依附突厥。于是他赶紧和心腹之人商量对策。

大臣说："我派人打听了，大唐正在调派人马，准备进攻契丹。实在不行，我们就投奔突厥吧。他们强大，大唐还是很忌惮。"

又一个大臣说："不可投奔突厥，先前我们投奔突厥，被欺负得很惨，才又臣服于大唐。如今又反复，突厥人会戒备的。"

两个人争吵不休，可突于默默地听着，一直在思虑。他觉得此时要投奔突厥，弊大于利。

这时候他的妹夫说："不如退一步，先不要自称可汗。当下立李娑固的堂弟李郁于为王。这可以平息弑君犯上的罪名，其他大臣也无话可说，那些想争夺权位的人也会暂时放弃。李郁于在李氏家族中地位不高，年轻而且性格软弱，这次拥立他为王，他一定会感恩戴德，任何事情都听从您的吩咐，契丹实际上还是您控制。"

可突于拍手称好。这既不会惹恼大唐，又让自己大权在握。他说："好主意，我立刻派遣使者向大唐谢罪，估计大唐皇帝会同意的。我再去见李郁于，向他贺喜。"

大臣不放心，就问："如果大唐不同意修好，要打仗怎么办？"

可突于傲慢地说："那就投靠突厥，和大唐拼死一搏。"

手下的心腹之人都没有二话，听从他的安排。契丹人崇拜他，封他为契丹战狼。他骁勇善战，深得众心。他心狠手辣，大权在握，对于不听从命令的人，格杀勿论，因此每个人都怕他。

可突于来到了囚牢，李娑固的家人亲戚都关押在此，监狱阴暗潮湿，幼小的孩子哭闹不止。牢房中的人以为可突于要大开杀戒，都噤若寒蝉。

他让人给李郁于除去镣铐，谦恭地对他说："我是向王请罪来了。"

李郁于本来已经做好被杀的准备，听了此话，困惑不解，说："你要耍什么花样？我已经是阶下囚，我大哥已经被你所杀，你是来斩草除根的吧。"

可突于急忙辩解说："您误会我了。契丹无国君，我是请王继位，来向王贺喜的。"

李郁于愣住了，他疑惑地看着可突于，说："你为何要让我继位？"

小憩骑驼俑

可突于深鞠一躬，说："您英明能干，契丹群臣都愿意听命于您。王不要犹豫了，请随我到王宫，昭告天下成为新王。"

监狱中的人都愣住了，他们齐刷刷地看着李郁于。李郁于被可突于搀扶着，坐到马上，到了王宫。其他人被释放，一起随行。

李郁于穿上契丹王的衣服，登上王位，接受群臣的朝贺。他感到恍惚茫然，如同在做梦。

第二天，可突于就派出了精明能干的使节，修书一封给大唐皇帝，陈述了自己的苦衷。他在信中说道："李娑固经常猜忌大臣，尤其对功臣更是猜忌打压，这样导致将领之间不和，让契丹处在四分五裂的处境之中。臣本是尽忠之人，只可惜李娑固听信了小人之言，要杀臣。被逼无奈的情况之下，臣只能奋起反抗，保住自己的性命，不料想乱军之中李娑固被杀。臣觉得实在有罪，愿意接受大唐的惩罚。现在契丹境内平和，已经立李郁于为王，王非常贤明，一定可以让契丹境内太平，与大唐百年修好。随后，臣会亲自到大唐请罪，请皇帝责罚。"

这是大唐始料不及的事情，当时玄宗已经准备起兵讨伐可突于，却不曾想到他主动上门请罪。玄宗想着契丹没有造反，自己也不想节外生枝，于是就册立李郁于，令他承袭李娑固官爵，赦免可突于之罪。

可突于这一招的确高明，他主动负荆请罪，安定了契丹的局面，也让大唐去掉了戒心。从此，他把持朝政，李郁于只不过是个傀儡而已。朝中有人反对他，他就借李郁于的名义加以杀害或者流放，自此朝中再也无人敢言。

契丹王登基后，可突于让他到大唐请婚，和大唐结亲，以结永好。王让人上奏给皇帝，表明自己的心意，愿意娶大唐公主。而且，他效法李失活，亲自到长安请求和亲，以表诚意。

两年之后，就在开元十年，李郁于亲自入朝请婚。一路上，他内心快活，可以暂时摆脱可突于的操控。他知道，侍从都是可突于派来监视他的，他也处处提防着。

二

在和亲公主的人选上，玄宗让人仔细地挑选。可突于狼子野心，昭然若揭，倘若嫁过去的公主性情温和，懦弱无主见，肯定无法在契丹立足，不仅起不到和亲的作用，而且还会被可突于利用，不断地挑起是非。于是在和亲的人选上，他特意征求王皇后的意思。既然后宫的人都不愿意亲生女儿和亲，就希望她们能挑选一个合适的宗室女，要为大唐的荣耀而和亲。

此时，端午节已到，街市热闹，大家都欢喜地吃粽子，进行龙舟竞渡，在大门上悬艾辟邪。长安城中，还流行一种射粉团的风俗，就是制作粉团粽子放在盘中，再制作纤巧的小角弓，架箭射盘中的粉团，射中者得食之。因为小粉团滑腻又小，颇难射中。

朝廷依照惯例在宫中举行宴会，并有大量赏赐。宫廷中，人数众多，君主人臣之间，其乐融融。

宴会上，众多女子在跳舞。其中领舞的白衣少女衣袂飘飘，翩翩而动，美若天仙，仪态万千，看得众人如痴如醉。皇帝不停地点头赞美，一曲完结，众人惊赞之声不绝于耳。

王皇后看到这名女子，觉得非常眼熟，像是一位故人。待女子跳完舞，她让侍女叫来，当面询问。

"你是何家的姑娘？看到你，我总是觉得很面熟，像极了我儿时的一个玩伴。只是她不可能这么年轻。"

"回皇后的话，我是慕容妍。父亲是率更令慕容嘉宾，母亲是李氏。"

皇后想起一个人，是李止归，但是她下落不明。

"我认识一个人叫李止归，她是越王李贞的孙女，论辈份也是陛下的堂妹。可惜当年越王李贞起兵反对武后，李贞兵败后，父亲兄弟被杀，姊妹被迫自杀，下场非常凄惨。"

那女子突然跪下，悲戚地说："正是家母。当年家母年幼，才得以幸免，却艰难度日，身世凄凉。一个在绣坊的远亲姑姑收留了她，教她刺绣，不敢抛头露面，害怕人知道她的身世。"

皇后很是惊讶，赶紧让人传唤了李止归。皇后让慕容妍坐下，让人送了些百索粽子和九子粽，粽子用五色彩丝扎缚着，甚是好看。

慕容妍有点受宠若惊，她不知道皇后为何如此看重家母。

宫人到了慕容府上，李止归正在刺绣，听闻皇后召唤，立刻起身到了大殿之上。她落落大方地站在皇后的面前，尽管多年未见，但是两个人还是一见如故。她们谈起儿时的事情，唏嘘不已。皇后就问李止归这些年的境遇，是如何嫁到慕容家的。

李止归说："我当时年幼，被姑姑收留。恰逢慕容公子来绣坊为母亲挑绣品，说是为母亲祝寿，姑姑外出有事，我就出来接待公子。不想公子几日后托人求亲，我就嫁给了公子。一年后，生了长女慕容妍，后来又生下了两个儿子。"

皇后点点头，说："你现在过得也算不错，不枉曾经受的苦。"

李止归想起死去的父亲母亲，以及被迫自杀的合族亲人，一时间泪眼婆娑。她请求道："亲人已逝，望能恢复后人流落民间者的宗室身份。"

皇后记得已为李贞平反昭雪，封其侄孙李琳为嗣越王，但其后人还有流落在民间者。她对玄宗说了这件事情。

玄宗说："让李止归恢复皇宗室关系，封为余姚县主。"

李止归跪拜谢恩，慕容妍也跪拜在地，千恩万谢。母亲封为余姚县主，身份尊贵，自己也跟着沾光。之前，李止归和慕容嘉宾的婚礼被说成是门不当户不对，饱受诟病，现在自己的宗室身份得以恢复，地位自然也尊贵了。

母女两个人欢天喜地走出宫门。

宫廷之中，继续欢宴。

玄宗看到契丹李郁于在宴席中，正在饮酒，就问大臣："与李郁于和亲之事，可曾挑选好和亲公主？"

一旁的大臣回答道："臣拟有几个人选，请陛下定夺。其中就有慕容嘉宾的女儿慕容妍。"

玄宗说："那就慕容妍吧。皇后意下如何？"

皇后在一旁听到，怔了怔，就说："陛下说得极是。慕容妍是李止归的女儿，是宗室甥女，聪明识大体，又容颜出众，想必契丹首领不会挑剔。"

玄宗点点头，令人传圣旨，颁布《封燕郡公主制》，将慕容妍封为燕郡公主，嫁契丹首领李郁于。同时封李郁于为松漠郡王，授左金吾卫员外大将军兼静析军经略大使，赐物千段。

三

圣旨传来，慕容府上的人为之震惊。李止归听闻，呆呆地站着，一句话都不说。祖父蒙冤之事刚彻底解决，她刚被封为县主，还没有从喜悦中清醒过来，女儿就被封为和亲公主，她觉得心被刀割了一样。

李止归无能为力，和亲公主表面看着风光，其实谁都知道其中的心酸。她知道除了接受，没有别的办法。多少李姓皇族的人都在为大唐效力，自己区区一个女儿，在皇帝的眼中根本不算什么。就是皇帝的亲生女儿，恐怕也难逃政治的羁绊。她生在皇家，经历坎坷，懂得政治的是是非非。

这些天，余姚县主都在绣房中为女儿赶制嫁衣。她还在姑姑绣坊的时候，就为长安城的贵族小姐赶制过嫁衣。女儿的嫁衣用金线绣着凤，点缀着各色花朵，可谓花团锦簇。她用各种色彩的织线，用最复杂的织法来绣，绣成后的凤凰栩栩如生，花鲜艳如刚采摘的一样。嫁衣做成，光华灼灼，雍容绚烂，看到的人都不禁惊叹。余姚县主把毕生技艺都绣在女儿的嫁衣上。

在都亭驿中的李郁于接到大唐皇帝赐婚公主的昭告，上面说公主姿容美丽，举世无双，心里特别高兴。他恳请择良辰吉日，与公主完婚，抱得美人归。娶亲之日定在五月，燕郡公主出嫁李郁于。

慕容府邸很久都没有这么热闹了，府里上上下下都在忙碌。余姚县主每次看到女儿，都有点伤感，禁不住就想起了自己的身世命运。想当年，他们家一门多么荣耀，最后却凄惨收场。长女慕容妍虽然被封为公主，听着风光，可是嫁过去却并不是一桩美事。契丹王接二连三被推翻杀害，可突于一手遮天，女儿过去能否安稳，还是未知的事情。

李止归因为自己的遭遇，平日里就教导慕容妍谨言慎行。后来女儿才知道母亲娘家的命运，一直让她心惊胆战。余姚县主不仅教导女儿琴棋书画，还把刺绣的手艺教给女儿。

李郁于虽然是契丹人，但性格温文尔雅，没有契丹人那种彪悍粗鲁之气。他经常来大唐做生意，结交大唐的贵族，说得一口流利的汉语，而且精通大唐文化。本来他无心卷入政治，但却被可突于逼迫，立为契丹王。连这次他入大唐请婚，也是可突于的主意。契丹的王位随时都可能被人夺走，他觉得自己如临深渊，如履薄冰。

四

对于这个女婿，余姚县主内心五味杂陈。她派人到都亭驿打听过李郁于，听说李郁于为人谦逊，彬彬有礼，如果嫁过去应该对女儿不错。只是在朝政上，他是软弱的，注定要受制于可突于，一旦起了冲突，性命都危在旦夕。这是余姚县主最担心的事情。

李郁于知道余姚县主派人来后，亲自上门拜访。

他拿着黄金和貂裘，谦恭有礼，视余姚县主和慕容嘉宾为岳父岳母，行大礼。看到女婿如此谦恭，他们稍微有所放心。只是担心他不能掌控契丹，被可突于当作傀儡。

李郁于说："我才知道端午节上，那跳得最好的竟然是您的女儿，当时我已经被公主的美丽折服。我会像爱自己一样爱公主，请你们放心。"

公主在厅外偷偷地观望，她看到李郁于的长相，不是外面传闻的那么狰狞可怕，反而是谦谦君子的模样。

在出嫁前的晚上，余姚县主忧虑地对女儿说：
"如果在契丹无法立足，就立刻回到长安，回到娘的
身边。"公主点点头，不觉泪如雨下，想着长途跋
涉，去一个荒蛮之地，她内心是抗拒的，可是她知道
自己必须去。她很依赖母亲，这离别之苦，让她难以
承受。

母亲送给她一个锦囊，说："如果你有什么事情
无法处理，就打开看看，或者就能明白。"公主接过
锦囊，放在自己的嫁衣旁边。

慕容妍是家中的长女，又被封为公主，因而婚礼
非常隆重。李郁于穿着绛红色的唐制礼服，从都亭驿
出发，和迎亲的队伍一起，前往慕容府上迎亲。

沿途的百姓拥挤在一起，争相观看迎亲的队伍，
李郁于骑着骏马，器宇轩昂。街上到处是盛开的石榴
花，有好事者给他投掷花朵，他用手接着，把花别在
自己的婚服上。

皇帝派出了男女双方的证婚人。这是李郁于的
汉族婚礼，这一切对他是新鲜好奇的。他在婚礼上笨
手笨脚，引得一阵阵笑声，但他一点也不恼怒，仍按
照步骤举行婚礼。公主的华服引得众人惊叹，逶迤在

地，三尺有余，映衬得公主的步态愈加雍容。她头上簪有金翠花钿，一步一摇，婀娜多姿。

酒宴热闹，大臣都来恭贺，皇帝又赏赐了很多锦帛。酒宴已毕，新人入洞房。洞房内贴着喜字，红光映辉，喜气盈盈。床前挂着百子帐，床铺上放了百子被，床头悬挂大红缎绣的床幔。

直到进了洞房，李郁于揭开盖头，看到了公主的面容，如庭院中盛开的芙蓉，如冰一样明净无瑕，似玉一般润泽生辉。他惊呆了，美人如玉，他从来没有见过如此丽人，恍若梦中。

洞房中，两个新人喝过交杯酒，行合卺礼后，就该上床了。他觉得唐人的礼数实在是多，恨不得立刻就抱着美人。公主始终娇羞地低着头，只是用眼睛的余光看一眼他。

在长安逗留了几日后，皇帝派出送亲的队伍，再加上迎亲的队伍，浩浩荡荡地出发了。仪仗隆重，引得满城的人来围观。

慕容嘉宾与余姚县主把燕郡公主送到了城门外很远处，还是依依不舍。他们挥手告别的时候，哽咽地说不出话来。余姚县主更是不舍，母女两人抱在一起。良久，必须要走了，燕郡公主拿出了琴，弹了一首王翰的《凉州词》：

秦中花鸟已应阑，塞外风沙犹自寒。
夜听胡笳折杨柳，教人意气忆长安。

琴声凄切，让人不禁泪沾襟。

送亲的队伍越走越远，直到看不到踪影。余姚县主觉得心口疼痛，那是她不舍女儿的心疼。女儿是她的掌上明珠，却仓促地成为他人的妻子，成为和亲的公主。

五

经历了长途跋涉，李郁于迎娶燕郡公主回到松漠。茫茫的大草原，一望无际，天高云淡，野花盛开，牛羊成群，马匹奔驰，风景甚是迷人。见惯了熙攘热闹的公主，何曾见过这么空旷恬静的景致。她不顾旅途疲惫，让王带着她在草原骑马，思乡之情才渐渐地平复。

李郁于安顿好公主，举行了一场隆重的契丹婚礼，宫廷之中布置得非常奢华，契丹贵族都来朝贺。公主脱下汉服，穿上了契丹人的衣服，装扮成契丹妇人的模样。俊俏的公主立刻变成了一位契丹贵妇，她感到很有趣。毕竟是青春年少，对这里的一切都感到新奇。

临行之前，母亲对公主说了一番话，表达了自己的担心，希望公主能辅佐契丹王，不要任人摆布。尤其是要提防可突于。此人野心很大，反复无常，弑君犯上。

李郁于对大唐文化极其钦慕，公主虽然年轻，但是举止端庄，风姿绰约，和契丹女子截然不同。虽初来乍到，但是她努力学习契丹语，处事严明，内治有法，从不借机谋取私利。

这一切，深深打动了李郁于。他对公主敬重爱恋，宠遇有加，每逢大事，总要与她商量。他觉得自己娶对了女子，她不仅能帮他打理内务，还可以帮他出谋划策。

契丹境内暂时太平，李郁于沉浸在新婚的喜悦之中。可突于觉得现在是一个好机会，契丹和大唐之间如此平和，他想去巴结大唐皇帝，让自己获得更多的利益。他临走前吩咐手下，密切监视王的一举一动，一旦有什么风吹草动，就立刻废掉王或者杀了王。

一切安排妥当之后，可突于带着随从进入大唐。他工于心计，善于察言观色，对玄宗是一番花言巧语，说自己对大唐忠心耿耿，契丹愿世代向大唐称臣。玄宗听得心花怒放，就立刻拜可突于为左羽林将军，还带着可突于一起驾幸并州，完全没有了戒备之心。可突于觉得自己已经是大唐的红人，是皇帝器重的人，因此更加猖狂，根本不把契丹王放在眼里。

六

婚后一年多，王与公主和睦相处。可突于虽然把持朝政，但是公主能与之周旋，巧妙地化解危机，也不和他起正面的冲突。朝中有些大臣对可突于不满，她正好利用这股力量对付可突于。更何况，可突于想得到大唐的重用，也暂时不想和公主起冲突。这一年多，契丹内部可谓少有的太平。

公主经常写信给父母，然后派心腹之人送到长安，让他们替自己出谋划策，化解一些棘手的问题，尤其是和可突于之间的事情。余姚县主和慕容嘉宾经常打听契丹边境的事情，以备发生冲突可以早点想办法救女儿。

开元十一年（723），李郁于巡游回来后上吐下泻，还发高烧，竟然一病不起，躺在床上多日。契丹的名医看遍了，公主从大唐带来的医生也无能为力。眼看着王的病一天比一天重，公主束手无策，只能日夜守护在王的身边，祈祷可以出现奇迹。

李郁于身体原本非常好，却因为出去一趟就疾病缠身，病得非常蹊跷，虽然公主有所猜忌，但是又不能亲自证实，她害怕是有人想加害王。按理说，风寒也不是什么大病，然而寻遍名医却束手无策。

这天，天空下着大雨，李郁于支撑着病体，让公主坐在身边。他依依不舍地看着公主，知道自己不久于人世。他喘着气说："我娶你，此生无憾，只是不能与你相守，却是最大的遗憾。"公主握着他的手，只是垂泪不语。

"我死后，弟李吐于会袭爵，按照契丹的规矩，你要嫁给他。他可以托付，我也可以放心走了。"

公主摇摇头，说："我不想嫁给他，我心里只有你。你若离开，我必定出家为你祈福。"她知道，契丹人再嫁再娶，是稀松平常之事。公主虽不愿意，但也不得不从。

"我不能陪伴在你身边，你也不必为我守寡，这会浪费你的美貌和青春。你难道不知道自己的容颜让人心动吗？我死了之后，只愿你能幸福。可惜我们之间没有孩子，否则还有人陪伴在你的身边，替你分担忧愁。"

李吐于气喘吁吁地来到哥哥的床前。李郁于声音微弱地说："我不久于人世，公主就托付给你。你要好好地待她。"

李吐于握着哥哥的手，痛哭不止，他哽咽地说："哥哥，你放心，我会好好地待公主。"

李郁于紧紧地握着公主的手，说："多想和你一起白头偕老，可是天不遂我愿。"李郁于的手渐渐冰冷，公主哭泣着，泪滑落在他的手上。宫中一片哭泣之声，宫殿中传出了王薨逝的消息。

可突于站在王的寝室之外，最先知道李郁于薨逝的事情。他冷笑了一声，内心开始盘算。李吐于会承袭哥哥的王位，他非常年轻，必定会在自己的掌握之中。至于大唐来的公主，刚来不久，人微言轻，更不会是他的绊脚石。

李郁于早已经写好了遗嘱，让弟弟来继承爵位。

李吐于手拿遗嘱，面色凝重，宫中已是哀号一片。契丹境内，笼罩在一片悲伤的气氛之中。

契丹向大唐报丧，大唐派出使节，进行安抚。契丹隆重地安葬了李郁于，李吐于袭爵，契丹平稳过渡，没有混乱。

七

按照契丹婚俗，李吐于可以娶燕郡公主为妻。刚失去丈夫的公主，悲痛难耐，实在不想此时嫁人。她闷闷不乐地待在宫中，孤寂无助，这里再也没有人看她跳舞。父母姐妹都不在身边，恩爱的李郁于去世。公主此时思乡情切，便向玄宗提出回长安探亲。同时，她给父母写信，让为自己求情，想暂时回长安住一段时间。

公主在信中写道："臣女自从长安一别，嫁于李郁于，殷勤谦恭，与王相守。然天不怜爱，李郁于病逝，只剩臣女孤单一人，思乡情切，愿陛下体恤，允准臣女回长安省亲。"她派人火速送到长安。

玄宗看到信后，想到她的遭遇，甚是同情，准备答应她的请求。

燕郡公主的父亲慕容嘉宾恳请道："公主新寡，又思念家乡。加上余姚县主病重，希望女儿能回长安。请陛下怜悯，让她回家省亲。"

玄宗正要答应请求，一大臣却说："此事不可。现在可突于把持契丹朝政，新君刚立，局势不稳，如果公主离开，契丹以此为借口挑衅，边境就不安稳。再者，公主在契丹，就可以时刻注视契丹的动向。"

玄宗听后，点点头，觉得在理。

又一个大臣说："据密报，现在突厥聚集兵马，应该有所行动，万一突厥和契丹联手，就很难对付。因此，燕郡公主更不能在此关键时刻回长安。"

玄宗点点头，权衡再三，觉得公主还是留在契丹比较好。他思索了一下，让人回信说："谨从胡俗，和李吐于成婚。务必与可突于相安无事，谨防契丹和突厥联手搅扰大唐边境。"

慕容嘉宾听到皇帝下旨，只能退下。回到家，他给余姚县主说了此事。县主听后，也没有办法，只能回信安慰女儿。

同时，为了安慰公主，玄宗派人带着大量绢帛，赐给燕郡公主和李吐于，以及契丹部落酋长等。绢帛光华璀璨，契丹王看到后，非常喜欢。公主看到后，想起了长安城中的繁华，就更伤神了。

看到天子的回信后，公主无可奈何，其实作为和亲公主的结局大多如此。公主郁郁寡欢，出宫去散心，不料受了风寒，一病不起。

李吐于听说公主病了，赶紧去问候公主，并且派御医去为公主看病。

"公主，哥哥离开时，嘱咐我要照顾好你。现在你病了，是我照顾不周。听说公主想回长安省亲，待你病好后，我亲自送公主回家。"李吐于说着，拿出一件貂裘大衣，让公主穿在身上御寒。

听着李吐于要陪自己回长安，公主觉得精神一振，仿佛病都轻了。

"谢谢你！我在这里孤单，只是想回家一趟，看看父母兄弟姐妹。"

"你要是孤单，我愿意陪你一起游玩，骑马射箭，游遍契丹。"

公主点点头，觉得李吐于也很体贴，嫁给他，也算在契丹有立足之地。

可突于主持了婚礼，李吐于和燕郡公主完婚。大唐又赏赐了众多的财物，作为赠予公主的礼物。母亲也派人送了很多礼物，亲手缝制了衣物，嘱咐她要照顾好自己，好好地在他乡生活。

八

和儒雅的李郁于相比，年轻的李吐于性情刚烈，热情而又冲动，两人性格完全不同。他没有继位的时候，早已经见不得可突于的猖狂，只是自己势单力薄，没有办法杀死可突于，还要听命于他。他非常不甘心，有时候在宫中就发牢骚，有人就暗自报告给可突于。可突于觉得自己的地位受到了威胁，就想找机会除掉王。

公主劝告王，还是与可突于和好要紧，否则难以安身立命。她派人给可突于送去礼物，借此调解王和可突于之间的矛盾。

可突于想要孤立王，就挑起大臣和王之间不和。他经常假传王的旨意，让大臣贡献财物和骏马，大臣不堪其苦，对王颇有怨言。因此在大殿之上，一些大臣就联合起来，抵制王的命令。这让年轻的王根本无法做事情，一些大臣还偷偷地上告可突于，要求废除王，重立新王。

公主的随从暗地里刺探到这些情况，赶紧告诉公主，让她有所戒备。李吐于知道后，很是惊恐，就和公主商量如何对付可突于。

公主看到李吐于与可突于之间相互猜忌，受伤的只能是李吐于，于是就劝解他，此时不宜起冲突。一来王刚成为首领，需要收复大臣和民心；二来王的羽翼还没有丰满，此时起冲突必败无疑。可突于猜忌心重，在宫中遍布爪牙，手握重兵，造反易如反掌，到时候，难免有杀戮。现在能做的事情就是讨好可突于，让他放松警惕，然后再寻时机。

李吐于听从了公主的建议，对可突于表面上俯首听命，恭恭敬敬不敢再说二话。暗地里，他派人打听可突于的势力，准备在合适的时候，排挤和打压这些势力。他开始着手培养自己的人马，安插在可突于的军队之中。王的举动被可突于察觉，他感到了威胁。

这两个人各自提防，暗中较量，虽然表面上相安无事，但是宫廷内外矛盾重重。可突于一步步地培养自己的势力，但表面上对王很客气。臣子中能忠心于王的已经不多了，他们看到王处处受制于可突于，都纷纷替自己打算，投靠可突于。公主和王在暗中密切注意，王秘密安排在可突于军中的密探也及时告诉王可突于的计谋。

整个契丹笼罩在山雨欲来风满楼的气氛中，李吐于感觉到自己如果继续待在契丹，只怕是时日不多。可突于觉得这个年轻的王不好控制，于是就密谋废掉他，或者杀死他，重新再立一个听话的王。

这一切都被王的人刺探到，李吐于想和公主一起离开契丹，而且要不知不觉，不能让可突于觉察到他们出逃的迹象。

公主拆开了母亲送给自己的锦囊，上面是母亲的刺绣。白底的织物上，绣的是一株石榴花，花开烂漫，一只燕子飞在枝头。公主明白了母亲的用意，是让自己逃离契丹，回到长安。

开元十三年（725），燕郡公主的母亲余姚县主突然病重，派人送来了书信，信中母亲诉说了相思之苦。她告诉女儿，想要见她一面。如果此时再不相见，恐怕以后就没有机会相见了。

公主看到信之后，思母心切，她说自己一定要回大唐一趟。李吐于看她心急，就安慰说和公主一起回大唐看望岳母。而且自他完婚以来，还未曾去面见天子谢恩。所以两个人决定去长安一趟。

李吐于派人请来了可突于，说公主的母亲病危，公主挂念母亲，自己要陪公主去长安，朝中的一切事情就交由可突于处理。公主拿出母亲的信，在可突于的面前哭哭啼啼，伤心不已。

可突于见此情景，没有怀疑，就让两个人收拾行装，前往长安城。

他们暗中带了贵重财物，准备停当之后，就立马上路了。离开契丹时，他们心惊胆战，害怕可突于派人拦截，还好一路比较顺利。

九

公主和王前脚才走出宫门，后脚就有人对可突于告密，说公主和王收拾了东西，急急忙忙地往长安去了，问要不要阻拦。可突于摇摇头，说不用了。他知道公主母亲病重，人之常情，应该没有什么阴谋，就说不必阻拦，让他们去长安。反正他们早就是囊中之物，等他们从长安回来再动手不迟。

可突于宴请一帮大臣，歌舞助兴，他们开怀畅饮，喝得醉醺醺的。

又有人来报，说王收拾了最珍贵的财物，公主带走了心腹之人，两个人都行色匆匆，恐怕其中有诈，让可突于拦下王。

听完密报，可突于内心疑惑，立刻派人去追王。可突于派出去的人在后面急追，王和公主在前面快马加鞭。他们出了契丹的边境，进入了大唐的地盘。可突于的人只好停住，眼睁睁地看着王进入城门，扬长而去。

王和公主转身看到可突于的人离开，两个人都松了一口气，发现自己的衣衫早已经湿透。他们不敢耽搁，害怕可突于派人再追，就一路狂奔。

王和公主一行日夜兼程，舟车劳顿，路上颠簸，整日提心吊胆，终于平安地到了长安城。看到长安城的时候，公主热泪盈眶，她终于回家了。

还在城外十里之遥，余姚县主已经在路边翘首以盼，焦急地等着女儿女婿回来。母女相见，紧紧地抱在一起。原来母亲没有病重，那封信是为了迷惑可突于而写，目的是找一个合适的理由让他们回到长安，否则贸然逃离契丹，会被可突于怀疑。

燕郡公主一直书信告知父亲母亲契丹的情况，诉说了自己不妙的处境。余姚县主暗自思量，与其让女儿待在原地坐以待毙，还不如趁机回到大唐为上策。所以余姚县主就假装自己病重，让人送信给公主，以此来保全女儿女婿的性命。送信的几个人，都是长安城中顶级的刺客，她花了重金聘请，以便危急之时，能够救出女儿女婿。女儿回来的路上，她还暗自担心，害怕可突于拦截下女儿女婿。

慕容府内，清扫好房间，备好宴席，为他们接风洗尘。他们暂时在长安城里居住下来，然后派人到契丹打听，才知道契丹国内剑拔弩张，他们暗自庆幸自己能逃出来，松漠再也不能回去了。

可突于见李吐于夫妻久居长安不回来，派人到长安城里打听，才知道他们夫妻早已密谋逃跑，而且也不会回来。他火冒三丈，于是一不做二不休，决定废除李吐于的王位，再立一位新君。

契丹王宫的大殿之上，可突于历数了李吐于的罪证，说他沉迷于酒色，不理朝政，受到燕郡公主的蛊惑，出卖契丹的利益。如今被发现了罪证，就躲在长安不敢回来。现在，契丹群龙无首，那就要另立新君，以防止被人侵扰。

朝中的群臣议论纷纷，七嘴八舌。可突于的心腹之人，都纷纷拥立可突于，说他英勇果敢，有勇有谋，是新君的最好人选。可突于冷眼看着大臣的态度，有些人面露不悦之色，有些人一声不吭，他知道如果自己称王，他们一定会反对，到时候契丹境内一定混乱，他不想树敌太多。

可突于哈哈大笑，赶紧推辞，说自己不是契丹首领的子嗣，王位还是要由李姓子嗣来继承为好。他说自己要拥立李邵固为契丹首领。李邵固是大贺窟哥的孙子，是首领李尽忠的弟弟，立他为契丹首领，合情合理。大臣听后，又是一片哗然，即使有人反对，也找不出充足的理由。

可突于立刻拥立李邵固为契丹首领，他派人向大唐告知一切，希望唐能昭告天下，册立李邵固为契丹王。大唐这次没有同意，打算派兵讨伐。

两国的边境上，剑拔弩张，形势非常严峻。

十

可突于的所作所为，大唐十分清楚。李吐于再也不能回去了，回去必死无疑。待在长安的李吐于如煎锅上的蚂蚁，焦急也无济于事。眼看着自己的王位被人夺去，可突于如此明目张胆地造反，他却束手无策。大唐做好准备，提防契丹突然袭击。

为了安慰李吐于，玄宗改封他为辽阳郡王，留于京城宿卫。李吐于精于骑马和射箭，刚好可以掌管宫中及京城昼夜巡警之事。李吐于暂时在长安城中安居下来。他本来想着到了长安后，请求皇帝派兵除掉可突于，好帮自己重新夺回王位。李吐于向皇帝进言，说可突于狼子野心，拥立李邵固只不过是掩人耳目，他早就有反唐之意，立新王只不过是在拖延时间，为他反叛大唐争取时间罢了。玄宗听从了他的建议，打算出兵讨伐可突于。李吐于请求玄宗派他做先锋，发誓要杀死可突于，夺回王位。然而讨伐契丹的事情最后却不了了之。

这年冬天，玄宗打算东巡泰山封禅，这对皇帝而言是一件极其重要的事情，关系到国家的安危。封禅期间，皇帝一出动就会引起四方惊扰。如果皇帝离开长安，周边诸国肯定会乘机骚扰。玄宗的决定发布出来，宰相张说就紧张了，他最担心皇帝千里迢迢从长安赶到山东，消息传出去，周边诸国肯定会乘机发兵。于是，他找来兵部侍郎裴光庭商量这事。

裴光庭对此行的态度很谨慎，但是既然皇帝执意要去，也不能阻拦。他分析了时局，认为在周围诸国中，突厥最强大，现在最重要的是稳住他们。过去突厥屡次向大唐求婚都没有答应，现在趁着泰山封禅的机会，可以向他们征召大臣，陪同皇帝去泰山，突厥肯定很高兴，一定会派遣大臣来。如此一来，其他那些比较弱小的国家就会纷纷效仿，派遣大臣使者来效劳。

这一番话让张说茅塞顿开。于是，张说向玄宗上书提出此建议，玄宗采纳了，他下旨向突厥表明此意，突厥听闻，当然很乐意跟大唐友好，立即派大臣阿史德颉利发入唐，随玄宗东巡，其他周边地区也跟着效仿，主动派使者随从。契丹看到此情此景，也想借此机会和大唐修好。

李邵固为了证明没有反叛之心，他没有派遣使者，而是亲自到达玄宗行在之所，跟随到泰山之下。玄宗看到李邵固亲自前来，殷勤地跟大唐永结同好，他这才放下心来，不再打算讨伐契丹了。

李吐于看到这一情形后，感到失望。他知道，大唐不会为了他失去的王位发动一场战争，而且可突于势力强大，贸然领兵前去，会成为他的刀下鬼。

玄宗泰山封禅就这么顺利地完成了，同时也化解了一场战争。

李吐于随驾护卫皇帝，他看到了李邵固，满腔的怒火在升腾。李邵固一脸愧疚，他独自一人来向李吐于请罪。

"我本无意做王，只是可突于让众人拥立我。如果您要带兵讨伐，我自当里应外合，一起除掉可突于，让您重新为王。"

李吐于愣住了，他没有想到李邵固竟然有如此想法，自己倒显得心胸狭窄，不识大体。

"我与燕郡公主也是被迫离开契丹，否则就被可突于杀害了。兄弟如此说，我岂能再怨恨你。实在惭愧得很。"

"希望您能理解我的苦衷，我是身不由己。现在可突于依然把持着朝政，我只不过是个傀儡罢了。"

他掏出一个物件，是一只纯金打造的狼图腾。"这是我的护身符，如果您要攻打契丹，只要派人送来这个信物我就知道了。"

李吐于接过狼图腾，双手握拳，说："谢谢兄弟！他日若需要帮助，也可托人告知，我自当尽力帮助。只是大唐不愿意再发兵了，这样也好，起码不用再流血了。"他摘下了自己身上的护身符，是一只纯金的马图腾，说："他日有难，可以派人携带此物，我定会帮助。"

两个人握手言和，坐下把酒言欢。

李邵固说："可突于派我来，还要向大唐皇帝请婚和亲。不知您意下如何？"

李吐于迟疑了一下，说："自当和亲。和亲之后，可突于如果对兄弟动手，必然要顾及大唐的势力，不敢轻举妄动。"

李邵固举杯，说："听从您的吩咐。那日见陛下，他也有和亲之意。我回长安后，自当请婚。"

两个人觥筹交错，喝得酩酊大醉。门口有个人影闪过，消失在黑夜中。这是可突于派来监视李邵固的人，他看到这两个人在一起喝酒聊天，就写了一封信，秘密地派人送到可突于的手中。

十一

回到长安后，李吐于告诉燕郡公主，他见了李邵固，两个人摒弃仇恨，相谈甚欢，而且互留信物，一旦契丹有变，他们会相互扶持。

正在喝茶的公主听了之后大惊失色，手中的茶杯掉落在地上。李吐于大惑不解，就问："出了什么事情，你怎么这样慌张？"

"夫君，互留信物，万一被可突于知道，会出大事情的。我们在契丹时，他耳目众多，时刻需要谨小慎微。现在他更跋扈，对新王的监视更甚，这岂能不招来杀身之祸？若信物被搜出，可突于就认为新王勾结你，定要造反！"公主担心地说。

李吐于听后，觉得她说得有道理。自己一番好意，现在却让李邵固陷入危险之中。可突于本来就有反叛之心，万一要是以此为借口反叛，自己难脱干系，还要搭上兄弟的性命。

"那现在我就写信，告知李邵固要小心。"

"现在写信，万一弄巧成拙，被查获，更不好。

不如让人秘密进入契丹告知就好。"

李吐于点点头，立刻吩咐手下秘密去契丹。等人走了之后，李吐于叹息了一声，说："若没有可突于的威逼，你我两个人现在还在契丹，逍遥快活。"

燕郡公主听后，摇摇头，对丈夫说："我们要回去，谈何容易。而且，陛下封李邵固为左羽林军员外大将军，改封广化郡王，又把外甥女陈黛岚封为东华公主，嫁给他。他为了表明忠诚，打算送儿子入侍朝廷，当质子。这朝廷都承认了他的身份，我们自然是无法回到契丹了。"

李吐于听了妻子的话，点点头，说："我知道复位无望，只怕契丹迟早会毁在可突于的手里。到时候，契丹都不复存在了。"

"听父亲说，可突于过些时日要来长安，想为自己捞些利益，升官发财。"

"他若要来，我必手刃仇人。"李吐于愤愤不平地说。

"陛下不会答应的，他暂时还需要可突于去稳定契丹。"

李吐于越想越生气，他捏碎了手中的茶杯，却划破了自己的手指。公主赶紧替他包扎伤口。

公主说："王平安，我心才安。富贵若浮云，家人在一起才最可贵。"

李吐于点点头，握住公主的手，感到安稳温暖。

过了些时日，可突于来到长安，奉旨进宫。

恰好李吐于在宫中巡逻，看到可突于大摇大摆地走来。他带着众多礼物，打算献给皇帝。仇人相见，恨不能相互撕了对方。

可突于用手指着李吐于，哈哈大笑，轻蔑地说："你这缩头乌龟，躲在长安，简直丢契丹人的脸。"

"你这个奸臣，狼子野心，不得好死。终有一天，我会亲手杀了你。"

"杀了我？你没有这个本事吧。当日没有杀你，让你们夫妻跑了，算你捡了一条性命。如果再落在我的手中，就叫你身首异处。你派到契丹的人，我已经把他杀了，那人的手我已经派人送到府上了。"

李吐于气得拔出剑，要杀了他，身边的众多侍卫赶紧阻拦。可突于的随从迅速围在他的四周，虎视眈眈。

这时候，太监出来传旨，皇帝要接见可突于。他甩了甩袖子，趾高气扬地走了，留下咬牙切齿的李吐于。

侍卫们都在劝李吐于，不要和可突于一般见识，此人如此嚣张，必然不得好死。

"这可突于弑君，不忠不孝，狼子野心，朝中的大臣不待见他，人人得而诛之。"

"宰相李元纮就瞧不起可突于，几次上书，让陛下务必铲除了这个祸害。"

"宰相张说也说过，奚族和契丹两蕃必然叛乱。可突于人面兽心，唯利是图，必然会遭天谴。"

……

李吐于听到侍卫的劝说，强行按压住怒火。他回到家中，听闻公主受到惊吓，原来是看到了可突于送来的一双断手，呕吐不止，正躺在床上休息。他急忙来到公主身边，安慰她。

李吐于说："我打算去杀了可突于，你不要阻拦我。他不除，契丹就难以安稳。"

"夫君，千万不要这样，先暂时忍耐，否则会引起大乱的。"

"我顾不得这么多了。你受了惊吓，我忍不下这口气，你就在家里等我的消息。"

夜色中，李吐于悄悄地潜入驿馆，想知道可突于的行踪，再找个机会，杀死他。奇怪的是，驿馆中已经人去楼空。他赶紧问驿馆的人。

驿馆的人说："可突于回来后很生气，好像在骂人。说大唐的臣子不尊重他，人人都提防他。边骂边收拾行李，很不高兴地回契丹了。"

李吐于听后，觉得可突于会反叛朝廷，李邵固一定会有性命之忧。他赶紧上奏朝廷，让提防可突于。

他猜的没有错。可突于回契丹后，暗中调派军队，召集大臣，打算杀了李邵固，和大唐翻脸。他的军队包围了契丹王宫，他领着人在王宫搜查，翻出了李吐于给王的信物。

可突于拿着信物，冷笑着说："你们兄弟是要合伙杀死我吗？"

李邵固知道自己今天必死无疑，就毫不畏惧地说："我早该杀死你。可惜让你活了这么久。"

可突于哪里受得了这样的羞辱，就恶狠狠地说："等来世再杀我不迟。"他手起刀落，杀死了王。

宫中血迹斑斑，凡是李邵固的亲信之人，都被可突于的人马杀得一个不留。他在后宫之中没有找到东华公主，发现她已经出逃。当时，公主的侍女看到可突于包围王宫，就偷偷地溜了出来，赶紧告诉公主，让她想办法逃走。公主立刻和一众随从逃跑，投靠平卢军，辗转回到长安。

埋葬了李邵固之后，可突于又故伎重施，给大唐写信诉苦，说王陷害他，要杀死他，无奈之下他失手杀了王。他立遥辇屈列为王，率部落并裹胁奚族一并投降突厥。

大唐朝廷一时震惊，慌乱之下，有大臣说招安，有大臣说要攻打可突于。皇帝让调集人马，时刻准备应战。

十二

杀了李邵固，可突于还不解气。他派人送给李吐于一件礼物，是沾满鲜血的纯金马，那是李吐于送给李邵固的信物。李吐于双手颤抖着，把信物拿在手里。可突于还写给李吐于一封信，信中写道："害我之人，就当如此下场。汝等狂妄之人，不自量力，胆小如鼠，当客死长安。"

李吐于颤抖地拿着纯金马，觉得自己胸口憋着一股血，疼痛难耐，气愤之下，竟然吐血在地。

燕郡公主赶紧扶起丈夫，请医诊治。她焦急地询问丈夫的病情，大夫说无碍，只是突然受了刺激，一时间急火攻心所致。

李吐于手握着金马，长久不作声。夜晚，他在庭院中徘徊，望着故乡的方向，内心凄冷。

第二天，李吐于上朝面见天子。玄宗看着李吐于呈上的信物和信件时，勃然大怒。他原本还想要派人招安，现在看来不可能了，于是下令讨伐可突于。

李吐于上前请命，他要手刃仇人，为兄弟报仇，为自己出气。天子答应了他的请求。

他迅速回到家后，对公主说："我此番要去平定契丹，已经向陛下请命。"

燕郡公主一时难以接受，她害怕失去丈夫，黯然地说："你依然还是放不下契丹，放不下王位。"

李吐于有些伤感，说："我不是放不下王位，我是要替兄弟报仇，让契丹太平，让百姓安居乐业。"

公主幽幽地叹口气，说："当初我嫁到契丹，就是想契丹和唐能和平，只可惜我没有做到这一点，我实在是无能。"

李吐于劝慰她说："这和平不是你一个女人能达成的。是我的无能，导致了王位被夺，兄弟被杀，百姓遭殃。"

"不是你我能决定的事情，我们已经尽力了。"公主想起曾受的苦，又抚摸着自己的肚子，说，"我已经有身孕了，这孩子，就是我们的希望。"

李吐于大喜，抱起公主，说："太好了，我要有孩子了。待我凯旋，定会守在你身边，保护你们一生一世。"

他看着公主，突然有点内疚。自己要去打仗，生死未卜，又怎么好去承诺呢。

公主微微一笑，说："夫君不必牵挂我和孩子，我父母都在长安，会照顾好我的。我知道你一定要走，也不拦阻你。"

"还是你知道我的心思。"李吐于抚摸着公主的肚子，说，"孩子是我们的希望。我不在你身边，你要好好地照顾自己，照顾好孩子。战争不知道要打多久，不知道要死多少人。若我不幸战死，你要把孩子抚养长大。"

突然间，公主泪如雨下，哭着说："不，你要好好地活着，我和孩子在长安等你归来。"

李吐于把公主揽入怀中，内心却很痛苦。

玄宗下诏，命幽州长史赵含章出击契丹，并在各处招募壮士。李吐于为此事到处忙碌，可惜当年没有成行。这让他很郁闷，就借酒消愁。他一个人在酒肆中独酌，有些醉意。府中的家丁来报，说公主快要生了。他踉跄着往家里跑，途中摔倒几次，只想快点见到孩子。他进了家门，家人说公主生了儿子，他心怀希望，发誓不再去酗酒。

两年之后，大唐派兵出击，李吐于再次请命出征。公主带着儿子，为他送行。天气萧瑟，让人内心凄凉。

"你等我凯旋，我定要手刃可突于，为兄弟报仇，一雪前耻。"

他的儿子突然大哭，他抱着儿子亲了又亲，然后把儿子交给公主。

"你一定会凯旋，我在长安为你接风洗尘。还有，肚子里的孩子也等着叫爹。"公主摸着肚子，里面有婴儿在轻轻地踢她。

李吐于依依不舍，但是他必须上路了。公主和孩子一直在向他挥手作别。

唐军大破契丹，俘获很多人，但是让可突于逃跑了，奚族众人投降。可突于不甘心自己的失败，不久又来犯边，大唐将士和奚族一起还击，在榆关都山之下激战。这次，可突于有备而来，引来了突厥兵，奚人看到后非常害怕，于是临阵脱逃。唐将士阵亡，损失惨重。

经过一年的休整，幽州长史兼御史中丞张守珪进逼可突于，可突于先是诈降，然后又想投奔突厥。张守珪派遣管记王悔和契丹牙官李过折联络，李过折和可突于有过节，于是李过折夜斩可突于、遥辇屈列数十人，归降了大唐。

大唐军士在庆祝胜利，唯有李吐于悲喜交集。他看着可突于的尸体，这个不可一世的魔头，这个杀了契丹首领的凶残狠毒之人，如今身首异处。他满腔的愤怒渐渐地平息下来。

在李邵固的坟前，他用可突于的首级祭奠，并把带血的金马埋到墓里。经历战乱，契丹依然不太平，权力已经落到他人之手，自己回去也无能为力。他不想再回契丹，只想返回长安，见到公主和儿子。

路途漫漫，他归心似箭。

城门外，公主抱着女儿，旁边站着儿子，在等他回家团圆。

"爹！爹！"儿子大声地叫着，跑向了他。一声声"爹"，让他风餐露宿的苦，征战沙场的苦，都烟消云散。

他抱起儿子，把他架在肩膀上，欢快地转圈。

他望着襁褓中的女儿，她正在笑，一双小手挥舞着，很是欢喜。

公主望着他，欢喜地落泪。他平安归来，就是她最大的幸福。

府中，庭院打扫干净，张灯结彩，迎接主人的归来。

李吐于虽然断了回家的念头，但是还心念着契丹，尤其是过节的时候，他总是想起自己的兄弟姐妹。

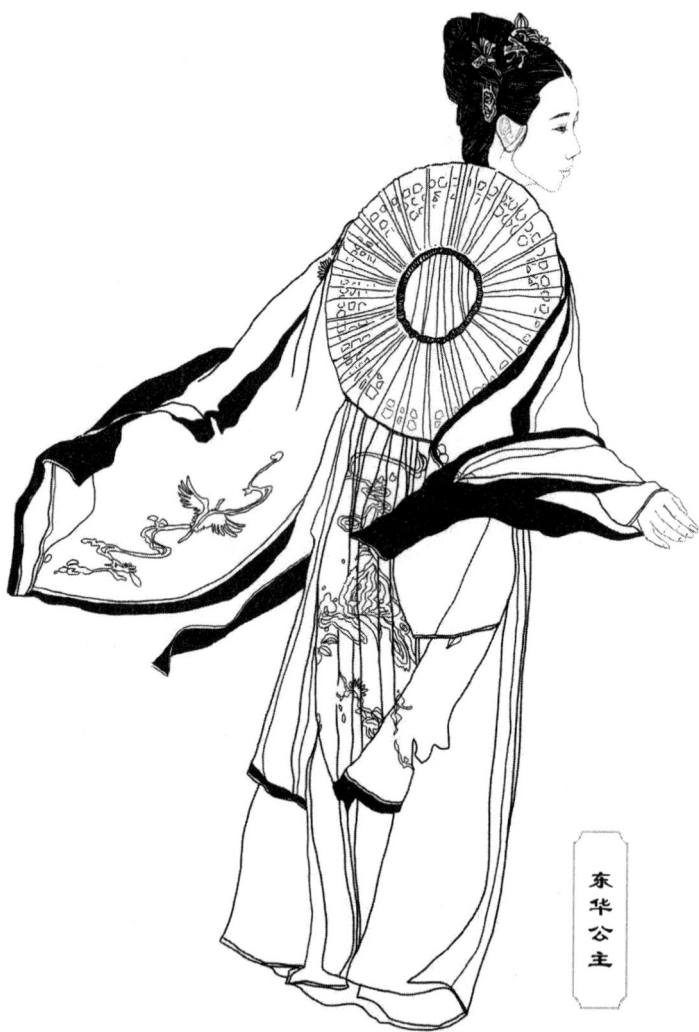

东华公主

腥风血雨·女儿独行

东华公主陈黛岚

开元十四年（726），陈黛岚被封为东华公主出嫁契丹首领李邵固。契丹可突于觐见大唐皇帝，遭大唐臣子冷遇，他怀恨在心，于是借机杀了李邵固。东华公主闻听消息后，逃奔到平卢军，然后辗转回到了大唐。她不恋长安的繁华，云游四方。

一

陈将军的女儿陈黛岚骑马回来，发现门外有几匹骏马，一辆马车。她乍看过去，那几匹马是西域的好马，想必来人一定非富即贵。

她走进大门，想去找父亲，却发现父母亲在厅堂中正在和一个年轻的公子说话。父亲对公子很客气，此人来头一定不小。

陈将军说："明远公子能来府上，府上蓬荜生辉。李宰相和我是至交，今天公子亲自登门求亲，我当然是求之不得。"

陈黛岚本来想走,只是听到"求亲"二字,她停住了脚步。两个姐姐已经嫁人,只有她待字闺中。想必提亲之人,是向她求婚吧。她顿时瞪大了眼睛,偷偷地溜到屏风后面,想听听他们说些什么。

"将军,这次我来是向三小姐求亲,媒人也跟来了。为了表示对小姐的爱慕之情,我亲自来送聘礼。"

李明远命令手下打开箱子,里面都是金银珠宝。他谦恭地说:"这是聘礼,如果您同意,我会让人选好吉日,迎娶小姐。"

陈将军连声说好。陈黛岚的母亲李仪可也点头答应此事。

陈黛岚从屏风的缝隙中,看到了李公子的相貌。倒是长得白净,个子也高,衣着华丽,然而眉宇之间却是颓废之气。再仔细看时,她气不打一处来。原来是昨天在街上遇到的无赖。那时,她刚从郊外狩猎回来,在西市的路边,发现一名醉酒男子在纠缠一个姑娘。姑娘极力躲避,他拉着姑娘的手就是不放,还说要娶回家做妾。旁边几个随从,吓唬往来的行人不要多管闲事。

陈黛岚看到光天化日之下，竟然有人如此放肆。她拿出身后背的弓箭，取出一支，直接射了过去，那公子的衣袖被射中，钉在一棵桃树上。他猛然间酒醒，看到有人戏弄他，立马就让人去擒住陈黛岚。

陈黛岚拿出箭，对着一个随从射去，随从头上的帽子掉了，他吓得不敢再动。她又一支箭射出，另一个随从身上的钱袋掉落在地。

那个姑娘趁机赶紧走到陈黛岚的身边。陈黛岚下马，让姑娘赶紧离开。姑娘谢了她，匆匆离去。

周围的人都跑过来围观，大声叫好。醉酒男子特别狼狈，他怒气冲冲地看着陈黛岚，指着她说：
"你……吃了豹子胆，胆敢这样对我。你知道我是谁吗？我父亲可是当朝宰相！这京都里，谁敢不给我父亲面子。"

"你就是天王老子，我照样拿箭射你，再敢调戏姑娘，我下次就射到你的脑袋上。"

"你这个小子，就等着坐牢吧。"一个随从叫嚣着说。

陈黛岚微微一笑，说："要不我们现在就去官府。我在前面带路。"

男子看着她，说："这……不是个男人，是个姑娘。没有这么美的男人，这么美的姑娘也少见……"他踉跄着来到陈黛岚的面前，拦住她的去路。

"你这个狂徒，赶紧让开，不要挡了我家小姐的路。"侍女小筝在旁边呵斥着，"我家小姐岂能容你这狂徒胡作非为。小心小姐手中的箭。"

"那个姑娘我不要了，我就喜欢你……随我到李府吧。明天我就去提亲……"

陈黛岚懒得理睬他，上马扬鞭而去。

让人想不到的是，那个李公子竟然真的上门来提亲。陈黛岚自然看不上这种浪荡公子。大哥在大唐与契丹的战争中阵亡，让她伤心难过，她喜欢像大哥那样的男儿。儿时，大哥经常带着她去郊外打猎、射箭。她常吟诵杨炯的《从军行》："宁为百夫长，胜作一书生。"还说可惜自己是个女儿家，否则就去边疆立功。

李明远见陈将军答应了婚事，坐了一会儿，就欢喜地告辞了。

陈黛岚见李公子告辞，就偷偷地跟了出来，想知道他去哪里。

一行人骑着马来到大街上，陈黛岚跟在后面。李明远让媒人先回去，他和贴身的随从去粉巷寻欢作乐去了。

陈黛岚冷笑了一声，这么下流的人，竟然还敢向她提亲。

她回到家，侍女小筝正在到处找她。

"小姐，老爷在找你。看老爷高兴的样子，一定有什么喜事。"

"是给我说媒的事情。那李公子是个花花公子，我才不要嫁给他。"

"小姐，这老爷决定的事情，不能改变呀！"

"我会和父母说的，他们会疼爱我，不会推我入火坑。"

父亲母亲在厅堂等着她，看她走进来，父亲就急不可耐地说："好好一个女儿家，非要穿男儿的衣服，简直没有家教。"

陈黛岚不以为然，说："我就喜欢男儿家的衣服，女儿家的衣服我就不稀罕。"

父亲有点生气，说："真的不知道李公子怎么会看上你。今天李公子亲自来提亲，我已经答应了，你从今往后就好好待在家里，不能再乱出去了。"

"我不愿意嫁给他。那个李公子生性放荡，不学无术，你怎么忍心把我往火坑推。他刚出咱家的门，就去烟花柳巷了。"

"他父亲是宰相，他们家是书香门第，他彬彬有礼，我和你母亲都见了，不许你诽谤公子。"

"我不嫁，我宁愿出家，宁愿去和亲，也不愿嫁给他。"

将军气得火冒三丈，狠狠地说："这事情由不得你，这些日子你就乖乖地待在家中，等候李公子来迎娶。"

二

陈黛岚的漂亮之中带着英气，尤其是眉宇之间，既有女儿家的柔情，又有男儿家的英气，是一种俊朗之美。她出去时，常穿着男儿家的衣服，害得长安城中的贵族女子以为她是个美男子，时常让贴身的侍女送信，表达对她的倾慕之情，闹出了很多的误会。

　　小筝扮作陈黛岚的模样，乖巧地待在书房，陈黛岚就偷偷地溜出去，要去找李公子，让他死了迎娶她的念头。李明远又喝得醉醺醺的，她拦住了他的去路，说："我不会嫁给你，你趁早死了这个念头。"

　　李明远看着她，奸笑着说："你父亲已经答应我，这父母之命媒妁之言，岂能更改。"

　　"我就让你改。"她说着一支箭射过去，李明远的头巾滑落，披头散发。

　　"你竟然想谋杀亲夫，我更不能放过你了。我父亲明天会去你家提亲，你父亲一定会答应的。"

　　一群随从冲上来，围住了陈黛岚，李明远趁机逃走。她恼怒地看着这个浪荡子逃离，自己却无能为力。

　　她回到家，发现小筝跪在地上，哭哭啼啼，母亲在一旁训斥她。陈黛岚赶紧扶起小筝，给母亲说是自己的错，不要责罚小筝。

　　果然，第二天，李宰相来到陈府，拿着厚礼。将军自然受宠若惊，赶紧迎着贵宾入上座，命人奉上好茶和点心。

宰相说："我为儿子提亲，听说你已经答应了，只是你女儿不喜欢，还去恐吓他。"

将军有点惶恐，就赔笑着说："我教女无方，让宰相见笑了。自古婚姻大事都是父母做主，由不得她。您放心，我女儿会嫁给您儿子的。"

宰相点点头，说："那就一个月后，我们迎娶。"

将军说了声"好"。

陈黛岚突然走进厅堂，拜见了宰相，然后说："我自知不够贤良淑德，做不了宰相家的儿媳妇。还请宰相大人另寻佳人吧。"

将军气愤地说："你简直是大逆不道，敢和宰相说这样的话。真是一点家教也没有。"

宰相看着陈黛岚，美是太美，然而看着一点也不温柔，就不明白儿子为何看上了她。而且儿子还说，一定要娶她回家，否则就不娶妻。

"姑娘为何看不上我家儿子？"

"是我配不上公子。还请另觅佳人为好。"

"我儿子相貌堂堂，家世也不错，和姑娘很般配，姑娘何出此言？"

"他就是个浪荡子，在长安城中欺男霸女，谁人不知。我和您儿子第一次相遇，他就在欺负一个姑娘。"

"姑娘一定是误会我儿子了。请问姑娘想要嫁给何人？"

"我不想嫁人。"

"若你父执意要你嫁给我儿子呢？"

"我就是出家，就是去和亲，也不嫁给你儿子。"

宰相大怒，但他压住了怒火，想了想说："那我成全你。我随陛下泰山封禅回来，契丹首领李邵固请求和亲，我会向陛下启奏，让你去和亲，成全了你。"

陈将军自然不愿意女儿去和亲，尤其是契丹，经常叛乱，嫁过去性命都堪忧。

"我女儿少不更事，请您原谅，她会同意的。"将军赶紧打圆场，希望宰相能改变主意。

"爹，我同意去契丹和亲。"

"好，一言为定，我会让你去和亲的。"

将军赶紧打圆场，说："女儿家不懂事，望宰相海涵。她愿意出嫁。"

"爹，我不要嫁给李公子。"

宰相指着陈黛岚，气呼呼地走了，留下将军在训斥女儿。

"前两个去契丹和亲的公主，下场都很惨，难道你不知道？"

"我知道，我在长安城中还碰到过燕郡公主。"

"我现在就去求宰相不要上奏，只要你答应嫁给他儿子，这件事情就好商量。"

陈黛岚摇摇头说："不要去求他，我去和亲。他以为权势可以压人，我就偏偏不从。"

将军苦笑着说："现在连陛下都听他的，长安城里人人都在巴结他，你却偏偏和他作对，还要连累父亲。"

"他多行不义必自毙，您就等着看他的下场吧。"

"你不害怕死吗？"

陈黛岚摇摇头，说："不怕。我只怕活得窝囊。"

三

玄宗下旨让李邵固进宫。初次入宫的李邵固，看到宫殿鳞次栉比，气势恢宏，不由得感慨大唐的繁华，如梦幻一般。宫中井然有序，外国使节来往不断。

大殿之上，玄宗端坐在龙椅上，肃穆庄重，文武百官站立两旁。李邵固拜见了玄宗。

玄宗说："你陪朕去泰山封禅，还送儿子入侍朝廷，你对大唐的忠诚，朕都知道。为嘉奖你，朕封你为左羽林军员外大将军、静析军经略大使，改封广化郡王。"

李邵固连忙跪下谢恩，玄宗又说："你来长安后，契丹和大唐边境平安无事。为了两国修好，我下旨赐婚于你。择日册封公主，与你完婚。"

"谢陛下美意，我愿尽自己的力量，安定边疆。"他再次拜谢后，走出了大殿。他要去看看做质子的儿子，不知道他过得好不好。

他未当王时，送儿子入唐学习，如今为表忠心，就让儿子为质子。

大臣议论纷纷，看来又要选宗室女去和亲。

玄宗就问："可有合适的宗室女推荐？"

李宰相在一旁稍作思量，就上前启奏："契丹与大唐和亲，是喜事一桩。臣得知，陈将军的三女儿陈黛岚风姿俊美，知书达理，可以出嫁李邵固。"

陈将军听闻此言气得牙根发痒，恨不能手刃了李宰相。

"爱卿的推荐极好，那就择日册封公主，再选日成婚。"

"陈将军，你现在有一个乘龙快婿了。还不快谢陛下。"李宰相在一旁幸灾乐祸地说。

陈将军赶紧推辞说："我女儿愚钝，不能担此重任，恳请陛下再派其他人和亲吧。"

玄宗"嗯"了一声，有点不悦，说："李宰相推荐的人去和亲，我自然放心。"

李宰相在一旁冷眼观看，觉得出了一口恶气。

陈将军不敢再辩驳，只能赶紧说："陛下圣明。臣谢恩。"

陈将军和李宰相一前一后走出大殿，两个人开始相互谩骂。

陈将军指着李宰相说："你太恶毒了，我女儿不愿意嫁你儿子，你就这般陷害。"

李宰相冷冷地回应："你女儿自己要去和亲，她要和我作对，我就遂了她的心愿。她也不看看自己的身份，就是嫁了也是高攀我们李家。"

两个人眼看着要打作一团，大臣们赶紧把两个人拉开。

李邵固走出皇宫，到都亭驿去看望自己的儿子。

十四岁的儿子李宁纳正在读书，看到父亲前来，就赶紧上前拜见。

"父亲一路辛苦，儿子拜见父亲。"

李宁纳穿着汉服，与大唐人装扮无二，只是五官突出，身材健壮，是契丹人的长相。他在大唐习读诗书，不知不觉地已经融入当地。

李邵固怜爱地看着儿子，问："你在这边可住的习惯？"

"当然习惯了，这里虽然有点约束，但是吃得好、住得好，热闹得很。我刚来时，思念爹娘。久了，也就习惯了。"

李邵固拿出送给儿子的礼物，是一身貂裘衣服和黄金。他拉着儿子到庭院里，院子中有一匹浑身雪白的骏马，他对儿子说："这是草原上最好的马，你骑着它，可以四处去游玩。"

李宁纳立刻骑上马，在庭院中兜圈，惹得都亭驿的人出来看热闹，都在称赞这匹良马。他骑在马上，很是得意。

趁着儿子高兴，李邵固说："今天我来告诉你一件事情，大唐皇帝赐婚，让公主下嫁给我。"

李宁纳愣了一下，说："那是像燕郡公主一样的公主吗？"

"是的。陛下册封的和亲公主。"

李宁纳想了想，说："那恭喜父亲！"

四

陈黛岚对于骑马射箭非常精通，经常被后宫嫔妃们请去教她们骑马射箭。这是长安城中的风尚，妃子和宫女们一起骑马出游，把弓携箭，跟随皇帝游猎于禁苑。

玄宗的宠妃武婕妤在王皇后逝世之后，被玄宗封为惠妃，宫里对她的礼节等同皇后。平常她让陈黛岚教自己射箭，这次和天子出游，让她一起陪同。风和日丽，芳草萋萋，她们穿着胡服，在林中穿梭。

树林中，马蹄声声，猎物在前面奔跑，人在后面追赶。陈黛岚骑一匹黑色的良马，飞奔在前面，紧跟在猎物后面。等靠近些，她拿起箭，瞄准猎物，一头鹿应声倒下，树上的一群飞鸟被惊动了，扑棱棱地向天空飞去。其飒爽英姿，让周围的人惊叹。

　　玄宗看到了，很是惊奇，就问身边的侍从："这是哪家的女子，竟然有如此身手，让人刮目相看。"

　　武惠妃在一旁说："这是陛下的外甥女陈黛岚，从小就喜欢骑马射箭，在女子中射箭为第一。她自小被陈将军带在身边，当男儿养着。"

　　听到陈黛岚如此传奇，李隆基下旨传唤她来到身边，仔细打量她。这个女子长得是花容月貌，然而眼里却有一股英气逼人，这让他感到意外。世上女子他见过成千上万，而俊俏又冷峻的女子不多见。

　　他想起宰相曾推荐此女为和亲公主，想必她能担当此重任。大唐不缺公主，缺的是为国家效力的公主。

　　玄宗看后非常愉悦，就把她射中的鹿赏赐于她，还把自己的弓箭赐给了她，让她射空中的鸟。她手中一支支的箭射向空中飞翔的鸟儿，鸟儿应声而落，转眼之间地上已落了十几只，众人一阵喝彩之声。

　　众人满载而归，抬着猎物，准备宴客。

　　回宫的路上，玄宗和武惠妃说起了和亲的事情。武惠妃聪明伶俐，知道玄宗的心思，就对他说："此女聪明勇敢，又长得如此俊俏，将她嫁给契丹王李邵固，他应该会非常满意的。契丹人彪悍勇猛，一般的女子难以驾驭，陈黛岚去倒很合适。她既有女儿家的柔情，又有男人家的气魄和胆量，再合适不过了。再说那里经常发生兵变，嫁过去一个柔弱的公主，不仅会有杀身之祸，而且也没有办法达到和亲的目的。"

玄宗听了武惠妃的一席话，觉得非常在理。于是他下旨，将陈黛岚封为东华公主，嫁给李邵固。

圣旨到达陈将军府后，上下一片哗然。将军更恨宰相了，他宁愿让女儿到疆场杀敌，也不愿去和亲。

陈黛岚听到这个消息，心里也不乐意，虽然是自己赌气说要和亲。她一身男儿装，本是想着可以去上战场，为国效力，却不想去当一个和亲公主。这不是她想要的结局，她想要嫁给自己喜欢的男人。她怎么也想不到以这样的方式去嫁人。

李仪可来到女儿的房间，作为母亲她知道女儿会不甘心，她知道女儿的心性，但是无力去安抚女儿，也知道不能违背圣旨。她左右为难，柔肠难言。心爱的女儿要离开自己，她却除了相送，没有别的办法。

陈黛岚呆呆地坐在自己的闺房里，她不想去和亲。她左思右想一整夜之后，决定去找武惠妃想办法，只要皇帝的宠妃一句话，她就可以脱离苦海。

五

她跪拜在武惠妃的面前，武惠妃看出她很憔悴，肯定是一夜无眠。

陈黛岚大胆地说："陛下下旨让我去和亲，恳请惠妃替我向陛下求情，我宁愿战死沙场，也不想去嫁给契丹王。听父亲说，那李邵固只不过是一个傀儡，处处受制于人。可突于一定会造反。我即使做了和亲公主，也无济于事。我宁愿在战场上与敌人兵戎相见。"

武惠妃摇摇头，扶起她，笑着说："让你做和亲的公主，就是让你去平息战争。你难道看不到战场上的厮杀吗？你的哥哥战死在战场上，却换不来安宁。有多少人妻离子散，就是因为战争。如果你嫁过去能平息战争，就可以拯救很多人的生命，让许多家庭团圆。"

陈黛岚不知道如何去回应武惠妃的话。大唐的强盛的确是靠将士的生命换来的。哥哥战死在沙场，还会有更多的人战死在沙场，若以一己之力，能平息战争，又何必怜惜自己！

武惠妃见她不作声，趁机说："今日大唐比往昔更胜，外敌不敢来侵，究其根本，还是大唐的子民努力，大唐的子弟不顾自身性命，我们才能在这太平盛世里好好地过活。虽然前面嫁过去的两位和亲公主结局凄凉，但她们都维护了大唐的利益，保持了边境的和平，男儿能做的事情，女儿也能做到，而且会做得更好。"

陈黛岚不得不佩服武惠妃的智慧和聪明，说得头头是道，让她无力去反驳，由此她才知道，为什么玄宗如此宠爱武惠妃，这女人的聪明让人佩服。

"惠妃的话，让我眼界大开，我愿意去和亲。"她拜谢了惠妃，失魂落魄地回到家里。

父亲母亲已经等她很久了。他们看到陈黛岚一脸的疲倦之色，心疼不已。

陈将军问："听说你进宫找了武惠妃，她是如何答复你的？"

陈黛岚说："我打算去和亲了。陛下的圣旨怎么好收回！"

陈将军说："我打算去见陛下，恳请他派其他宗室女去和亲。我们为了大唐，已经牺牲太多人了，你哥哥都战死沙场了。安宁从来都是流血换来的，哪一次不是靠着士兵的厮杀才换来的安宁。和亲多次，也失败多次，还去和亲做什么！"

李仪可有点自责："可惜母亲身微言轻，只能让你受苦。"

陈黛岚摇摇头，说："是我自己愿意去的，母亲不要自责，也不要担心。"

陈将军说："要不我明天去找李宰相，他可以让陛下改变主意。"

陈黛岚急忙劝阻父亲说："陛下决定的事情，怎么会轻易改变。再说，我宁愿去和亲，也不愿意嫁给一个浪荡子。"

母亲握着她的手，难过地落泪。

六

陈黛岚被封为东华公主，下嫁给契丹首领李邵固。李邵固是第五个迎娶大唐公主的契丹首领，东华公主是第三个嫁给契丹首领的大唐公主。玄宗赏赐了众多的财物，还有嫁衣和凤冠。她穿着嫁衣，不苟言笑，端坐在镜子前，任由别人帮她梳洗化妆。

待她妆成，侍女小筝简直看呆了。小姐简直是美若仙人，虽然一脸的冷艳之色。她出现在众人面前，喧闹的人声听不到了，大家都望着她。宰相看到她，才明白儿子为何执意要娶她。玄宗看到了，觉得有些懊悔，如此冷艳的美人，嫁给李邵固的确有点可惜了。集万千宠爱于一身的武惠妃看到陈黛岚之后，感觉她比自己更美，她甚至开始嫉妒陈黛岚了。

李邵固穿着红衣，在等候自己的新娘。新娘出现在他面前的时候，他觉得简直就像在做梦，自己将和如此美人携手，人生岂不快哉。

玄宗和武惠妃亲自主持了婚礼。对皇帝而言，和亲公主不过是他化干戈为玉帛的一颗棋子罢了。他不再考虑是否值得和亲，只是一味地有求必应，也不管契丹时而背叛，又时而归顺的情况，只是让和亲公主独自迎向险境，迎向契丹宫廷的明枪暗箭。只是这棋子太美了，让人不免惋惜。

东华公主看着繁华的宫殿，看着自己的夫君，大殿之上的热闹，已经与自己无缘了。她只想快快地结束这一切，到那辽阔的草原上，风轻云淡，远离长安的是是非非。

　　许多人目睹了公主出嫁的盛况。一身华美嫁衣的公主端坐在车辇之中，珠帘轻响，红纱飞扬。一阵风吹起帘幕一角，公主回首之间，绝世之容惊艳了众人的眼，倾了满城的繁花。

　　李公子也跟在人群之中，他面色憔悴，懊悔自己的所作所为。他和父亲吵了一架。他恨父亲，让陈黛岚去和亲。

　　长安城的南门，铺着华丽的地毯，送走了公主。送行的人众多，玄宗指派她的父亲一路护送。

　　公主没有哭泣，她内心倒是释然了。离开长安，摆脱了李公子的纠缠，异乡虽然孤单，倒是自由自在。在凤辇之内，侍女小筝不停地落泪，反而是公主安慰她，说要是她不愿意去契丹，就让她留在长安好了。

　　小筝拼命地摇头，她们两个一起长大，她是不会让公主一个人远走他乡的，哪怕是天涯海角，她都要跟随公主。

七

李邵固和东华公主回到松漠。李邵固的正妻是契丹的贵族，公主的到来让她感到了威胁。她的父亲是朝中的重臣，是仅次于可突于的人物。当初，她要嫁给李邵固的时候，父亲曾经强烈地反对。在契丹首领的竞争中，李邵固显然是无缘的，但是李吐于携燕郡公主出逃长安，却给了李邵固一个机会。只可惜，李邵固受制于可突于，仰仗着岳父的势力才勉强说话。如今又迎娶了大唐的公主，自然让王后非常恼火。

恼火归恼火，每个人都明白，要想境内平安，还是要仰仗大唐，否则可突于一手遮天，如果他大开杀戒，性命都难保。从出嫁到契丹的这段时间，陈黛岚突然觉得自己长大了，她要面对异乡的艰苦，面对李邵固的正妻，还要周旋在契丹的宫廷之间。

东华公主和李邵固又一次举行了婚礼，她脱下了汉服，穿上了胡服。她没有觉得不自在，反而觉得好玩。自小就被父亲宠着，穿着男孩子的衣服，这胡服穿着很舒服，她很喜欢。

李邵固的王后是述律烟，她仔细地打量着东华公主，自己不及公主的青春美貌。她身材高大，衬托得公主越发娇小。她为李邵固生了三个儿子，其中小儿子在长安做质子。

东华公主知道述律烟的地位，与她相处总是小心翼翼。公主最喜欢穿着胡服，随着李邵固去打猎。她箭到之处，猎物应声而倒，就连契丹号称第一的神箭手也非常佩服她的箭术。

这次打猎，王后述律烟和东华公主都随王前去，队伍浩浩荡荡。密林中十分寂静，王后有点疲倦，就下马在树下歇息。她命人打开食盒，吃着东西。一只熊渐渐地靠近，侍卫用刀刺伤了熊，结果被熊抓伤，倒在地上。熊扑向王后，王后用箭射过去，慌乱之中没有射中，熊再一次恶狠狠地向王后扑过去。

突然，一支箭向熊射去，射中了熊的眼睛。熊在地上打滚，又接连几支箭射过去，熊倒在地上不动了。王后惊魂未定，东华公主扶她起来。

"谢谢你救了我。"王后靠在一棵树上，喘着粗气。

"王后不必客气。"

"听人说你箭术高明，今天我是见识了。"

李邵固也来到王后的身边，关切地询问王后是否受伤。王后摇摇头，说多亏公主相救。王命令人抬着熊，回到宫中，将熊剥皮，取出熊胆，然后大摆宴席，吃着野味。

公主救了王后，一时间，她在契丹的威望迅速提高，契丹都在盛传公主的箭术十分了得。此后，王后和她亲如姐妹。王后还请求公主给家人写信，照顾她长安的小儿子。公主照办了，让父母多照顾王在长安的儿子。

八

过春节了，李邵固派遣可突于入朝，贡献地方产物。可突于非常乐意去长安，因为玄宗会赏赐他很多财物。果然，如他所愿，为了稳定边境，玄宗赏赐了锦帛金银之物，而且还加封了他的官职。可突于看到玄宗对自己如此器重，很是得意。

可突于这段日子待在长安，到处结交官员，重金贿赂大唐官员。他想让这些人替自己说话，以便获得更高的地位和赏赐。

玄宗召见可突于，他进宫见过皇帝后，出大殿时却听到偏殿中大唐臣子在议论他，于是他躲在门外偷听。

宰相张说说："奚和契丹两蕃肯定会叛乱。可突于是个人面兽心、唯利是图的小人，他执掌契丹国政，如果不以优厚的礼节待他，必不来矣！"

宰相李元纮也愤愤不平地说："他一个乱臣贼子，早该讨伐杀死，以告慰死去的首领，陛下还这么待他，实在是高看了他。"其他人也纷纷附和。还说当年李娑固被可突于杀死，燕郡公主和李吐于被逼出逃，皇帝那时候就应该出兵讨伐可突于，不至于现在让他羽翼丰满。

可突于知道李元纮在朝中很受玄宗的器重。既然他都这么说，可见这些臣子都这么想，可突于听到他们这样说，觉得大唐看轻自己，气得直跺脚。怪不得这些人在朝堂之上不理会他，纷纷躲着他，原来是觉得他有反叛之心。大唐不把他当自家人看待，说不定什么时候就派兵去讨伐他。到时候，他岂不是成了丧家之犬！他觉得大唐不会再信任自己，只是一味敷衍自己，暗地里一定会提防自己，与其束手就擒，还不如早些替自己打算。他暗地里早就想废除李邵固，自立为王，只是忌惮于契丹贵族会反对，大唐会起兵讨伐自己，才迟迟没有动手。

他越想越生气，于是不辞而别，很不高兴地回契丹去了。

李邵固问可突于这次进长安的事情，可突于就说："大唐那些臣子很轻慢契丹的人，他们说契丹人野蛮粗鲁，皇帝只是在敷衍我，对我也很轻慢。我在长安待得很糟糕。"

听完可突于的话，李邵固很惊讶，想起自己去长安，受到厚待，还娶了公主，怎么现在又变得这么快。他有点困惑，就接着问："那质子在长安可好？"

可突于委屈地说："质子待在长安很受罪。臣去见他的时候，他竟然病了，哭着要臣带他回家。多日不见，他变得瘦弱，可见那些人待他不好，处处为难他。"

王想念儿子，听他这么说，就有点心焦。

王到了后宫，就去问公主："听可突于说，大唐不礼遇契丹，而且对质子不好。"

公主听后大惊，说："父亲来信说，可突于在长安加官晋爵，得了很多赏赐，还在长安结交权贵，后来不辞而别。质子也很好，我父亲请人教他诗书，吃穿用度都很在意，何来虐待质子之说！"

王听后沉默了片刻，又问："那可突于为何要这么说？"

公主说："听父亲讲，可突于见大唐的臣子不礼遇他，就心生怨恨。父亲还说，要提防可突于，他杀了李娑固，赶走了李吐于，这次不知道又有什么行动，叫我们小心。"

李邵固不以为然，说："他只不过是有点怨言罢了，不必担心。"

这时候，王后匆匆地赶来，焦急地说："我父亲刚才被可突于拿下，夺去兵权，关在大牢。王，你要为我父亲做主。"

李邵固大惊失色，国丈一直谨慎小心，怎么和可突于起冲突了？王急忙宣可突于觐见。

可突于见到王，说："我知道王召见我的原因，国丈贪污军饷，将士愤愤难平，让我主持公道，因此才把他下狱。"他呈上了奏折，上面是国丈贪污的证据。

王见状，也无话可说，就让可突于去办理国丈贪污的事情了。

他见到王后，说起她父亲贪污的事情，王后也无话可说，只是请求能念在父亲年迈的份上，从轻发落。

除掉了国丈，自此可突于利用自己的权势，暗地里消除异己势力，把军队的大权牢牢掌握在自己手里，而且重要位置都安排了自己的心腹之人。他又通过联姻和一些贵族结盟。

东华公主派人暗地打听，得知这些消息，心急如焚。她一再告诫丈夫，不要对可突于掉以轻心，她分析了军中的情况，觉得可突于要造反。可是李邵固却不以为然，认为他还没有胆量这么做。王后对军中的情况也有所耳闻，就劝丈夫不如先下手为强，但是李邵固依然不为所动。

九

可突于的阴谋在一点点地实施，可惜王被蒙在鼓里，其他人虽然察觉到异常，但也没有多加防备。

开元十八年，可突于借着给李邵固庆祝生日，让随从拿了很多礼物，还献上了两个契丹美人。宫中歌舞升平，一派祥和。可是谁也不曾想到，那些家丁都是军中最凶猛的武士所装扮，那两个美人是最冷酷的杀手。美人在李邵固的面前跳着曼妙的舞蹈，撩拨着他的情欲。

众人把酒言欢，看着美人舞蹈，侍卫都放松了警惕。可突于派人给侍卫送了好酒，让他们痛饮。宫外，可突于的人马正在逼近。

李邵固拉着美人的手，让她躺在自己的怀中。突然间，可突于的酒杯摔碎在地。听到响声之后，其中一个美人，趁着李邵固不注意，拔出怀中的匕首，刺中了他。李邵固掀翻了桌子，被另一个美人从背后捅了一刀，流血倒地。

王后看到了，赶紧领着两个儿子逃跑。宫中大乱，大臣和宫人纷纷逃跑，可突于的士兵把那些侍卫一一杀死，宫中一时血流成河。

而此时，东华公主拿着祝寿的礼物，从后宫正赶来。突然之间，她听到宫中阵阵哭喊之声，厮杀之声，明白宫中已经有变。

王后带着儿子逃过来，王后见到公主，立刻带她到密道，说："今日可突于造反，王被杀死，他还派人要杀我。我只有一事相求，就是希望你能回到长安，好好地待我的儿子。"

公主要王后和她一起走，王后说："我不能丢下王，你先带着孩子逃跑，我去拦住可突于的人。他们还在后面追赶。"

公主无奈，只好带着王子离开。王后手中握着刀，面对逼近的士兵，她知道自己逃脱不了，也不想被可突于活捉受辱，就挥刀自刎，血流一地。

公主一行刚出密道不久，可突于的人马就一路追来，越逼越紧。公主拿出弓箭，对着可突于射了过去，正中可突于的帽子，又一箭射中了他的马。马嘶鸣着倒地，可突于狼狈不堪地摔在地上。追赶的队伍有些乱了，公主一干人马趁机来到了城门。

可突于的人马经过一番厮杀，已经攻占了城门。他们正要关闭城门，公主和手下的兵士拿出弓箭射去，敌人应声落地。其他人不敢靠近城门。公主一行人在人群中杀出一条血路，逃离而去，

可突于命令士兵射箭，随从将公主围在中间，用刀拨开弓箭手的射击，护送公主出城。一时间箭如雨下，公主的马被射中，她滚落地上。

小筝说："公主，把你的衣服脱下，换成我的衣服，你骑我的马，和王子赶紧逃走吧。"

公主不忍心，小筝催促，说："这个时候保命要

紧，你们快走。"

公主流着泪带着王子骑马离去，小筝拿着公主的弓箭，射向追兵。前面的追兵应声倒地，她又取出一支箭射去，又有人倒地。追兵看到后，小心翼翼地躲开，小筝的箭射完，又拿出刀与敌人厮杀。追兵把她包围后，她被活捉了，送到了可突于的面前。

可突于公主以为活捉了公主，打算送给突厥。结果一看，是公主的侍女小筝。他抓住小筝的衣领，逼问公主在哪里。小筝不说，可突于恼怒之下，拔出刀，杀死了小筝。

可突于命人继续追赶公主，公主马不停蹄地去投靠平卢军。后面有追兵不停地追赶，一路扬起几多浮尘。

大唐边境的城门紧闭，公主一行来到城门下，告诉士兵东华公主求见。契丹可突于叛变，杀了李邵固，追杀公主，请求打开城门，迎接公主进去。守城的将军得知情况后，亲自迎接公主。公主进城后，向将军说明了契丹国内的兵变。公主悲愤不已，希望将军立刻上报大唐，派将士们来镇压叛乱。

将军说他们已经接到探子密报，正快马加鞭呈报给皇帝。

疲惫不堪的公主吃过饭，安抚了两位王子和手下的随从，让他们好好地休息，然后打算回长安。

十一

可突于杀了李邵固，本来想活捉公主后献给突厥王，让自己立功，却眼看着公主逃脱了，他的这一计划落空。趁着契丹境内群龙无首，正在混乱之中，他立遥辇屈列为王，并把女儿嫁给了遥辇屈列。遥辇屈列对他言听计从，即使他不为王，但还是契丹实际上的控制者，也不落下反叛的罪名。

同时，可突于勾结奚族内部和他亲近之人，率部落大兵压境，裹胁奚族投降突厥。契丹境内的这场兵变，让李鲁苏措手不及，他想不到可突于如此阴险，竟然敢杀了契丹王。慌乱之中，他只能和妻子东光公主出逃。士兵们护送他们出城，待出了城门，将士们已经死伤过半，只有极少数人跟随着李鲁苏，后面是越来越多的追兵。他回头望时，王宫里面一片火光，厮杀之声四起，让人内心无比凄凉。为了躲避追兵，李鲁苏打算先去榆关，让东光公主投靠平卢军。

兵士来报，说东光公主来投靠，奚族也同样发生了叛乱。东华公主听到这里，禁不住潸然泪下，同是天涯沦落人。她不顾劳累，亲自去迎接东光公主。

兵营之内，东华公主和东光公主相见，抱头痛哭。可怜东华公主的丈夫被乱军杀死，尸体被拖着绕城示众，然后砍下头颅，悬挂在城门之上，死无葬身之地。

契丹和奚族同时落入可突于的手中，但他知道自己势单力薄，于是和突厥联盟，一时间边境剑拔弩张。大唐这边，平卢军也操练军队，紧张备战，但是由于人数太少，不能正面迎战，只能紧闭城门，以守为主，日夜不敢懈怠。

玄宗接到密报后，知道了可突于的叛变，后悔当初没有听从诸位大臣的意见斩杀他，如今养虎为患，让他又和突厥勾结在一起，战事又要再起，且更棘手。在这种情况下，玄宗决定开战。

陈黛岚身在平卢军数日，心急如焚，但是唐大军没有到来，她有点失望，不知道还要等待多久。她承受着丧夫之痛，又思念长安，于是上书给皇帝，请求回长安。一来契丹已经没有她的立足之地，她只想看望自己的父母；二来回长安可以协助练兵，讨伐可突于。东光公主也上书玄宗，想一同回长安。

数日后，皇帝应允了她们的请求。于是两个人启程返回长安。李邵固的两个儿子得知父母被杀，思念双亲，不肯离开，被东华公主强行带去长安。

十二

一路颠簸，一路辛苦，再一次回到长安，陈黛岚的内心无比凄凉。初出长安时，她还是一个充满希望的少女，再次回到长安却是一个寡妇，憔悴了容颜。父母早已接到她的信，时常派人打听她抵达的时刻，已在城门外等候多时。

她换下胡服，穿上汉服，已然是女儿家的模样。虽然憔悴，但是眉宇之间，却更坚强。陈将军夫妇望眼欲穿，当他们看到女儿一行的身影，激动不已。

陈黛岚风尘仆仆地站在家人的面前，她比出嫁时瘦了许多，让父母亲十分心疼。他们和东光公主一行人告别后，回到自己的家中。她依然住在自己的闺房中，和从前一模一样，窗明几净。只是离家前桃花盛开，回家时却是菊花满院，尽染黄色。

她疲惫不堪，躺在柔软的床上，沉沉地睡去。

从李邵固被杀之后，很多天她都在噩梦中醒来，只有回到长安，在父母的身边，她才能睡得如此踏实。她不知道自己睡了多久，她喊了声"小筝"。有人答应着，却不是小筝，小筝没有随她回家，她才想起小筝已经死了，是另外的一个侍女小艾站立在身边。她当年没有出嫁的时候，小艾为她打扫房间。

公主愧疚地对小艾说："小筝为了救我，被人杀了。"小艾流着泪说她知道了。跟随公主回来的随从告诉她，说小筝被杀死了。

公主起床时，小艾已经端来了她爱吃的饭菜。在她睡的两天两夜中，不曾吃过饭，现在她觉得自己实在是太饿了，她吃着母亲做的饭菜，忍不住泪流满面。

窗外，是一簇簇明黄色的菊花，却让公主的眼前幻化出一片片桃花，让她想起自己出嫁时的情景。她换上了新衣，那是母亲缝制的，上面绣着朵朵桃花。她穿上后柔美清俊，长发披肩，看着实在让人怜惜。

小艾在旁边看着，不禁赞叹道："公主的模样，真的是人见人怜，一定会让很多男人心碎的。"

公主摇摇头，叹息着说："我现在是丧家之犬，丧夫之人，哪里还有心情顾及这些事情。我只想亲手杀了可突于，为夫君和小筝报仇雪恨。"

小艾说："报仇是男人的事情。我希望公主能留在长安，平平安安。"

公主说："不杀此人，我誓不为人。"她说着，折断了筷子，小艾只能再拿了一双筷子。

小艾接着说："我听老爷说，陛下正召集人马，准备攻打可突于，你只需要耐心等待，大仇自然能报。"

听了此话，公主再也顾不上吃饭，她急匆匆地往父亲那里去。家丁说将军一早就出去了，据说是去招募士兵，训练士兵。公主换了一身戎装，骑马拿箭，立刻去父亲的军营中。

父亲的帐外，聚集着士兵，军旗飘扬，队列整齐。公主央求父亲，让自己做一名弓箭手，她要随士兵一起出征。

十三

唐军和契丹开战，一直持续了四年多。报白山一战，唐军初战失利的情况下，李祎及时率主力赶到，并果断展开追击，终于大破奚和契丹，给其沉重打击。可突于并没有放弃，而是逃奔突厥，伺机再战。

一年后，可突于率部东进抄掠。突厥助战，奚族临阵逃脱，结果幽州副总管郭英杰与副将吴克勤被斩，唐军一万余人被契丹杀害。

消息传到大唐，唐廷为之震惊。玄宗将鄯州都督张守珪调任幽州，对付可突于。张守珪赴任后，训练士卒，修缮城堑，使唐军士气大振。

东华公主恳请父亲让自己上战场，和可突于一战。陈将军和张守珪是至交，他经不住女儿的请求，就修书一封，让公主加入了军营。她女扮男装，也没有人看得出破绽。

张守珪军纪严明，士兵在战场上英勇果敢，和可突于经过几次交战接连打了胜仗。面对张守珪有力的回击，可突于渐感不支，陷于困境。可突于在屡败之后，决定采用诈降之计，以图争得喘息之机。接到投降书后，张守珪当即派管记王悔前往接洽。王悔到达契丹牙帐后，却察觉契丹上下均无降意，而且还将军营向西北迁徙，并秘密派人勾结突厥，企图杀死自己，然后举兵入侵。

王悔向张守珪报告了这一情况。他们商量，强攻不下，那就智取。既然可突于毫无投降之意，只要除去可突于，那么契丹群龙无首，自然会投降大唐。

可突于和契丹牙官李过折相互争权不和。两个人分掌兵马，可突于仗着自己在契丹的权威，试图一人独揽军政大权，李过折就处处受到排挤，自然不乐意，很不得志。又加上连年的征战，契丹兵马损失严重，他想休兵整顿，可是可突于一直命令他进攻。他就推脱敷衍，惹得可突于不高兴，打算除去他，另立自己的心腹之人。

知道了这些事情，王悔就打算施离间计，唆使李过折袭杀可突于。张守珪得知这一消息后，非常高兴，就派遣王悔去说服李过折，暗杀可突于。东华公主扮作男子，一同前往。万一刺杀不成功，唐军可在外面接应，里应外合，消灭可突于的势力。

王悔进到营帐之中，告诉李过折，可突于想除掉他，李过折大惊失色。他在房间中不停地走动，最后下定决心要杀掉可突于。

夜色之中，松漠都督府看似安静，却杀机重重。李过折求见可突于，说有机密要奏报。

此时，可突于在房间中踱来踱去，正在想如何除掉李过折，不承想李过折自己却送上门来。他吩咐士兵埋伏在屋外，等李过折进来后，格杀勿论。

李过折走进来，可突于请李过折坐下，商量对唐军诈降后，联合突厥进行围攻。李过折对可突于说，自己手下的士兵截获一封书信，是有人出卖契丹，向大唐投降的书信。可突于听后大怒，就让他赶紧呈上书信。

李过折对着公主使了个眼色，公主会意，拿出书信递给可突于，她趁着可突于看信的时候，用匕首刺杀可突于。可突于正要大叫，李过折拼命地捂住他的嘴，公主又刺了几刀，见他死了，两人匆匆溜走。待屋外的人感觉不对劲进来时，他们已经逃之夭夭。

随即，李过折带自己的人马冲杀过来，杀死了可突于的人。之后他们又冲到宫中，杀了遥辇屈列数十人，其余的人看到形势不妙，纷纷投降。

李过折率领众人投降大唐，两国边境暂时安宁。

十四

大仇已报，东华公主回到长安。她在战场上看过太多的厮杀和血腥，已经厌倦了这种生活，也厌倦了大唐朝廷内的尔虞我诈。她要远离这个是非之地，否则还是会被逼婚。对大唐来说，她只不过是一个无足轻重的女子罢了。纵然是和亲能保持几年的边境安稳，可是谁又能懂得她的苦楚。

她来到了都亭驿，李邵固的三个儿子正在里面读书。孩子们看到公主，十分开心，都围在她身边。她拿出礼物，送给孩子。

大儿子看到公主，就说："多日不见公主，我们很想念您。"

公主说："我去替你父亲报仇了。手刃可突于，还埋葬了你的父母。"

大儿子拉着两个弟弟跪在地上，说："多谢公主！我和弟弟已经没有亲人了，就只能依靠公主了。"

公主扶起三个孩子，说："契丹你们是回不去了，那里有太多杀戮。你们好好地待在长安，长大成人，然后安居在此。倘若有一天，你们有机会回契丹，也要与大唐修好。你们可记住了？"

"我们记住了。"孩子们点点头说。

"我是来和你们辞别的。长安虽好,我却无意再留于此地。"

"公主,您不要走,我和弟弟们都喜欢您。如果您要走,我们和您一起走。"大儿子挽留着公主。

公主笑了笑,说:"我和小艾要去游历大江南北。你们还小,等你们长大了,就和我一起去。我再次回到长安的时候,会来看望你们的。"她想远离这个是非之地,隐居起来,不再过问世事。

公主骑上马,和小艾一起,风一样的消失了。

东光公主

归去来兮·胭脂泪

东光公主韦青荷

开元十四年（726），韦青荷被封为东光公主，嫁给奚族首领李鲁苏。契丹的可突于受到唐大臣的怠慢，胁迫奚族叛唐，投奔突厥。李鲁苏跑到榆关，公主逃到平卢军处。夫妻两个人在长安相会。

一

唐隆元年（710）元月的一天，唐中宗第六女成安公主李季姜挺着大肚子，正在房间绣花。四岁的儿子韦青杉在一旁玩耍。她觉得内心不安，眼皮总在跳，一不留神，针扎在手上有点疼，她忍不住"呀"了一声。绣布上沾上了一点血渍，她有点可惜白丝绸。她站起身，走到儿子身边，和儿子逗乐。

丈夫韦捷走进来，他面露喜色，神情激动。他抱着儿子转圈圈，然后让侍女都下去。

看着四周无人，他小心翼翼地说："宫里传来消息，说明天动手。"

成安公主听了非常震惊，又很害怕，说："我好担心你。怪不得今天我眼皮总是跳，心神不宁。"

韦捷安慰她，说："朝政大权都已落在韦皇后手中。圣上驾崩，韦后秘不发丧，将诸位宰相召进宫中，又调集各府兵马驻扎在长安城中，还指派我们韦家的人统领这些兵马，让韦元负责巡察城中六街。可以说，守卫宫城的南北禁卫军以及地位重要的尚书省诸司，都已经被韦氏子弟所控制，薛思简等人带领五百名士兵迅速前往均州戍守，以防范均州刺史谯王李重福。"

"那太平公主能答应吗？她一直野心勃勃，想成为女皇。"

"太平公主与上官婉儿起草了一份诏书，立李重茂为皇太子，李旦辅政，韦后为皇太后摄政，以平衡各方势力。但是宰相宗楚客等人以及韦家诸人一同劝说韦后沿用武则天的惯例登基称帝，只是担心相王李旦与太平公主会从中作梗，于是我们商量，密谋除掉他们。"

"这太危险了吧，我肚子里还有未出生的孩子，万一……"恐惧向成安公主袭来，朝廷中的阴谋太多，万一不成功，只能落个杀头的下场。

韦捷不以为然地说："现在整个朝廷都在我们韦家的手里。做臣子哪能比得上当皇帝好，成败就在这一次。李家的天下，武家的天下，也可以是韦家的天下。我作为韦皇后的堂侄，她当了女皇，我自然也权高位重，到时候我儿子也会沾光不少。"

"我只求你平安就好，孩子平安就好。我真的有点害怕。"

丈夫握着成安公主的手，她的手在发抖。她觉得眼皮越跳越厉害，她感到肚子里的孩子在不停地踢她，她摸着肚子，内心既甜蜜又不安。

"明天晚上过后，我就可以荣耀加身，封官晋爵了。我今天晚上不回家，在营中休息，你要小心。"他抚摸着妻子的肚子，能感觉到孩子在里面踢腾。

临出门的时候，他想了想，压低了声音说："万一我被杀，你去请求太平公主，念在你们是一家人的份上，你又有身孕，她应该不会难为你。"

"不要这么说，我和孩子都等你回来。"

第二天晚上，成安公主的肚子一直在疼，她呻吟不止，声音悲戚。她觉得自己快要死了，而丈夫韦捷还没有回来。接生婆来了，说公主有点难产，只能听天由命了。公主派贴身的侍女去请丈夫回来。

侍女去了很久，然后急匆匆地赶回家。到了公主的房间，侍女哭着说："大事不好了，临淄王李隆基发动了政变，韦皇后被飞骑兵斩首，安乐公主正对着镜子画眉，也被士兵斩杀。韦家的人都被杀了，驸马爷也被杀了。"

公主想挣扎着起来，她要去看丈夫，但是她没有一丝力气。她感到自己要晕过去，她痛苦地喊着，撕心裂肺。

侍女拉着公主的手说："公主要保重，为了您肚子里的孩子。"公主的肚子一阵阵的巨痛，她大声地喊着："天为何不怜我，天为何不怜我？"她用尽全身力气，只听到一声啼哭，孩子出生了。

公主觉得天旋地转，晕死过去。醒来后，她悲戚地呼喊着丈夫的名字，却无人回应。接生婆把女儿抱给她，她才稍稍平静。

"恭喜公主，是个女孩儿。眉目很像公主，长大后一定美貌。"

她浑身虚弱，接过了孩子，内心很悲苦，这个孩子一出生就没有父亲，而且还是宗室罪臣之女。她虽然没有被赶出长安，但是再也没有往日的荣耀和快乐了。

她叹息着，丈夫人头落地，他们孤儿寡母如何生存。

儿子韦青杉站在母亲身边，说："娘，爹怎么还不回家？"她听后开始落泪，把四岁的儿子也紧紧地搂在怀中。她想自杀，追随丈夫而去。

女儿叫韦青荷，这是丈夫起的名字。他说女儿出生的时候，刚好是庭院中荷花满院的时候。他喜欢荷花，书房中都挂着荷花的画。

成安公主抱着女儿，她正在对母亲微笑。这一笑，让公主的心安稳下来，让她有勇气活下去。

从此韦家就落魄了，从前是荣华富贵，府中热闹非凡，现在是庭院寂寞，无人来访。失去了父亲中宗这个靠山，失去了韦家的靠山，成安公主陷入深深的绝望中。

寂寞庭院，无人问津。她时常想起父亲被贬为庐陵王的遭遇，那时候一家人惶惶不可终日。又想起父亲重新为帝时的荣耀。当初她嫁给韦捷，是韦皇后的主意。韦家虽然是世袭门第家族，但为了维持家族势力与昔日名望，也要凭借与皇室士族联姻，来巩固家族的地位。

嫁给韦捷她心甘情愿，驸马韦捷那时青春正盛，是长安城有名的美男子。又因为是韦皇后的堂侄，自然被人高看。而且他才情颇高，很受韦皇后的器重。

只是这恩宠来得快，也去得快。大厦倾倒，韦家人从此万劫不复。

二

韦家一门被杀的杀，贬的贬，赶的赶，所剩无几。从前的风光变成了如今的凄凉。谁家都和韦家隔着距离，生怕一不小心沾染上他们的晦气，罪臣的家人，随时都有可能被贬被杀。从前飞扬跋扈的韦家现在变得小心翼翼，生怕惹得皇帝不高兴，一道圣旨就人头落地。亲戚们也很少走动，生怕又发生什么误会，惹来杀身灾祸。

韦青荷就在这种气氛中长大，她小心翼翼地察言观色，和母亲哥哥相依为命。

他们渐渐地长大，哥哥韦青杉继承了父亲的相貌，俊美明朗，可惜是罪臣之子，那些士族大户都不会把女儿嫁给他。他有自知之明，也没有想高攀谁家小姐。

成安公主每次望着女儿，都叹息不已。此时，韦青荷十六岁，翩若惊鸿，婉若游龙。她温柔婉转，明眸皓齿，肤色白皙，实在是个出色的美人。乌黑的头发，梳成双环垂髻，髻上簪着一支珠花的簪子，上面垂着流苏，她说话时，流苏就摇摇曳曳。尤其是嵌着梨涡的笑容，让人看了无法忘怀。她喜欢穿粉色的衣衫，更衬得肤色白净，让人爱怜。可是她是罪臣之女，那些豪门大宅之人也不会来提亲。

成安公主替儿女担心，他们家已经坠落到了市井无人问的地步，不希望儿女一辈子埋没于此。儿子在军中只不过是个很小的官。女儿养在深闺，若嫁不好，也会终身遗憾。她实在不想一双儿女受苦。

韦青荷知道母亲的担心，就劝她说："青荷不想嫁人，就想守在母亲的身边。如果嫁得不好，还不如不嫁。"

成安公主笑了笑，说："母亲是终归要走的人。

就想着你嫁一个如意郎君，情投意合，白头偕老，我才能安心地走。"韦捷被杀后，她整天忧虑担心，害怕灾祸又再次来临。想起自己儿时被流放的遭遇，她就惴惴不安，日渐行销骨瘦，头发白了许多，昔日的美艳早已不复存在。

她已经病入膏肓，此生最遗憾的事情，就是不能看到儿子娶妻，女儿出嫁。她知道自己不久于人世，只是无法放心一双儿女。

韦青杉知道母亲的心思，他跪在她的面前，说："我一定会照顾好妹妹，风光地让她出嫁。"

公主声音虚弱地说："你们父亲不幸卷入了宫廷斗争，留下我们母子三人相依为命。希望你们再也不要卷入宫廷的纷争中。你若是娶妻，必要贤惠；若是你妹妹嫁人，必要性情相投。切不可因为一时的荣华富贵，最终连性命都不保。我只希望你们都平平安安过活。"

她闭上眼，又一次回忆起曾经的血腥，丈夫被斩杀的场面，依然历历在目。她去为韦捷收尸，那尸体被践踏得千疮百孔。她忘不了李隆基的残酷，对他充满了仇恨。她知道，自己也是政治联姻的牺牲品。韦皇后把她嫁给韦捷，还不是为了巩固韦家的势力。

韦青杉点头说："我记下了。请母亲好好养病，等着看我娶妻，看妹妹出嫁。"

成安公主凄惨地一笑，她是等不到那一天了。只是希望自己死后，能安葬在父亲的身边。她已经写好了遗书，想要呈给皇帝，让他同意自己安葬在定陵，能陪同父母亲和兄弟姐妹入土为安，而不是成为孤魂野鬼。

她神情恍惚，自言自语地说："我看到了你娶妻生子，你妹妹嫁人生子。这场面多么美好，我都不忍离去。"

她握着儿女的手，在郁郁寡欢中去世。有人将她去世的消息上报了玄宗。距离政变已经过去了多年，玄宗选择原谅成安公主，让她陪葬在中宗定陵，也算是一家团聚。他觉得自己当年不得已杀戮太多，现在可以补偿一下。

三

成安公主葬礼那天，风云突变，天空下着大雨，来送葬的人寥寥无几。一双儿女痛哭悲戚，甚是凄凉。尤其是韦青荷，她哭得痛不欲生，想着自己以后无依无靠，就悲从心来。

兄妹两个人回家的途中，雨越下越大，韦青荷乘坐的车子陷在坑中，一时间无法挪出。韦青杉看到附近有一座寺庙，就和妹妹进去避雨。可巧，里面也有人在避雨。韦青杉看到后，急忙上前请安。

"二公子，也在避雨。"

二公子薛子涛点点头，他是薛将军的儿子，是韦青杉的上司。两个人年纪相仿，性情也投缘，经常在一起饮酒聊天。薛子涛出身名门，一袭白衣衬托得黑发越亮，衣和发在风中都微微飘拂。他的肌肤光泽流动，眼睛里闪动着光芒，真是姿容俊美，风度翩翩。

这是韦青荷看到薛家二公子第一面的印象，只是她有点羞怯，躲在哥哥的身后。

二公子看到韦青荷一身素缟，脸颊挂有泪痕，让人怜惜。他自恃清高和容颜俊美，见识过各种各样的女人，却在第一眼看到韦青荷时就被她所打动。她恍若仙女落在凡尘，自然纯净，让人恨不得守在身边去保护她。他想起《诗经》中说齐女庄姜的美貌："手如柔荑，肤如凝脂，领如蝤蛴，齿如瓠犀，螓首蛾眉，巧笑倩兮，美目盼兮。"他觉得世间最美的人就在他的眼前。

薛公子的眼睛已经离不开她，就问："这是谁家的女子？我不曾见过。"

韦青杉说："这是我的妹妹，家母去世，刚参加完葬礼，未料下雨，车子陷在深坑中，就来避雨，还巧遇了公子。"

难怪她那么忧伤，那么孤独。薛子涛上前说："韦姑娘，节哀顺变，不要哭坏了身子。"

韦青荷抬眼看着公子，点点头。她微微地鞠了一躬，又躲在哥哥的身后。

薛公子说："如果不嫌弃，用我的车子送韦姑娘回家吧。我等雨小些，再回家好了。"

韦青杉说："如果薛公子不嫌弃，车里反正宽敞，可以一同回家。到家后备些饭菜一同吃了，公子再回府上。"

薛公子没有推辞，这正是他求之不得的事情。他们上了车，一同到了韦家。

韦家住在一个偏僻的小巷子里，虽然不是豪门大宅，但是却收拾得干净整洁。院里到处种着荷花，此时正光华绽放。墙上挂了很多的字画，雅致清幽。薛公子就问，这墙上的字画是谁画的谁写的？韦青杉就说，那是母亲和妹妹平日里空闲时所作。

薛公子赞口不绝，回头看了一眼韦青荷，原来她是一个如此秀外慧中的女子，他在第一眼就看上她。

丫鬟环儿摆上了饭菜。兄妹两人刚参加完母亲的葬礼，内心悲伤，吃不下饭菜。薛公子说自己也不想吃饭。他们就饮茶听雨，雨在庭院中激起水花儿，搅动着二公子的心。

韦青荷一脸的忧伤，却更加楚楚动人。薛公子看了更加怜惜，就想守护在她身边，一生一世。他知道现在不能提出这个要求，她还在替母亲守孝。

薛公子回到家，竟然茶饭不思，脑海里都是韦青荷眉头紧锁的可怜模样，他辗转反侧，难以入眠。相思之苦，让人憔悴。于是他拿起笔，把韦青荷的模样画在纸上，用情之处，自然栩栩如生。

第二天，他亲自给韦家送去了许多礼物，包括给韦青荷做衣服的绸缎布料，是在长安城最好的丝绸店里买的。他又买了许多首饰，都是在城里最好的首饰店亲自挑选的。

韦青杉自然要推辞，薛公子说，这些衣料首饰都是自家妹妹买多了用不完，闲着也是闲着，不如赠给韦姑娘。韦青杉是何等的聪明，他看得出薛公子的心思。只是母亲刚去世，自己家世又和薛公子家世不配，不敢奢望。

薛公子放下礼物，就告辞回家。他时常去拜访韦青杉，其实只不过是想看到韦青荷罢了。她的气色与原先比好多了，憔悴中渐渐有了血色。她从母亲的去世中渐渐地缓过来。薛公子来的时候，她大多是坐在窗前弹琴，弹的曲子都是从前母亲爱听的。

闲暇的时候，薛公子就邀请韦家兄妹一起游山玩水，帮她排遣心中的苦闷。

韦青杉想，如果妹妹能嫁给薛公子，那真是一桩幸福的婚姻。公子出生于名门望族，长得一表人才，对妹妹是一往情深，嫁过去一定会受宠爱。但是他知道，薛公子的婚姻应该不由自己做主，他的父母一定会给他娶一个名门望族的女子来相配于他。韦家早已没落，青荷是罪臣之女，将军断然不会同意这门婚事，他定会为儿子寻找可靠的政治联盟。

三个人在一起饮茶聊天，韦青荷用古琴弹奏出天籁之音。她时不时地偷偷用余光扫向薛公子。几个月的相处，她喜欢薛公子，喜欢薛公子的才华和谈吐，他对自己的关切之情，实在让人心动。母亲在世时，把她深藏在庭院中，除了哥哥之外，她很少接触其他的男子。此时，她情窦初开，刚好又遇到了翩翩公子，让她感到人世间的温暖。

韦青杉又何尝不知道妹妹的心思。只是这桩美满的婚事，看似近在眼前，却远在天边。

弹奏到激昂之处，琴弦突然断了。韦青荷只好说了声抱歉，然后匆匆地去换琴弦。

韦青杉就对薛公子说："公子的心思我懂，只是这件事情难成。"

薛公子微微一笑说："事在人为。你的妹妹是我见过最美丽的女子，而且聪明单纯。"

"那你有何打算？"韦青杉追问。

薛公子干脆地回答说："我打算娶她回家，不知你这当哥哥的可否愿意？"

韦青杉想不到他如此干脆，就说："母亲在世的时候，最放心不下妹妹，临终前把她托付给我，让我给她找一门好姻缘。公子宅心仁厚，妹妹嫁给你，我自然高兴。只是我害怕你父母不同意。你父母最宠爱你，对你寄予的希望最高，想让你光宗耀祖。他们肯定已经替你选好姻缘，女方肯定都是名门之后，他们不会同意我妹妹嫁过去。"

薛子涛拍着韦青杉的臂膀说："我只娶你妹妹一个人，其他人我都不会娶。你放心，我会一生一世对她好。"

韦青衫说："如果你要娶我妹妹，那就请媒人来提亲，然后三媒六礼，迎接过去。"

薛子涛就问："那什么时候来提亲？"

"等我和妹妹商量之后，我自然会告诉你。"

薛子涛高兴地拍了一下桌子，然后告辞而去。

四

他回到薛府，思量如何向父母亲说自己提亲的事情。他急匆匆地换身衣服，去拜见父母。厅堂中，有人正在和父母说话，好像是关于他的事情。父母听完之后甚是满意，他大惑不解。来人看着薛公子，就连声称赞："公子果然是人中龙凤，气度不凡，我家小姐眼光不错。"这让他一头雾水，他不知道发生了什么事情。

来人接着说：“在下是替张宰相的女儿来做媒的。那天，公子一行三人在至相寺游玩，可巧张小姐和母亲去烧香礼佛，在寺院中偶遇公子，一时间就忘不了。公子出身名门，又不曾娶亲，因此派我来做媒。张小姐长得花容月貌，和公子很般配。将军和夫人已经同意这门婚事了。”

沉浸在幸福中的薛公子，突然之间像被霜打了一样惊呆了。他回忆起那日的相遇，是有一个小姐和她母亲在寺庙中，周围有很多人拥簇着。自己当时无意中看了一眼，那个小姐还朝他微微一笑，他点点头，却不承想惹上麻烦。

他拼命地摇着头说：“你家小姐的美意我心领了，但是，我已经和韦家小姐定了终身。”

薛将军听完之后一愣，立刻就问：“是哪家的小姐？怎么从来没有听你提起过？”

“她是成安公主的女儿韦青荷。”

薛将军顿时大惊失色，说：“你何时跟她定了终身，我怎么不知道？她可是罪臣的女儿！”

“我今天回来就是想跟您说这件事情，然后请求您同意。”

"我不同意,你不要想着娶她,张小姐这边的婚事我已经答应了,你们择日就举行婚礼。"

薛公子愤怒地说:"这门亲事是您答应的,我没有答应。我要娶韦小姐,我不会娶张小姐。"

父子二人一时僵在那里,谁也不肯让步,媒人看到这种场面尴尬地说:"请二位商量之后,再给我回话就可以了。"

媒人借机走了,他和父亲吵得不可开交。父亲强硬的态度让他非常失望,他已经答应了韦青荷,又怎么能辜负了她?再说,他和张小姐就是一面之缘,又怎么可能迎娶她。对将军而言,儿子娶了张小姐,张家和薛家联合,可以巩固两家的势力。薛公子说,自己不要荣华富贵,要和心爱的人在一起,

薛将军看到儿子执迷不悟,非常恼怒,却拿儿子无可奈何。他悄悄派人去打听了韦家的情况,知道韦家只有兄妹两人相守,再无其他靠山,众多亲戚,也都各自顾各自的。他虽然劝说不了孩子,但是要想办法把他们拆散。

盘丝座银芙蕖

五

　　奚族的牙官塞默羯想要谋害首领李鲁苏，然后打算逃到突厥。固安公主得知后，宴请他而后杀之，平息了暴乱。玄宗嘉奖公主的功劳，赏赐众多财物。固安公主的嫡母嫉妒公主的荣宠，于是向玄宗进言说公主是庶出，请以她所生的女儿嫁给李鲁苏。嫡母和固安公主争吵不休，纷纷向玄宗告状。玄宗无奈，命令固安公主与李鲁苏离婚。但是既然要让他们离婚，自然要再许配一个公主嫁过去。玄宗就问各位大臣，谁去和亲比较合适。

　　薛将军觉得这是一个千载难逢的机会，他对玄宗说："我听闻成安公主的女儿韦青荷，贤良淑德，又容貌出众，当和亲公主是非常佳的人选。前些时日，成安公主去世，葬在定陵。成安公主去逝之前，念念不忘的就是女儿的婚事！如今请陛下做主，让韦青荷去和亲，也算是成全了成安公主的心愿。"

　　这时，宰相张大人也站出来说："臣也听闻韦小姐知书达理，聪明贤良，能担当起和亲的大任，我同意薛将军的推荐，这是两全其美的办法。"

　　张大人意味深长地看了一眼薛将军。他的女儿想要嫁给薛子涛，就必须拔去韦青荷这个眼中钉。张薛两家联姻，在朝中的势力将会如日中天。

　　其他大臣也纷纷附和。玄宗听完之后，也觉得妥当。于是他下旨，封韦青荷为东光公主，嫁给奚族的首领李鲁苏。他又想到自己当年对韦家满门抄斩，觉得有点内疚，就重重赏赐了很多财物，让韦青荷风光出嫁。

　　圣旨到达韦家之后，兄妹两人面面相觑，不知道如何是好。他们接过圣旨，在房间里来回走动，却想不出任何办法。

　　薛公子来到了韦家，他知道了父亲的阴谋，也知道张大人的阴谋，就是要把他们活活拆散。他觉得对不起韦青荷，如果不是因为他执意要娶韦青荷，她也不会被选中当和亲公主。

　　他们三个人商量着怎么办。薛子涛说实在不行就连夜逃走。

　　韦青杉摇摇头，说这个办法不可行，要想找到他们，对薛家和张家来说易如反掌，弄不好违逆圣旨是要杀头的。

　　薛公子说要回去请求父亲，让他劝皇帝收回圣旨，改派其他公主出嫁。自己可以娶张家的小姐，但也要娶韦青荷。韦青杉说这行不通，皇帝的圣旨很难更改，再说张小姐是宰相的女儿，又怎能甘心。

所有的希望都已经堵死了。韦青荷知道，自己已经无路可逃，她只能嫁过去和亲。

她平静地说："我和薛公子无缘了，感谢公子一路来的照顾。母亲死后，我们再也没有牵挂了，也没有什么依靠，如今我只希望哥哥留在长安，能成家立业。而我去和亲，也算是为李家的江山出了力。"

薛公子说："李家的江山需要男人保护，怎么能让一个弱女子去呢，这是多么屈辱的事情。"

韦青荷摇摇头，说："当年母亲嫁给父亲，也是一种政治的联姻，哪里谈及儿女私情。我愿意去和亲。"

薛公子听了她的话，心如刀割，既无可奈何又心灰意冷。他快步走出韦家，来到一个酒肆，把自己灌得烂醉如泥。他接连几天不回家，薛将军派人四处寻找儿子，几个家丁把烂醉如泥的公子抬回家里。

薛将军看着颓废的儿子，也无可奈何。他狠心地拆散了一对情侣，是为儿子的前途着想，也为家族的命运考虑。

长安城中，到处流传着固安公主和李鲁苏离婚的事情，又流传着东光公主再去和亲的事情。韦青杉决定陪同妹妹前往奚族，也好有个照应。

六

李鲁苏拿着皇帝的圣旨，上面写着要他和固安公主和离，再娶东光公主。他内心很矛盾，虽然不舍得固安公主，但是又觉得她欺骗了自己，忍不下这口气。既然皇帝愿意弥补这个过失，他也无话可说。他和公主相处的这段时间里，公主成功地帮他化解了危机，可以说救了他的性命，对此他依依不舍，毕竟夫妻一场。

固安公主没有抱怨自己的命运，她和嫡母之间的争吵，本来已经让她焦头烂额，更何况皇帝已经下了圣旨，此事不能再更改了。李鲁苏有些惭愧，但是又说不出口来，让公主离乡背井的是他，现在又让她回长安的还是他。固安公主没有说什么，只是感谢这几年来他的照顾与爱惜。

当初，她是不愿来这里，但是在这里待过几年之后，此刻要离开，竟然有点依依不舍。这里埋葬了她的青春，或者说埋葬了她曾经的爱情，让她知道了宫廷的阴谋，知道了宫廷的斗争如此残酷，也学会了保全自己。

固安公主的随从和丫鬟一干人等，他们都愿意随公主回到长安。那里有他们的父母兄弟姐妹，他们都等待着回到大唐的那一刻。所以，此刻的分离，不是一种忧伤，对很多人而言是欢天喜地。他们可以再次回到长安，这是他们做梦都在想的事情。

他们脱下了胡服，换上了大唐衣服。公主起得很早，她不想让李鲁苏送别，其实这场送别不悲凉，也不悲悲切切。夫妻一场的情缘已经结束了，一行人缓缓地出了王宫，周围的百姓都从帐篷中跑出来，默默地看着他们。

李鲁苏知道公主不愿意和他告别，就远远地跟在公主的身后，默默地把公主送出了很远很远，直到夕阳西下。人群在夕阳下，渐渐地走远，李鲁苏的身影在夕阳下显得孤独。

固安公主走了，后宫显得那么冷冷清清，早已没有了往日的嬉闹之声，她养的花儿草儿，都凋谢了。李鲁苏再也不敢去公主住的房间，害怕自己睹物思人，他内心充满了无限的落寞。

玄宗派人带着三万段绢锦赠给奚族，表示对奚族的重视，也算是对离婚之事的补偿。

固安公主的离去，让李鲁苏很凌乱，他想找人商量朝中大事都很难。奚族原本柔弱，常常受契丹的欺负，尤其是契丹可突于的欺凌。自从牙官事情后，他暗中派人刺探，才发现奚族贵族和可突于暗中勾结，自己早已经被架空。奚族掌握军权的人，也和可突于暗中来往，可突于送给他们很多财物和美女。表面上，李鲁苏是奚族的首领，但是可突于早已经控制了奚族，他的地位岌岌可危，而且只要有内乱，他的人头就不保。

东光公主待在长安，度日如年，出嫁的日子已经定下来，送亲的队伍都选好，只等她收拾停当，前往奚族和亲。

七

固安公主回到长安的消息，传遍了整个皇城。她因为和嫡母不和，自己选了一处院落安顿好，闭门谢客，深居简出，不理世事。

　　韦青杉得知固安公主回来后，一定要见她。他知道妹妹嫁过去，会遭遇凶险，妹妹实在单纯，他不放心。他曾经答应母亲，要好好地照顾妹妹。他非要见到固安公主，要知道奚族的真实情况，好早早打算，不至于手忙脚乱。他知道这会让固安公主很尴尬，但他必须这么做。

　　他叩响了大门，自报家门，说明了来意。固安公主自然不见他，让侍女打发他走，他就执意地站在门口，没有离开。深秋凄冷，又下着雨，雨水淋湿了他的衣衫，这没有让他知难而退。侍女出去买东西，看到他依然在门口等候。侍女很无奈，就只好通报公主。

　　大雨滂沱，固安公主害怕他生病，无奈之下，就勉为其难地接见了韦青杉。

　　"我是韦青杉，我妹妹韦青荷被册封为东光公主，要去和亲。冒昧打搅，实在惭愧。"

　　固安公主立刻明白了他的来意，就请他入座，一起喝茶聊天。她又一次回忆起在奚族的遭遇，遇到的阴谋，她很平静地说："奚族那里，其实很危险，君臣不和，又受到契丹的压制。一旦要开战，首先受害的一定是和亲公主。如果想要保命的话，就一定要眼观六路，耳听八方。"

韦青杉替妹妹担忧，她自小就被母亲养在深闺，虽然受父亲和韦皇后的事情牵连，身为罪臣之后，但从小妹妹没有受什么苦难。她天真烂漫，很难在这桩政治婚姻中求得生存。他随同妹妹一起到奚族的愿望更强烈了，他要保护妹妹，让她不要受到伤害。

"谢谢公主提醒，我会和妹妹一同前往，她实在是不谙权力之争。"

固安公主叹息着说："身为皇室的子孙，有时候是身不由己，即使是皇帝的亲生女儿，又何尝不为权力所累，更何况是无依无靠的女儿家。如果这是她的命运，就要做好准备，在他乡保全自己。"

她知道东光公主的背景，如果韦家不倒，怎么可能让她去和亲呢。她叹息了一声，自己又何尝不是如此。她打量着韦青杉，他仪表堂堂，英俊中透着睿智，不是一般的男子，想来他的妹妹不会差到哪里去。她一定是兰心蕙质，容貌出众，才被选为和亲公主。

她一声叹息后说："我在奚的时候，契丹的可突于一直虎视眈眈地盯着奚的王位，那个被我杀的牙官就是受了可突于的蛊惑，你们一定要提防。如果待不

下去，上策就是立刻投奔平卢军，让他们护送你妹妹
回到长安。"

韦青杉点点头，固安公主聪明睿智，让他刮目相
看。他谢了公主，说："妹妹无意夺公主的位置，只
是皇帝下旨，不敢不为。"

固安公主微微一笑，说："这正好解救了我，从
此不再有思乡之苦。我要感谢你妹妹。当初，我和人
相爱，却被嫡母活活拆散，或者老天觉得我可怜，就
再给我一次机会。"

听了固安公主的话，韦青杉内心一惊，妹妹和固
安公主命运一样，都是与人相爱却不能厮守终身。

韦青杉从安庐出来，忧心忡忡，他之前的担心是
对的，他一定要随妹妹去奚，保护妹妹的安全。

八

成安公主的坟上，已经长上了一层青草。韦青杉
和韦青荷神色凄凉，为母亲烧香。韦青荷在出嫁前，
去看望母亲，告诉母亲，自己要嫁人了。

一阵风吹来，灰烬随风飘散，落得四处都是，更
觉凄凉。

薛公子在不远处等着他们。三个人回来的路上，天突然下雨，他们躲进了寺庙，正是三人相遇的地方。

"青杉、青荷，你们要去奚，我只能祝你们一路平安。"他落寞地说，无法掩饰自己的忧伤。

"公子也保重。"韦青荷伤心地说。

"你们去奚后，我也要结婚了。父亲让我娶张小姐。"他望着茫茫的雨天，长长地出了一口气。

韦青荷听后，沉默了片刻，就说："恭喜公子！"她说完头也不回冲进了茫茫的大雨中，向家里奔去。

薛公子在后面追着她，她不小心摔在地上，薛公子抱着她，送上了马车。韦青杉护送着妹妹，回到了家里。

韦青荷回家后发起了高烧，在睡梦中不停地呼喊着公子的名字。薛公子守护着她，一夜没有合眼。到天亮的时候，她的烧渐渐地退去。公子凝视着心爱的人，望着窗外越来越亮，他无限留恋地走了。临走前，他对着昏迷的公主说："我只能娶张小姐，她寻死觅活的，他父亲说，如果她死了，就让你们兄妹去陪葬。"

公主醒来，丫鬟环儿守在身边。恍惚间，她喊了一声公子。

环儿说："公子走了，他让您好好养身体。"

公主沉默不语，窗外依然是雨声潺潺，雨打台阶，愁肠万般。一连多日的雨，让人实在忧愁。

出嫁的那天，天空突然放晴，一扫阴郁之气，送亲迎亲的人才松了一口气。韦青杉就在队列之中，他要把妹妹平安地送到目的地，然后留在那里。

韦青荷穿着嫁衣，雍容华贵，虽然她的身形单薄，却是仪态万千，长长的裙裾在身后展开。婚礼和皇室真正嫁女一样的奢华。

热闹过后，长安城中依然阳光明媚，让人不忍离开，但是他们必须启程了。公主脸上没有一丝的笑容，她觉得自己就像蒲公英一样，随风飘摆，无所谓去哪里了。

公主掀开车帘，想在人群中看一眼公子。只是公子不在人群中，她兀自惆怅。

这天，张府和薛府热闹非凡，薛公子骑着马，迎回了张小姐。酒席之上，他把自己灌得烂醉，被人搀扶进洞房。张小姐守在他身边，一夜无眠。

九

去奚的路途遥远，东光公主却不在乎，心已经死去，哪里都可以埋葬。韦青杉知道妹妹的苦痛，他希望这一路的风尘仆仆，可以减轻妹妹的孤独。她沉默不语，茶饭不思，瘦得让人怜惜。路上实在辛苦，跋山涉水，加上公主的病又没有痊愈，内心忧虑，她到达奚的时候，病得不轻。

贵族们站在宫外迎接，想看看新来的公主何等模样。百姓都涌在两旁，他们也想看看真正的公主。上次庶出的公主已经离婚，这次来的自然是真公主。东光公主忍着疼痛，走出马车，那华丽的唐装耀眼炫目，像是仙女一样。尽管她很疲惫，但是也难以掩饰她的光彩。

人群中一阵的窃窃私语，贵族们都在议论这个新来的公主。美人如玉，果然是气度不凡。固安公主是典雅俊美，而她却是轻盈温婉。这两种不同的美都让人赏心悦目。

她到达为自己准备好的房间后，竟然晕倒在床上。她太累了，又郁结在心。御医看过之后，说要好好地休息。环儿就日夜伺候在公主的身边。

李鲁苏看着新娘，不曾举行过婚礼，就卧病在床。他嘱咐人好生伺候，又送来了山珍野味，为公主补养身体。她太瘦弱了，眼中像有泪，或者是思念故乡吧。他让她安心地养病。

一个月之后，公主在哥哥的陪伴下，走出了房间。她深深地呼吸了一下空气，阳光直晃她的眼。

"妹妹，如果你还想回长安，看到故人，就要好好地活着，养好病。母亲在天之灵会保佑我们。母亲一个人养活我们，何等的辛苦。薛公子已经迎娶新人，你再纠结无益。他结婚是为了救我们。张家的势力大，张大人逼着公子娶他家女儿，说如果不娶，她女儿要是寻死觅活，我们也难活。"

公主脸色突变，失声痛哭，她误解公子了。

"我们在这里要处处小心，否则就连命也保不住。如果你还想见到薛公子，就好好地活着，好好地和王相处。"

公主点点头。这些天，李鲁苏嘘寒问暖，她能感到他的用心。

草原上大摆宴席，为李鲁苏和东光公主举行盛大婚礼。

洞房之夜，她是如此的害羞，他把她搂在怀里，能感到这个女人在颤抖。他涌起了怜香惜玉之情，她的柔弱和无助，让他觉得自己的强大和尊严。

"你太瘦弱了，这不是我们奚族人的妻子。奚族人的妻子，要面色红润，体格健康。从今之后，你要好好吃饭，做一个奚族人的妻子。"

东光公主初来乍到很不习惯，幸亏有哥哥在身边，还不至于手忙脚乱。她换上了奚族的衣服，头发也梳得和这里的女子一样。她拜访了李鲁苏的家人，给贵族送去了不少的礼物，打消了一些人的顾虑。

她没有干预朝政，她在深宫之中，弹琴画画，照顾好李鲁苏。她知道要在这里安身立命，就要聪明睿智。前面两位和亲公主的命运她都知道，她只希望能平安过活。

哥哥向她建议，要效仿文成公主，做些事情让奚族人接受她。她让陪嫁来的文士向奚族贵族子弟传授汉族文化，让工匠教民众修筑屋宇，制作器物，种植庄稼，学习纺织。大唐赐给她的财物众多，她都用来救济民众，渐渐的她赢得了奚族人的爱戴。

韦青杉暗地里观察奚的局势，他发现奚族表面团结，暗地里却四分五裂。如固安公主所说的那样，一些人和契丹可突于暗中勾结，想要掌控奚族，只是他暂时没有证据，也不敢贸然向李鲁苏告密，万一事情不成，反而会置自己于危险境地，还会牵连妹妹。

他一直密切观察着奚的贵族。为首的奸细是军队中的贵族李索，他手握重兵，一直行事诡秘，但对李鲁苏是毕恭毕敬，一点没有露出破绽。韦青杉就和李索的手下李弥里称兄道弟，送他重金和美女，因而李弥里对他非常客气，常常一起骑马打猎。

只是近些天，李弥里总说自己有急事要出去一下，等回来的时候再痛快喝一杯。韦青杉就暗地里跟着，发现他进入契丹边境，然后又迅速折返，非常诡秘。他料定将有什么阴谋发生，就在李弥里回来的时候，又邀请他一起喝酒。此人倒是爽快，和韦青杉把酒畅饮，一脸的得意之气。韦青杉就问有什么高兴之事，李弥里笑着说，等自己飞黄腾达的时候，一定不会忘记提携他。韦青杉把这件事情告诉了妹妹，估计朝中将会发生变故，需要加倍小心。

韦青杉没有猜错，李索勾结契丹的可突于，想要推翻李鲁苏，然后自立为王。这一切都在秘密进行。大权在握的李索，对可汗毕恭毕敬，这让李鲁苏对他非常信任。

十

可突于联合了奚的贵族，契丹又在自己的掌握之中，他虽然不是可汗，可是他在朝中说一不二，无人与他抗衡，契丹人都很信任他。这让他的野心膨胀，他想成为可汗，统领契丹和奚。

开元十八年（730），他为自己的叛变找到了非常合适的借口。可突于前往大唐，因受大臣李元纮等人的奚落，他感到非常不满，于是就打算率部下胁迫奚部落叛唐，投降突厥。回到契丹后，他立刻联络李索，让他胁迫李鲁苏反唐。

但是李索知道李鲁苏不可能反唐，他先后迎娶了两位大唐公主，和唐的关系非常好，怎么可能胁迫他反唐呢。而且，一旦李鲁苏不乐意，说不定会镇压自己，夺去兵权，还会联合大唐一同消灭自己。这么大的风险，他不愿意冒险。

于是李索决定要先下手为强，既然不能说服李鲁苏，那么不如直接起兵，和契丹的可突于里外联手。这样做，可以逼迫李鲁苏就范。如果不成功，就杀了李鲁苏，自己成为奚的首领，一箭双雕，又何乐而不为呢！即使失败了，他可以投奔契丹，也可以投降突厥。突厥势力强大，大唐一直都束手无策，可以当自己的保护伞。

这么一想，李索下定决心，要起兵造反。风雨欲来，剑拔弩张，人人自危。

东光公主这边自然不会坐以待毙。韦青杉秘密地监视李索的动静，又和李索的手下李弥里加紧联系，一边试探他的口风，一边在为妹妹寻找撤退的后路。李索掌握了军权，在军中的威望极高，而且贵族都听他的话，李鲁苏差不多已经被架空了。万一李鲁苏控制不了局面，那就只能逃跑。固安公主曾经给他们的建议是投奔到平卢军，然后想方设法回到长安。

宫中的美酒已经备下，美女在大厅中翩翩起舞，但是李弥里只匆匆地喝了一杯后便要告辞，他说不能在这里待得太久了，军中有要事缠身。看他神色匆匆，韦青杉就知道军中今晚要有大事发生。送走了李弥里，他赶快告诉李鲁苏这一情况，而且说李索最近都在操练兵马，是有造反意图。同时告诉妹妹和大唐随行的人，让他们准备好东西，一旦有变，便立刻往平卢军驻扎的地方撤退。

李鲁苏焦虑不安，在大殿中走来走去。韦青杉派出的密探来报信，说将军李索要发生兵变，现在正在营外聚集人马。而且契丹的可突于也派兵来增援，声势浩大，根本无法抵挡。

外面已经能隐约听到嘈杂的声音。大家走到高楼之上，能看到火把蜿蜒，军队正在向王宫方向迅驰而来。

李鲁苏自知无力对付可突于和李索，现在只能先逃命要紧。他后悔没有早些听从韦青杉的建议，联合大唐军队，里应外合，除掉李索，如今落到如此狼狈的下场。

李鲁苏对韦青杉说："我先到榆关避险，公主和我分开，这样可以分散敌人的注意力。你和公主打算先去哪里？"

韦青杉说："我们打算先去投靠平卢军，这样性命无忧。"

李鲁苏长叹一声说:"我自己无能,连累公主受累。请转告公主,我们到时候在长安相会吧。"

敌军越来越近,大家都劝李鲁苏赶紧上马,保命要紧。

李鲁苏带着随从,匆忙上马,快速地撤退。韦青杉和妹妹一起,迅速向城外逃去。

可突于和李索的大军一路杀过来,虽然遭到了李鲁苏士兵的抵抗,但是由于叛军人多势众,他们根本无力反击。叛军顺利地到了王宫,却发现李鲁苏和公主已经逃跑了。可突于立刻派出最精锐的士兵去追赶。

可突于特别懊恼,他本来想活捉李鲁苏和公主,再把他们当作战利品献给突厥。如意算盘落空后,他血洗了王宫,抢夺了金银珠宝。奚已经在可突于的控制之下,他踌躇满志,想一洗自己在大唐受到的耻辱。

皇宫之内,一片狼藉,尸体和鲜血到处都是,王宫内弥漫着血腥之气,令人不寒而栗。

十一

李鲁苏和侍卫往榆关方向逃去。本来以为可以歇息，却发现到了榆关也不安全，可突于派来的杀手紧随其后，在李鲁苏逃到榆关后依然想方设法地刺杀他，每一次刺杀都被他的手下所化解，他的不少手下为了他，献出了生命。李鲁苏如惊弓之鸟，面色憔悴，精神极度紧张，他连夜赶路，想到长安和公主会合。

公主和哥哥韦青杉一路不敢停留，到了平卢军地盘。平卢军严阵以待，奚族和契丹在边境挑衅，战争一触即发。东光公主连日奔波，受了惊吓，又生病了，而且病得不轻。契丹李邵固的妻子东华公主也来投奔平卢军，两个人见面，又是一番难过。

这里不是久待之地，众人都在商量，如何离开此地。

韦青荷看到了一个熟悉的面孔，惊讶得说不出话，原来是薛公子。大唐得知可突于的阴谋，派兵防卫，薛公子说服父亲也来参战。他心念着韦青荷，想赶来营救。几年不见，薛公子依然还是旧日模样，只

是眉宇间又多了些稳重。韦青荷看到自己如此狼狈的
样子，见到公子，实在是有点不知所措。

薛公子说："你们赶紧收拾好，我带人一路护送
你们回长安。可突于派人在追杀你们，所以我们一路要
小心行事。平卢军中也有契丹人，耳目众多，也要当
心。"

公主看着薛公子，觉得自己在做梦，就问："你
怎么在平卢军中，又怎么知道我们逃难到此地？"

薛公子说："我一直都在打听你们的消息。大唐
得知契丹在训练兵马，而且勾结突厥，因此派了很多
兵马过来。我央求父亲让我来的。"

公主知道他是为了她而来的，她泪眼朦胧地看着
公子，望着这个世间少有的重情男儿。只可惜他们之间
空有缘分却不能相守，她不知道如何回报公子的深情。

薛子涛让两位公主换上男装，随从都扮作商人，
从城门中悄悄地溜出去。

十二

回长安的路上异常艰险，后面有杀手在紧追，他
们不能走大道，只能走一些小道。小道的路难走，一

路非常的颠簸。

他们要穿过一片密林，这里最容易被杀手埋伏，但是除此之外，没有其他的路可走。他们不敢在晚上走，林中容易迷路，而且有猛兽出没。于是只能选择在大白天通过这个地方。这里只依稀看到有一条羊肠小路，弯弯曲曲地延伸进森林深处，很容易迷路。

一行人走到森林深处，天上突然下起暴雨，就急匆匆行路，想找地方避雨。走了不久，他们看到林中有废弃的木屋一间，或者是给过往的商人歇脚用的。很多人建议说，进房间里去休息，等恢复了体力再赶路不迟。众人实在是又渴又累，不能往前走了。

薛公子不愿意让大家贸然进去，他知道一旦都进了屋子，容易被包围。但是雨越下越大，他查看了四周，没有什么埋伏，又进到屋子仔细搜查，也没有异常。于是对大家说，可以先去避雨。韦青杉寸步不离地守在妹妹的身边，不敢有丝毫懈怠。

一行人进去，在屋子里面烤火，把身上的衣服烤干，又吃了些干粮，小憩了一会儿，就打算冒着雨前行，否则就耽误了行程。第一个走出门的人，突然惨叫一声，倒在了地上，众人急忙把他拉回房间，发现他身上已经中了三箭，鲜血直流。

众人立刻把房门紧闭，但是从房顶上、窗户外，射进无数的箭。他们困在了这个房间里，无法脱身。杀手看来人数众多。屋里不断有人叫喊，他们身上中箭了。

薛公子说："这次我们在劫难逃了。现在我们冲出去后，保护两位公主要紧。他们是想劫持公主或者杀了公主，挑起祸端。"

韦青杉说："只要我们有一个人还活着，两位公主就一定能平安到达长安。"

他们冲了出去，外面的杀手立刻挥舞刀剑冲上来。薛公子持剑刺死几个，又有越来越多的杀手包围上来。

他们杀出一条血路，保护公主前行。公主担心薛公子的安危，一直不愿意离开他。一个刺客从背后包围上来，准备刺杀公主。薛公子看到了，急忙往前一挡，胸部被刺伤了，他杀死了刺客，然后拉着东光公主上了马，往前奔去。韦青杉看到后，紧紧地跟在后面。

一路拼命冲出重围后，众人才发现薛公子身上多处受伤，流着鲜血，韦青荷赶紧让他躺下，帮他止血，可惜已经晚了，他奄奄一息。韦青荷抱着他痛哭，公子是为了救她才负伤的。

"青荷，你一定要平安回到长安，我在至相寺的佛像后面，藏了一幅画像，那是送给你的礼物。"

"我们要一起回长安，是我连累了你。我不需要礼物，我需要的是你。"

他摇摇头，知道自己已经回不去了，他日夜都想回到长安，和心爱的人相守。他用尽最后一丝力气说："就把我埋葬在这里，如果想起我，就往这个方位烧炷香。"

他指着大唐的方向，缓缓地闭上眼睛。逃出来的人也损失了一半，大家都神色黯淡，悲戚地望着薛公子。

他们埋葬了薛公子，韦青荷把身上的玉佩放在他的墓中。韦青杉拉着妹妹的手，强行拉她上马，继续赶路，他们不敢停留太久。

十三

多日之后，他们到了长安城，两位公主流着泪，看着熟悉的长安城。韦青荷的丈夫李鲁苏也恰好到了长安。他们面容憔悴，庆幸还能在长安重逢，可谓悲喜交集。

家中已经许久不住人，只留了一个老妈子看护庭院。庭院中花园已经荒废许久，荒草丛生，屋子到处是灰尘。公主和哥哥回到家中，恍若隔世。他们命人洒扫庭院，收拾屋子，才安顿下来。那旅途的疲惫，在家中安睡后才得到消解。

韦青杉到了薛府，告知了公子的噩耗。将军得知儿子的死讯，一夜之间白了许多发。张家小姐听后，直接晕了过去。

薛府内到处镐素，悲伤弥漫。边境战火纷飞，可怜公子的尸体只能埋在外面，无法回到长安厚葬。

韦青荷来到至相寺，在寺庙佛像的后面，发现了一幅画，是薛公子初次看到她的画像。那时，她面带着忧伤，楚楚动人。

几日后，李鲁苏夫妇上朝拜见皇帝。玄宗接见了他们，让他们暂时在长安住下，等消灭了可突于再作打算。李鲁苏也知道一时回不去奚族，只能在长安暂时居住。还好有公主陪伴，否则他在长安该是多么寂寞无助。

　　看惯了争权夺利，看惯了血腥厮杀，他们觉得在长安平静地生活，也是一种不错的选择。

　　开元二十年（732），大唐经过一番准备，玄宗命礼部尚书信安王李祎为行军副大总管，领众与幽州长史赵含章出塞大破契丹，俘获甚众，只是让可突于逃跑了。由于没有了可突于的控制，奚族上下都愿意投降。听到消息的李鲁苏，欣喜若狂，打算回奚族重整旗鼓。东光公主劝他还是观望些时日再回去不迟。奚族内部依旧动荡不安，而且又受制于契丹和突厥，回去后还是艰难。

　　五年过后，李鲁苏眼看着回奚遥遥无期，就断了回去的念头，和东光公主安居在长安城中。他们生儿育女，彻底放弃了回奚的念头。

　　中秋月圆之夜，他望着故乡，无限惆怅。他经常指着奚的地方，对着一双儿女说："那是你们的故乡。"说完内心感到酸楚，脸上却是一笑而过。

　　女儿就问他："故乡那边有什么好玩的？"

　　他说："那里牛羊成群，有大片的草原，你们可以在草原上骑马。草原边上有大片的森林，那里有各种各样的动物。我可以带你们去打猎，有鹿、熊、兔子、野鸡，非常多的动物。我们满载而归回到家之后，可以在庭院之内烧烤，那味道真香。"

儿子拉着他的手，说："我想和父亲一同回到故乡，我想要在草原上骑马奔驰。那我们什么时候回去？"

李鲁苏无奈地摇摇头，说："我们现在还暂时不能回去。等有一天，天下太平了，我就带着你们一起回家。"

东光公主对一双儿女说："你们还太小，等你们长大了就可以去了。那里不像长安这么热闹，那里很辽阔。"

他们拥着一双儿女，望着天空的明月，内心有点悲凉。

和义公主

浮世繁华·花溅泪

和义公主李微瑶

天宝三年（744），告城县令李参的女儿李微瑶被封为和义公主，嫁给拔汗那王阿悉烂达干。李微瑶踏上了去拔汗那的路途。大唐发生安史之乱后，拔汗那派人来助大唐平复战乱。再一次回到长安的和义公主，看到白发苍苍的玄宗，不禁泪流满面……

一

城中牡丹花开，一片姹紫嫣红。天气晴好，人非常多，熙熙攘攘，都是到"牡丹苑"来看牡丹花的。贵妇们穿着漂亮的衣服，成群结队地出游，周围是一群侍女伺候着，很是养眼。告城县令李参的四个女儿也来赏花，大女儿李微羽和二女儿李微湘已经嫁人；三女儿李微紫已经许给新科进士；小女儿李微瑶还待字闺中。李家的四姐妹一起赏花，个个都是人面桃花，路人纷纷驻足观望，以至于道路堵塞。一身粉色衣服的李微瑶天真可爱，梳着双垂髻，在三个姐姐之间来回走动。

突然，听到对面喊着"避让"的声音，路人听到后都纷纷躲在两旁。有一队人马在前面开路，远远望去，是杨贵妃和三个姐姐虢国夫人、韩国夫人和秦国夫人出游。她们骑着高头大马，得意扬扬地在路上走着。杨家一门，势倾朝野，公主以下都要持礼相待。随着杨贵妃的宠遇加深，三位夫人也宠遇愈隆。

长安城中的人知道杨家的势力，都唯恐躲避不及。李微瑶听姐妹们说起过杨家一门的势力，大姐赶紧拉着她往旁边躲，四个人都避让在路旁。

突然，一匹马受惊，直接冲向人群，众人尖叫着，四处躲避，马快要冲到李微瑶的面前，就要撞到她的身上。她吓得大声尖叫，姐妹们在一旁也束手无策。这时，从旁边飞奔过来一个男子，眼疾手快，拉住了那匹失控的马。马嘶鸣着，然后渐渐地安静下来。

一旁的侍从吓得满头大汗，赶紧跑过来，看看贵妃可否安好。贵妃丝毫没有受伤，倒是李微瑶吓出一身冷汗。她躲在一棵石榴树后面，脸色煞白，很是惊恐。男子就问她可否受伤。她摇摇头，却有些委屈。三个姐姐赶紧过来，知道她没有受伤，只是受了惊吓而已，也就放心了。

杨贵妃看着那个男子，说："十三皇子怎么今天有空，也到这里来？"

那男子微微一笑，回答道："天气晴好，连贵妃都来赏花了，可见这里美景醉人。"

杨贵妃说："如此甚好，可以一道赏花。"

李微瑶楚楚动人地待在那里，让人十分怜惜。杨贵妃看她的眉目，像极了十多岁的自己，只是比自己那时候消瘦些许。杨贵妃就让自家姐姐赶紧过来看看李微瑶，三个姐姐都说很像贵妃十多岁的模样。她拉着李微瑶的手，左右看个不停，甚是喜欢。

杨贵妃就问："你是谁家的女儿？"

李微瑶温柔地说："我爷爷是义王，父亲是告城县令。"

杨贵妃让人赏赐了些糕点和珠宝给她，算是安慰。她的三个姐姐也赏赐了一些礼物，然后杨家姐妹去赏牡丹了。惊魂未定的李微瑶被姐姐搀扶着，坐到了车上。仔细看时，却发现她的手背擦伤流血了。

三姐气愤地说："这杨家人太霸道了。"随手把赏赐的东西丢在车里。

十三皇子看到她受伤了，就骑着马，在前面为她开路。四个人都感谢十三皇子，幸亏皇子李璬出手救了她，否则肯定会受重伤。据说他打仗非常勇猛，南征北战，深得皇帝喜欢。而且，十三皇子相貌英俊，在诸皇子中也是翘楚。

姊妹们回到府上，却看到太监高力士在等着她们。原来杨贵妃看到李微瑶之后，非常喜欢她，加上又像十多岁时的贵妃，就想选她进宫陪伴在左右。一家人在为这件事情发愁。他们都不愿意让李微瑶进宫，但是杨氏一门是皇帝面前的红人，得罪不起。可是她进宫之后，万一出了事情，家里人都无法知晓。皇宫之中多争斗，你死我活的，连兄弟姐妹情分都不顾及，她一个十五岁的小姑娘，又没有什么靠山，如何应付得来。

太监高力士看到他们迟疑的神情，就很不高兴地说："当今朝中多少人想巴结杨氏一门，都无从下手。你们家有了这么好的机会，竟然还推三阻四的，这实在是不应该呀！再说，您女儿进了皇宫，如果攀了一门皇亲,日后飞黄腾达,你们肯定会感谢娘娘的。"

李参说:"只是她年幼,怕不懂得宫中的规矩,万一出了差错,害怕贵妃娘娘怪罪。"

高力士听后,就阴阳怪气地说:"这有什么难的!宫中有那么多调教的人,进了宫,她自然就学会规矩了。"

李微瑶知道自己必须进宫,否则就会得罪杨家了。她先谢过高力士,说:"贵妃娘娘看得起我,我感激还来不及,等我收拾一下,就随您进宫。"

高力士瞥了瞥其他人,说:"难怪娘娘喜欢你,就是会说话。"

李微瑶收拾好自己的东西,随着高力士进宫。她虽然知道宫中多危险,但还是很好奇,想去看看。

二

李微瑶第一次进宫,看到皇宫威武森严,壮丽无比。她一边走,一边不停地向四处看看。高力士在前面带路,她小心翼翼地跟在后面,害怕自己迷路。

他们来到杨贵妃住的地方,贵妃正在练习新学的舞蹈,旁边是为她伴奏的一众乐人。看到李微瑶进来，贵妃停止了跳舞。她示意李微瑶到自己的面前，就问她："听说你弹得一手好琴，今天就为我伴奏，我听你的琴声跳舞。"

李微瑶有点受宠若惊，说："贵妃精通音律，能歌善舞，我只怕自己弹得不好，耽误了贵妃跳舞。"

贵妃笑着说："我听别人说了，你的琴音能让人陶醉。我就是想让陛下高兴高兴，看我跳舞，又看到另一个我弹琴。"杨贵妃吩咐侍女为李微瑶换上了一套华丽的衣服，和贵妃穿的一模一样，让她坐在琴前弹奏。众人看到了非常惊讶，觉得和贵妃如此相像。

李微瑶的琴弹得行云流水，连那些乐人都惊叹不已。琴是母亲手把手教会她的，听到大家对自己的赞美，她才知道母亲的技艺如此高超。

杨贵妃舞动衣袖，翩翩跳舞，李微瑶也被迷住了。难怪皇帝能被迷住，谁都会被她的舞姿迷惑住。

李微瑶弹得高兴，杨贵妃跳得正酣畅淋漓，这时候一个人走进来，其他的人立刻下跪。来人说："不要停下来，继续弹琴，继续跳舞。"说着，他也和杨贵妃一起跳着舞。

一曲终了，皇帝和贵妃坐着休息，玄宗看到在古琴边的李微瑶，就很惊奇地说："这个弹琴的女子和爱妃有点像。"

杨贵妃说："是我让她进宫来给我弹琴伴舞，她简直像极了我十多岁的时候，只是比我消瘦些。"

玄宗说："怪不得我觉得面熟，原来是爱妃的影子，我差点看花了眼。有人给你弹琴，我为你伴舞。"

李微瑶在下面偷偷地看了一眼皇帝，这就是那个有名的皇帝。她听父亲讲过，以为他是个威严无比的皇帝，却对妃子如此的柔情。他除掉韦皇后，逼迫太平公主自杀，抢夺儿媳，杀掉儿子。但眼前的他一点都不像个恶人，竟然还有点和蔼可亲的样子。

玄宗让李微瑶过来，仔细地打量着她，说："当初我与爱妃相遇，可惜不是青春年少时，而今却看到你的青春年少时，真是天生丽质，美玉无瑕。"

李微瑶害羞地低着头，不敢看玄宗。

李微瑶对宫中的事情非常好奇，但是她知道宫中的规矩特别多，稍有差错，被人抓住把柄，那下场一定很惨。她谨小慎微地在宫中待着，伺候贵妃高兴。

玄宗宠爱贵妃，懒得过问政事，整日沉浸在歌舞

升平之中。在"梨园"里，两个人你歌我舞，逍遥快
活。朝廷的事情，由贵妃的哥哥杨国忠把持，惹得朝
中的大臣一片非议，玄宗也不理睬。听宫中的人说，
现在朝中的人都在巴结杨家人，买官卖官之风盛行。

　　她给父母亲写信，说了自己在宫中的见闻。只是
宫中规矩多，自己处处要小心。她很想念爹娘，希望
有空回家看看爹娘。

　　李参夫妇收到女儿的来信，有点替她担心。虽然
她背靠着杨家的大树，可是杨家现在飞扬跋扈，惹得
朝中的大臣很不满意，他害怕万一杨家一倒，女儿也
受到牵连。于是在信中嘱咐女儿，一定要谨慎做人，
切不可轻率冒失。

　　玄宗整天沉迷在宴会中，还让儿子女儿们来听曲
看舞。李微瑶站在杨贵妃的身边，看到了十三皇子，
李微瑶很感激他救了自己一命，否则被马踩踏，说不
定性命堪忧。

　　她朝着十三皇子微微一笑，倾城倾国，皇子也朝
她点点头。

三

十三皇子听说她的琴弹得非常好，就邀请她去府上的宴会上弹琴。征得杨贵妃的同意后，她到了王府。皇子的宴会上总是能请到一些诗人，他们在宴会上饮酒作乐，还常常出口成章，赋诗多首。

跟十三皇子在一起的时候是快乐的，皇子经常在宴会上舞剑助兴，如他在战场上杀敌无数一样。李微瑶在宴会上为皇子弹琴，诗人都赞美她倾城倾国的容颜与行云流水的琴技。

年轻的李微瑶，因此见到了很多著名的诗人，还认识了一些驰骋沙场的将士。她见识到各种各样的人，还有外邦的人。宴会上经常有一些胡姬，她们跳着曼妙的舞蹈，摄人心魄，勾人心魂，妩媚而又多情，让人欲罢不能。她们弹奏着异域的音乐，这是之前她从来没有听到过的，如此的神秘动听。

这些外邦来的女人，就向李薇瑶打听，大唐最美的女人杨贵妃长得什么样子，能让皇帝拜倒在她的石榴裙下。李微瑶告诉她们，她能歌善舞，谁见了她，都会被她的美貌所吸引，被她的舞姿所打动。

外邦女人都想见一面大唐最美的女人，只是她们身份卑微，见不到杨贵妃。李微瑶说，贵妃喜欢跳舞，而且喜欢跳外邦的舞蹈，如果谁的舞跳得好，她可以引荐给杨贵妃，这样就可以见到她了。

女人们听了之后，就纷纷跳起舞来，令人眼花缭乱。尤其是那个波斯来的女人，看得人拍手称赞。于是李微瑶就答应她，在杨贵妃举办宴会的时候将她举荐给贵妃，说不定贵妃会邀请她参加宴会。

回到皇宫之中，李微瑶给杨贵妃说有一个波斯来的女人，她的舞蹈非常美妙，想献舞给贵妃。杨贵妃听了之后，非常感兴趣，于是就让那个波斯女人来到宫里，表演舞蹈给她看。看完之后，她想将这支舞跳给皇帝看，皇帝一定欢喜。于是她就每天练习。

在皇帝的生日宴会上，杨贵妃蒙着面纱，穿着波斯人的衣服，在一群外邦人的簇拥下，跳着舞蹈，让人大开眼界。而后有印度的女子，跳着印度的舞蹈，还有高丽的舞者，简直让人看得眼花缭乱。

皇帝沉迷在贵妃的舞蹈中，也沉迷在她的温柔乡中，无法自拔。

李微瑶聪明乖巧，杨贵妃很喜欢她，出去总是带着李微瑶，这让李参听到后不免有点担心，害怕她不小心卷入宫廷的斗争之中，害了自己一家。朝廷中想娶她的人不少，一来可以借助杨贵妃的势力飞黄腾达，二来李微瑶如此美貌，的确让人垂涎。

四

想娶李微瑶的人当中，就有杨贵妃的堂弟杨庭。杨庭生得倒是英俊，二十岁左右，自恃和贵妃的关系，想让李微瑶嫁给他。他不时让人送给李微瑶珠宝和书信。信中说自己托贵妃的福，官运亨通，将来自是前程远大。李微瑶青春美丽，自己也是一表人才，两个人的姻缘是门当户对，要是肯嫁，也是她的福气。私下里，杨庭知道李家势力，和李家联姻，也可以扩大自己的势力。

可是李微瑶根本就不想嫁给杨庭。她向宫中的人打听后知道，这个杨庭不学无术，只是仗着杨贵妃的名头飞黄腾达，身居要职，大捞特捞。那些需要升官发财的人，巴结不上杨贵妃，就巴结杨家的其他人也能升官发财，杨庭就通过买官卖官，大发横财。

杨庭很会讨杨贵妃的欢心，只要是她喜欢的东

唐骑马伎乐女俑

西,他都想尽方法一定弄到。杨贵妃对他,就像自己的亲兄弟一样,非常器重。他和杨国忠混在一起,把持朝政。李唐宗室早就无法忍受他,恨不得杀而快之。

杨庭趁着给杨贵妃献礼物的时候,说自己想娶李微瑶,杨贵妃听了觉得挺好。堂弟一表人才,现在的地位也配得上李微瑶,再说自己也喜欢李微瑶,如果嫁给堂弟,她还时常可以待在自己身边。

杨贵妃满心欢喜地给李微瑶说了这件事情,她以为李微瑶会同意。可是李微瑶听后,却说:"谢谢娘娘的关心,只是婚姻大事需要问问父母的意见,才好做决定。"李微瑶知道父母绝对不会答应这件事情,一定会想出办法替她推脱。

杨贵妃有点不高兴,这后宫中谁都要听她的话,这个小小的李微瑶竟然驳了她的面子。

"你是不喜欢我的堂弟,还是有自己喜欢的人?"杨贵妃就问她。

"都不是。我只是要听听父母的意见。而且我从小也许配给人家了,就等过些时日成亲。"

"你若许配了人家,直接让他写休书好了。"杨贵妃生硬地回答她。

她知道杨贵妃的脾气，只好说："这件事情还是需要父母做主。等我写信告知父母，再做决定吧。"

贵妃更加不高兴了，她本来以为李微瑶会欢天喜地接受自己的恩赐，结果她竟然不答应。

李微瑶心事重重地退下。她赶紧给父母写信，让他们想办法救她出宫。

杨庭在路上碰到了李微瑶，她赶紧躲避着想走，但杨庭伸手拦住了她，随手摘下路旁的一枝梅花，强行递给她说："我不娶到你，就没有人敢娶你。"李微瑶把花丢在地上。

杨庭拔下了李微瑶头上的一朵珠花，说："我见花如见人。你喜欢也罢，不喜欢也罢。我不娶到你，就不罢休。"李微瑶气得脸通红，杨庭却扬长而去。

受了戏弄的她眼含悲戚，忧心忡忡地走在路上，恰好十三皇子来找皇帝，看到了她，问她出了什么事情。她说了杨庭恳请杨贵妃做主，把她嫁给他。可是她不想嫁给杨庭。

十三皇子听了之后，就安慰她说："你若不想嫁给杨庭，就想办法不嫁。"

李微瑶叹口气，然后说："如果他执意要我嫁，该怎么办？"

十三皇子说："虽然杨家霸道，但是还是有王法的。难不成他要抢亲吗？"

李微瑶说："我害怕他们对我的家人不利，现在杨家上下只有人巴结，没有人敢反对。"

十三皇子说："对付杨庭还是有办法的。他仗着杨贵妃的势力，胡作非为，侵占他人宅院，做了很多恶事。我会找个机会逮住他，将他投进牢狱。"

李微瑶赶紧劝说："千万不要得罪了杨家，他们会报复你的。"

十三皇子说："我早就看不下去了，如今朝廷被他们把持，李家迟早会被他们祸害。"

五

第二天，宫廷发生了一件大事情，从此之后，再也没有人敢惹杨家人。

杨贵妃的三个姐姐和杨国忠等人一起在大唐西市夜游玩耍，他们的家奴与广平公主的侍从都争着过西市门。杨家的家奴挥鞭去打公主的骑从，结果不小心打到了公主的衣服，公主竟然堕马。驸马程昌裔搀扶公主，竟被家奴打了数鞭。恰好十三皇子经过，他挥鞭把杨家奴仆从马上摔落在地。杨国忠等气得大骂，被十三皇子训斥了回去。杨氏三姐妹哪里受得了这样的委屈，立刻去杨贵妃面前告状。

广平公主也立刻向父亲哭诉，玄宗下令杀杨家奴仆，也停了驸马程昌裔的官爵。玄宗回到杨贵妃处，她哭泣着说杨家人被十三皇子欺负的事情，还说十三皇子品行不端。

玄宗喜欢十三皇子，但又受不了宠妃的哭泣，就让人给杨氏三姐妹送去外邦进贡的珠宝貂皮，对杨家人加官进爵。刚好边境战事吃紧，为了对杨贵妃有个交代，玄宗就打发儿子去镇守边关。贵妃得意扬扬地派人给姐姐们报信。

玄宗走后，李微瑶跪下恳求杨贵妃，不要让十三皇子离开长安。

"您前些天说十三皇子精通音律，还要在宴会上让他表演舞蹈。如果他去边关，就不能欣赏了。"

杨贵妃看了她一眼，恼怒地说："他和我们杨家作对，你还替他求情。"她顿了顿，又说："我这么疼你，你竟然替外人说话。"

　　李微瑶看清了杨贵妃的霸道，不敢再说什么，只是在一旁暗自伤神。

　　杨庭来给杨贵妃献上西域的贡品，他跪在杨贵妃的面前说："请娘娘为我主婚，我想娶李微瑶。"

　　杨贵妃就问她："你可愿意？"

　　李微瑶跪在地上，说："我的婚事要请父母做主。如父母同意，我情愿。还请娘娘宽限几天。"

　　杨贵妃点点头，说："那就等你父母过来，再作商议。"她立刻命令侍从去传唤李微瑶的父母。

　　杨庭在一旁说："这事情娘娘做主就可以了。"

　　李微瑶说："如果你想娶我，就要明媒正娶。"

　　杨庭还想说什么，被杨贵妃制止了。杨贵妃对李微瑶说："等你嫁给我堂弟的时候，我一定有丰厚的嫁妆给你。"

　　杨贵妃让李微瑶退下。

　　"娘娘，您怎么这么纵容这个丫头？"

　　杨贵妃说："她的爷爷父母都是有头有脸的人，不能强求。再说，你若强求，闹出人命，也不好交代。毕竟是我让她进宫的。你呀，就是心太急。"

　　"还是娘娘想得周到，微臣太愚钝了。"

六

收到女儿来信，李参急得团团转。他知道杨家人的霸道，但是不能看着女儿掉入火坑。他们夫妻火速赶到长安，和父亲商量这件事情怎么办。

在府中，李参和父亲商量之后，认为赶紧让女儿嫁人最为妥当。李参的好友张源的儿子张宴一直爱慕李微瑶，想娶她为妻。恰好杨贵妃让李参夫妇进宫，他们当面给贵妃说，女儿已经许配人家，准备择日嫁人，让杨庭另觅佳人。

杨庭当然不乐意，也不甘心自己的失败。他对杨贵妃说："望贵妃为我主婚，李微瑶之前并没有许配人家，就是找个借口，她只是不想嫁给我而已。她还到处散布谣言，说我们杨家仗势欺人，让十三皇子去边关送死。"杨庭在杨贵妃面前添油加醋地说着，让她听了特别恼火。

"想不到我对她这么好，她竟然这么恶毒。"杨贵妃气得把团扇摔到地上。

"贵妃不要生气。不如这样，让张宴另外娶妻，让陛下下旨赐婚给我，不怕她不从。他们家背景再硬，也不敢抗旨不遵。"

杨贵妃觉得这样不错，就和杨庭密谋一番。

这一切被杨贵妃身边的侍女晴儿听到了，她与李微瑶是好姐妹，看到杨庭这般陷害李微瑶，就赶紧告诉了李微瑶这件事情。李微瑶赶紧托人送出书信，让父亲立刻想办法。

杨庭找到了李微瑶，他说皇帝准备赐婚，让她嫁给自己。而且张宴那边，已经有宰相的侄女要嫁过去，所以让她就死了这个念头，赶紧嫁给自己。

李微瑶宁愿死也不愿意嫁给杨庭。她冷笑着说："等到皇帝赐婚那天，我就从高楼跳下去，或者跳到湖中去死。你见到的，只能是我的尸体。你若逼死我，我父亲不会轻易放过你。"她摔碎了手中的杯子，用碎片划伤手臂，血一点点渗出来。

杨庭有点害怕，但是又不甘心。他不想闹出人命，得罪了李家。

晴儿看到李微瑶在流血，赶紧用手帕帮她包扎，又让人去请太医。

杨庭看到自己的计划落空，又害怕李微瑶寻死，自己担上干系，就急匆匆地走了。

李微瑶的爷爷正好因为边关的事情要进宫面见皇帝，于是他向玄宗呈报了边关的情况后，就说自己思念孙女，恳请让孙女回家一趟。玄宗应允了，传旨让李微瑶和爷爷一同回家。

爷爷看到她手腕上的手帕，就问怎么回事。她把杨庭逼婚的事情说了一遍，气得爷爷说，总有一天要手刃杨庭这个奸人，替孙女出气。

他们回到府中，商量着尽快让李微瑶嫁人，以摆脱杨庭的纠缠。李微瑶很纠结，张宴不是她喜欢的人。

父亲李参就劝她，现在保命要紧，先躲过这一劫再说。李微瑶说实在不行，她就出家当道士，还落得自在。李参说她一天不嫁人，杨庭就不会善罢甘休，还会纠缠着她。

七

高力士上门传杨贵妃的话，让李微瑶立刻回宫。等李微瑶回到宫中的时候，晴儿告诉她，皇帝和杨贵妃正在接见拔汗那王阿悉烂达干。

玄宗见到阿悉烂达干后十分高兴，册拜他为奉化王，因为阿悉烂达干帮助大唐平息了突骑施吐火仙可汗的反叛。突厥的苏禄自从被唐廷册封为十姓可汗后，就时常攻打安西之地，也经常南下攻掠拔汗那国的边境城镇，百姓苦不堪言。苏禄激怒了大唐不说，还领兵与西边的大食国开战，最后众叛亲离被手下大臣杀死。他的儿子吐火仙可汗同样四处劫掠，北方边境时常遭到侵扰。开元二十七年（739），碛西节度使盖嘉运率兵攻其碎叶城，吐火仙在贺逻岭被擒。后来盖嘉运又派遣疏勒镇守使夫蒙灵察与阿悉烂达干引兵攻入怛逻斯城，俘虏了苏禄的妻子交河公主，擒其黑姓可汗尔微，盖嘉运让把俘虏的人都赠给了拔汗那王，唐在西陲的威势重振，原先臣服于突骑施的处木昆、鼠尼施和弓月等部落皆率众内附于唐。

今日阿悉烂达干到来，唐廷自然要厚待他。玄宗还将"拔汗那"改成"宁远"，寓意安宁长远之意，并以李唐外家的窦姓赐其王。为了笼络其心，又打算封宗室女出嫁和亲。

阿悉烂达干感谢玄宗的赏赐，说："拔汗那和大唐缔结姻缘，一定能永保安宁。"

玄宗邀请阿悉烂达干品尝了丰盛的宴席，观看了歌舞，这一切让他看到了大唐的盛世繁华。他对一切都很好奇，暗自惊叹精美可口的食物，美妙的音乐，妖娆的歌姬，这些让人非常陶醉。

大唐女人的雍容华贵，让他向往，他不禁浮想联翩，自己要娶的女子是何等的模样。玄宗身边的妃子，如仙人下凡，尤其是她表演的《霓裳羽衣曲》，长袖翩翩，让人恍若在仙境。

他禁不住赞美，说："贵妃娘娘是我见过最美丽的女子。此生见得如此美人，我平生无憾了。"

玄宗听到后哈哈大笑，说："朕的爱妃有闭月羞花之貌，见到她的人都会倾慕于她。朕会仔细地挑选，赐给你一个绝妙的美人。"

阿悉烂达干再一次感谢了玄宗，说："只要她有贵妃一半的容颜，我就心满意足了。"

杨庭被李微瑶拒绝后，非常恼火，但是又不敢贸然行事，万一李微瑶自杀了，他即使有杨贵妃撑腰，恐怕也很难堵众人之口。李微瑶肯定是无法娶回家了，但是他也不甘心自己会失败。他想到了一个绝妙的主意，打算向皇帝举荐李微瑶去和亲。想到这里，他冷笑一声。

八

杨贵妃正在御花园散步，杨庭上前说："贵妃娘娘，李微瑶既然不肯和我成亲，要不然就让她去和亲吧。"

贵妃"嗯"了一声，有点惊讶，觉得堂弟变化太快，怎么突然就改变了主意。想着让李微瑶去和亲，她有点于心不忍。

杨庭说："我这也是为您考虑。听人说，李微瑶仗着自己年轻貌美，时常在陛下面前献殷勤，她这是别有用心，娘娘可要留意呀。"

"她一个宫中陪侍的，能有什么野心？"杨贵妃想起李微瑶替十三皇子求情的事情，知道她和自己不是一条心，想着如此打发她走，也是一条出路。

"陛下的脾气您也知道，他要是看上谁，谁还不飞黄腾达。娘娘，还是要早做打算。听说，陛下还派人送给她很多珠宝衣服。"

杨贵妃皱了皱眉头，李微瑶比自己年轻，又讨皇上的喜欢，保不准皇帝对她动了心思。万一她入宫为妃，自己的地位难免会受到影响。上次，自己三个姐姐争宠的事情，让她和皇帝有了嫌隙，这次不能再有闪失了。

"你说的也有道理，那就让她去和亲吧，离长安越远越好。"

"娘娘说得极是。还望娘娘在陛下面前举荐。"

话音刚落，玄宗就从一旁走来，问要举荐何人。

"陛下，我们刚才说的是喜事，是为了阿悉烂达干的婚事。"杨贵妃连忙上前请安。

"那你们想推荐谁？"

"李微瑶识大体，懂礼仪，又貌美，嫁给阿悉烂达干最合适。"杨贵妃说。

玄宗微微皱了皱眉头，他显然不想让李微瑶去和亲。可是杨贵妃已经这么说了，他不好去反驳。

"爱妃喜欢李微瑶，她待在宫中能让你开心，如果她去和亲，我怕你寂寞。"玄宗对贵妃说话的同时看了看杨庭。

杨庭当然知道皇帝的意思，却装不懂，上前说："一女不足惜，陛下要是派李微瑶去和亲，一定会让阿悉烂达干和大唐交好。"

杨贵妃在一边说："说起来她挺讨人喜欢，琴又弹得好，又长得像我十多岁的模样，让她离开，还有点不舍得。陛下可是喜欢她吗？要不就留下。"她面露不悦，玄宗知道她的心思，是要让李微瑶走。

杨庭说："我知道贵妃不舍。不过梨园中弹琴好的人甚多，找个好琴师很容易。贵妃要是觉得寂寞了，可以让侄女进来陪伴。"

玄宗不想节外生枝，生怕杨贵妃又多心，就立刻下旨，封李微瑶为和义公主，嫁给宁远奉化王阿悉烂达干，旋即昭告天下。

杨贵妃说："她一定会感恩，一个县令的女儿，能成为公主，简直是荣耀加身。"

杨庭趾高气扬，他等着看李微瑶的笑话，看着她哭哭啼啼地去和亲。

九

李微瑶在房中弹琴，是王之涣的《凉州词》：

黄河远上白云间，一片孤城万仞山。

羌笛何须怨杨柳，春风不度玉门关。

她觉得内心不安，无法静心弹奏，她就呆坐着。

晴儿匆匆来报信，说了皇帝要派她和亲的事情，说这是杨庭举荐的。接着高力士来传圣旨，李微瑶觉得天旋地转，差点晕过去。她听母亲讲过公主和亲的故事，可谁想到，这件事情竟然也到了自己头上。从此要骨肉分离，怕是和亲人再难相见。

她悲愤难平，泪如泉涌。这时，杨庭来到她面前，冷嘲热讽。

杨庭冷笑着说："不自量力，和杨家人作对。放眼朝廷，谁不是在巴结杨家人，只有你不知趣。你拒绝了我的求婚，可是怎么能拒绝陛下的赐婚。"

李微瑶想起了十三皇子的遭遇，同时也悲愤自己的遭遇。

她愤怒地说："你做的事情一定会遭到报应的。算计我，还陷害十三皇子，我宁愿去和亲，也不愿意嫁给你。"

杨庭没有想到，李微瑶竟然这么倔强，他气急败坏地说："你去和亲，此生不要再妄想回到长安了。只要杨家人在，你就老死他乡。"

李微瑶盯着杨庭，说："那我就在拔汗那看着你怎么遭到报应。"

杨庭打了李微瑶一巴掌，气急败坏地走了。她捂着脸，没有哭，反而笑起来。

李微瑶回到爷爷的府中，府中一片惊慌。皇帝已经下达圣旨，李微瑶要嫁给阿悉烂达干。父亲和爷爷也一筹莫展。

李微瑶安慰他们说："嫁过去也好，省得留在这里钩心斗角，还被杨家人欺负，我宁愿去拔汗那。我爱长安，长安却不容我呀！"

爷爷气愤地说："杨庭这个小人，我恨不得手刃了他。"

李微瑶说："他们把持朝政，买卖官位，欺男霸女，已经天怒人怨，倒台是迟早的事情。我去和亲，只是放心不下亲人。"

李参说："你嫁过去后，要学会保全自己。要是想家，可以书信往来，也可以恳请回来省亲。"

李微瑶说："让府里张灯结彩，把我风光地嫁出去，也不要伤心，我们不要让杨庭看笑话。爷爷、父亲，能否让我见上阿悉烂达干一面？"

爷爷说："我可以去拜访他，你就随我一起去，只不过不太方便。"

李微瑶说："爷爷，我可以女扮男装，做您的随身侍卫。"

爷爷点点头。

阿悉烂达干住在驿馆。爷爷和父亲带着她登门拜访。她打扮成一个俊美的男子，跟随在父亲的左右。

阿悉烂达干得知岳父家人拜访，赶紧去门口迎接。他长得高鼻深目，身材魁梧，皮肤白净，大概四十多岁的模样。

爷爷仔细地打量着阿悉烂达干，此人和他想象中的不一样，一点都不狰狞可怕，他这才放心了。李参看着眼前的女婿，虽然年龄有点大，但是器宇轩昂，并非猥琐之辈。李微瑶站在爷爷的身边，偷偷地看着未来的夫婿，他看着精明利落。

阿悉烂达干殷勤地说："陛下赐婚，能娶到公主，是我的荣幸。"

李参说："我的女儿被陛下赐婚，今天见到了你，也算是放心了。希望你能好好地待我女儿。"

阿悉烂达干说："我本应该亲自带着礼物上门求

婚，奈何刚来长安，还比较生疏。感谢岳父能来看望我，实在是欣喜不已。"

李参说："不必多礼。只要女儿嫁给你能幸福，就是做父亲的最大心愿。"

爷爷说："你一表人才，又知书达礼，我们过来看看，也就放心了。"

阿悉烂达干说："我已经听闻公主的美貌，传闻和贵妃的容貌一样，又琴艺出众，我很心仪。如果能得到这样一位美人，我会疼爱有加。"

他们告辞的时候，阿悉烂达干为他们准备了礼物。

李微瑶转身要走的时候，阿悉烂达干突然叫住了她。

李微瑶惊讶地转身，不知道自己哪里露了破绽。

阿悉烂达干深深地鞠了一躬，说："姑娘，请留步，请收下我送的礼物。"他捧着一串玉珠送给她。

李微瑶装作粗声粗气地说："我不是什么姑娘，我只是一名侍卫。"

阿悉烂达干笑着说："我从来没有看到这么俊美的男人，你只可能是女儿。你长得和贵妃相像，所以你一定是和义公主。这串美丽的玉珠送给你。"

被戳穿的李微瑶有点不好意思，她只好说："陛下赐婚于我，我还从来没有见过你，所以就想和爷爷、父亲一起来见见你。"

阿悉烂达干把玉珠放到李微瑶的手里，说："长安流光溢彩，美轮美奂。大唐女人美丽迷人，我很倾慕。如果能娶到公主，这是我最大的荣幸。"

李微瑶有点脸红，她赶紧走了出去，匆匆地上了马，飞奔而去。

爷爷和父亲在后面笑起来。阿悉烂达干喜悦地凝望着她远去的背影，直到她消失在巷道之间。

十

十三皇子登门拜访，李微瑶喜出望外。十三皇子母亲病重，回长安探望母亲，得知她要去和亲，就来看望。两人见面，一番唏嘘。

李微瑶说："殿下在塞外可好？"

皇子摇摇头，说："陛下重用擅权弄法的杨国忠为宰相，朝中腐败。又信任居心叵测的安禄山，与吐蕃、契丹、南诏等的战事连绵不断。同时，陛下又好大喜功，宠爱有战功的边将，所以边将不停地对外族开战，以邀功请赏。"

李微瑶听完后，很是震惊，说："战事不断，和亲又有何用？"

皇子说："陛下根本就不考虑该不该和亲，他有求必应，这样反而更容易让属国反叛。边境现在极不稳定，长安城里却是歌舞升平，这样下去很让人担忧。我在战场上杀敌无数，却抵不过杨家人在他耳边的一句话。"

李微瑶看到皇子手上缠着绷带，就问他伤要紧不。皇子说不要紧。

"你此去和亲，一定要谨小慎微。我会请求陛下，亲自送公主去拔汗那和亲。"

公主低下了头，抬起来时已经是泪水涟涟，说："皇子为我做的一切，我只能来生再报答了。"

皇子有点哽咽，说："公主本来可以有更美好的前程，却要去承担国家的苦痛。"

十三皇子满腔痛苦地离开了李府。天空中大雪纷纷，他骑马狂奔，一任风雪吹打在脸上。

玄宗让人选了吉日，天宝三年（744）十二月十四日，让阿悉烂达干前往李府迎亲。那天，大雪过后，天气晴好，只是和义公主的内心不安。

成亲后不久，他们就要前往拔汗那。玄宗和杨贵妃亲自送他们出城，并派遣十三皇子送她到拔汗那。临行前杨贵妃送给她一把琴，说如果寂寞想家，可以弹奏一曲，以解相思之苦。

李微瑶在人群中看到了杨庭，他冷笑着，望着公主。她知道自己走后，长安城中一如既往歌舞升平，一派盛世繁华。只是自己再也看不到了。

最难过的就是她的父母，已然是泪水不止，不能自已。

此去一别，如同生死两茫茫，纵然美景在眼前，却更是凄苦。

长安城中送行的人很多，姊妹们都来送行。在热闹处，她却更觉离开的孤寂。

送亲队伍浩浩荡荡出了城门，往郊外行进，李微瑶顿觉凄冷。父母亲一直在送她，直到无法再远送。

母亲说："如果有可能，希望你能再回长安，来看望父母姐妹。自此一别，不知道何时才能相见。"

母亲把她佩戴的玉镯取下，给女儿戴到手臂上，玉镯上还留有母亲的体温。

李微瑶看着落泪的母亲，说："女儿一定会设法回来看望父母亲，哪怕是山高路长。"

阿悉烂达干在一边说："我如果有时间，一定会带着公主回长安探亲。"

送亲的队伍在路上排成一行，渐渐地远去。李微瑶就这样离开了长安。到拔汗那的路途遥远，其中的艰辛可想而知。

十一

到拔汗那的路途中，跋山涉水，送亲队伍经历了数月之久才到达。拔汗那的民众在城门口迎接王和公主。城门口人山人海，就是为了一睹大唐公主的容颜。公主的凤辇缓缓地前进，侍女拉开车帘，公主向民众招手。她一袭华丽的服装让人眼花缭乱。

阿悉烂达干骑着马跟在她的旁边，他向民众招手。民众欢呼着，一路跟随着和亲的队伍。

到了王宫，公主走下了凤辇，两旁的侍女相随，阿悉烂达干扶着她，一同走进王宫。

贵族和大臣们都在门口迎接，他们都目不转睛地看着和义公主。那一袭华美的衣衫，那雍容的仪态，迷人的容颜，都让人倾慕。马上驼运着陪嫁的礼物，非常丰厚，让人大开眼界。

阿悉烂达干的伊丽王后和两个王子在门口迎接。李微瑶能感觉到那眼眸中的敌意，她开始有点焦虑。不过她被一路的疲惫压倒，头顶灿烂的阳光让她有点眩晕。她千里迢迢嫁给一个年龄能当自己爹的异族男人，还要委屈周旋，完成和亲公主的使命。

李微瑶拜见了王后，行过了礼节之后，她来到为自己准备的宫殿。

她昏沉沉地睡去，梦里不知身是客。她梦到了父亲母亲，梦到了长安。醒来时，她不知道自己睡了多久。侍女在旁边伺候她更衣，她不再穿着华美的唐装，换上了拔汗那人的衣衫。

阿悉烂达干和她举行了隆重的婚礼。婚礼上，她有点不知所措，但是很快就镇静下来。她见到了群臣，认识了拔汗那的贵族。伊丽王后就是宰相午页的女儿，当时阿悉烂达干能登上王位，靠的就是宰相的帮助。

十三皇子在婚礼上痛快地饮酒，然后醉醺醺地睡去。他欣赏和义公主美丽的容颜，敬佩她不为权势所动的品格，眼睁睁地看着一个如花似玉的弱女子成为政治婚姻的牺牲品却无能为力，心中满是惆怅，却无人可以诉说。

和义公主努力学习拔汗那的语言，习惯拔汗那的吃穿住行，小心翼翼地维护拔汗那与大唐之间的和平。拔汗那经常遭到北方突厥人和西方大食国的侵扰。现在这两个地方看到拔汗那与大唐联姻，唯恐对自身不利，所以很长一段时间不敢再侵略拔汗那。拔汗那一直给大唐岁贡，努力维持和大唐的友好。

王宫里的日子，和义公主过得还算安稳。后宫里钩心斗角，她不愿意卷入那些是非。王宠爱也罢，不宠爱也罢，都不去计较。越是这样，王越是欣赏。受着王的庇护，她过得逍遥自在。

五年后，李微瑶为阿悉烂达干先后生下了一个儿子和女儿。她想念着长安，想念着亲人。尽管鸿雁传书，但是从长安传来的消息却让人不安。

阿悉烂达干渐渐地衰老。一天晚上，他喝完酒后从马上摔下来，卧床不起。他就下旨让位给儿子。

十二

　　伊丽王后所生的大王子忠节去过几次长安，非常仰慕大唐。忠节继承王位后，他经常在儿子薛裕的面前说起自己的所见所闻，薛裕就一直吵闹着去长安。忠节决定让他去长安。于是在天宝十三年，忠节派遣儿子薛裕到大唐，请留宿卫，在宫禁中值宿，担任警卫，然后学习大唐的礼节。但是薛裕看到的大唐不再是父辈眼中的大唐，而是由盛转衰的大唐。

　　一场灾祸正在酝酿着，只是人们还被长安表面的浮华所遮蔽，醉生梦死罢了。玄宗在边境驻以重兵，设立十大兵镇，以节度使为长官，权力很大，初时由中央派大臣充任，立功后往往可以入朝拜相。但是天宝以后，李林甫为了巩固自身权位，堵塞边帅入相的路径，借口文官不懂军事，多用胡人担任节度使，结果给胡人节度使安禄山起兵反唐的机会。安禄山表面上貌似忠诚，但其实生性狡诈。由于得到玄宗和杨贵妃的欢心，他身兼三镇节度使。

　　杨国忠与安禄山交恶，杨国忠屡次向皇帝说安禄山将造反。于是玄宗召见安禄山，安禄山在华清宫见到了玄宗，流着泪说自己被杨国忠诬陷，玄宗非常怜悯他，赏赐了很多财物，而且更加亲信安禄山，不再听杨国忠之言。

安禄山见唐室政治腐败，武备废弛，于是以讨杨国忠为名，率兵南下，攻占洛阳，自称大燕皇帝。唐军在潼关溃败，安禄山便长驱直入长安。

玄宗被迫逃离长安，路经马嵬坡时，禁军大将陈玄礼密启太子诛杀杨国忠父子，随即禁军又逼迫玄宗下令让杨贵妃自缢。逃跑的路上，李微瑶的爷爷亲手杀死了杨庭，为自己的孙女出了一口恶气。可怜杨氏一门，曾经多么荣华富贵，如今都做了刀下鬼。太子李亨逃往灵武，在郭子仪、李光弼等一班西北将领的支持下，即皇帝位，李亨就是唐肃宗。大唐换了新皇帝，却再也无法回到昔日的繁华了。

消息传到拔汗那，和义公主想起昔日在宫中与杨贵妃在一起的点点滴滴，不仅连连叹息。杨氏一门的下场，也是咎由自取，不值得同情。只是可惜了杨贵妃的倾世容颜。

阿悉烂达干久病不愈，和义公主精心服侍也不见好转。此时她觉得人生愈加冷清。还好有一双儿女陪伴在左右。

听闻安禄山叛乱的消息后，她担心家人的安危。于是她请求回大唐探亲，看望自己的父母。但是路途遥远，当时大唐内部争斗不休，皇帝无暇顾及。同时大唐修书，希望拔汗那能出兵，一同平定叛乱。

更让公主伤心的是，阿悉烂达干一天夜里突然薨逝，连一句话都没有留下。举行完葬礼后，她也病倒了。

十三

天宝十四年（755），唐封薛裕为左武卫将军，放还拔汗那。薛裕回家后，对父亲说了唐的请求。

和义公主听闻，极力劝说忠节去助大唐一臂之力。她陈述了利弊，如果大唐有难，那么拔汗那旁的敌人必将入侵，到时候国内必乱。但是忠节上朝征求大臣意见的时候，很多大臣极力反对。原因是拔汗那国内兵力微弱，如果相助大唐，万一突厥和大食国趁机进攻，岂不是很危险。再者又相距大唐太远，远水解不了近渴。

十三皇子来到了拔汗那，他来请救兵，去帮助大唐平定叛乱。忠节左右为难。

皇子说："大唐和拔汗那是唇亡齿寒的关系，今日大唐有难，出兵相助，也是帮自己。若坐视不管，拔汗那也会被侵占的。"

忠节问群臣的建议，众说纷纭，一时难以定夺。

薛裕说："拔汗那是大唐的属国，大唐有难，其他国家会趁机入侵我国，我国弱，一定难以抵抗。再说，这次叛乱虽然伤了大唐的士气，但毕竟大唐的实力还在那里，安禄山的叛军必败。"

忠节听完后，觉得非常在理，于是同意派兵助唐镇压安史之乱。同时，唐军联合回纥援兵乘机反攻。

薛裕带兵到长安去，和义公主一直叮咛，一定要找寻她父母家人的下落。薛裕到了之后，看到长安宫殿被烧毁，很多家庭颠沛流离。他派人打听，却得知和义公主的爷爷已经为国捐躯，父亲被叛军所伤，她的姐姐们随流民一起逃难，不过叛乱平定后已经回到了长安。一家人死的死，伤的伤，甚是凄凉。

大唐的繁华已经不在，只剩下一堆废墟让人去叹息。

听闻唐军打了胜仗，和义公主欣喜若狂。她立刻写信给十三皇子，打探亲人的消息。

十三皇子一直在辅佐肃宗，到处平定叛乱。接到公主的信后，他立刻派人打探消息，给公主回信。

乱世之中，能幸免于难，已经是人生的一大幸事。

和义公主在拔汗那心急如焚，她想去探望自己的家人，于是写信给新皇帝。但是拔汗那发生了饥荒，民众食不果腹，怨言纷纷。王到处去赈灾，已经无暇顾及去大唐的事情。大饥荒过去之后，又发生了瘟疫，国内人心惶惶，此时更不宜提及回大唐的事情。

和义公主在焦急等待着大唐的回信，但是等来的却是一次又一次的失望。皇帝深陷在权力的斗争之中，已经是焦头烂额，自然无暇顾及她回大唐的请求。

忠节派出使节去大唐，帮她打听家人的消息。她的父母亲已经去世，姐姐们都还健在，她们生儿育女，都在动荡中活着。使者带去了李微瑶的信，姐姐们看了都百感交集，想不到乱世之后还可以看到妹妹的书信。她们回信，希望妹妹在异国他乡好好地生活，不要太悲伤了。若有合适的机会，会向皇帝请求，让她回长安省亲。长安的人还沉浸在追忆昔日的繁华之中，徒然生出无限的惆怅。

接到亲人的来信，和义公主无限地感慨。感慨自己日夜思念的地方，早已不复记忆中的模样。亲人的来信暂时抚慰了她的思乡之情，却勾起了她对往事的回忆。她整天弹琴聊以解忧。

她的儿子和女儿尚且年幼，他们都长着和父亲一样的高鼻深目。她总是和孩子说起长安的故事，儿子达喔听完后欢喜地说要去大唐，顺便去拜访亲戚。

十四

又过了几年，拔汗那使节拜见了肃宗李亨，献上了很多珍贵的礼物，并且献上了和义公主给李亨的信。信中诉说了对大唐的思念，对长安的眷恋，她请求回到长安拜见皇帝，看望家人。信写得情真意切，让人不禁感动。肃宗看完信后，深受感动，准许他们来长安。

但是宦官弄权，百姓生活困难，逼得农民暴动，结果当和义公主起身要踏上回长安的路时，道路被阻隔，大唐忙着平复叛乱。公主的回乡之路再一次被阻断。

过了些时日，叛乱快要平复了，公主才踏上回家的路。

她终于回到了故乡，只是家中的亲人有的去世，有的卧病在床，昔日的热闹一去不复返。长安东市和西市还在，依然是长安城繁华之地。大街的旁边，有众多曲巷互相通连，往来非常便利，只是昔日四夷宾服、八方来朝的时代一去不复返了。

她拜见了肃宗，献上了礼物，同时请求见太上皇玄宗。肃宗犹豫了一下，派人带她去见太上皇。玄宗被安置在宫殿中最偏僻的地方，门口有士兵把守，他其实是被软禁在此。

见到玄宗的时候，和义公主大吃一惊，那个风流倜傥的天子，那个缔造了大唐繁华的天子，那个万人敬仰的天子，竟然如此苍老颓废。

玄宗看到李微瑶，突然两眼放光，大声地喊："爱妃，你终于回来了！我想你想得好苦。你怎么这么憔悴，这么消瘦。你一定受了很多苦。"

李微瑶离开长安时只有十六岁，回来时已经三十多岁了，却像极了当年的贵妃，只是她很消瘦。

"太上皇，我不是贵妃，我是和义公主李微瑶。当年我嫁到拔汗那还是您和贵妃主持的婚礼，派十三皇子送我到拔汗那，您不记得了？"

玄宗又仔细地看了看她，虚弱地说："不是她，

不是她，她已经死在马嵬驿了。"

"请太上皇节哀。"

"我每天都在思念她。安史之乱，我失去了江山，也失去了美人。"

"太上皇，安史之乱已经快平息了，请您放心。"

玄宗摇摇头说："昔日这里多么繁华，可惜现在只能追忆了。记得那天我登上勤政楼，俯视着对面喧嚣热闹的东市，观看街道上来来往往的行人，思绪万千。楼下市人及街中往来者，看见昔日的'三郎天子'，怀念着开元天宝时的盛世辉煌，喜极而泣，众人仰视楼上，高呼万岁，声动天地。"

"太上皇，我在拔汗那的时候，也在怀念那时的盛世繁华。"

玄宗凄苦地笑笑，接着说："当今皇帝时刻警惕我，将我迁往西内，将高力士等人流放远方。如今我是孤家寡人一个，活着实在没有意思。"

"太上皇，请您安心养病，朝中的事情就不要再记挂了。"

"在朝中我斗了一辈子，也杀了很多人。如今我累了，也想随他们一起去了，和爱妃也可以见面了。"

玄宗大声地咳嗽着，声音越来越微弱。他看着李微瑶，又自言自语地说："爱妃又消瘦了，你来看朕，一路上山高水远，你一定很辛苦……"

"太上皇，贵妃她……"

"你让我好好地看看你，你不在的这些日子，我日夜煎熬……"

玄宗坐在椅子上不停地喘气、咳嗽，不停地呼唤着"玉环"，声音凄凉。慢慢地，他不再呼喊。

秋风萧瑟，宫室的帘子被卷起，大殿之中冷冷清清，更觉凄凉。

一名太监跑过去，他摸着玄宗的脉搏说："太上皇驾崩了。"

李微瑶泪如雨下，跪拜在地。

多年后，和义公主已经白发苍苍，那娇媚的容颜已然不在，让人感叹时间的残酷。公主穿上唐装，梳好发髻，在树下弹琴，春天里阳光明媚，赏心悦目。公主喝着茶，想起了随父亲第一次去长安的盛况，第一次看到十三皇子的情景。还有那死去的杨贵妃，甚

至自己讨厌的杨庭，也都仿佛出现在眼前。而那个豆
蔻年华的自己，也出现在眼前。

不知道十三皇子可安好？他是自己敬佩的第一
个男人。往事一去不复返，爱恨却在心间萦绕。她弹
琴，仿佛又回到了繁华盛世，为杨贵妃在伴奏，杨贵
妃曼妙的身姿在舞动，惊艳了所有的人。

公主弹着那首名动长安的曲子《渭城曲》：

渭城朝雨浥轻尘，客舍青青柳色新。

劝君更尽一杯酒，西出阳关无故人。

李微瑶觉得自己有点累了，她靠在一棵树下，渐
渐地睡去。在梦里，她回到了大唐，见到了父母亲，
见到了兄弟姐妹，一家人在长安团圆。

她依然是青春年少。在大唐的欢宴中，在她的回
眸一笑中，十三皇子举着酒杯，穿过人群，向她走来。

她带着微笑，安然地睡去。

达喔和思唐跪在母亲的面前，泪流满面。母亲面
带笑容静静地逝去了，没有什么痛苦。那把琴上，落满
了牡丹花瓣。

和义公主的陵墓朝着长安的方向。墓前，种了许多的牡丹，那是公主最喜欢的花。花开时，雍容端庄，色彩明艳，让人爱怜。

从长安出发
HEQIN ZHILU

和亲之路

唐 下卷

杜睿 著

西安出版社

图书在版编目（ＣＩＰ）数据

和亲之路.唐：全2册/韩红艳，杜睿著.—西安：西安出版社，2019.11（2021.5重印）
ISBN978-7-5541-3619-5

Ⅰ.①和…Ⅱ.①韩…②杜…Ⅲ.①和亲政策—研究—中国—唐代Ⅳ.①K280.02

中国版本图书馆CIP数据核字（2018）第297109号

和亲之路　唐（下卷）

著　　　者：杜　睿
出 版 人：屈炳耀
策划统筹：莫　伸
审　　读：马率帅
责任编辑：吴　革
封面设计：何　岸
版式设计：王　苗
封面插图：李秦隆
内文插图：董雨纯
责任校对：王　瑜
印刷统筹：尹　苗
出版发行：西安出版社
社　　址：西安市曲江新区雁南五路1868号
　　　　　影视演艺大厦11层
电　　话：（029）85253740
邮政编码：710061
印　　刷：永清县晔盛亚胶印有限公司
开　　本：880mm×1230mm　1/32
印　　张：28
字　　数：420千
版　　次：2019年11月第1版
　　　　　2021年5月第2次印刷
ISBN978-7-5541-3619-5
定　　价：98.00元（全2册）

陕西出版资金资助项目

1/ 此生空遗恨·半生泪

宜芳公主杨馨宁

55/ 芳华殒逝·悲切切

静乐公主独孤素儿

71/ 替父解忧·凤楼吟

宁国公主李婼

183/ 青冢处亦归途路

小宁国公主李融

253/ 任性好颜色·一萼红

光亲可敦仆固顺莞

301/ 蒹葭苍苍·露为霜

　　　　崇徽公主李琴

343/ 力挽狂澜女豪杰

　　　　咸安公主李安

389/ 颠沛流离一生苦·无处诉

　　　　太和公主李静

后记/ 漫漫古道　长河落日

目录

宜芳公主

此生空遗恨·半生泪

宜芳公主杨馨宁

公元745年，唐玄宗为了进一步让奚族臣服，于是把宗室出女杨馨宁册封为宜芳公主嫁给当时奚族首领李延宠。之后安禄山的军队为了表示对唐玄宗的忠心，一直侵犯奚族的边境，让奚族不堪其扰，直至和契丹一同举兵反叛。公元745年9月，刚刚嫁过去不足半年的杨馨宁就被李延宠残忍杀害，年仅15岁。

及笄之痛

开元十九年（731），杨府。

满园桃花在初生婴儿的第一声啼哭中绽放。那一瞬间，杨府花园内百鸟齐鸣，蝴蝶飘飞。

"恭喜老爷，喜得千金。"众婆子齐声道贺，接生婆子随即带着襁褓中的女婴抱给杨悦。杨悦之妻是唐玄宗的宗亲妹妹，杨悦接过婴儿，看着恬静的小脸，尚未睁开的双眼，竟然莫名感觉到一丝惆怅，说不清原因。众人齐声道贺，杨悦仰头看着满园桃花，脱口而出"馨宁"，于是取名杨馨宁，愿女儿幸福安宁。杨悦看着自己妻子，不由地感慨道："娘子辛苦了。"

唐开元十九年，长安城大明宫内。唐幽州长史赵含章班师回朝。在大殿内，赵含章上前一步："启奏陛下，我唐军大败奚族。"

唐玄宗威坐大殿之上，龙颜大悦："我大唐威名赫赫，岂能容忍边境不安？我大唐即已击败奚，当乘胜追击，让其彻底归降，臣服于朕。"

"信安王。"

"臣在。"

"朕命你乘胜追击，让奚族彻底臣服。"

"臣领旨。"

信安王李祎接旨之后，内心充满期待，他清楚此次出兵胜券在握，自己有多年带兵经验，皇上此次派自己出兵必是想一举让奚称臣，又知此次出兵不需费力，他又将在自己的军功薄上记下辉煌的一笔。唐玄宗派李祎出征也是有所考量，一方面李祎是吴王之子，是真正的皇族，另一方面李祎骁勇善战，本身就是将才，自然是十拿九稳，他很欣赏这个皇兄，所以不如把这个军功记在李祎身上，也算自己的一个私心。

次年，信安王李祎奉诏对奚用兵，说是用兵其实就是一个震慑，奚族和契丹同出一个族源，都是当年鲜卑宇文部的后裔。他们败于拓跋鲜卑后，躲进大鲜卑山（今大兴安岭）里边，靠着希拉木伦（木伦本身即河流之意）生活，在南北朝后期出山，逐步成长壮大，后来形成独立的族群。但奚族早在玄宗皇帝的曾祖父唐太宗时期就已经忌惮唐的实力，之后便归诚于太宗，唐太宗在希拉木伦两岸设立了饶乐都督府。但玄宗继位之后，奚族屡次受到突厥的挑唆摇摆不定，让玄宗大为恼火。原本玄宗已经命唐休璟攻打奚、羯胡、桑干突厥，并击破奚、羯胡、桑干突厥于独护山，斩获甚众。其后王忠嗣于桑干河三次击败奚，大虏其众，耀武漠北。可是突厥仍然贼心不死，仍不断挑唆奚。这次派信安王出兵奚族，无非是对突厥的警告，玄宗心里十分清楚。玄宗皇帝是"天可汗"，那么岂可容忍其他部落有反叛之心？不仅要让他们臣服于天可汗，而且要让他们从心底里"归诚"。结果当李祎的军队到达奚族之时，早已是惊弓之鸟的奚族没有任何反抗之力，竟然不费一兵一卒就归诚，不仅如此，奚酋长为了表示诚意，率领5000帐（约5万人）表示愿意归顺唐朝，并愿意迁居中原。

翌日，朝堂之上。

"信安王李祎参见陛下。"

"陛下，我大唐此去奚族大获全胜！不费吹灰之力竟然轻易让奚族归诚，这是我大唐的威望，是陛下的威严所在！"

众臣齐声高呼："天可汗，天可汗，天可汗！"

"众爱卿，突厥意在挑衅我大唐的威严，联合奚族起兵反叛，未成想被我大唐将领唐休璟、王忠嗣先后击败，此次信安王出兵让尔等俯首称臣，此乃我大唐威严，哈哈哈。"李隆基十分高兴，不禁在朝堂上面露喜色。

众臣皆跪地祝贺，一致称赞皇上是天可汗，其他国家首领自然应当俯首称臣。朝堂上正是一片欢呼雀跃之声，突然有小太监前来禀报：

"启禀皇上，奚族首领求见。"

"宣。"

"宣奚族首领觐见！"

奚族首领李诗锁高上前觐见，跪拜玄宗皇帝，言道："臣代表奚前来与大唐天可汗归诚，愿服从唐朝统治。"

"哈哈，好，既然已经归诚我大唐，自是我大唐尊贵的臣子，重赏！"奚首领李诗锁高即刻跪拜谢恩。

玄宗听闻此消息，非常高兴，不仅重赏了李祎，也封奚族首领李诗锁高为奚王、左羽林大将军、归义州都督，赐财帛10万段，并且把他的部落移到幽州边界的归义州。"李"姓是太宗赐予的，当时把奚族部落归为饶乐都督府，意在成为大唐皇室的一份子，受大唐的管辖，现如今玄宗仍沿用祖制。

为了表示自己的决心，李诗锁高将自己的儿子李延宠作为质子安排在了大明宫内当侍卫，这一决议让之后的奚族和大唐都产生了新的浩劫，这个暂且按下不表。

且说这个李延宠，本是奚族首领李诗锁高的长子，长相健阔，特有漠北汉子的风范，个头不高却孔武有力，左边眼睑下有一个黑痣，性格多变且狠毒。李延宠原本生活在大落泊，奚虽小但对他也是集荣华富贵于一身，如果顺利的话不久之后他就可以继位，身边还有一个青梅竹马的恋人小饶。可这一切的平静竟然因唐朝与突厥的联合侵犯而一再被破坏。他深知自己民族难与突厥抗衡，更何提唐朝。突厥和唐朝为了拉拢他族，频繁骚扰、威逼利诱，他眼睁睁着父亲既不能得罪突厥又惹不起大唐，只好任由两国摆布，在突厥与唐之间犹豫不决、摇摆不定。最终在大唐的重压下突厥溃败，父亲投诚了唐明皇李隆基，自己也成为大唐的一个质子，任人奚落。李延宠在长安城一待就是六年，这期间他小心谨慎，虽然过着锦衣玉食、荣华富贵的生活，却并不快乐。李延宠不曾想到自己会被父亲送到大明宫当侍卫（质子）。在大明宫的这段时间他做事韬光养晦，不露锋芒，步步为营，如果说他如今的城府和日后的残忍来源于何处，自是要归功于在大明宫这六年的磨砺。他在奚族的时候才是他这一生最快乐的时光。他有青梅竹马的小饶，是他心心念念的向往，还有漠北的风沙和一望无际的草原。可惜，当他被父亲送来当质子的那一刻，一切都变了……

"想什么呢？"这一句话着实吓了李延宠一跳，把他的思绪也打断了。他抬头一看，不是别人，正是唐朝廷的重臣安禄山。他今日一个人来到后花园，并未带随从，也不张扬，莫非是安禄山刻意巧遇此地？安禄山已经不止一次和自己示好，此人心思莫测，手段极端，城府极深，非等闲之辈，万万不能得罪。安禄山体态臃肿，迈着八字步向他而来。他站起身来，快步向安禄山走去："安大人，我正在此处闲坐，没想到在此遇到大人，没看到大人还望恕罪！"

"哈哈，李公子是未来的饶乐都督，臣下唯恐怠慢，何来恕罪，折煞安某也。"安禄山看他小小年纪，心思深重，将来必定是城府极深之人，便有意拉拢。

"安大人真是说笑了，我现在是唐朝的一个侍卫，困在这大明宫内早已是惊弓之鸟，何来继承？何况我们奚族早已臣服于大唐，是大唐的臣子了。安大人现下是皇帝身边的重臣，这样说我李延宠真不敢当。"

"哈哈哈，李公子请坐。"安禄山按了按李延宠的肩头，示意其坐在旁边。

李延宠并不想得罪这个大唐朝臣，在长安城生活的这几年，让他明白了"借力"二字，身为奚族皇室后代，他必须依靠大唐才能让自己翻身，所以他更想借助这位身材肥硕的安大人。他动了动身子，向安禄山身边又靠近了一步，四下张望发现没人监听，才侧在安禄山耳后嘀咕了几句。安禄山先是不动声色，而后嘴角上扬，最后竟然哈哈大笑起来。两人半个时辰后一前一后离开了此处。

翌日，正值入春，天气清爽一派锦绣之象。刚过卯时，李延宠便被噩梦惊醒，他梦到自己的父亲与自己道别，父亲形象是模糊的，似乎即将要远行，叮嘱他一定要韬光养晦、借势而动，为了奚的大业而竭尽全力。他再也无心睡眠，心里正担心父亲，近日听闻父亲身体愈发沉重，本是忧虑过度，他并未多想，但昨晚的梦却并非吉兆。他正在思忖自己昨晚的梦，又在想何时能与父亲再次相见，忽听门外一个小侍从急匆匆跑入，慌里慌张地报告："李公子不好了，都督大人，大人他……薨逝了。"他还沉浸在自己昨晚的梦境当中，突然听闻此消息以为是自己听错了："你，你刚刚说什么？"他一把揪住侍从的衣领，吓得侍从脸色惨白，"你，你再重复一遍？"又让侍从重新说了一遍，确定自己这次没有听错，他顺势趴到了桌上，左手用力一甩，把一个茶盏也拂在地上，一声清脆的声响打破了此时的寂静。他先是一惊，身子不由地朝后仰，而后是不相信，连连摇头，最终在侍从一再确认下放声大哭。一直跟随自己的侍从安庆听到自己首领薨逝的消息后也忍不住痛哭流涕，他自幼跟随李诗锁高，后被派到李延宠身边做侍从，他对首领有一种难以言说的感情。

"少主，首领薨逝是我奚族族民的悲恸，可您当务之急是要考虑今后的事体，奚不可一日无君啊。"安庆劝慰道。

"哼，"李延宠冷笑道，"君？我们早已依附于大唐皇帝，何谈君？"

"难道您不想回到自己的故土，不想到老首领的墓碑前祭拜？不想有朝一日夺回颜面，不再屈居唐王朝之下，不想……"安庆没有继续说道，他心知肚明，他等这一日等太久了，虽然父王的离世让他还处在深深的悲恸中，但是他可以重回大漠，回到自己的故土，看到自己的子民，也能见到心爱的小饶，这是他日思夜想的。他看了安庆一眼，没想到他平日少言寡语，思绪竟是这样的清晰，眼界已远非一个侍从所能抵挡。

"安庆，你继续说下去。"他按了一下安庆的肩头，朝安庆微微点了点头。

"少主,您要节哀,虽然我们现在依附于大唐,但您毕竟是少主,您不能一直屈居于这里,您一定要想方设法顺利继位。"这句话正说到李延宠心坎里去了,他一直不甘心在大唐当质子忍受屈辱,势必想有朝一日回到自己的故土,继承大业。他还有几个兄弟,父亲驾崩,他们自然会对王位虎视眈眈,自己又远在长安,想到这里他心急如焚,但在安庆面前仍然表现淡定。安庆继续说道:"少主想要重回大漠,这次是绝佳机会,少主本是质子,现在更可以借助大唐势力顺理成章地回去了。"安庆的一番话倒是提醒了他,他突然想到了一个人,也许此人可以帮他顺利回位……

他悄悄传话给安庆:"安庆,你现在务必亲自去一趟安禄山大人府上,就说奚质子李延宠要见他……"

奉承都督府西北,土河川。

虽然快到三月时节,土河川依然寒冷,乍暖还寒时节是最不舒服的。奚王李延宠骑在马上,眼睛却紧紧盯着远处。这种姿势他已经保持了很久,与其说是疲倦,还不如说是期盼。他是奚王李诗锁高的长子,亦出身阿会氏。当年李鲁苏被可突于联合阿会氏以及奚族各部驱逐，丢了王位，最终导致信安王李祎北伐。就在那个时候，他的父亲李诗锁高率五千余帐，将近五万人投降大唐，被封为归义州都督，从大唐手中得到了奚王册封，一度在幽州左近驻扎了很久，而他也被送到了长安作质子。他今天出来打猎，除了安庆并无旁人。他快马加鞭想要超越，更是对自己内心的一种宣泄。

在大唐的那段日子，李延宠看似坐享荣华富贵，可对于习惯了白山黑水那种自由生活的他来说，身在长安的日子分外难熬。他足足等待了六年，方才因为父亲过世，得以回归故土。而他在成为新任奚王之后，立刻就率领族民返回了奚族故地。六年，对于一个忍辱负重的奚族首领，这显然是一场利益交易，不过他终于等到这一天了。回到自己土地的日子，让他倍感欣慰。他要夺回自己这六年的忍辱，不过他深知大唐强大不可力敌，他就和契丹结成了同盟。结盟之后，他受到契丹王李怀节的影响，多次出兵反唐。

在外打猎的李延宠心不在焉若有所思，父亲薨逝之后他派人前去求助安禄山，上次在唐皇宫一见，他们是有约定的，结果安禄山假意答应背地里却并未帮忙，好在唐玄宗想要利用他来掌控奚族，所以他才得以从大明宫返回大漠北。得到了"天可汗"的支持，自己又是长子，继位自然顺理成章。小饶还等着他，只可惜父亲已经仙逝。

安庆快马赶上，和李延宠齐头并进，驰骋了一阵之后两匹马都慢了下来，这时安庆才小心地试探道："首领，不知我们是否要继续与契丹结盟？"

李延宠驾马驰骋，听闻此言哈哈大笑："所谓利益趋同，今我奚族能与契丹结盟皆因各自的利益。我不想再受制于那个唐朝皇帝了。想想这六年所受的苦楚，真是一言难尽。"两匹马都是难得的骏马，李延宠看到手中的猎物，朝安庆说道："天色渐浓，该是回去的时候了。驾，驾！"两匹骏马一前一后消失在远处，身后四五个精壮武将紧随其后。

大明宫含元殿朝堂

朝堂之上，唐玄宗李隆基盛怒，他刚刚得知奚族准备与契丹联合反叛唐朝。

"这个叛臣逆子，昔日还在我大明宫内当质子，如今却想与我大唐为敌，这个李延宠真是不知好歹！"
下朝之后他左思右想命辅国大将军张守珪入朝觐
见。张守珪是一位战功卓越的武将，不仅骁勇善战而
且善于用兵，又是三朝元老非常有威望，张守珪从端
门而入，正值中午时分，皇上正在内室，他站在殿前
候着，正在殿内伺候的大太监高力士听闻禀报悄声走
出殿内，看着张守珪额头微汗，料定他必定为皇帝召
见而紧张，皇上宣他即刻觐见，可见事态紧急，高力士
说道："张大人，皇上正在内室等着您呐，老奴即刻禀
报。"又朝门前小内监呵道，"没眼力见儿的，没看到
张大人前来，刚才怎么不速速通传！"张守珪赶忙上
前一步："有劳高总管了。"

高力士即刻入内弯腰上前微声与正在等待的玄宗
说道："皇上，张守珪大人已在外等候。"

"快宣。"

张守珪进殿跪拜，李隆基紧锁眉头说道："爱卿
不必拘礼，此番宣你，事关大唐安宁，近日奚受到契
丹的蛊惑连连反唐，让周围百姓不堪其扰，人心不
稳，加之契丹首领李怀节已有反唐之心，如若与奚族
联合，对我大唐十分不利，朕打算派你出兵，务必让

奚与契丹彻底臣服。李延宠做我大唐质子六年之久竟然丝毫没有归顺之意,可见其狼子野心,张大人以为如何?"

"陛下,奚族不过是一个小族,不足挂齿,只是它背后有突厥和契丹不断挑唆,如果它们联手则会对我们构成威胁,所以我们应当立即出兵,给奚族无喘息之机,也可给其他国家一个震慑。"

"好,这件事朕就交由你来处理。此事事关我国之安危,交由你朕才放心。"唐玄宗给了张守珪一个笃定的眼神。

次日,唐玄宗即在朝堂上宣布由张守珪领兵出征,征战奚族。

天宝四年(745),张守珪顺利围攻奚,李延宠刚继位不久,本来就势单力薄,外加奚族连年战乱,早已无力抗敌,所以当张守珪的大军与奚族交战没多久,李延宠就被迫降唐,奚再次臣服,唐玄宗随即把奉承都督府改为饶乐都督府,并继续封李延宠为饶乐都督,怀信王,彻底让奚族臣服于大唐。

但是用武力征服毕竟不是长久之事,为了防止奚族再被挑唆,大臣们纷纷建议采取怀柔的政策,这时安禄山提出不如和亲以安抚奚族,唐玄宗听从了安禄山等人的建议,想与奚和契丹保持长久的安宁,不再受其扰,于是以和亲之名让奚彻底归诚。和亲之事李延宠自然是满口答应,他现在别无选择,何况和亲对自己民族是利大于弊,至少暂时不会再有战乱发生,可以让他暂时韬光养晦。

四月初十子正,饶乐都督府。

小饶走了进来,身上穿着一件白色薄纱,白皙的肌肤若隐若现,长发从肩部滑落下来,未施粉黛却更有几分楚楚之感。胸部正中的朱砂痣被白色的薄纱映衬的更加凸显,顺着胸部往下他看到了起伏不定的沟壑,竟让他不能自持。他一把把小饶搂在怀里,看着小饶已经泛红的脸颊,娇喘的呼吸和身上的异香,他无法自持……

小饶从小身上就散发着一种异香,这种香味与生俱来,李延宠与小饶青梅竹马,感情自然不必说,何况小饶对自己而言不仅仅是男女之情,更是精神寄托,她了解他,他也了解她,不似人心淡漠的交易,他更加珍惜了。一番云雨之后小饶竟抽泣起来,他赶紧扳过小饶的身子,问道:"饶,你怎么了?"小饶心想:早就听闻大唐要把一位公主和亲过来,那为何还要在我这里心心念念?也许所有的首领都一样,都不可能对一个女人从一而终。可她心里仍然有过不去的坎儿。

李延宠是何等聪明之人,小饶的心思已然被他猜透,但是他不愿意点破,和亲之举实属无奈,以奚的实力是无法与唐抗衡的,何况唐玄宗安排一个所谓的宗亲作为公主与他和亲,并未把他放在眼里,和真正皇帝宠爱的嫡女相比,这个杨氏女并非大唐皇帝的爱女,只是一个宗室出女,这所谓公主之女的名头实在是可笑得很。和亲他无法拒绝,只有乖乖听命,他已经归降于唐,现在是大唐的怀信王。

"饶,你所担心的事情不会发生的。"他哑然一笑,在小饶肩头轻轻一吻,"在我心里你的位置无人能敌。"奚王含情脉脉的一番话打动了小饶。虽说男人自古薄情寡义,更何况一代君王,但在此时此刻一位奚族首领能为自己俯首说出这一番动情之词,小饶心里又燃起了希望。

天宝四年(745),长安城内。

　　那位杨府的女儿杨馨宁已经十四岁, 马上就到了及笄之年, 却突然得到了一个晴天霹雳的消息: 杨馨宁作为宗亲女要被和亲到奚族! 自然少不了册封为公主, 而且要进宫受教。

　　这一消息对杨府上下不啻为灾难, 虽说是女儿, 杨悦却一直很珍视, 自幼诗书礼仪都请先生细心教授, 也是家中的掌上明珠。本来过了及笄, 就打算说亲聘嫁, 皇家却突然下诏, 他先是吃惊, 觉得消息有假, 之后确定了又恨自己无能。怎么就偏偏选中了自己的女儿? 赐婚不从, 便是抗旨不遵。杨馨宁已经被接到了宫里, 听说几日水米未进了。

　　"公主, 您好歹吃点东西啊。这样下去身体怎么受得了?"一群侍女围着一个十四岁的少女苦苦哀求。

　　"我哪里是什么公主, 我就是一个被人遗弃、听人摆布的棋子罢了。我只是一个小小的宗室出女, 怎会有如此厄运?"她大声怒吼道, 心里却委屈得要命: "可是, 为什么是我? 为什么选中的人偏偏是我, 皇上有那么多公主, 还有那么多亲王的女儿, 为什么让我承受这种痛苦。父亲, 你都不曾替女儿说情吗? 我们虽然只是一个离皇帝八百里远的宗亲, 但也不能这么任由摆布啊!"一位十四岁模样的少女端坐在宫内,鹅蛋脸颊上有红血丝,并不明显。眉毛稀稀拉拉,左侧眉中有一处断痕,据说是儿时被锐器划伤。个头中等,体型清瘦,看上去无精打采,眉头紧锁。这就是刚刚被册封为宜芳公主的杨馨宁,此时她已经被接到了宫里,这个寝宫是刚刚赐予她的,过几日就要出嫁到奚族,她要进宫接受基本的礼仪和简单的语言教导,以前她不曾想过自己有一天能同其他公主一样生活在皇宫内。寝宫并不大,四方形,分为内外两间。外间按照她的喜好全部用素色装扮,内间也不落俗:鹅黄色的帘帐,青丝雕文的菊花靠垫,藕色锦缎床被,简单雅致,可是眼前的场景并不会长久,她所谓的公主身份也是因和亲之名,她的母亲只是亲王之女,父亲虽姓杨,却与贵妃一家并不沾亲,所以她虽说是宗室出女,却和一般的臣女无两样。突然被选中和亲,真是祸从天降,他们都无力招架。在宫里,说是享受公主待遇,实则是被监视,自从下旨和亲之后,她已经不是一个皇上眼中无足轻重的宗室出女,而是权力博弈和利益交换的一颗棋子了,就等待着和亲迎娶的那一天。

"母亲,此去土河川生死未知,我还能否与父亲母亲再相见?"她在心里默默伤感,眼泪早已湿润眼眶,一旁的贴身侍女兰儿走过来说:"公主,您可要慎言啊,这里毕竟是皇宫。奴婢去给您倒一杯茶来。"兰儿是自己的贴身侍女,从十岁就跟随自己,年龄和自己相仿,所以她一直把兰儿当成自己的姐姐,公主生性懦弱,如果是刚烈的性子许会闹上几闹,而她从得知自己册封为宜芳公主,到如今已经入宫等待和亲出嫁的这段日子里,她都是安静地接受。母亲虽说是宗亲女,但她并不受宠,何况父亲又是一个毫不起眼的官员,在皇上心里也不是很认可这个亲眷,因此他们家族的地位非常尴尬。

"兰儿,兰儿,兰……"

"公主,您的茶……"

另外一个外室伺候的婢女进来。

"兰儿呢,兰儿去哪儿了?"

"奴婢也不清楚兰姐姐去哪里了,只见她一路小跑出去了。"

"不是刚刚和在这里和我说话吗?眨眼的工夫,人就不见了?"

杨馨宁拿起茶碗就是一摔,只见那银碗清脆一声, 咕噜噜滚到了她脚下, 她又是一脚把银碗踢得远远的, 吓得身边伺候的婢女低着头大气不敢出。

"哎, 真真是人走茶凉, 眼看着我要远嫁他乡, 兰儿也如此不上心了, 也不说去了哪里。"宜芳公主心里想着不由地流下了眼泪, 坐在寝宫里, 独自黯然伤神。她心里期盼这是一场梦, 梦能够快点醒来, 她还是那个生活在自己府中被父母宠爱的少女。

不大一会子工夫, 兰儿就匆匆回来了, 进屋之后还听得喘息的声音, 显然刚才是走得太急。"兰儿, 你这是去哪里了? 兀自出去却不禀报, 赶明儿我回了皇后让人打发你出去便是, 真真我是看走眼了, 想着你平日里与我最是亲近, 无论到哪里我都没有与你主仆之分, 而你却这样子待我。眼看着待在长安的日子屈指可数, 你却不能再与我真心几日。也罢, 女大不中留, 你也该找个男人嫁了才好。"宜芳公主话语中带着不满和嘲讽, 反正远嫁大漠, 想必是凶多吉少, 也不必为了谁耐着性子了。说着话, 想到自己即将要面临的悲惨的婚姻、无奈的和亲和未卜的前路, 她竟然哭了起来, 越哭越伤心, 也是不能自已了。

"公主, 奴婢绝无此心, 如有这种下作想法,立刻去死。"兰儿也跟着宜芳公主一同哭起来，在这场伤心的对话中，似乎没有谁是真正开心的。包括周围伺候着的小丫鬟们都暗自神伤了，许是想到了自己的身世，许是为公主的未来担忧，寝宫内哭声一片，好不悲恸。

"公主，奴婢这些天是经常出去，可是奴婢都是因为公主啊。"兰儿看着瞒不住了，方才脱口而出。

"因为我？"

"是啊，夫人天天都担心您呢。其实您是误会夫人了，她一直都操心您的事情，只是她自己也无能为力。大人和夫人都来求过皇上和皇后，皇上竟然雷霆大怒，甚至，甚至说……"

"说什么？"杨馨宁急不可耐地问道。

"说如若抗旨不遵，必将格杀勿论，他们也不能来探望您啊！"听了这番话杨馨宁瘫坐在地上，面色惨白。

"皇上封我为'宜芳公主'，是为了体面，可谁知道我算什么公主啊？只是一个任人摆布的棋子罢了。可我不听天由命又能如何呢？"说着说着，又哭起来，眼睛已经红肿得像核桃了。

　　玄宗皇帝对于和亲是有考量的，他同时让静乐公主和宜芳公主嫁给契丹王和奚王是为了能够平衡双方的关系，这两位公主也是经过众臣商议才决定的，绝不是一拍脑门的冲动。宜芳公主是宗室出女，也算是宗亲，而静乐公主虽说不是信成公主与独孤明所生，但为了和亲也记在她名下，至少师出有名，他人并不了解自己这个做皇帝内心的孤独，而政治上又不得不考虑与契丹和奚的关系，所以权衡之策只能如此。可是对于宜芳公主自己来说却是无妄之灾，甚至改写了她一生的命运，生在皇家就是要承受不自由的人生和无法选择的婚姻。

　　"兰儿，陪我出去走走。"宜芳公主性子内向，不喜言谈，又时常会多愁善感，有时把太多的心事都压在心里。她今天特意精心打扮了一番，听到兰儿的一番话，心里反而放下了许多，既然命里如此，她也只好认命。她只让兰儿一人跟着她到后花园散散心。平时喜素的她今天特地穿了一件大红刺绣抹胸外加白色披肩，点唇、扑粉、胭脂样样到位，在初春时节增添了一抹青春的味道。"公主，您看，那边好像是静乐公主。"一位与她年纪相仿的少女在一个丫鬟的陪同下朝她们这边走来。宜芳公主定睛一看还真是静乐公主，来皇宫之前她们并无交集，甚至不知彼此，不过她听说静乐公主也被和亲到了契丹，甚至出嫁的日子都是同一天。此前也是同一天被安排在皇宫，一同受教，所以曾经有过几面之缘。她看着静乐公主好像刻意朝她们走来，她索性快步迎了上去。"姐姐，今天也出来散心吗？"没等她先开口，静乐公主已经抢先。"是啊，可巧了，咱们姐妹能碰到一起。""是妹妹有意等着姐姐。""等我？为何？""姐姐可知你我同时被和亲，命运多舛，应是同病相怜之人。"宜芳公主杨馨宁是一个非常内敛的人，并不善言谈，加之此次她成为别人的一颗棋子，更对皇宫内的人有所警惕，她环顾四周并未发现异样，看静乐公主的眼神，并无恶意。再看静乐公主的穿着，非常素雅，除了一些平常的装束之外并无华彩，她们都是不知名的宗亲女，自然是毫无地位，任人宰割。初春的长安城春寒料峭，还有一丝凉意，后花园内杨柳新添枝芽，但花朵未尽开放，宜芳公主拉了拉衣袖，跟静乐公主说道："妹妹如无事，不如来我寝宫坐坐，姐妹相见也是缘分，外面寒凉，还是不要久留。""甚好，那我就和姐姐一同前去。"

公主和亲，鲜少有和亲女到皇宫受教的先例，自然也是因和亲之女大多是皇亲贵族，或深居宫中，或出自名门，只有她们是被接来宫里的，宫里有规矩，不让她们多走动，只晓一心学公主礼仪，其余一概不多问。这也是头一次她邀请别人来自己寝宫。

两人相约一前一后到了宜芳公主处，杨馨宁吩咐婢女斟茶，她则去拉了静乐公主坐下，静乐公主年纪与她相仿，她只叫"妹妹"既不失礼貌又不出差错。静乐公主只待了半刻钟，诉说了自己在这深宫的愁苦，又感慨了一番便离去了。待静乐公主离去之后，兰儿好奇地问道："这个公主好生奇怪，没由头地说些什么，我倒是听不懂。"宜芳公主也不理会，只是抿嘴一笑，心想：这个公主倒是有几分城府，可惜同我一般命不济，唉。

自从与静乐公主相见之后，宜芳公主心中多了几分宽慰，总算是有女子和自己同病相怜，而且母亲为了她的事情也在想方设法，可皇帝已经做好了决定，何况奚族既已知道此事就说明已经是定局。母亲派人送信给她，虽然此去和亲已成定局，但她会尽力周旋，万望馨儿多多保重。她打点了一个家奴和一个侍从，让他们一路跟随陪伴左右，到了奚族也好有个傍身的。

这两日兰儿眼见着杨馨宁心情舒畅了许多，又肯配合着嬷嬷学一些礼仪，所以她才抽了没人的空说出内心的秘密。

"公主，奴婢之前出去是因夫人安排，夫人不便经常来往宫中，便差奴婢跑了一趟，她让奴婢得空去前门找一个姓徐的侍卫，之前得过杨大人的恩赏，如若在宫中有事情便可去找他。"兰儿眼见大婚之日将近便把实情告知。

"兰儿，这事你为何要自作主张？定要事前同我商议，你一个眼生的婢女私会侍卫，说出来便是大罪，不仅你会获罪，我们也会跟着受牵连。"宜芳公主这几日在宫里也学到了不少规矩，婢女不能与侍卫私会，这也是宫中禁忌。

"放心吧，主子，奴婢有分寸，不会失礼的。"

主仆二人相拥而泣，不在话下。

远在东北部的李延宠也对这场政治和亲甚为反感，他一方面忌惮于唐势力不愿违背，另一方面又受着契丹的蛊惑经常挑衅，虽然屡遭唐军大败，更记恨这位唐朝皇帝，他想到了自己六年的质子生涯，想到父亲临终未能见最后一面，想到自己的国家屡遭唐攻击，他无能为力。"好啊，都说大唐的公主高不可攀，我倒要看看落到我李延宠手里，又有何通天的本领。"他恨恨地想，随即喊道："来人，来人，把军务大臣耶律阿丸叫来。"军务大臣耶律是他的亲信，他之所以能顺利回朝除了有唐朝皇帝相助，阿丸也是功不可没。"今日召卿进殿是想与你商讨与大唐和亲之事，唐朝皇帝李隆基对我奚族不断进攻，又再次以和亲安抚之，接下来我们该如何行事？"

"首领，以臣见，大唐现在是李林甫掌握大权，那个大唐皇帝早已沉溺美色，愈发昏聩，不如将计就计，先以和亲作为权宜之计，再静观其变。"

话说这位军机大臣已是掌控全局之人，自然对唐朝的政局了如指掌，李延宠又在唐做了六年质子，知晓唐此次和亲无非是和缓之意，对于四面受敌的李隆基而言，周边安宁才是上策。此时渐渐沉迷后宫的李隆基把政务交由李林甫出面。而野心勃勃的安禄山也逐渐取得李隆基的信任，这个人也将成为唐与奚反目的罪魁祸首。虽然李延宠此时并非十分清楚，但他明白，和亲之举势在必行了。

落入虎口

天宝四年（745）三月。长安大明宫内。

眼看和亲之日愈来愈近，三日后杨氏将以宜芳公主的身份嫁于李延宠，奚已经派人前来等候接亲。宜芳公主心里充满了忧虑和紧张。徐侍卫是送亲的侍卫首领，是杨悦的亲信，也算是母亲特意安排他前来照应的。她心里有一种不祥的预感，总觉得自己将会客死他乡，最近几日更是心神不宁，但却无可奈何。

到了傍晚，她把其他侍女退去，让兰儿凑到自己跟前，悄声说道："兰儿，你明天托人给母亲带句话，让她务必来见我一面。"兰儿心里为难，夫人因上次跪求事件已经让皇上震怒，她现在进宫没有那么随意，但是又不能告诉公主，公主生性敏感，害怕她又会多心。

"好，公主，奴婢尽力去办，现在和亲之日将近，奴婢即使想去找徐侍卫恐怕也是很难办到了，所以您还是不要抱太大希望。"

杨氏心里何尝不知，只是她想与母亲见上一面，即便将来再无相见的机会，她也不留遗憾了。公主嫁人之前都是待字闺中，只有她和静乐公主是留在皇宫里，说是受教，无非是怕人看出她们的身份，平白落人话柄罢了。

烟花三月的季节，她们母女俩终未能相见，一别便是永远。

李林甫很早就得到密报，此次和亲有人在暗中作祟，他在和亲前几日已秘密将徐侍卫撤下，换成自己的亲信，而一切准备妥当才将此事禀报李隆基，李隆基自然没有意见，甚至夸赞他这次行事果断。当杨府知晓此事时为时已晚，而杨悦更无可奈何。他们深知，自己的女儿将奔赴那不可见的未来，将命运交付到一个喜怒无常的人手中，而此时的唐明皇还在与杨贵妃温存，丝毫不知这位年仅十四岁的公主将面临什么……

天宝四年（745）三月十四日，原定的日期已经到了，寅时，值守的太监已经开始活动，听到动静的侍女开始收拾起来，最后轻声叫公主起床，这是一个浩大的工程，除了浩浩荡荡的陪嫁之外，凤冠霞帔自不能少，猩红的锦缎、翠绿的手环、橙黄的凤冠，看着铜镜中照映出来的脸和嘴角边黄色的茸毛,自己是一个十四岁即将远嫁的少女。如果在普通人家,可能还继续待在父母身边撒娇,在皇家又能奈何?两个时辰的梳妆打扮,她终于是收拾停当了。她任由宫女们摆布着,奚族派来的接亲使臣早已等候多日,而大唐安排的送亲使者也已经等着这一天的到来,两位公主同时和亲,将是载入史册的大事。

杨馨宁呆坐在榻上,铜镜里自己一张精致的妆容却有几分苦相,她手里拿着一个金镶玉的手镯,这个手镯是母亲出嫁时外祖母送给她的嫁妆,现在母亲送给自己做嫁妆,也算是一份寄托。

"兰儿,兰儿。"

兰儿从屋外跑入:"公主您有何吩咐?"

"兰儿,你眼睛怎么红了?你是刚刚哭过吗?"

"哦,没事的,刚才出去看看屋外奴婢种的兰花开了没有,风大眯了眼。"

她知道兰儿在说谎,心里更加不安起来:"兰儿,是不是出了什么事情了?"她还不知母亲已经病倒,她所期盼的徐侍卫也早已被换掉,不能亲自护送她。

"公主,无论怎样,奴婢都会陪在您的身边。"兰儿信誓旦旦地说道。

　　这个唤"兰儿"的侍女和杨氏关系非同,她是杨府管家的女儿,后成了杨馨宁的贴身婢女,她笃定自己此生要陪伴公主,她性格坚定,比宜芳公主更多一份成熟与果敢,当初杨夫人派她在女儿身边也希望能多照拂女儿。兰儿不作声,她是一定要跟随自己的公主的,既是夫人的托付,也是公主多年来对自己感情的认可。

　　卯时一到,唐明皇李隆基已差人将杨悦请到了太极宫,为自己的女儿送别,而母亲病倒卧床不能前来,所以无法见到自己女儿的大婚典礼。其他大臣也悉数到场,她和静乐公主是同一天出嫁,她嫁给了奚族首领李延宠,而静乐公主嫁给了契丹王李怀节,奚族和契丹迎亲的使臣也早已侯在大殿外。这时两位公主在贴身侍女的陪同下缓缓而入,同样的装束,同样的凤冠霞帔,一高一矮,环肥燕瘦,自是不同的风格。宜芳公主左手佩戴着一个金镶玉的镯子,是母亲的陪嫁,也是自己最珍视的宝物。手镯非常标致,玉石晶莹剔透,在阳光下更是熠熠生辉。兰儿在旁扶着她缓缓前行,两个人的手心都已经湿润,她每走几步都会用余光瞟一下旁边的静乐公主,静乐公主比自己矮半截,所以步伐更加缓慢，在这看似喜庆实则悲壮的时刻，她低着头朝着迎亲车马缓缓而去，猛然间看到了自己的裙摆没过双脚，她再也无法抑制自己内心的苦楚，眼泪顺着胭脂水粉的脸颊一路流畅。走到中央，唐玄宗在高力士的搀扶下步入大殿外，他朝众嫔妃一扫而过，低声说道："此次和亲意义非常，如有人从中作梗破坏了和亲大计，必格杀勿论！"众嫔妃神色不一，反正事不关己自然是全力配合。高力士见状忙上前一步："陛下，吉时已到。"唐明皇双眼朝大殿中央叩谢的两位公主和迎亲队伍一瞥，慵懒地向高力士道："开始吧。"先是册封大典，迎亲使臣来叩拜，迎送公主出阁，朝廷命官前往送别，之后送亲使臣护送到奚族。一切结束，皇帝转身离去，宜芳公主终于抬头看到了自己的父亲，父亲杨悦竭力控制自己的情绪，母亲却并未露面。母亲呢？母亲怎么没来见我最后一面？她心里嘀咕着，四下张望，发现母亲真的没来，但是迎亲的队伍已经候在门外，她只能像个木偶一样按照仪式来。她要远赴异域他乡，赌上自己一生的命运。旁边眼生的侍卫已经等待很久，送亲的使臣早已不耐烦，急忙打起轿帘说道："公主，请上轿吧，耽搁了时辰我们担当不起啊，路途遥远，还是尽早动身吧。"宜芳公主再一次用眼神给父亲送别，看着父亲强忍着悲痛，她心似刀绞……

"公主，您可不能再耽搁了，不管怎样路还是要走的，别让奴才们为难啊。"这个新换的侍卫是李林甫亲信，完全不把宜芳公主放在眼里，他连连打着哈欠，急不可耐地催促着她，又呵道旁边的陪嫁侍女兰儿："赶紧扶你们主子上车，晚了可不是你能担待起的！"兰儿在一旁已经哭成泪人了，听罢，赶忙收起眼泪扶着公主手腕："公主，让奴婢扶您上车吧，别让老爷夫人再难过了。""可是……"杨馨宁终究没有说出口，毕竟这么紧要的时刻没人关心她的母亲去了哪里。

此时的宜芳公主还幻想着母亲能为自己的后路有所安排，虽然她已经从兰儿眼神里读到了变数，也未发现徐侍卫的身影，眼生的侍卫对自己的态度极为敷衍，但她还是抱有一丝幻想。此去虽凶多吉少，但她相信母亲不会置之不理的。车马一路颠簸，车马离开长安，行至虚池驿，她愈加紧张和不安，便要求停车休息。在一处树荫下，她刚想坐下，突然从身后窜出一个人影，左晃右晃又不见，再一定神，那个人影已到她左侧，俯身向她耳畔低语道："公主，莫怕，我是夫人安排保护公主安危的。"她一听是母亲的安排，立刻激动地跳了起来，一反往日的宁静，像是得到大赦一般："大人打算何时救我逃脱？""这，这，夫人没跟您说吗？李林甫已经换了他的亲信，我在此地不宜久留，还请公主保重。"

说罢此人一扭身不见人影，真真是来无影去无踪啊。她听闻此消息如晴天霹雳，顿时瘫坐在地上，双手紧握，脸色煞白，情绪完全失控，"哇"的一声大哭起来，吓得侍卫和宫女都一拥而来。兰儿在一旁目睹了全过程，她没有上前劝慰，她知道任何言语都无法弥补公主内心巨大的悲恸。

车马休整完毕，使臣看出公主情绪不稳，也小心翼翼地说道："公主，天色已晚，还望公主尽快赶路，我们要在天黑之前赶到驿站落脚。"

此时的她已知自己此生与长安将是永别，站在虚池驿，回望长安城，突然作诗一首：

出嫁辞乡国，由来此别难。

圣恩愁远道，行路泣相看。

沙塞容颜尽，边隅粉黛残。

妾心何所断，他日望长安。

宜芳公主自幼饱读诗文，做得一手好诗，如果不是此次劫难，她恐怕也会过着幸福快乐的日子。车子在路上马不停蹄地行进，经过近一年的舟车劳顿，大唐和亲公主终于带着自己的陪嫁浩浩荡荡地来到了她十分陌生的地方——奚首领所在地饶乐都督府。期间她经历了沙暴，经历了水土不服，差点病死在路上，又遭遇了几次贼人。此时，早已获悉她到来的怀信王李延宠等候在了府内，宜芳公主被眼前的荒凉所笼罩：这是哪儿？和长安城相差如此之大，为什么这里a七月份仍然如此荒凉，母亲，我好想回家啊！但是，殊不知，这一去便是一生。

奚族牙帐土河川

奚族这时已经南移，满天满眼的黄沙已经覆盖了整个土河川，七月的天气依然荒凉、干燥、感觉不到已入夏。大片的毡房，成群的牛羊，还有依稀可见的筒篷车，这种车她从未在长安见过，车厢是筒状，拱形顶，整个车厢为一体。车门开在车厢前端。两侧还有门帘，应是冬日挡风所用。土河川虽是奚族牙帐，但也归入唐朝都督府，所以和中原的融合十分明显。临近府邸，愈发看到高车大马，还有一个个毡房，显然不同于一般门户。她打了一个哆嗦，以后要住在这临时的毡房里，受着寒冷，听着不同语言，真是一种煎熬。

兰儿看出公主的无助，还未进入府中，她就在公主耳边嘀咕道："公主，这里不比长安，这里是饶乐都督府，您现在的身份是怀信王妃，我们要面对的不仅仅是怀信王，还有他身边的众多妃嫔。"迎亲使臣把公主带到李延宠身边，先对李延宠说："奚王，大唐公主到。"宜芳公主的使臣是唐玄宗亲命的，使臣到了饶乐都督府之后，李延宠就已经亲自迎接，并按照大唐风俗接诏书、行跪拜礼，之后又命人好好招待使臣，宜芳公主则被安排在毡房里等待行礼，专门有嬷嬷来教授，奚族的礼节并不十分繁复，随后重新梳妆打扮，应众嬷嬷伺候着。宜芳公主被嬷嬷领到正殿，正式来见自己的夫君。

"公主一路辛苦,请稍作休息,我已安排好侍女,一会儿会带公主到毡房。"李延宠对这位公主倒是客气,"牡丹、香草,你们过来拜见你们的主子。一会儿等嫔妃们拜见完毕之后就带王后到毡房休息。"牡丹、香草是按照唐朝风俗取的名字,李延宠转身笑着对宜芳公主说:"王后有礼,明日才是正式的仪式,今日王后累了,早些歇息吧。"杨馨宁第一次抬头审视这位奚王,看上去年纪并不大,身材短小健壮,满脸络腮胡,有着大漠男人的豪迈,但在眼睑处有一颗黑痣看上去增加了不和谐,又增添了一份凶恶。他的毡帐内都是暗色的,布置深沉,让人有一种窒息感。还未等她细想,属下人来报:"各位王妃们都在外等候多时,奚王是否让王妃们进来拜见?"

"让她们进来吧。"李延宠大嗓门地笑道,一边说着一边拿起宜芳公主的手亲吻了一下,然后握在自己的手心里,这让宜芳公主极为不适。她从小到大只与父亲和弟弟有过接触,突然有一个男人拉着自己的手,还亲吻起来,她还没有适应。但此时已不是在长安城,她佯装开心,给李延宠一个甜甜的微笑。

"饶妃拜见新王后。"一个妙龄少女脆生生地迎了进来，后面跟着约莫四五个相似装扮的妃嫔和一众婢女，这个妙龄少女看样子像是先前管理后宫的，如果不是位分最高的那一定是最得宠的。也难怪，宜芳公主细细打量道："真真是一个尤物，如果我是奚王，我也会喜欢的，天生的美人胚子啊！"再看下去，这个尤物面色粉嫩，身形圆润，却又不是肥胖，肌肤白皙自带酒窝，一笑起来就是醉人的。最关键的是这个尤物身上有一种莫名的味道，不是香味，而是……她自己也想不到一个词形容，并不让人讨厌。穿着打扮倒是素雅，头上只戴了一个凤眼金簪，其余无他。

土河川七月份并不感觉炎热，又是一片荒漠，风沙很大。众王妃穿着皆不同。再看紧随其后的那一位，年龄稍长，浓妆艳抹，红唇黛眉，浑身珠光宝气好不气派。此前她听闻这边有一种规矩，老奚王驾崩之后，他的妃子要继续嫁给新奚王，他猜想这应该就是之前李诗锁高的妃子庄妃。后面还随着几个妃嫔都是环肥燕瘦，各有特色。

"王后，您刚到这里并不熟悉，随后还要慢慢了解才好，这里不比长安，风土人情都不同。"那位年长的妃子笑着说道。

"姐姐真是危言耸听,别把新王后吓着。王后,您不必担心,时间长了自会熟悉,我们姐妹都很好相处,之前是我代管后宫事务,既然新王后来了,妾身会协助您处理好后宫一切事务,待您熟悉之后妾身自是要让贤的。"饶妃打趣道,"妾身先介绍一下各位妃嫔吧,这是庄妃。"她指了指年长的那位妃子,"旁边这位是静妃,这位是丹妃,她是军机大臣的嫡女。这几位都是奚王身边最受宠的妃子,以后您就会慢慢了解的。"各位妃嫔一一见过新王后,不再赘言。宜芳公主新来乍到,又不善言谈,根本无还口之力。站在一旁的李延宠默不作声,看着几个妃嫔说完才命令道:"这是大唐来的公主,是新王后,你们以后要和平相处,不要节外生枝。王后不必挂心,有何需求直接问饶妃就是。"通译在一旁翻译着,但也只是挑拣着翻译,估计言外之意她并不清楚。饶妃会简单的汉语,这是李延宠曾经亲自教授她的,所以她们沟通起来更容易一些。

"王后先行歇息,明日嬷嬷们会来安排大婚仪式。"说罢李延宠抬脚走了,晾着宜芳公主不知所措。

奚王一走,那个丹妃第一个跳扈起来,看着少不更事的馨宁,她走到馨宁面前挑着眼睛上下打量起来:

"你就是大唐来的公主？听说你才华横溢，在路途中竟然作诗一首？我是丹妃。迎春，替我给王后斟茶，我要敬一下新王后。"说罢，朝那个叫迎春的婢女使了个眼色。宜芳公主心下思忖：消息可真快啊，我只是随口作诗，都能传到千里之外的奚族，可见我的身边早已布满耳目。

"是，丹妃娘娘。"迎春走上前端着一碗茶来到馨宁面前。"王后请用茶。"馨宁环顾四周，发现已然是陌生的环境，除了身边的兰儿之外，处处都暗藏危机。她只能接受。正待她要接茶杯之际，兰儿抢先拦住了："丹妃，我们王后路途不适，水土不服，已经腹泻几日，实在不宜饮茶，请丹妃莫生气。要不，我替我们王后饮茶？"

"哪儿来的女婢，这么不懂规矩，这里都是贵人，哪有你说话的份儿？"迎春仗势欺人，竟然出言不逊。

饶妃看着这一出好戏已经接近高潮，她没有多说一句，心想：正要给你一个下马威，竟有人替我出头，真是借刀杀人不费力啊。

宜芳公主馨宁忙拉过来丹妃安慰道："这是我的

贴身丫鬟，平日里管教不严，兰儿还不快给王妃赔不是？"

"我初来到这里，姐姐们正应该高兴才是啊，多了一个姐妹不好吗？兰儿，去拿茶来，给各位姐姐们每人一份。"俗话说，人怕敬，这么好言相劝，反倒让丹妃没了主意，倒是饶妃趁机卖乖："新王后才到，已经疲惫不堪，哪有婢子们拌嘴的份儿，我们该退下了，牡丹、香草，一会儿带王后到宁香苑休息。"又转身行了大礼，"王后，都是妾身处理不力，所以才会有这么不和气的事情，您早点歇息，以后妾身再跟您细细讲述。"又是脆生生几句话让整个府中气氛缓和了不少，一阵风一样饶妃带着众妃嫔妖娆而去。

待送走各位妃嫔，她也到了自己的宁香苑，说是宁香苑，其实就是一个装饰奢华的毡帐，真是一方水土一方风情，连陈设都不同。这里常年寒冷、干燥，因此所用陈设，全部都是深色系的花纹，无论是床上还是地上，都铺着厚厚的毯子，床上倒是十分喜庆。她还穿着离开长安时的一套红色嫁衣，只见牡丹、香草迎进来跟她悄声说道："刚有人通报，一会儿奚王会来，请王后沐浴更衣。新衣已经备齐，婢子们伺候您沐浴吧。"

"啊，不不不，还是由兰儿来吧，这些事情一直是由兰儿负责的。何况我们语言不通，交流起来确实有困难。"

"兰儿不懂这里的规矩，奚王交代了，以后府中的大小事务必由我们亲自操持保证王后的生活起居。"这两位奚族女婢说道。

难道连一个兰儿都容不下? 她万分沮丧，只恨自己不是巧舌如簧之人，又不会讨人欢心，她心里怨恨自己。

一番沐浴更衣、梳妆打扮之后，她呈现出了另一种风格，穿着异域服饰，倒显出几分乖巧，再细细看上去，自己算是独具味道。她静静地坐在榻上，等待着李延宠的到来。一直等到三更天，李延宠才微醺而来，来时退下了所有的侍女，就剩他和她。她低着头，不敢抬头看他，他扳过她的下巴，让他和她的眼睛直视。她才真正仔细端详他，除了满脸的络腮胡，五官倒是周正，看着也不那么讨厌。就是眼睑下的痣让她极不舒服，好像随时面临危险，又像是有第三只眼睛在看她。李延宠脸颊绯红，微微一笑道："王后，你是大唐的公主，我是大唐的质子，和亲不过是政治手段。不过看着你，我倒心生几分怜爱。"他又一次抬高她的下巴，"嗯，模样倒也俊俏。听说你很有才情？以后为本王吟诗作赋可好？"一把把她摁倒在床上，急不可耐地脱去衣服，不知是紧张还是激动，馨宁竟然沉浸在其中，毫不抗拒。当他们鱼水之欢时，她"啊"的一声，一股震颤心扉的疼席卷而来，随后是萦绕全身的一股暖流。她竟下意识地抱紧了李延宠，眼角两边泪水打湿了枕头。不知为何，她突然想起了自己的父母。

第二天一早要行礼，规格自然是最高的，同时还有臣子特意为宜芳公主介绍奚族的历史。繁琐的礼节结束后，她拖着疲惫的身躯回到毡帐，各妃子也跟随着前来问安。小饶先开口："您是唐朝来的公主，身份尊贵，以后我们还要仰仗您呢。"杨馨宁不语，小饶见状也岔开话题，"再说这后宫之事，当初王后未到，原由妾身代为掌管，奚王忙于政务，后宫人数并不多，除了昨日跟您介绍的庄妃、静妃和丹妃之外，其余都是媵妾，牡丹和香草会慢慢告诉您。庄妃秉性直率，而静妃则比较温顺，不善言谈。而妾身，是跟着奚王时间最久的，我们从小一同长大，所以彼此也更加了解。好吧，王后听了这大半天，您也乏了，这后宫的事务不是一二日就能说清楚的。今日妾身就不再叨扰了，奚王那边还等着我过去呢。"

"饶妃，请留步。兰儿，把我从家乡带来的水晶高脚杯送给饶妃。这个还是比较稀罕的物件儿。"兰儿递到饶妃手中，饶妃眼睛放光："久闻唐三彩盛名，水晶更是稀有，今日一见真是名不虚传啊。"话说着手里已经紧紧握着，嘴上却说道："这么贵重的物品，妾身怎敢收？还是王后好生收着。"

"这是送给姐姐的见面礼，姐姐替我打理后宫不辞辛劳，这点礼物算什么？"

饶妃兴高采烈地拿着物品走远。兰儿才夸赞道："我们公主真真是聪慧过人，知道有舍才有得。这个饶妃与奚王关系非同，我们与她打点好，往后后宫的日子才可以捋顺。"正说着，一个跟随她的婢女乳鸽匆匆跑入在兰儿耳边嘀咕起来，只见那兰儿脸色大变，眉头紧锁，继而又愁苦起来，佯装镇定却已是掩藏不住。她见事态无法掩饰，于是干脆直截了当和宜芳公主坦言："公主，您事先要有一个心理准备。安禄山安大人的军队正与奚族边境民众发生冲突。恐怕这事奚王已知晓，他估计会把怒火发在您身上，您一定要想个对策。"

这一下子也让宜芳公主慌了神。她原本没经历过这种事情，突然遭遇此事更不知该如何是好了。是装聋作哑还是力表决心，或者劝说和解，似乎都不是她一个后宫女子所能主宰的。"公主，乳鸽刚刚说之前护送公主的那位侍卫还一直留在这里暗中保护公主。他派人捎信儿过来，说要不要当面见一下公主？"

"此时万万不可，我刚来这里，如果被人发现，不仅我自己名节不保，甚至会连累整个家族。此事奚王既已知道，并未召唤我，可见他还未有定论。可能边陲动乱只是一时之事，我们不如装聋作哑，静观其变。"宜芳公主毕竟年轻，对李延宠为人还不了解。其实此时的李延宠早已大怒，她还不知道等待她的将是一场浩劫。

芳华瞬逝

饶乐都督府内。

"奚王，李隆基真是一个毫无诚信的皇帝，刚和亲过来一位公主，现在竟然出尔反尔，纵容安禄山这个老贼作乱，害我百姓流离失，所叫苦连天。"

"奚王，依臣所见或许并非李隆基所为。李隆基现在已经完全沉迷于美色，唐朝政务已经交由李林甫操控。这个安禄山正是借机上位。"

"奚王可曾听过安禄山，此贼人诡计多端，满脸横肉，膀大腰圆，是一个不折不扣的胡人。他曾经献媚于张守珪，之后帮助张守珪获战功无数，现在又深得李隆基的信任，此次骚扰边境，也是想趁机与我奚挑起事端，以达到他的狼子野心。"

"让大唐来的新王后出面抵御，一面和亲一面又作乱，到底有何居心？"

众臣你一言我一语，已经让李延宠心怀怨恨。他何止听过安禄山，当年在唐朝做质子时，他与安禄山是有过交易的。当初他想要回到府中继位，安禄山佯装帮忙虽并未出力，他也顺利继位了。原来这一切都是有预谋的，这就是他利用他的地方。此时，安禄山已经派人传话，他现在只好先将计就计。

"众爱卿之意本王已经了解，此次边陲动乱，或许是一时之事，大唐和亲公主还在我处，先按兵不动。"李延宠并非不愤怒，而是还对安禄山和唐朝皇帝存有一丝侥幸，他也不想打仗，好容易休养生息，如果还要继续开战，奚族百姓将是无妄之灾。

这几日李延宠并未提及此事，杨馨宁也就权当不知情。但一连几日，他再未到她的毡房，其他妃嫔也不来此处，总是借故身体欠佳，即使是饶妃，待她的神情也大不如往日了。

这日，她走到花园散心，看到前面有两个妃嫔，正待她走上前去之时，只听一个人对另一个说："姐姐听说了没有，那个新来的王后真是红颜祸水，刚来没多久，我们这儿就总是发生奇奇怪怪的事情，先是与契丹关系紧张，之后又是唐朝骚扰我们边境，奚王已经怒不可遏了。"

"就是啊，我也听说了，你说她也不出面表决心，一看就是单纯的样子，连奚王的心思都猜不透，难怪饶妃对她毫无提防之心，跟饶妃比起来，她还差得太远呢！"

她没有继续追上去，而是原地止步，这些话对她的打击无疑是致命的。"兰儿，我们回去吧。"回到住处后，她想了很久，打算今晚要去面见奚王，亲自说明一切。

她提着亲手制作的点心、熬制的梨汤，来到李延宠政务所在地。已经是酉时，李延宠还为政事焦心，一个侍卫通报之后说："奚王让王后先回，他还有政务要处理。"

"不要紧，劳烦您把点心给奚王送进去，我在此等候就行。"从酉时一直等到戌时，李延宠出来时看到他的新王后还在外候着，心里并没有一丝怜爱，只是冷冷地说道："天色不早了，王后早点回去歇息。"

"奚王，妾身实在是焦急，又无法与奚王分忧，妾身只求奚王降罪。其余的事情妾身一定会站在奚王身边。"李延宠看着这位单纯貌美的大唐公主，也觉得她不过就是政治棋子，倒是这么力表忠心，也难为她了。

李延宠倒宽慰她道："王后暂且安心，政事王后就不必费心了，这件事且后再议。"说罢，李延宠陪着杨馨宁一起回到了毡帐。

这一夜的恩宠又让后宫妃嫔再一次聚拢到她这里，第二天一大早，除了往常都会来问安的饶妃，庄妃、静妃都来此处，甚至连不常出门的丹妃也破例过来问安。

此时的饶妃还是那么艳丽迷人，她带领着众妃嫔齐声给王后问安，并嘘寒问暖，好不温柔。

可饶妃心里却恨透了杨馨宁，一方面是大唐公主来之后，后宫就不是她说了算了；另一方面她现在毕竟是大唐公主，对李延宠还有掣肘之用，所以李延宠不仅敬她，还很宠她。又知她才情过人，经常出口成诗，不比大漠女子的彪悍，李延宠对她还有新鲜感。除了饶妃，还有一个人也恨透了她，那就是丹妃。这位丹妃是军机大臣耶律的嫡女，一直是奚王身边的宠妃，虽然位分不高，但她一来就与饶妃平分秋色，这次又来了一个王后，她的宠幸日日下降，当然是一肚子怨气。问安之后，饶妃故意支开其他人，跟丹妃一路同行，看似随意地说："这个新王后真是不简单，如果这样下去，恐怕丹妃在奚王那里的恩宠越来越少了，我都替你不值啊！"说罢，笑着离开了。

几日之后的早上，婢女送来几盒新研制的粉交给了兰儿，并一再强调："婢子送过来的这个粉，只有个别王妃才有，请王后尝试一下，据说美颜效果非凡。"

杨馨宁没有多想，让兰儿侍奉自己用上，刚用上果然显得皮肤白皙，兰儿还夸赞新颜料效果不错。过了大约一个时辰之后，她感觉自己脸颊发烫、发痒，之后又有肿胀感，她让兰儿看一下，结果兰儿也吓了一跳，惊叫道："公主，您的脸……脸……脸怎么成这样了？"她一看真真可怕，脸肿胀、发红、长痘，完全变了模样，她差人去找那个送颜料的婢女，结果掌管颜料的下人说今日根本无人送什么颜料到王妃们手中。听闻消息的李延宠也赶来，他下令一定要把那个婢女揪出来杖毙，严惩凶手。再看李延宠的神情，完全是敷衍的状态，只匆匆安慰了几句就走。

此事竟然不了了之，既没有找出来那个冒充的婢女，也没人提及此事，之后她又遇到几件离奇的事情。一件是她放在床头的荷包不见了，这本应该是私人物品，她想送给李延宠，结果突然消失得无影无踪；再一件就是她之前送给几位王妃的上好茶叶，竟然在丹妃那里喝出腹泻。本来前朝近日难得安宁，后宫又不太平了。

"王后，奚王来了，看样子好像兴师问罪啊，不大对劲。"兰儿紧张地说道。

"出了什么事吗？"

"是，是您之前丢失的荷包，在一个侍卫那里被发现了。"

侍卫？荷包？她在这里举目无亲，更别提做荒淫之事了。这分明就是陷害。"什么时候的事情？"

"就是刚刚，丹妃说她的婢子看到了那个荷包，所以才告诉奚王的。这下怕是麻烦了。"

话音刚落，李延宠就冲了进来，李延宠怒气冲天，一把扔下荷包大吼道："唐唐的公主竟然做下这等龌龊之事，难道是背后仗着大唐给你撑腰吗？"在一旁的一个白面侍卫早已吓瘫，他对此事毫不知情。他只是爱斗蟋蟀，今早轮到他执守，他由于昨晚斗蟋蟀没有休息好，神情还有些恍惚，看到地上有一个红色的丝带，也没留意是什么，就捡了起来，一看竟是一个绣花荷包！这时突然窜出来几个人把他摁倒在地。事情经过很简单，其实他是被诬陷的。

"你们的奸情昭然若揭，来人，把这个贼子凌迟处死。"站在一旁的丹妃倒是先下手为强。

"且慢。"杨馨宁呵斥道，"既然奚王认为我们有奸情，那么我想问一问是谁最先发现他手里拿着我的荷包的？"

丹妃已经按捺不住，吼道："是我的婢子白莲，怎么了？"

"既然是你的婢子，又怎么会知道这个荷包是我的？难道你们见过我的荷包，或者是你们故意偷走的？既然是你的婢子最先发现，又是如何把这个侍卫五花大绑到堂上的？难道你们预先已经知道会有此事发生吗？"

这件事其实经不起推敲，丹妃也没有周密安排，漏洞百出，经杨馨宁的这番自述，她也哑口无言。这下反倒是李延宠质问白莲了，白莲满口狡辩却无法自圆其说，最终只好替主子扛下这一切。

虽然这件事就此平息，但是她的容颜已恢复不到从前，信誉也大打折扣，李延宠本来就凉薄的心更不会倾向她了。

又过了几个月，大唐那边传来消息，安禄山已经开始对奚边境动兵。安禄山本为营州柳城杂种胡人，其母亲阿史德氏为突厥人，其生父死后，其母再嫁安姓胡人，取名安禄山。此人心术不正，正是他一直从中破坏，才让奚族和唐朝反目。但是在李延宠眼里，这一定是李隆基默许的，他对此已经忍无可忍了。他之前在唐时，和安禄山那次花园相遇，与安禄山耳语了几句，其实说的便是让安禄山助他顺利继位，而他则许诺忠于唐朝。

　　此时，正好契丹使臣来访，契丹也因无法忍受唐朝一再侵犯，决定叛唐，所以打算联合奚族一并叛唐。李延宠没想到安禄山失信毁约，他也顾不了那么多了，只能孤注一掷了。

　　契丹使臣掏出密信交给李延宠，李延宠看罢说道："好，就依计行事。"李延宠本就是一个心机颇重的人，又遇到此事，他要求今日之事一定要严格保密，如若外泄格杀勿论。

　　那边已经开始准备和唐朝的一番较量，这边宜芳公主还蒙在鼓里毫不知情。这日，宜芳公主刚刚梳洗完毕，就有婢女前来报信："王后，这封密信是大唐一位侍卫让奴婢亲手交到您手里，说是万分紧急。"宜芳看到信之后面如死灰，吓晕过去。此事不是别的事，正是契丹和奚密谋要联合杀了唐朝和亲公主，共同叛唐的事情。信中要她万分小心。原来这位侍卫是当年的送亲侍卫，后来留在奚。他被公主的身世感动，也被她的才情吸引，又得知唐与奚不可避免一战，深知公主已岌岌可危，才冒死送信。

　　杨馨宁已经不知所措，她毕竟还只是一个及笄之年的少女，怎么办，能怎么办？"兰儿，我不如现在就去找奚王，总比坐以待毙强。"杨馨宁以为自己和李延宠是一条心，好歹李延宠能饶过自己一命。

她带着兰儿来到了李延宠的毡帐，李延宠正在为此事烦心，看到杨馨宁来此，便未理睬。他和杨馨宁虽然没有太深厚的感情，但毕竟有过短暂的温存，真的要杀妻，他也于心不忍。

正在此时，一位武将送来急报：唐已经再次侵犯我边界，杀我子民无数。

"你们大唐不仁，也别怪我李延宠不义！"李延宠本来从小熟练刀剑，一看到杨馨宁就想到安禄山种种劣性，一剑刺中公主心脏，宜芳公主当场毙命。

这位可怜的公主年仅15岁就香销玉殒了，她的命运没有掌握在自己手里，也没有掌握在父母手里，她只是一枚政治的棋子，最终陪葬在政治的风暴之中。此时，长安城内，李隆基正在和杨玉环嬉戏，何尝知道一位女子因他的决定而殒命？可怜宜芳公主，和亲仅半年多便殒命他乡，甚至连尸首都被随意处置了。等到消息传到她父母耳中，她母亲因此大病一场，不久便也仙逝，她的父亲从此意志消沉，再无任何消息。

静乐公主

芳华殒逝·悲切切

静乐公主独孤素儿

公元745年，与宜芳公主同一日和亲的还有一人，史称静乐公主。静乐公主是唐玄宗之女信成公主的养女（应为宗室出女，后入宫），和亲契丹大酋李怀节，当时一心表功的安禄山不顾大局，肆意骚扰边疆，契丹首领李怀节忍无可忍，联合了奚族首领一同反叛，并杀和亲公主以示决裂。当时和亲不足半年的静乐公主惨死刀下，成为政治和权力的牺牲品，史书上对其记载也十分寥寥。

攀上枝头

唐玄宗把自己的女儿信成公主嫁给了独孤明。当时的独孤明已经是武阳县开国侯，嫁过去之后没多久信成公主就生了一个女儿，但是因为一些纠纷，杨贵妃的姐姐和信成公主还有卫国公主产生了嫌隙。杨贵妃怀恨在心，就把此事禀报给了唐玄宗。唐玄宗当时对杨贵妃是言听计从，当然是责罚自己的两个女儿，不仅把之前御赐之物都要了回去，而且还将驸马独孤明的官职一贬再贬。

之后奚族和契丹都归顺了唐朝，为了表示衷心，他们不仅都改姓成"李"，同时还请求和亲，愿意一直归顺大唐。唐玄宗自然是满口答应，杨贵妃想趁机惩治一下两位公主，便怂恿唐玄宗，决定让卫国公主和信成公主想办法联姻奚族和契丹。但是卫国公主还未有子嗣，而信成公主之女还不满六岁，自然是不能嫁过去。所以为了掩人耳目，信成公主把一个名唤素儿的皇家宗室出女认作养女，此女不是别人，正是唐玄宗宗亲女子，母亲早逝，父亲鳏居多年，只她一个独女，便托了关系早早让她入宫跟着信成公主。她既是宗室出女，自然身份比一般婢女尊贵许多，又比信成公主年幼，辈分上这位素儿算是信成公主的晚辈。后信成公主出嫁，素儿也跟着一同来到独孤府。素儿时年恰好满十五岁，而且生得十分标致，当时曾被独孤明看中，打算收入房中，招致信成公主的反对，现在既然要和亲，自然可以一举两得。

天宝四年（745）正月，独孤明正因自己遭际而郁郁不得终日，他独自一人在书房内打发时间，此时信成公主进来了，信成公主显得小心翼翼，看到独孤明一个人在书房内发闷，倒少了昔日的跋扈之气，开口说道："夫君，您又为何发闷？"

独孤明不明所以："公主有何吩咐？"

信成公主走近了一步，侧身倚靠在书桌旁："素儿生得倒是标致。"这下让独孤明有点发蒙："公主，您此话何意？素儿怎么样，又与我何干？"

"我想不如直接认作养女如何？父皇既然要以公主之女出嫁契丹，又让那个杨贵妃以此事惩治我，如果是以公主之女的名义和亲，父皇对我们的看法自然会改观。如若认作养女，就是我大唐的宗亲。"信成公主满是商量的口吻，其实也是为了之前在父皇面前丢失的颜面。

独孤明自然是答应的，如果能官复原职，这是一举两得的好事，有何不可？"那既然如此，我自然是听公主的，一切由公主裁定。"唐玄宗因之前两个公主与杨贵妃的事情，本想以此来惩戒两个公主，没成想成全了信成公主，她既没有为难自己，也没有激怒皇上。

事情就这样决定了，却忽略了此事的当事人素儿。素儿虽然也算得上是和皇室有些渊源的女子，但因为母亲去世得早，父亲不得志，所以早早就把自己

唐骑马伎乐女俑

寄养在宫中，她惧怕信成公主，又不愿意屈就于独孤明，整日躲避在角落里，幸好信成公主有意保护她。但是这次，信成公主却把她献出来，让她去和亲。

信成公主先是赐给了她许多珠宝和衣物，让她不要委屈自己，之后又经常过来照拂她，说是与她亲如母女。全府上下现如今都知道素儿被公主看重，她自然更加受尊重。素儿诚惶诚恐，她以为信成公主真的把她当养女看待，她一度还对信成公主特别地恭敬。她开始受到了厚待，信成公主还上书请求玄宗皇帝恩准，准许素儿成为她的养女。一切发生得太突然，原本只是一个无依无靠的少女，摇身一变成了公主的养女，甚至信成公主对她比对自己的嫡女还要上心，她以为信成公主是真的喜欢她。

信成公主逢人便说："素儿可是我最中意的女儿。"

此话传到了素儿耳朵里，她自是十分感动，便发誓一定要对信成公主好。

这日，信成公主又来到素儿房间内，她眼眶红润，像是刚刚哭过一样。

"素儿，母亲现在真真是走投无路了，只有你能帮帮我了。"信成公主哭诉道。

"公主您怎么了？是出了什么事吗？"单纯的素儿还完全蒙在鼓里。

"皇上要求在家室中选一位适龄女子与契丹和亲，贵妃又以此事想要挟制我，想要把你和亲到契丹。我再三劝阻，甚至以死相逼都无济于事，所以他们就把目光盯在你身上，你也知道你妹妹才满六岁，和亲自是不可能。"信成公主边哭边说，显得一副十分不舍的样子，"我知道是委屈素儿了，所以恶人由我来当，我不想让别人来通知你这件事。"

对素儿来说，这无疑是当头一棒，她怎么也想不到自己只是一个八竿子都够不着的宗室女，荣华富贵和自己根本不沾边的一个人，怎么就成了和亲的人选了，信成公主便又委屈地诉苦道："素儿，我现在真的无可奈何，我虽生在皇家，却事事做不了主。素儿，是我对不起你。"素儿看到信成公主此时的情景，又想到昔日她曾经对她有恩，即使不同意也别无他法。"公主，难道此事已经是定局了？为何现在才来传达于我？"

"这是皇上的旨意，我和你一样也是苦命的人。"说罢，信成公主还掩面哭泣起来，让素儿无所适从。

素儿来不及和人商量，因为她没有可以商量的人选，她也不能在府上大哭一场，毕竟独孤府不是她的家，怎么办才好？父亲如若知道此事，唉，既然父亲能够狠心把她送入宫里，想必也不会在乎她是不是客死他乡。她唯一可以诉说的便是自己的贴身婢女。素儿有一位婢女，唤樱桃，是独孤家一位管事的二女儿，和素儿年纪相仿，一直侍奉左右。樱桃看她总是一个人发呆，劝慰道："主子，和亲之事，奴婢和您一样非常难受，但事已至此，与其哀怨还不如想想对策。"

"对策？什么对策，既然已经是皇上金口玉言，怎可能改变呢？"素儿早已没了主意。

"我们要去的是什么地方啊，您是不能这么郁郁寡欢的，您现在要成为的可是一国的王后。"樱桃如她父亲的为人处世，看待事情倒是十分透彻。

素儿还是无精打采，想来要远嫁的是她，这种恐惧是不可避免的，但也只能自己承受，女人的命运都不是自己说了算的。

也有很多人羡慕她，比如独孤明家里的婢女，觉得她是攀上了高枝儿，一下子成了契丹大酋的王后。身份地位自然是不同的。那些人总是人前人后表示出羡慕之情：啧啧啧，看吧，素儿真是好命，远嫁异域锦衣玉食不说，还有那么些人伺候着，听她使唤，真是不得了哦！但很快又有很多人表示出了担忧：听说蛮夷之地的首领也很野蛮，随时都会杀人，而且对待女子也十分的不尊敬，好像那里的环境也十分恶劣，居无定所……

素儿很快也就听从了命运的安排。她没有反抗，没有不满，甚至没有任何哀怨，一如她被父亲送到宫里一样。她毕竟是宗室出女，自然是锦衣玉食惯了的，虽然母亲早逝，自己的童年不快乐，但在宫里也没有受多少委屈和苛待，突然要去蛮夷之地，完全没有任何的依靠，她想这也许就是自己的归宿：我不去也要有别人去。

天宝四年（745）三月十四日，她被册封为静乐公主，嫁给契丹大酋李怀节，和她一同下嫁的还有另一位宗室女——宜芳公主，嫁给了奚族首领。出嫁之前，她和宜芳公主一样要去宫里受教。所谓受教，便是学习异族的礼仪、规矩等等，还要学习一些简单的语言应付日常交际，契丹和奚族一样，都归诚于大唐，但首领在族内也会用一些民族语言。最重要的是怕临时有变，为了保全她们顺利和亲，所以把她们接到了宫里。

　　樱桃和她一同到了宫中，她曾经想单独见一见那位宜芳公主，但一直没有机会，她们不允许随意到各处走动，只有在规定时间才可以到花园里活动。这日，静乐公主马上就要大婚，她想着以后再也回不到此处，又恰好没有违反规定，便让樱桃陪着她到花园走走。大明宫内虽已入春，却乍暖还寒，她出来没走几处便失了兴趣，却在准备回去之时看到宜芳公主和她的婢女也在花园里，她心下生喜，疾走了几步喊着"这位姐姐"，宜芳公主见到她也十分诧异，宜芳公主说道：

　　"妹妹若无事，不如到我寝宫坐坐。"静乐公主正想结识这位同病相怜的姐姐，便满口答应了。

　　自从宜芳公主处回来，她的心情也坦然了许多，至少是比之前宽慰了些许。还有一位和自己命运相同的女子，也是同一天出嫁，自然是有了许多的慰藉，即使如浮萍飘零在异国他乡，远嫁路上心灵深处也不会觉得孤单。真是一语成谶，没想到她宽慰自己的话，竟然成了冥冥之中的谶语！此话且先按下不表。

　　出嫁的日子自然是非常隆重的，也是她此生最风光的时日,先是由嬷嬷们来为她梳妆打扮,之后又有人搀扶坐着暖轿到了大明宫太和殿外,先是叩首朝谢天子,随后文武百官护送其出城,其间契丹派了和亲使臣几百人前来迎亲,而唐玄宗也命使臣亲自护送静乐公主到契丹。

信成公主直到她出嫁的时候才露面,但在高台上她看到信成公主也哭得和泪人一样,眼睛却并没有朝她这边张望。其他妃嫔像看热闹一般欢天喜地。公主和亲和一般的婚嫁显然不同,程序要繁杂很多,特别是同时有两位公主和亲到不同的地域,自然更加隆重。

契丹现任大酋是李怀节,李怀节此人非常的冷酷,对女人几乎没有长情的,对心腹也多有猜忌,在他身边的人要么就是能读懂他的内心,心机深重之人,要么就是非常聪明,可以替他出谋划策之人。而且他比奚族的可汗李延宠更有宏图大志。当初他违心与唐和亲,就是因为他深知契丹的势力无法与唐朝抗衡,必须在短时间内屈从于唐朝,而且不再受唐朝的干扰,唯一的办法就是和亲。当李怀节得知唐玄宗把一个宗室出女嫁给他时,他气得直跺脚,转而又必须忍让着,意图将来利用唐朝壮大自己的势力,他时刻记得自己的身份现在是唐朝册封的崇顺王，不是契丹的大酋了。

从长安城到契丹一路异常艰险。虽说静乐公主只是宗亲女，但她毕竟一直过着养尊处优的生活，并非婢女，生活相对安逸，突然经受如此恶劣的环境，更加不适应。她一路上生病不断，好不容易才熬到契丹都城，从三月出发经过大半年的时间才到达契丹。当时契丹是按照最高规格的礼仪来接待唐朝使臣的，李怀节并未出什么差错。他还为静乐公主建了自己的毡帐，又赐给她非常丰厚的珠宝首饰，还有一匹宝马。

大婚之后，李怀节就开始对这位公主失去了兴趣，毕竟是迫于无奈的选择，他每次看到静乐公主，就会想到是唐玄宗有意贬低自己，所以慢慢地他不再去静乐公主的毡房内，而这位静乐公主也并不是一个能言善辩的主儿，所以当李怀节对她逐渐冷落，她反而更加坦然，还和樱桃说："这样挺好，清清静静的，如果能这样安然度过此生我觉得再好不过。"

"公主啊，您真的是这样想吗？作为一个可贺敦，如果崇顺王不再喜欢您，那就是大麻烦，您可不要大意。"樱桃长期在管事的父亲身边耳濡目染，也是非常精明能干，反而比养在深闺中的素儿更加聪慧。

"怎么会呢？崇顺王事务繁多，而且我们唐朝的势力也不是它一个契丹可小觑的，你是不是想太多了？"素儿根本就没有意识上问题的严重性，此时的素儿还不知道更大的灾难在等待着她。

祸从天降

天宝四年（745）九月，静乐公主出嫁契丹半年之后。

静乐公主的毡房内，此时正是酷暑季节，毡房更加闷热，樱桃拿了蒲扇给她扇凉，透出了丝丝凉意。已经连续三天了，李怀节都没有到她这里来，对于一个和亲而来的王后来说，这种待遇恐怕是非常尴尬的。

静乐公主也有点坐立不安了，近日连连有人议论，契丹又要准备开战了。原本打算休养生息一段时间的契丹，在唐朝的一再挑衅下不得不开战。"樱桃，是不是真如你所说，唐朝真的与契丹不睦了？"静乐公主焦虑不安地说道，樱桃正要回应，只听得一阵急促的脚步声，随后是李怀节气势汹汹地前来，看到李怀节进屋，静乐公主急忙迎了上来，没成想她还没来得及递茶，李怀节上前就是一巴掌，她吓得不知所措，捂着脸退缩到了门口。"你这个贱人，都是你们那个皇帝惹的祸，你是不是他派来监视我的？嗯？你说！"李怀节怒发冲冠，简直要杀人一般。

"臣妾，臣妾没有，崇顺王怎么可以这样想臣妾？臣妾自己也是受害者，呜呜呜……"静乐公主委屈地哭了起来。

"崇顺王？以后谁要是叫我崇顺王，格杀勿论！"他怒气冲冲地说，但也没再对素儿说什么，狠狠地瞪了她一眼便拂袖而去。

此时静乐公主觉得好不委屈，但其实对于李怀节而言也是十分憋屈的。话说和亲的目的便是唐玄宗想要与契丹、奚族彼此相安无事，但是和亲才几个月时间，安禄山为了向唐玄宗邀功，屡次侵犯契丹和奚族边境，而且愈演愈烈，最后让李怀节忍无可忍。

李怀节从静乐公主的毡房内出来之后便吩咐侍卫道："看好这个女人，不能让她有任何逃跑的迹象。"

李怀节说罢又回头望了一眼静乐公主的毡房，"哼"了一声便扬长而去了，这一声意味深长。

待李怀节走了之后，静乐公主也意识到问题的严重。樱桃将要扶她起身，她还在角落里蜷缩着，喃喃自语道："你说我们是不是真的到了穷途末路了？"樱桃没有回答，她也没有再问，这个问题像是无解之题。

天宝四年（745）九月。

"大酋，前线军情再报，唐朝军队又一次突袭我边境，我等损失惨重啊。大酋，您要拿主意了，不能再让这个贼国欺辱我们了！"有臣下来报军情，同时还添加了不少自己的悲愤。

"这是在逼我们，即刻传信给奚族首领，就说我们可以联合起来反抗！"

没多久奚族首领派人来信，认同契丹的做法，打算一同举兵，并商议杀掉和亲公主，以示决裂之心。

"我等本想归顺大唐，安心臣服，没想到却屡次遭到侵犯，是可忍孰不可忍！来人，把那个大唐的公主叫过来。"李怀节想，如果真要举兵，不如彻底一点。

外面已经盛传开战的消息，这时候又一次是静乐公主被动的选择，她还不知道自己已经如临大敌。而此时的李怀节已经做好了一切准备，并不打算给自己留后路。

　　静乐公主自从李怀节走后就发现了端倪，先是她的毡房比先前把守得更加严密，她的出入受到了限制，之后又发现总有陌生面孔出现，而此时的李怀节早已不再前来。但她只是一介弱女子，既不能左右政治，又无法逃脱此处，像是一只待宰的羔羊，只能承受这一切。

　　九月的契丹还十分炎热，静乐公主还蒙在鼓里，毕恭毕敬地行礼，当她低下头的那一刻，一把利剑刺穿她的心脏，几乎没有丝毫偏差。静乐公主甚至还来不及说一句话就倒地身亡了，就在她倒地的那一刻，李怀节说了一句："别怪我，要怪就怪你们那个唐朝的皇帝，我也是被逼无奈。"

　　静乐公主应声倒下。从和亲到被害，在契丹的时间仅仅只有几个月，还来不及感受自己作为王后的荣宠，就被残忍地杀害了。静乐公主可谓唐朝和亲史上最悲惨的公主之一，她年幼时得不到父母的关爱，年少时又被和亲到异域，还未开始新的生活就被无情地杀害了，她成了政治的牺牲品，成了史书上寥寥几笔的和亲公主。

宁国公主

替父解忧·凤楼吟

宁国公主李婍

　　唐肃宗次女宁国公主李婍，先后嫁两任丈夫，终守寡，后因替父分忧，主动和亲回纥，于公元758年嫁给当时回纥毗伽阙可汗默延啜，但宁国公主和亲不到一年时间，默延啜就突然暴毙，回纥人要求她为毗伽阙可汗殉葬，她坚决不从，认为自己是大唐公主，要遵从大唐规矩，唐朝没有公主殉葬一说，所以她用刀划破自己的脸，以此代替殉葬，终回长安，肃宗为其在外置公主府，孤独度过一生。

初次相识

　　开元二十年（732），十王宅（唐玄宗李隆基为儿子们修建的宅邸，各王子分封之后会搬出），侧妃吴氏生女，报忠王李亨。众人齐道贺："恭喜忠王喜得千金！"这是李亨的第二个女儿，他没有太多激动的神情，只是抱了抱孩子，看着这个模样可人的女儿和辛苦生女的侧妃，他只道："爱妃辛苦，好生休养。"

　　郡主初长成，始称婍儿，后封德宁郡主。李亨希望自己的女儿端庄靓丽、温蕤恭良，媗儿不也负父亲的期望，不仅模样出众，而且聪明机警，能言巧辩。四岁时，媗儿已经能够流利地诵读《诗经》，五岁即可吟诵赋，是李亨最心爱的女儿。婢女们也十分喜爱这位郡主，她小小年纪就非常乖巧，而且聪慧过人。有一次她和几位年长的兄长一起玩耍，几位兄长故意欺负她年幼，她非但没有生气，事后李亨得知此事要责罚几位哥哥，她还拦着父亲说："哥哥们并非故意欺负我，而是要我学会如何忍让他人，以便在以后有一颗强大的内心。"李亨为这个次女的言谈所折服，他认定这个女儿他日必有出息，所以和其他女儿相比，他更加宠爱这位二女儿。虽然李媗的生母吴氏在李媗很小的时候便病逝，但李媗却深受父亲李亨、哥哥李俶的喜爱，三妹妹和政郡主也和这个姐姐十分交好。

时光飞逝，媗儿已经长成为非常可爱的姑娘，不仅娇弱可人，而且机灵乖巧。一日，媗儿与贴身婢女灵儿与自己在忠王府中散步，听到殿外有嘈杂的叫嚷声，她好奇地问道："灵儿，你有没有听到门外有人在喧闹？你出去看一下。"

"好的，郡主。"灵儿悄悄地走到殿门口，她没有即刻出去，而是问了值守的侍卫："安侍卫，外面到底怎么了，怎么那么吵闹啊？"

"灵姑娘，您是不知道啊，外面的一位小王跟咱们的御前侍卫比武呢！比输了不服气，现在正在外面叫嚷呢！这位爷啊，真是年轻气盛。"值守的小安子一脸不屑地说道，好像他自己是什么大人物一样，边说还边比划着。灵儿透着门缝向外望去，只看到不远处的走廊下有一个模样俊秀的翩翩少年在理论，可是看着有点眼生。"您不知道灵姑娘，这位爷……"小安子环顾四周，然后在灵儿耳根子处捏声捏气地说，"听说是咱们棣王的庶出，母亲是一个媵妾，脾气倔强着呢！"这倒见怪了，原来是棣王之子，棣王只是一个毫不起眼的王爷，怎么他的儿子会有如此的胆量？真是初生牛犊不怕虎。

"这里可是忠王府，他既然是棣王的公子怎么会在忠王府门前比拼？"灵儿是主子身边的贴身侍女，地位自然高一些，可以借主子之口来问话。"灵儿姑娘，不是我们不管，是我们不敢管呐。"小安子有苦说不出。灵儿也不再逼问，她在门缝处听叫嚷声，听着听着也听出一二，并非是比武，好像是说的什么诗，灵儿让侍卫把门打开，只见那位小王与皇上的重臣李太白在比试。原来这日，李太白被太子叫去十王宅，回去的路上路过棣王府，被这位公子看到，直接追到了忠王府门口。他曾在棣王府内与李太白有一面之缘，于是非要拦住李太白与其比试。李太白是才子，当然文采了得，他当年在李隆基与杨玉环的游玩中还曾经作诗："云想衣裳花想容，春风拂槛露华浓。若非群玉山头见，会向瑶台月下逢。"正是这首诗让这位少年对他的成就不以为然，认为他不过是附和之人，并无大才干，非要比试。李太白认为不妥，这位小王也是心有不甘，李太白见状摆手含笑离去，留下他一人在生闷气。

灵儿怕郡主等候多时，急匆匆地跑回院内把事情的来龙去脉一一道来。婼儿也不懊恼，竟"噗嗤"一声笑了，她能够想象到这位公子的样子，生母位分低，自己又被兄长嘲笑、下人窃窃，为证明自己的学识而做出这样的事情。但棣王府邸与忠王府相隔着一段距离，他在忠王府门前喧嚣多有不妥。

"灵儿，陪我出去看看。"她想去看看这位鲁莽的皇兄。

"郡主，奴婢觉得您还是别去了，东宫动荡您也听闻了，皇家的事情还是少招惹比较好。"

"灵儿，你怎么知道得这么多，一个婢女最好不要浑说，以免惹祸上身。"李婼有些恼怒了。

"灵儿知错了，请郡主责罚。"灵儿急忙跪下赔礼认错。

"你起来吧，灵儿，在皇宫里所说的每一句话都要仔细掂量，不然便会惹祸上身。"灵儿一再磕头认罪，最近太子李瑛和东宫似乎要经历什么，人心惶惶的。灵儿知道郡主生性果敢，郡主并不惧怕这些，径直走到了门外。看着还在愤愤不平的公子，她清了清嗓子说道："本郡主是忠王的次女德宁郡主，请问公子怎么称呼？"

翩翩少年回过头来，两人四目相对，婼儿竟有点不自在了，再看这位公子也被眼前的这位美貌小姑娘所吸引，结结巴巴地说："我……我……我是棣王三子，李鸣。"

"原来是皇兄，难怪火气那么大，不在你府上玩乐，怎么跑到我府上撒泼？"婼儿半开玩笑地说着，倒觉得眼前这位小王并不讨厌，反而更加憨态可掬了。看着李鸣并不恼怒，于是又故意逗他道："你刚才在我院前叫嚷什么呢？不知道这是忠王的宅院吗？十王宅里各亲王之间是忌讳交往过密的，你来我这里叫嚣，岂不因小失大？"这下反倒急坏了李鸣，急忙说道："妹妹请恕罪，我并非故意而为，而是想与李大人求教。李大人途经此处，我急忙追到此地，就对诗几首，并未叫嚷。"婼儿看着时候也不早了，便说道："你既这么说，我便不与你计较，还请皇兄快快离去，不然又该平添事端了。"

第二日，李鸣又来此处，李婼被灵儿悄悄叫到门外，李婼见他今日性情收敛了许多，便打趣道："今日来我府上，也要一比高下？"

"不敢不敢，妹妹伶牙俐齿，貌比西施，我作为兄长自然是要谦让妹妹的，谈何较量？"这么一番话倒让德宁郡主无言以对了，急忙岔开话题。灵儿在一旁看得真切，悄悄附在她主子耳边道："郡主，还是早些回去吧，我们偷偷跑出来，如若让旁人看到，反而生了误会。"李婼也怕父亲责罚，最近宫内人心惶惶，她也不敢随意出来。她着急回去，便问道："我就问你一句，昨日你叨扰了我的雀儿，如何赔礼？"

李鸣掏出自己腰间贴身玉佩交给婼儿："周身上下没有什么可以送给郡主的，唯有这个玉佩是值得留念的。"婼儿没有接，"皇兄的玉佩如此贵重，我万万不能接受，刚才只是说笑而已，不可当真的。"说罢，红着脸匆匆而去。彼时的婼儿年纪尚小，却已经和皇兄结下了深厚的感情。

开元二十五年（737），太子李瑛被武惠妃诬陷结党营私、欲谋圣上，玄宗不听从张九龄的劝告而轻信李林甫，终将太子贬为庶人，连同鄂王李瑶、光王李琚也同受牵连。没多久，三人一同被杀害。

开元二十六年（738），玄宗立李亨为太子。当了太子的李亨内心并不快乐，当忠王的时候他甚至比如今更轻松，如今做了太子，要面对玄宗的猜忌、杨贵妃及其党羽的陷害，其他亲王的觊觎，更让他如履薄冰，何况皇上越来越沉迷于女色而忽略政务，看着李林甫、杨国忠当权，张九龄被罢免，他更是万般小心。所以他对子女的要求更加严苛。

天宝十年（751），德宁郡主已过及笄，到了谈婚论嫁的年纪。这一日婼儿和灵儿从父亲的书房经过，忽闻书房内有人说道："我看郑巽是一个不错的人选，虽然为人比较奸猾，但也是可托付终身的人选，将来会成为你的左膀右臂。更何况他是杨国忠极力推荐的人选，我觉得婼儿不会受苦的……"是太子妃韦氏的声音。婼儿跟韦妃关系亲近，但毕竟不是嫡出，和妹妹宝章郡主相比总归是有区别的，心里总有隔阂，听到此处大约她也猜测出七八分，心里更有说不出的滋味。她气冲冲地回到自己的闺房，然后蒙头大睡。另一位婢女墨兰走来问她要不要喝杯茶，她也不回答，只顾自己侧身而睡。郑巽为人狡诈，并非善类，她曾经听哥哥李俶提起过，总之是和杨国忠一党之流。灵儿心里明白一切却无法言说，任由她睡去，不让其他婢女叨扰她。约莫半个时辰，她从睡梦中惊醒，蒙着的被子也湿了一角，再看眼眶早已红肿，倘若是真的哭过，或许也是一种发泄。皇家女子的婚事往往由不得自己的性子而来，是皇室权衡的结果，她知道自己无法逃脱，但也不想这么早就草草为人妇。

但该来的还是逃不过。这晚父王和母妃来到她的房间先是嘘寒问暖，然后又提到了她年纪几何，终身大事如何操心之类，父王让母妃先行离去，他单独跟她聊了一会儿："你从小就很受父王的宠爱，特别是在几个姐妹中间，你是最得父王心的，也是性情与父王最接近的。"李亨先说了他对婼儿生母的思念，继而说道他对她的照顾甚少，说着说着竟鼻子酸酸的，"我是最不舍你嫁人的，可是终有一日你是要离开我嫁为人妇，不论何时都要谨记你是皇家的血脉，都要有唐朝皇室的风范。郑巽虽为人傲慢，但将来可以依仗，人无完人，而且你皇爷爷也有这个意思。他的家族地位稳固，是一个不错的夫婿人选。如果你母亲还在世，也会为你高兴的。"最后他不忘劝慰自己的女儿，"婼儿，父王希望你也能够快乐，毕竟你是父王最疼爱的女儿。"她气呼呼地说道："父王，我可以顺从你，但是能不能让我在你身边再待几年？我想多陪伴父王几年。"说完这话她自己情不自禁地哭了，倚靠在父王李亨的怀里，就像儿时父王抱着她的样子。听到女儿这么说，李亨也不再坚持，只是拍了拍她的肩膀，转身离去。傍晚李亨又托韦妃来关照她，还特意叮嘱要给她带去最爱的桂花糕。

连续几日，她都无任何心思，甚至足不出户。有时候心情不好会摔东西、责备下人，惹得下人都不敢靠近她。她的妹妹和政郡主是她最为亲近的姐妹，妹妹看着姐姐心情不好，想要去劝慰却不知从何开口。她们是皇家之女，只能深居闺中，夫君的择取完全取决于父王，甚至有时父王也做不了主，最终还要皇上赐婚。"姐姐，我们姐妹情深，我不愿姐姐这么快嫁人，不过父王不是答应姐姐会再晚一段时间吗？何至于如此愁苦？"她没有回答妹妹的问题，因为作为一个少女而言，她自己也不清楚嫁人的真正含义，只是觉得，要离开太子府了。这个婚姻不是父亲所能左右的，她心里清楚。当晚哥哥李俶、嫂嫂沈珍珠也来过，哥哥说，他曾经找过父亲，但父亲向来胆小谨慎，现在一切都是由李林甫掌控，所以父亲想要保全就必须忍受。这倒让她心里能好受点，但是嫁给郑巽，她无论如何也不甘心。

"灵儿，你说我如果嫁给了郑巽会幸福吗？"她自言自语道，"对于一个自己都不甚了解的男人，怎么可能幸福？"她推开了房门让凉意袭来。天气已渐渐转凉，自从得知自己即将出嫁郑巽，她内心总是这样郁郁的，好像有很多心事又好像什么也说不出来。女人的一生大多是以夫婿为主，公主也不例外，她羡慕太平公主，但也成不了太平公主。她只穿一件蚕沙披肩和裹胸，外套一件栗色大氅，头发只是简单的高髻，并未有发饰，从清晨静静地坐到了巳时。灵儿过来给她披上一件外衣，又从橱柜中取出一只竹漆小匣，打开量取半匙茶末投入沸水中心，以竹箸慢慢搅动。只见那水如潺溪，而茶末在水中如绿云又如湘蛾，头上轻盈欲堕的髻悠香彻骨，她闻到茶香也十分惬意，忽想人生苦短，何不尽兴？一个大胆地念头在她心里萌生了。

"郡主，棣王府那位小王又派人来问候了。已经连续几日了，您要不要去见一见？"自从她搬离十王宅到太子府之后，他们一直未曾相见，她也早已把他忘在九霄云外。虽说是兄妹，但毕竟只是宗亲，但她心里隐隐的，好像有什么东西卡在胸口，却又说不出。他的父王棣王也是一位比较悲剧的人物，因为几个妃子的争风吃醋而被玄宗误会，最终断送了自己的性命。父王不在，他的母亲又是一个媵妾，他的生活可想而知。

"灵儿，你去跟鸣哥哥说，最近心绪烦乱不想见人，请他不要挂念。"婼儿非常清楚自己的这位皇兄心里的想法，她何尝不是呢？毕竟是青梅竹马在一起长大的，但是婚姻大事不由自己说了算，何况从来没有亲王子嗣之间通婚的先例，算起来也是兄妹啊，怎么可以有男女之情？这是违背伦常的。她凝望门外，又是一个艳阳高照的好天气，她却心如愁云。过了一会儿，灵儿急匆匆地跑进来，上气不接下气地说道："郡主，听说皇上已经下旨，不日你将嫁给郑巽。"什么，下旨？她脸色突然诧异，但随即又恢复了正常，已经知晓的事情，总归是要嫁人的。然而，灵儿比她的郡主还要着急，又继续说道："听说郑公子是贵妃的亲眷，所以皇上特意下旨……"那么无论如何我想在为人妇之前与鸣哥哥见一面。她没有听进去灵儿的话，而是一心想着自己与李鸣的情谊。

"父王，女儿想要出宫散散心。"李亨当了太子之后对自己的子女要求甚严，无故是绝对不能私自出宫的。他没有答应德宁郡主的请求。李亨的三女儿和政郡主听说姐姐被赐婚的消息，便过来安慰她。结果听说她想要出宫的消息也着实吓了一跳。"你是一个待字闺阁的郡主，出宫是一件非常困难的事情，何况等你嫁人之后就天天过着宫外的生活，还需要现在出宫吗？这时节想要出宫怕得等到大庆之日了。"皇家的生活看似荣华富贵，实则却是整日战战兢兢，生怕一句话说错，一步路走错。和政郡主的一句话点醒了她，是啊，大庆之日何不借故出去？再过两个月就是上巳日，这是大唐的重要节日，也是自古相传的非常重要的节日之一，这一天从皇上到普通百姓，都要华服出行，庆贺佳节，曲江池畔饮宴游春，她于是跑去跟父王李亨哭诉："父王，女儿马上就要出嫁了，您还是让女儿出去散散心吧！"说得声泪俱下，让在场的人无不动容，倒是李亨比较淡定："你是怎么知道自己要出嫁的？又是哪个不长眼的下人通风报信的？大唐太子的女儿怎可哭哭啼啼，成何体统，女儿嫁人天经地义，应当守妇德，近女红，养仪表，修涵养。即使是郡主下嫁也不能由着性子来。"再看德宁郡主已是明眸若水，神韵流动，泪光闪闪，太子李亨不由地心软起来，但还是不松口。无奈之下，德宁郡主想到了去求助于她的母妃。韦妃心软，于是答应了她的请求，但是要求她必须同哥哥广平王一同前往，并着男装，切不可单独行动。广平王与李婼是一母同胞，李婼自幼与广平王亲近。两个月很快就过去了，这一日，终于等到了。

农历三月初三，是上巳日，这一天长安城内人头攒动,热闹非常,妇人们都装扮精致,少女们个个花容月貌,而这其中最出色的莫过于德宁郡主了,她身材匀称,脸型圆润,皮肤若水波泛泛,柔嫩清澈,眼睛灵动会说话,走路姿态更是柔声细步,让人心生爱恋。出宫之后,她放松了自己,顾不得灵儿在后面追着,只顾自己东瞧西看,竟在其中发现了许多奇装异服的胡人,她之前也见过来宫里朝拜的胡人,这次一见,这些人身材高大,皮肤棕黑,眼眶深陷,鼻梁高耸,却是奇怪的装束,有的头裹围巾,有的脖戴串珠,身上散发着一股异味,彼此之间说着叽里咕噜听不懂的语言,她回头问李俶:"大哥,你说这些是什么人啊?"她大哥广平王常年跟着皇爷爷李隆基,笑着说道:"依我观察,应该是回纥人。回纥人身形高大健硕、皮肤比我们黑,善骑射,回纥是草原民族,所以他们生活环境和我们是不同的。小丫头,你怎么对这些这么关心呢,你要是一个男子,没准也可以跟哥哥一起封官进爵呢!"

"是啊,广平王,您不知道我们郡主前几日还手捧《诗经》在诵读呢,什么关关……,河之洲啊,奴婢都记不住。还有屈夫子的诗,她甚是喜爱。"灵儿说着说着自己先笑了，惹得广平王和德宁郡主也一同笑了起来："灵儿，是关关雎鸠，在河之洲……"正说着突然被后面的人抢了先："窈窕淑女，君子好逑。"他们几个不约而同朝后看，然而什么都没有，还是熙熙攘攘的人群。他们被人群拥挤着被动前行，也有几个明眼人看他们穿着便知是达官贵人，便和周围的人窃窃私语，结果不一会儿，便有许多人朝他们看。广平王说道："我们还是回避一下吧，如果让杨国忠和他的手下看到会给父王惹麻烦。"

她们很快到了几十步开外的一家酒楼，名为"饮风合宴"，倒是别有一番韵味。坐定之后拿来食谱一看，也非常雅致，不似俗套，都是"凤吐流苏""塞外江南"等别致菜名。再看那店小二，举手投足间定是受过教养之人，再一张口便是："客官，您需要点什么？"说罢朝灵儿瞥了一眼，灵儿定睛一看，大声叫道："荣……"荣茂是李鸣的侍从。"茂"字还未出口，她已经意识到自己的鲁莽，赶忙收了回去。"容我们再想想。"婼儿瞪了她一眼，"你这小蹄子竟是越发没规矩了，皇兄在此，哪有你说话的份儿！"又急忙给她哥哥赔不是，"哥哥莫怪，这个丫头已经让我宠得没有规矩了，仗着跟我这么多年的感情，竟越发不懂礼数了，我回去定会好生管教。"她是不能得罪皇兄的，广平王是皇孙，深受李隆基宠爱，他不想让哥哥觉得她调教出来的婢女没有礼数。广平王并没有理会这些，他的眼睛始终盯着那个店小二，总觉得他不是普通的跑堂，眉间言语颇受过教养。

用罢膳，灵儿给郡主使了眼色，郡主刚才已经看出端倪，想必是李鸣哥哥已经到此，于是跟广平王说道："大哥，能否给妹妹买一盒胭脂，听说东门外张姓胭脂铺有胭脂水粉，不比宫里的差，饶烦哥哥跑一趟。"

"我哪里懂得这些？这不是为难我吗？不如你亲自去一趟，选好了我付账就可。"

灵儿见状佯装不妙："郡主，您的脸色怎么这么难看？该不会是生病了吧？"

灵儿聪慧，几句话就让德宁郡主抽了身。灵儿只说后院清凉，可以到后院小憩片刻，推说郡主近日心神不宁，劳累所致。广平王还要陪她赶紧回宫请太医，她却不肯，只说让哥哥给自己和嫂嫂买一盒胭脂玩乐，也不枉哥哥出来一趟，嫂嫂也会欢喜。广平王最是钟情于自己的王妃沈珍珠，所以一听是可以讨妻高兴，也不再坚持, 吩咐了店小二, 让灵儿陪同他去挑选。

广平王带着灵儿离开, 留下郡主和几个侍从, 她谎称自己要如厕, 让侍从在前院等候, 她溜到后院, 门槛还没有迈过, 已经看到李鸣在后院站着, 除此并无他人, 应是精心安排的。

"鸣哥哥, 好久不见, 你怎样? 听说你将去做雍州刺史, 何时动身? "

"我只是皇爷爷眼中记不清的孙儿, 只不过是给我安排一个职位便是, 你不一样, 你是太子的女儿, 将来荣华富贵享用不尽, 不过婼儿, 你记得无论将来怎么样, 鸣哥哥都在你身边。"李鸣深情地望着婼儿, 他想去抱抱她, 但又怕她拒绝, 所以张开了双臂无处安放。

李婼主动上前给了李鸣一个拥抱: "鸣哥哥, 别说, 什么都别说, 你是我永远的好哥哥。"他看到了昔日的婼儿如今已经长成亭亭玉立的美人儿, 鹅蛋脸、浅浅的酒窝、深邃的眼睛, 虽着男装但非常干练精致, 头发高高盘起戴一顶胡帽。他沉醉其中, 竟忘了在他身边的婼儿, 他喜欢她, 超出了兄妹之情。她也心里装着他, 好像是一家人一样, 分开了会疼。但终究他们会有各自的归属。唐朝女子多开放，何况并非亲兄妹，所以儿时的青梅竹马难免让人心生暧昧。

"郡主，广平王和灵姑娘已经回来了。"荣茂急匆匆进来，"还是请郡主到前院去吧。"

李鸣看着匆匆离去的德宁郡主，喃喃自语道："婼妹妹，希望你一直幸福安康。"

德宁郡主迅速回到了前院，正愁如何跟李俶解释的时候，李俶和灵儿已经进来，看她眼眶红润，神色黯淡，以为她身体不舒服，便责问侍从，侍从只说没有，却无法回答。"哥哥，你别怪下人了，是我最近心情不好，哈哈，是不是给我买好了胭脂水粉？"她把话题岔开，同时避开了自己有点湿润的眼圈。还好李俶并未过多关注，只是抱怨说胭脂水粉这种女儿家的物品，不应该让他代劳。

"哥哥知道你不想嫁给郑巽，但是皇家儿女的婚事哪有那么称心的？唉……"李俶以为自己的妹妹想起了即将嫁人而愁云满面。

"哥哥不是迎娶了自己一直想要得到的沈大小姐吗？怎么不满意呀？"她用手遮着嘴痴痴地笑起来。

"休得无礼，你还拿哥哥打诨了。你嫂嫂是一个不错的人，不仅貌美还持家有道，对于崔孺人也没有那么苛刻，反倒让我感觉有点生疏，想必是我想多了。怎么说你呢，扯到我身上来了？你还是好好想想嫁给郑巽之后的生活吧。"

一句话又把李媗拉回到现实中去了，他们一路说笑从酒楼里出来消失在人群里了。

这次回宫之后，德宁郡主倒是非常地配合，还打算带着自己的两个贴身婢女灵儿和墨兰出嫁。天气渐热，她的紫香阁院中种植了许多月季，花开满园倒是芬芳不少。这日，她正与灵儿和墨兰在院中赏花，李俶带着侍从匆匆而来，看样子像是有什么急事一样：

"媗儿，你听说了吗？郑巽在路上被人行刺身亡！"

她倒是一点也不吃惊，嘴角扬起一丝诡异的微笑。虽未嫁娶，但皇上赐婚既成事实。她心里倒是轻松了不少，虽然未过门就是寡妇，但至少还可以在宫里待着，她心里装着别人，对那个未来的夫君只是一个遥远的幻影。

"哥哥可知行刺之人是何许人？凶手是否已经缉拿归案？郑巽是贵妃亲戚，估计不会这么善罢甘休。"

"传言是安禄山的二儿子安庆绪所为，也怪郑巽太跋扈，估计这件事不好办，安禄山目前在朝廷的权势，即使贵妃想要治罪，恐怕也不是易事……我们太子府还是静观其变吧。"李俶显然对此事非常吃惊，估计没想到郑巽会死在安庆绪手中，只是两人素未交集，怎会生嫌隙？李俶还在为此事烦忧，又担心这样一来妹妹的名声会受到影响。

李婼倒是非常开心，她虽然不知道为什么安庆绪会对郑巽下狠手，但安庆绪与她儿时就相识，又与嫂嫂沈珍珠是旧交，所以安庆绪做了此事她倒是并不意外，不管与她是否有关，也算是帮了她一个大忙。

再次下嫁

天宝十一年（752），二月。

时间过得真快，她守寡也快一年了。在太子府待了一年时间，皇上又一次把她赐婚给薛康衡。太子李亨起初并不愿意这门亲事，奈何自己毫无还手之力，任由玄宗皇帝摆布，只好草草再嫁了女儿。这个男人郡主是陌生的，但是毫无办法。不过这一年的时间她过得很轻松，至少可以和父亲待在一起，也可以去看看被流放到寺庙的韦妃。李林甫为致太子（父亲）于死地而诬陷父亲和韦妃,父亲为了保全自身而牺牲了韦妃,结果韦妃被废,到寺庙为尼,张良娣成了李亨身边最钟爱的女人,之后顺理成章成为皇后。

一捧茶,一首诗,一幅画便是婼儿的心境,她自己一个人研墨,享受着忍耐和积蓄的快乐,墨汁逐渐散发出阵阵墨香,用笔尖轻轻一划,便是那最好的功夫了,她铺展开来正要临摹屈夫子的《天问》,突然听到门外作响:"姐姐,你是即将出嫁到薛家的人,怎么还在这里吟诗作赋?该是学学女红的时候了。"听着门外的说笑声便知是三妹。她这个妹妹从小就是风风火火的,已嫁为人妇的她丝毫没有收敛的意思,奈何妹夫对她并无计较,她才会如此放肆。

"已经为人妇了,还这么不守妇道,整天介疯疯癫癫地往太子府转悠,倒说起我来了,仔细我告诉柳御史,剥了你的皮。"说着朝她三妹轻轻拍去,以示嗔怪。

"姐姐的嘴是越发的刁钻了,妹妹只是玩笑而已,倒是姐姐竟然要生生地扒了妹妹皮,好你个姐姐。让妹妹看看你写了什么?"只见上面写道:上下未形,何由考之?冥昭瞢暗,谁能极之?边说边伸着胳膊跑过来,德宁郡主赶紧躲避,这边追那边跑,最终是被妹妹追到,俩人相拥而笑。

"听父王说这门亲事并非是他的心意,是皇爷爷赐婚的。"

"我们的婚事哪里有我们说话的份儿,还不都是别人权衡的结果?皇上或许觉得我毕竟是寡妇,薛康衡又是他的得力人选,把我嫁过去自然可加以笼络,岂非妙哉?"

"果然是姐姐聪明,不过此去薛家,姐姐要小心谨慎,姐姐虽是郡主,但听说薛母蛮横霸道,自然不是好对付的。"德宁郡主没有回话,不知道如何回答,只说道:"灵儿,沏一杯我存的露水茶让和政郡主尝尝。这露水可是灵儿清晨去收集的,很是新鲜,闻着清香,喝起来沁人心脾,一口下去保管什么烦心事都没有了,今日柳夫人前来,我只好以此招待贵客。回去可不许欺负妹夫了,哈哈哈。"两人又说笑了一会儿方才完事。

天宝十二年(753),闰四月初三。

德宁郡主嫁薛康衡。

薛府在长安城的东南角,与太子府是正三角方向,恰恰在之前魏徵府侧,永兴坊旁,地理风水很是讲究。门外左右两侧分别是雄雌两只汉白玉狮，皆挂有红带，非常霸气。门上方是两个大红灯笼，进门后是一个前院，分为东西两侧，东侧是会客室和书斋，西侧是下人的休息场所。中间是一个圆形的池塘，里面有许多金鱼，意味年年有余。再往后是后院，分为东西厢房。东厢房其中一间是薛母所住，另外两间是薛康衡的正房所住，现已是张灯结彩，热闹非凡。婢女和下人们都已经候在门外迎接女主人的到来，西厢房则是侍妾所住，已经有两位在此。一位是姚崇杰的远房亲戚，另一位是之前伺候他的婢女，唤萍儿的，后来被薛康衡改名浮萍。两位听说是太子次女嫁入府内，都在院内候着。在往后则是一个后花园，虽不比兴庆宫，但麻雀虽小，五脏俱全，也是非常精致，可见薛家实力不可小觑。再看那些婢女的穿着都十分整洁，几个侍妾更是金缕玉衣一般，十分讲究。薛母自称有恙未现身，只说一会子薛大人会亲自迎接，自己行动不便，请公主降罪。薛康衡自知李婼是太子女儿，而且深受太子喜爱，自然是不敢轻慢，只是被大臣官员们拉去吃酒还未脱身。

入夜，薛康衡还迟迟未归，她又不敢宽衣解带，只好穿戴着沉重的衣服饰物继续等待。子时，薛康衡才大醉而归。一进门就深情款款地望着她："听说德宁郡主是一位才貌双全的女子，我薛康衡真是三生有幸娶到郡主呢，哈哈哈……"说罢就过来强行撕扯她的衣服，由于她穿戴繁琐，所以一时间很难扯下，急坏了这位新郎官。他已经迫不及待了，虽然她是寡妇，但还是处女之身，这一下疼得她喊叫不止，倒是让醉酒的薛康衡更加兴奋，慢慢地，她开始配合着他，感受到了前所未有的快感，是痛并快乐着。

次日清晨同两个侍妾一一见过之后，她来到了薛母房外问安，薛母起初未应，后勉强应声，她随后打帘入内，看见一个银发素目的老者正端坐床边，旁边两名婢女扇着扇子，听到她入内，也未起身，只说自己有腿疾，不便起身。德宁郡主并不懊恼，反而愈发殷勤起来，先是亲自斟茶，后又询问身体，继而说道："母亲的身体是大事，我从宫内带来几味药材，虽不值一提，但对身体有益处，一会儿我让灵儿给您带来。"几番较量，倒让德宁郡主以柔克刚，也让薛母对这位郡主刮目相看。

两位侍妾也一同来请安，一位姚崇杰的远房亲戚，十分骄纵；另一位虽是婢女出身，倒是十分机灵有心计。趁着大家都来给薛母请安，薛母缓缓说道："德宁郡主是金贵之身，嫁入我们薛家是我们的福分，但是府中也有府中的规矩，我老婆子现在年纪大了，之前府内无人主事，我老婆子只好累着身子强撑着，现在德宁郡主即已是女主人，就理应由郡主来主持府内之事。只好委屈郡主受累了。"李婼见状也只得应承着："老太太的身体是大事，不应过度操劳。我虽是郡主，但身为皇室子嗣，也多少沾染了一些皇家的行事作风，既然嫁过来了，就理应操持一下，受累是应当的。"

之前薛家上下都听薛母的，薛康衡不管事。她这一番话既关心了薛母的身体，又顺应了老太太，自己也并未托大，一箭双雕，倒让上下百十口人十分钦佩。

可现在她最关心的不是薛家的事情，而是皇爷爷和父亲。昨晚薛康衡醉酒的话她还铭记在心，薛康衡无意提及现在形势有些不妙，安禄山权势倾天，却极尽献媚。皇军显然已经懈怠，这样下去恐怕会出大事。薛家历来是重臣，薛康衡又是武将，是郭子仪的得力部下，所以他的话多少是有可信度的，这倒让她多了许多担心。

不知不觉在薛家已经有三年，薛康衡对她倒是挺尊敬的，甚至还有点忌惮。李婥倒也慢慢接受了这种生活状态，但是好景并不长。这种状态被突如其来的安史之乱打破了。

其实在安史之乱之前，安禄山就已经有所行动，只是李隆基不为所动，放任安禄山的所作所为。安禄山的叛乱，让整个长安城的百姓都陷入了混乱之中。

从大明宫到长安城内的普通百姓，无不人心惶惶，薛府也不例外。薛康衡作为一名武将，会不会出征平叛？李婥还没来得及多想，皇上就已经下诏了。薛康衡被派去随郭子仪镇压叛军，即日启程。她跟薛康衡只有短暂的温存又很快要过独居的生活，这也许就是宿命。

三日后薛康衡启程，德宁郡主把他送到薛府门外，亲自看着他远去。多年后当德宁郡主回想往事时仍然对这一幕历历在目，她的内心是复杂的，既有为国家的忧虑，又有为父亲和哥哥们的担心，也有对夫君的一份挂念。

半年之后，噩耗传来，薛康衡战死。德宁郡主又一次成了寡妇。而她还不清楚，她的皇爷爷已经带着贵妃一同逃亡蜀地了。

天宝十五年（756），安禄山的大军已经攻陷了长安城。哥舒翰败，关门不守，到了马嵬驿大军已经士气殆尽，将士要求诛杀杨贵妃，无奈之下，杨贵妃自尽于马嵬驿。同年7月12日（这里指的是公历），李亨匆匆在灵武（逃亡到此地）即位（史称肃宗）。长安城因战乱已经混乱不堪，城内百姓纷纷逃离。

作为寡妇的德宁郡主听下人禀报也已经手足无措，她先找到总管，让管事的把家里的细软收拾妥当，再召集其他两位侍妾一起到薛母房中禀报此事，薛母不愿离开长安城，坚决不同意逃离，而随嫁的两位侍妾早已心不在此，哭哭啼啼，下人们听到此事也慌不择路，纷纷要回家看望自己的家人。一时间整个薛府也是乱作一团。

"这个家我还是掌事的，虽说夫君过世，但这个家不能乱。总管，你收拾好银两，另外你通知下人，想回家的薛府一概不留，想留下来的，只要还有我在，绝不会让大家饿肚子。"她又转向两位侍妾说道，"两位妹妹，你们虽然年纪尚轻，但还在寡居期，不可与外人通气。此时正是国难家仇之际，我们要同心同气。"她不怒自威，震得薛府上下无不服帖。姚氏哼了一声，不屑地小声嘀咕："就她会发号施令，这都什么时候了，还以为自己是郡主呢！"另一位则说："你还不知道？人家现在可是公主，她的父亲现在是皇帝了。皇城内早已传遍，太子在灵武继位了。"其实她心里也没底，就是收拾行囊，这一家老小往哪里跑？父亲虽说在灵武继位，她还能带着薛府上下投奔到灵武不成？何况薛母誓死不离，又因儿子战死，早已是久卧病榻之人，如何离开？她也只能带着薛府上下一同死守了。

这个担心倒成了多余，因为她还没有来得及安排自己所担心的薛府，她的三妹妹和政郡主已经趁乱把她带走了。一个月黑风高的夜晚，和政郡主先和灵儿通气，让灵儿谎称府外有人找，又命灵儿简单收拾细软，但灵儿并未跟随，仍留在薛府替主子隐瞒着。

"三妹，你怎么没有带着孩儿一起？妹夫呢？"她这个三妹是出了名的胆大之人，凡事从来随性，嫁入夫家也是备受宠爱，性子还是如此炽烈，她往往是很难听进去劝说的，何况自己的父王带着皇爷爷匆匆逃离，前路未卜，李俶哥哥已经带着人马赶过去了，但是自己尚在守寡，根本无暇顾及他人。

和政郡主把自己夫婿的马抢过来，趁乱带着她离开了长安城，逃离之后才发现孩子竟然还留在长安城里。

"驾，驾……"和政郡主朝马吼道，她的马仿佛受到了困顿和刺激，"突"地停下来一动不动"劣畜！"她狠狠地给了它一鞭，那马纹丝不动，似乎已经累到极致。

"三妹，你还是这么任性。"她下马检查，遂发现这个大马良驹右前蹄丝丝渗血，眼角处分明能看到泪光，可见是疲惫至极。"这可是妹夫最爱的大马良驹啊！你这样子，他一定会难过的。况且家中三个孩儿还等待着母亲回去，你这样弃他们于不顾，于心何忍？"德宁郡主眼泛泪光，既挂念父亲又心疼三妹，"何况我逃离出来，薛家上下都会认为我端着郡主的架子，弃他们于不顾，有损名节。"

"姐姐不必忧心，俶哥哥已经带着自己的十万兵马前去救驾，父皇已经在灵武登基了。"

"我听说此事了，不过现在兵荒马乱的，顾不得这么多了。"

"听说……"和政郡主欲言又止,眼神闪烁,神色凝重,"听说皇爷爷和贵妃遇到了麻烦。"

不是说郭子仪的军马已经打了胜仗吗?看来是兵不厌诈啊!她们这一路奔波,看到的都是民生凋敝、苍生不聊,一副荒凉的场景。

马蹄声急,一对轻骑急匆匆从应天门而出,径直出了皇城,一路向西。最前面领头的是一个三十出头的年轻后生,后面的轻骑军约莫七八十人,个个孔武有力,装备精良。由于骑行太快,只从她们身边"嗖"的一声而过,她未及细看,面容装束不似汉人,倒像是中亚细亚人,或者是此前在酒楼外看到的异域人,哥哥说过是回纥人,看样子像是年轻的首领。

"姐姐,你快看,这些奇装异服的中亚细亚人,看着不像是商人,来者不善啊!难道是要搅乱这长安城吗?"和政郡主向来心直口快,有什么说什么的。何况在李亨的儿女之中,她和德宁郡主是最受宠爱的。

"瑾儿,你又浑说,这分明是回纥族人的装扮,何况他们的军马分明是从长安城驶出,已经到了应天门外,看样子像是援兵。"

和政郡主小字"瑾",从小乖张好动,任性活泼。

李瑾眉目微动："竟是这样！姐姐好生聪慧。那照你说来，父皇和哥哥都有援兵了，可是皇爷爷和贵妃娘娘……"说罢自知不能继续，又有话憋在心里难受，总想找机会再诉说。天色已经暗下来，她们骑行了多久尚未可知，更不知自己身处何处。

李婼表情呆滞，她心系薛府上下，她这突然离去，薛府必然乱了套，此时又没有主心之人，更是各奔前程，只剩下薛母和几个效忠的奴婢。薛母平日里虽然跋扈，但是毕竟年迈，薛康衡又战死沙场，为皇家效忠，于情于理她都不该这样突然不辞而别。

"唉，唉。"李婼禁不住地叹气。

李瑾选定了靠湖边的一个垂柳，正在垂柳边系马，看到心事凝重的姐姐，她也有所动容。姐姐两次嫁人都守寡，现在又面临着这些问题。"管那么多干什么？"她走到姐姐跟前，佯装开心，"我知道姐姐的心事，你现在已经随我而去，自然是边走边看，虽然兵荒马乱，但妹妹扔下自己的孩子陪着你出来，姐姐是不是也应该开心一点？"夜幕降临，她们打算就此露宿，天气渐热，在外露宿倒也无妨，只是她们都出生皇室，从来不曾吃过苦头，更别提自己逃难出来。这半日的颠沛已经让她们疲惫不堪。

"瑾儿，今晚我们就在这里暂且歇下，但这不是长远之计，漫无目的的逃跑似乎解决不了实际问题，更何况你的夫君和孩儿都还身在远处，你怎么可以这么任性带着我出来？"逃，不是办法，即使逃到灵武，长安城仍是她们必须回去的地方，那里还有家。

"姐姐，你倒是脑子清醒。"李瑾一边嗔怪，一边拍打姐姐的肩膀，"好一个国事、家事、天下事都装在脑子里的姐姐。"用手掩面而笑，"你倒不如做个和亲公主为国效力呢！"她打趣道她的姐姐。

入夜，姐妹俩捡了几个柴火，都没有生过火，又地处湖边，很难取火，好不容易取火成功，两人被烟火呛得直咳嗽，这才体会到生活不易。"姐姐，说真的，我现在想柳潭和几个孩子了。如果柳潭在，我们也不用自己动手了，生生地把一个公主逼成怨妇，都怪那个安禄山，还有安庆绪也坏极了。"

德宁郡主没有说话。夜浓，月更浓。湖边微风袭来，阵阵凉爽，和政郡主也十分困倦，不一会儿便和衣睡去，所谓佳人在水一方，湖畔边的两位佳人各有心事，沉沉入睡。

　　第二天天色微微亮，德宁郡主就被一阵马蹄声惊扰，来者不是别人，正是她的妹夫柳潭。柳潭独自驾马而来，相比先前不仅瘦了许多，而且黑了不少。德宁郡主四下张望并未见别人，再看妹妹还在熟睡中，便招手向柳潭示意。柳潭系马之后走到她身旁，让德宁郡主吃惊不小，他的左手无名指有两个很深的伤疤，像是新的伤口，看上去又不像刀剑之伤。"你的手……怎么弄伤的？好像还在流血。"她轻声耳语道，又自感愧疚。"姐姐不必担心，刚才不小心被疯狗咬伤的，不碍事。""疯狗？"德宁郡主吃惊道，眼睛睁大，"你从小习武，又佩戴利剑，怎么可能会被疯狗咬伤呢？"再看柳潭神色，显然十分尴尬，有意回避此事。"也罢，我不多问这些。可是，你怎么追上我们的？孩子们呢，他们可还好？"

　　柳潭竟是无语凝噎，堂堂七尺男儿，眼角泪光涟涟，好不动容："几个孩子由我兄嫂照应着。"

　　"柳潭，我的孩儿呢，他们可还好？"和政郡主从梦中醒来，看到了自己的夫君。

　　"你还知道问问孩子？你只顾念姐妹情深，嘻嘻，姐姐面子真大，她可以把夫君和孩子撇在脑后，甚至伤害了我的大马良驹。"德宁郡主和柳潭同时看向和政郡主,眼里是对亲情的无奈。

"你们看我干吗?我这样做,也不全是为了我自己,那个……主要是为了……为了……还不是为了姐姐吗?昨日过来我们看到了援兵,估计用不了多久,安贼就会偃旗息鼓。"李瑾越说越兴奋,倒像是她自己已经有了一个图景一样,和政郡主天生乐观派,向来是把事情简单化。

"我的好郡主,这打仗可不是打架,其中天时、地利、人和,要素很多,哪有那么简单。看来这个仗要打胜并非易事。虽然吾皇受上天庇佑,但毕竟安禄山的军队也是骁勇善战的。虽然回纥葛勒可汗默延啜给我们很大的帮助,但许多事情都是有条件的……"柳潭毕竟是朝臣,对许多事情知道得更细致,但和政郡主并没有因此而放弃了固有的观念。清晨的湖边凉爽清澈,她显然已经计划好继续前行,并被突如其来的新鲜兴奋不已。对于常人,早已经痛苦不堪,远离富贵,抛下孩子,过着颠沛流离的生活,但她却从中找到了快乐点。"哎呀,你们快来看呀,这里竟然生长着许多皇宫里没有见过的花花草草!"她指着一株紫色的草，虽不知其名，却兴奋异常。早把柳潭的话忘到九霄云外去了，也忘记自己刚才的问话，她自己还像是一个孩子。

这场战役皇家是没有把握的，安禄山步步逼近，直至把唐玄宗逼到蜀地，本来贪恋权势的玄宗已然无法掌控全局，而他退位势必是明智之举。他把皇权交给了李亨，自己退位。公元756年7月12日，李亨（史称肃宗）在灵武即位。李亨即位后的第一件事便是与回纥、吐蕃等族交好，用大量的金银财物和优厚的待遇请求回纥出兵平反，毗伽阙可汗是一位精明能干、善于借势发力之人，他看到了唐朝此时正处于混乱之中，又深知回纥在农业、文化等方面与唐朝有很大的差距，听闻唐朝内乱，唐军节节败退，唐朝有意借兵，毗伽阙可汗默延啜主动示意。这个可汗可谓是回纥有史以来最出色的可汗之一，他不仅积极发展经济，还利用唐朝的先进技术发展本国，当然免不了要给唐朝一些好处，所以他主动示意出兵帮助唐平定叛军，以解唐燃眉之急。

至德元年（756）大明宫，早朝。

"今日早朝，我要与众臣商议一件大事，安史大军仍十分猖獗，我朝将领英勇抗敌，但奈贼军狡猾，导致军心涣散。此番出使回纥意在借力，请求回纥支援我大唐，李承寀！"

"臣在。"

"朕封你为敦煌王，即刻前往回纥请求援兵。"

"仆固怀恩、石定番。"

"臣在。"

"朕命你二人同敦煌王一同前往，不得有误。"这一决议引发了朝下众臣不小的骚动，众臣大多认为借兵非上策，易受回纥牵制，将来后患无穷。

"请皇上三思，这恐怕不合适。"裴冕谏言。

"皇上，回纥可汗默延啜虽是一个英明之人，但此人野心极强，而且其内部九姓部落并不团结，其子叶护又是一个心思极重之人，将来恐会引起诸多麻烦。"房琯谏言。

"朕自有定论，此事已经迫在眉睫，刻不容缓，敦煌王你等不得有误，违令者斩。"这道命令像是一道刀光直插人们的心窝，寒气逼人，不容商议。

肃宗在灵武匆匆即位，根基不稳。刚刚回到长安城的肃宗急需要援兵帮助他解决内乱，要想除内乱必须要借兵。虽然玄宗已经退位，但仍对他诸多掣肘，他除了李辅国和张良娣之外其实没有更多的心腹，要想稳住江山，这是必走之棋。

李承寀是高宗的曾孙，邠王李守礼之子。与婼儿关系十分要好。李承寀看到皇上已然有此意，不如顺意而为，急忙表忠心。

至德元年（756）七月底，敦煌王李承寀、仆固怀恩、石定番将军一同前往回纥，受到葛勒可汗（即毗伽阙可汗）厚待。葛勒可汗默延啜也有与唐交好之意，并有意把自己的女儿嫁与李承寀，肃宗闻之大喜，欣然答应。李承寀无奈只能在可汗的金帐内与可汗之女成婚。葛勒可汗派渠领护送李承寀回唐，并请求和亲。肃宗在彭原设宴庆贺，大喜过望，不仅册封默延啜女儿为毗伽公主，还安排李承寀坐右席，席间甚至举杯祝福承寀："承寀，你是大唐的功臣，是朕的功臣！来，朕敬你一杯酒，你一定要和毗伽公主举案齐眉，相敬相爱。毗伽公主，你已是唐朝皇家亲眷，将来要辅佐你的夫君。"肃宗从小生长在玄宗的高压和兄弟的争斗之中，向来谨小慎微，又因几次被陷害而变得多疑，这次他能够得到回纥的帮助，李承寀功不可没。默延啜看到女儿嫁给唐朝皇室宗亲，自是应当鼎力相助，又因毗伽公主的催促，他亲自率兵与郭子仪的军队汇合，击破了随同安禄山军队反唐的同罗等部。次年二月又派遣大将多揽等十五人来唐。肃宗听闻回纥精兵屡战屡胜。

正在此时，又得到一个好消息：安禄山死了！这简直是一件不可思议的事情，而且杀死安禄山的人不是唐军，而是他自己的儿子——安庆绪！

安庆绪即位以后完全是一个傀儡，实则被安禄山手下严庄操纵。和安禄山一起起兵的史思明看破了玄机，杀安庆绪而代之，又与刚刚册封为皇后的张良娣合谋。这一切正在朝中酝酿着……

回纥的骁勇与广平王李俶、大将郭子仪、仆固怀恩的奋勇，让京城长安和东都洛阳迅速被收复，而史思明也节节败退。

李亨回朝，得到回纥的援助，很快朝中局势有了变化。李亨继位，李婍被册封为宁国公主。

是日早朝，默延啜的大儿子到长安城觐见，叶护（叶护不是人名，是官衔，真实姓名无从查证，他的大儿子官位叶护）是这次回纥平叛的主力之一，自视甚高,他来朝觐见并未通传,守门的小宦官拦住了他,他一把推开,瞪着眼睛恶狠狠地看着:"你看清楚我是谁?我是你们大唐的功臣,你们大唐的皇帝允许我出入自由!"他身形高大威猛,一表人才,下巴的胡须很长,并未修剪,用一根彩绳编织起来,非常惹眼,头发两侧剃光,只剩下中间高高耸起,编了小辫子。宦官看到已无法阻拦,便大声喊道:"回纥王子觐见!"话音未落,只见叶护仰着头,八字脚,急匆匆来到大殿中央,右手放在左胸,单膝跪地,说了一句:"回纥王子觐见。"叶护待要跪下,李亨连忙说道:"平身。"叶护并未等李亨说罢便说道:"我回纥为大唐平定叛军立下了汗马功劳,今我回纥兵在大唐应享受同等待遇。可如今看来皇帝并未兑现当初的承诺,昔日让我回纥兵助力,今日却让我等在此受到各种不公待遇。如果皇帝无法履行诺言,我回纥将撤兵。"叶护越来越跋扈,完全不把这位唐朝皇帝放在眼里,他认为自己是大唐的功臣,为他们大唐打仗,自然就要最高礼遇。

李亨看着这个回纥王子心里非常愤恨,对他这个大唐天子的不尊敬,便是对整个大唐的不尊敬,但他现在只能忍让。李亨冷笑了一声,从龙椅上欠了欠身又坐下："叶护，你是葛勒可汗最宠爱的儿子，也是回纥最优秀的将军。你们回纥在我大唐危难之际出手相助，朕甚是感激。"

"呵呵，感谢皇帝对我可汗的尊敬，这不是我一个人的功劳，是整个回纥的荣耀。哈哈哈，我等势必收复范阳，讨伐贼臣余孽。"叶护是一个自视甚高的人，听到皇帝亲自赞扬他，心下一喜便忘记刚才的事情了。

李亨故作开心地说道："叶护，朕甚至感激。来人，传旨下去，封回纥可汗为英武可汗，赐锦绣缯彩金银器皿给回纥功臣。"并下诏曰：

功济艰难，义存邦国，万里绝域，一德同心，求之古今，所未闻也。回纥叶护，特禀英姿，挺生奇略，言必忠信，行表温良，才为万人之敌，位列诸蕃之长。属匈丑乱常，中原未靖，以可汗有兄弟之约，与国家兴父子之军，奋其智谋，讨彼凶逆，一鼓作气，万里摧锋，二旬之间，两京克定。力拔山岳，精贯风云，蒙犯不以辞其劳，急难无以逾其分。固可悬之日月，传之子孙，岂惟裂土之封，誓河之赏而已矣！夫位之崇者，司空第一；名之大者，封王最高。可司空、仍封忠义王，每载送绢二万匹至朔方军，宜差使受领。

除了叶护之外，多亥阿波、黑衣大食酋长阁之等六人一同觐见，唐肃宗也一一重赏，此事就此压制下去了，但更大的麻烦即将到来。钱财封赏让回纥的胃口越来越大。

其实唐肃宗内心早已愤恨不已。他早闻回纥军队所到之处掠夺无数，民愤异常，但迫于形势，他只能忍耐，还不得不继续对回纥奖赏。默延啜在把女儿嫁给李承寀时就希望进一步和亲，这次叶护前来又提及和亲之事，如若不应，恐生变节。等叶护等人走了之后，李亨来到了张皇后处，早有人把此事禀告给了张皇后，她暗下心来，劝慰皇上："皇上，您的龙体要紧，切莫动怒。回纥这是想借此机会要挟，我们决不能退让，不然以后会更难控制。"

"那该怎么办，总不能看着他们撤兵吧？"

"这个嘛，依臣妾所见，不如……"她凑到李亨耳边低声道，"不如和亲。您想想啊，那个默延啜可是提了很多次和亲请求了，如果和亲，那么我们的公主就是他的可贺敦，自然不能肆意挑事，再说，毕竟有唐朝公主在，他们也会收敛一些。"

张皇后的这个提议倒是提醒了李亨，李亨想起和亲，对大唐疆域的稳定起到了至关重要的作用。

"皇后有没有合适的人选？"李亨一时拿不定主意，再看张皇后胸有成竹的样子，一定是心里有合适的人选了。

张皇后不紧不慢，让婢女翠英沏了一壶上好的茶水，她亲自给李亨斟茶，右手握着壶柄，左手轻轻捋着衣袖，低头间胸部轮廓分明。张皇后是李林甫的外戚，当初上位是应玄宗命令，韦氏和杜氏的倒台倒让她不费吹灰之力，李亨并非是喜欢或者是爱，更多是出于离间式的尊重。张皇后斟好茶之后递到肃宗面前，右手搭在李亨左肩，娇滴滴地说道："臣妾认为，宁国公主就是不错的人选。不过臣妾深知皇上与公主父女情深，公主又是刚刚丧夫，不宜提及此事。不过……公主的美貌和胆量是人人称赞的。听说回纥可汗的公子叶护对公主爱慕已久……"

　　"放肆，这等民间讹传也能从堂堂国母口中说出吗？公主的名节可曾想过？"李亨听闻此事大为恼怒，甚至打翻了桌上的茶杯。张皇后顿时吓得六神全无，急忙下跪求饶，眼神也从迷离的魅惑变为恐慌，婢女也一同下跪求情。李亨气愤地说道："皇后，你听好了，以后如果你再无中生有，听信传言，休怪朕不留情面。你对俶儿和倓儿做的事情，也请你收敛一点。不要以为朕什么都不知道！哼！"李亨拂袖而去，铁青的脸上满是愤怒，张皇后吓得浑身哆嗦，只是跪地求饶。

　　原本张皇后想借此在皇上面前邀功，结果此事倒是让她弄巧成拙了。而李亨虽然对张皇后无中生有的说辞大为不满，但倒是提醒了他。今日默延啜的大公子已经开始对他不敬，长安城的百姓又因常年战乱民不聊生，刚刚安稳却受到回纥士兵的巧取豪夺。

　　"父皇，父皇……"殿门只听得有人大声呼喊。

　　"去看看门口是谁在大声喧哗？"

　　"回皇上，是，是宁国公主，好像很着急的样子。"宦官夏安答道。

　　"父皇，女儿有急事想问您。"只见李婼急匆匆地推门而入，打断了唐肃宗李亨与宦官的谈话。

"娸儿，你有没有一点规矩，一个大唐公主竟是这样的吗？已经是有过婚嫁之人还是如此的不稳重。"李亨一面嗔怪着李娸，一面又命人给李娸拿她最爱吃的点心。他生平最喜这个女儿，这个女儿在他身边最久，离他也最近，性格也是最像他。

"父皇，你先别急着数落女儿，听说今日回纥王子大闹朝堂，要父皇给他回纥可汗加封吗？"

"你一个女子怎可干预朝政，成何体统？看在你不知政务的份上，我不和你计较，你赶紧回去。赶明儿让人好好教教你礼法。"

和李亨当面说朝政的事情，李娸还是头一次，她并非是一个不知轻重之人，每次和父皇说话她都会思虑良久，今日听到长兄李俶谈及早朝之事，她似乎是按捺不住了。婢女灵儿听张皇后宫里的婢女说张皇后与皇帝早上发生的事情，更让她感觉到不能坐以待毙。

"父皇，女儿愿意和亲。和亲如果能够帮助大唐解决困境，那便是我此生无悔的选择吧。"德宁郡主左手按压在胸口，怕自己因过于激动而情绪失控。

"小小年纪，你在哪里道听途说的，夏安，送公主回去！这里不是任由你胡言乱语之地，朝政的事情我自有安排。"夏安是李亨身边的宦官。

李婼是他最心爱的女儿,虽婚嫁两次,但他仍然无法把自己的亲生女儿送到偏远的回纥,甚至于他无法接受她不在身边的日子。"或许会有其他人选,之前和亲都是宗室和亲,不如从其他皇室的女儿中挑选一位。"李亨突然想到了一个人选,是荣王李琬第四女,年方十六。这个女子他曾听荣王提起过,最是温柔。

当即,他命人通知张皇后要去她那里用晚膳,张皇后一听顿时兴高采烈,急忙吩咐婢女准备皇上最爱的点心,晚膳要清淡,肃宗向来节俭,所以菜品不可繁多,需精致。张皇后特意换上了一套藕色的披肩,肃宗喜欢素色,讨厌大红大绿。张皇后掩饰不住内心的喜悦,偷偷地笑出声,她下意识地整理了鬓角,又摸了摸头上的金钗。她很久没有这么羞涩过了,李亨早上才刚刚发了脾气,下午就通知她要过来。她正寻思着,婢女翠英笑呵呵地迎了上来:"皇后,看您心情大好,想必是皇上今晚要来用晚膳让您高兴了吧?我看您还是精心准备一下吧!"

"翠英,记得上次李太医给了我一些香料,你给我取出来,我要带在身上。哦,对了,你记得把皇上最爱喝的茶拿出来。"

"您对皇上的心思,皇上怎么会不记得呢?所以他晚上特地过来……嘻嘻嘻!"

"皇上驾到。"

刚过酉时,李亨就来了,他只让夏安陪着,其余人等都未跟来。

张皇后浓妆淡抹,看着比平日娇媚许多,肃宗急匆匆地跑来并未因张皇后的娇媚而多看一眼,呵斥道:"你们都退下。"吓得身边人纷纷退去,张皇后也是满脸疑惑不安,难道还因早上的事情而兴师问罪吗?她猜不透。

这时李亨开口了:"皇后不必为早上的事情耿耿于怀,毕竟早上朕也是太着急,没有顾及你的感受。朕今天过来呢,是想和你商量一件事情。婼儿是我最疼爱的女儿,我不想让她到回纥受苦,可是眼下回纥士兵经常骚扰城民,自不能就此罢手。听闻荣王李琬有一女,名李融。不仅貌美,而且非常聪慧,荣王常常夸赞。算年龄,应可以婚嫁了吧?"

张皇后有了早上的事情,不敢造次,谨慎地试探李亨："皇上您是已经定好了？"

"啊，没有，只是脑子里想起来这么一个人，后宫的事情皇后操持，自然应当与你商量。"

李亨也知道，在朝中只有张皇后和李辅国是自己的心腹，他不能公然与张皇后翻脸，虽然他知道张皇后很多所作所为。"皇上，臣妾惶恐，臣妾不敢妄言。"

"你尽管说，朕恕你无罪。"

张皇后看了看李亨，发现他并没有早上那么严厉，便又进一步试探："听说早上宁国公主找过皇上，说是愿意和亲吗？"

"嗯，她就是那个不成熟的样子，被我说了一通，回去了。"

"臣妾认为，宗室女固然可以和亲，不过目前仍需借助回纥援兵，如果用宗室女和亲，恐怕很难达到目的，甚至还会激怒回纥。您想想，回纥可汗的女儿都嫁过来了，可汗怎可容忍一个宗室女和亲？臣妾妇人之言，请皇上勿怪罪，臣妾还是认为宁国公主是最合适的人选。至于荣王李琬之女，可以随婼儿以'媵'的身份一起陪嫁过去，这样也可以让我们婼儿更有地位，量他默延啜也不敢轻视。"

"不可，婼儿是我最心爱的女儿，她自幼吃了不少苦，朕又顾不得她，何况她已经嫁了两次，再让她去和亲，她怎么能受得了？皇后想想还有没有别人吧。"

李亨坚决不同意让李婼和亲，但是想想张皇后的话也不是没有道理，宗室女恐怕是无法交差，真公主中除了宁国公主之外还没有合适人选，他暂时拖着没有答应。

自叶护走后，默延啜一再想要和亲，而回纥士兵们也对长安百姓欺凌无度，这让李亨不得不再一次想到和亲之事。

默延啜又一次上书：

> 自幼女入大唐为公主，回纥与唐互相交好，愿回纥能够与唐朝再结亲缘，定当尽力辅佐，平定叛军。

既然默延啜已经多次开口，如若继续回绝定会有麻烦，而且毗伽公主是默延啜的嫡女，因此如果和亲一定要是一位真公主下嫁，不然很难交差。想来想去李亨实在想不到更合适的人选。

乾元元年（758）六月十四日（戊戌日），长安，紫宸殿。

回纥重臣来朝觐见，虽然不欢而散，但毕竟对于京城和东都的收复功不可没，肃宗在紫宸殿宴请回纥使臣。除了广平王之外，肃宗特意让宁国公主作陪。席间，叶护几次朝李媭席位看去，肃宗一切都看在眼里。

"皇上生得好公主，宁国公主真是美若天仙啊！"说话的是多亥阿波，一位满脸络腮胡的男子，眼神凶横，面相不善。

叶护早就听闻这位公主，早有倾慕之心，但李媭还不知，将来会与这位将军有一番纠葛……

乾元元年（758）六月下旬，长安，公主闺阁。

一大早广平王妃沈珍珠急匆匆地来找宁国公主，此时宁国公主还未梳妆，正在榻上发呆。婢女见王妃前来急忙要通报，被沈珍珠拦下，她轻手轻脚地来到媭儿面前猛地拍了一下她的肩，吓得媭儿回头一看是沈珍珠，便嗔怪道："嫂嫂你怎么大早上来叨扰别人？不与哥哥继续缠绵了吗？"

"你这个小丫头，嘴巴越发粗俗了。我来找你是想问你，你是不是同意和亲了？"

"是我主动提的，我想我毕竟嫁过两次，即使嫁给那个可汗也没什么遗憾的，哈哈。听说他虽年长，但身体强健，我应该不会那么快就又守寡吧？"

"婼儿，这是你的终身大事，绝不能意气用事，虽张皇后一心想让你和亲，但父皇还在犹豫，你哥哥更是不同意。回纥条件艰苦，部落众多且复杂，你很难适应那里的环境，我们不忍心你去受苦。"说着，沈珍珠竟然哽咽了。

"嫂嫂，那个可汗你是见过的，听闻并不是不通情理之人，他的那个公子叶护，曾与我有过一面之缘，也是极好的。毕竟是叶护，跋扈一些也是难免的。我已经决定好了，看到父皇整日为此事忧心，我能为他效力，也算对他的报答了。"李婼内心已经有了打算，所以主动请缨和亲，李亨无奈，只得让自己的女儿和亲。

乾元元年（758）七月，唐肃宗颁布诏书，曰：

项自凶渠作乱，宗室贴危。回纥特表忠诚，载怀奉国，所以兵逾绝漠，力徇中原，亟除青犊之妖，实赖乌孙之助……宜以幼女封为宁国公主，应缘礼会，所司准式。

已经是板上钉钉的事情了，自然各方都不好多说。自下诏之日起，即将和亲皇帝真女之事轰动全国，和亲之人中宗室女居多，但以皇帝的女儿和亲的，还未有过，又因宁国公主是肃宗最喜爱之女，阵仗自然更大一些。当下准备陪嫁，不仅包括各种珍宝、首饰，还有宁国公主最爱的藏书和乐器，包括宁国公主平日的婢女全部随行，肃宗还把自己的一个侍卫赐予宁国公主，保护她到回纥。张皇后自知不能在嫁妆上较真，便又顺意加了一些丝绸、绢帛之类，让肃宗满意。

肃宗往后一倚，轻叹："唉，娪儿这一去，我怕是再难见到她了。"

张皇后忙笑着安慰："父母爱子女，为之计长远。皇上待公主极好，公主远嫁自是为国效力，国家社稷与儿女情长孰轻孰重，宁国公主掂量得清。娪儿真是皇上的好公主。"

李亨点了点头道："说得极是，只能如此了，但愿她平平安安。"

真女和亲

由于此次和亲意义重大，肃宗特意选派了宗室和重臣送亲。宋王李成器第六子、肃宗堂弟、汉中郡王李瑀作为册命大使，肃宗堂侄、左司太医李巽作为册命副使兼充宁国公主礼会使，又派重臣开府仪同三司、行尚书右仆射、冀国公裴冕把宁国公主送到唐朝与回纥的交界之处。

离李婼出嫁的日子越来越近了，她内心其实是百感交集，之所以出此下策完全是出于一份愧疚。即使不远嫁，张皇后也不会让她久留宫中，虽她是公主，但毕竟下嫁两次，出使回纥也算是利国之事。这日哥哥李俶和嫂嫂沈珍珠前来，李俶说了许多动情之言，最后又把一把护身匕首交给了她，这把匕首非同寻常，不仅削铁如泥，而且在夜晚熠熠发光，是奇世宝物。这把匕首是波斯国觐见玄宗时的献礼，玄宗赠予了他。现在他把这把匕首赠予了婼儿："婼儿，无论身在何方，哥哥都是你最坚实的后盾。你将来如若遇到麻烦，哥哥定会拼尽全力。这把匕首你随身携带，不到万不得已不要拿出来。"

婼儿故作轻松，笑嘻嘻地说道："哥哥我又不是上阵杀敌，要匕首作甚？这把匕首你还是带在身上，妹妹不会舞刀弄枪的，说不定还会伤了自己。要是三妹，或许会喜欢。"

沈珍珠过来安慰道："婼儿，你还不了解你哥哥，当真是最心疼你的。你跟你哥哥一样性子倔强，其实都是心肠极软之人。"毕竟是女人，说着说着沈氏又抹起了眼泪。

和政公主风一般地进来，嘤嘤地哭着，眼泪在眼眶里打转，看到李俶和沈珍珠也在此，便说道："大哥和嫂嫂也在啊！姐姐此去蛮夷之地，怎能受得了？哥哥你应该劝止父皇的。"

一屋子人都不甚高兴，还是婼儿打趣道："呦，今儿是什么日子啊，我还没走呢，就都来给我送别了。"

"是那个匕首吗？真是百闻不如一见啊，平日里哥哥从不与它示人的，莫非是要赠予姐姐不成？平白地得到一件宝物倒也值了！"李瑾看到桌上的匕首爱不释手，看得眼睛都直了。

"瑾儿！"李俶急忙呵道，"此匕首锋利异常，切不可伤及自己。你平日喜舞刀弄枪的，最是危险。"

"好了，你们的心意我领了，我会想念你们的。那个回纥老可汗也不是无情之人，毕竟我是公主。"说罢宁国公主等人都笑了一番，倒是宽慰了宁国公主不少。

乾元元年（758）七月十七日，到了公主出嫁的时候。

肃宗亲自送行，光是陪嫁车辆就有上百辆，其中包括侍女、侍卫，嫁妆，还有随行大臣。肃宗亲自送到咸阳磁门驿。看着渐行渐远的故乡、亲爱的兄弟姐妹，还有不舍的父皇，宁国公主内心是凄凉和惆怅的。到了磁门驿，肃宗下马车，对随行的重臣说道："朕以幼女嫁回纥可汗，尔等务必重视。"又转身对宁国公主说道，"你这么多年一直是朕最宠爱的公主，今为国远嫁是父皇的荣耀，此去路途遥远，不比在宫内，一定要万般小心，切不可冲动行事。英武可汗身为一国之君，需要可贺敦悉心照料，你要明白自己的地位，凡事都要三思而后行。"宁国公主泣不成声说道："国家事重，死且无恨。"让在场之人无不动容。连一向严肃的李亨都红了眼眶，抱着自己的女儿说："你为父皇做的一切父皇记在心里了，到了回纥，万事要小心。如若有任何委屈，即刻写信告知。"

　　无论是国仇还是家恨，远嫁公主真女，真不算一件光彩之事。此时人们心里都充满了对懦弱皇帝的不满，但安史之乱的阴影还未散去，谁都不敢多说什么。

　　"走吧，吉时不能耽搁了。"李亨流着泪转身离去。

　　"驾！"这一声更像是赶赴刑场的时间，定格了一个公主的一生。

　　这一晃，仿佛隔世。

　　十个多月之后，李瑀、李巽等几个送亲的皇亲贵胄已经抵达回纥都城富贵城。在行进的过程中由于对路途不熟悉，加之地域高寒，宁国公主一时间难以适应，久病数日，好在肃宗派了吕太医一路随行才坚持到了都城。临近色楞格河并未见默延啜亲迎，而只是几个都督前来，态度也极为傲慢无礼。到回纥牙帐内，默延啜身穿黄袍、头戴胡帽，手里拿着一壶酒独自酌饮，两旁分别站着四个彪悍武夫，对送亲的册命大使李瑀非常傲慢。李婼看到路上妇人完全是胡人装扮，相貌也与之前她见到的叶护无差，眼窝深陷、皮肤略褐，头挽回鹘髻，两鬓插簪钗，耳垂及颈项上佩有精美的首饰，足穿翘头软锦鞋。她听闻回纥人体味重，是中原人很难接受的，而且回纥女子多喜金银，食牛羊肉，身型比中原女子高大，高高的回鹘髻外加金银步摇，非常的珠光宝气。再看回纥牙帐侍卫，各各孔武有力、彪悍异常，对他们并没有显得十分尊重。直至到了默延啜的牙帐外，也仍未看到默延啜的人影。

"大唐使臣拜见可汗，今作为大唐天子的册命大使来迎送公主和亲。"李瑀立在默延啜的帐外说道。看到牙帐内没有动静也没人应声，他好歹也是皇上的堂弟，是皇室血脉，受到如此傲慢的礼遇，内心十分不忿。

过了一会儿，只听到帐内传出声音："请问来者何人？"

"在下是唐朝皇帝的堂弟，李瑀。"

"那站在你前面的又是谁？"

"是中使雷卢梭。"

"中使怎么能站在皇上堂弟的前面呢？成何体统！"只听得帐内厉声说道。

雷卢梭本是中规中矩之人，哪见得这么大的阵仗，当即吓得退后，而李瑀是皇家子嗣，对这种审问完全不放在眼里。李瑀仍然站立在原地，并不跪拜。

"堂堂天可汗的堂弟竟然不知君臣之礼？来我回纥见我可汗，竟不知行大礼？该当何罪！"帐外一位大臣说道。

"唐天子认为可汗有功，故将女嫁与可汗结姻好，相比者中国与外蕃和亲，都是宗室子女，名义上的公主。今宁国公主，天子之次女，又有才貌，万里嫁与可汗。可汗是唐天子女婿，岂得坐于榻上受诏命？"李瑀几句话说得默延啜无言，只能迎出帐外。一看身边送亲的使者，确实个个不凡。他立刻起身下拜，接受诏书，又转头对一位气宇轩昂之人说道："想必你就是册命大使，刚才多有冒犯，请大使莫怪。使臣们舟车劳顿，必困顿不安，今夜请先歇下，明日再以美酒款待。"当下吩咐下人安排大唐使者。李瑀也知默延啜非等闲之辈，他的目的既已达到又何必计较，当下恭迎。

宁国公主非常懊恼，这里寒冷干燥，一望无际的草原和昼夜温差极大的天气，所有的一切都让她感到陌生，再看刚才默延啜的表现，便知她将来会与这样的人共度余生，更是悲戚。正在烦闷之时，在马车外的灵儿小声嘱咐道："公主，可汗从帐内出来了。正朝着您这边走来呢！"她急忙停止啜泣整顿心情，用扇子遮面。默延啜看到她，点了点头，但是公主事先要先到毡房内接受嬷嬷的教化，第二天才是册封大典。宁国公主又是天子真女，规格自然是要最高的。所以当她瞅见默延啜的时候，她只回敬了一个眼神就匆匆离去了。

不一会子，默延啜来了，宁国公主端坐在床上，双手用扇子遮面，默延啜示意宁国公主把扇子揭开，当扇子拿开的那一刻，默延啜也吃惊不小。这个大唐的公主他并未见过，却有一种似曾相识的感觉，长相自不必说，单看气质就非宗室女所等同，眉眼处多了几分英气，又有中原女子的柔情。默延啜已有几个王妃，但对这位公主却甚是欢喜。只见她身披大红拖地长裙，发髻是流行的回鹘髻，头发高高盘起在顶部，用一根金钗简单挽着，金钗下是一个非常醒目的流苏，在夜晚闪闪发光，头戴一朵粉色荼蘼花，身着钗钿礼衣，层层叠叠，作为公主和亲，自然更要庄重。宁国公主，不似唐朝女人的风韵，倒是有草原女子的风骨，鹅蛋脸、灵动的大眼睛和娇艳欲滴的双唇，再看她身边站着的婢女也非常乖巧可人，略施粉黛、云髻式发型既不夺主又显俏皮。除了宁国公主之外，唐肃宗还以

"媵妾"的身份陪嫁了一个宗室女李融,在宁国公主马车后面,此刻已一同见过了默延啜,也是半遮面,再看此媵妾,倒比宁国公主多了几分文静、温婉,眉眼处还有一个小小的黑痣,让人顿生好感。

"怪倒大唐称雄各国,自是看女色则已胜大半。"默延啜思忖道,再想自己宫中女子多半勇猛有余、温婉不足,没有了我见犹怜的保护欲。

"传令下去,今夜我要与宁国公主共度良宵,其余人等不得干扰。"其他人都退了下去,李融也回到了自己的毡帐内等待召唤。

他早已不年轻,近暮年,拉着她的手却出了汗,而宁国公主的手也是冰冰凉凉的。头一直低着,脸颊绯红,更让他欲罢不能。

"哈哈,我喜欢你娇滴滴的样子,你如此瘦弱,并不似唐女子的风韵,是你的父皇薄待你吗?我要好好对待你。"

及至金帐,他竟然像一个新婚的丈夫那样既紧张又激动,伸手拔下来宁国公主头上的金钗,她的头发就顺着腰间滑落下来,黑色瀑布一般,清香扑鼻,他来不及细想就如狼似虎地撕扯掉她的长裙,繁琐的长裙层层剥去，竟然有一件青罗衫，配上雪白的肌肤，更让人如痴如醉……

婼儿现在似乎并没有那么反感这位年长的可汗，他不是大腹便便，常年舞刀弄枪，肉身非常紧实。身上虽有体味，倒也不至于厌恶，反而有一种男性的力感。那张脸，像是在长安城的哪一处见过，非常清晰，刚才的鱼水之欢他也尽力配合，没有粗暴，倒让她多了几分尊敬。虽已入夏她仍觉得有点凉意，下意识地缩了缩身子，默延啜急忙把她搂在自己怀里："你是我见过最美的公主。"

辰时默延啜就已经起来，他有一个习惯：每日辰时必赤膊练剑一个时辰，多年未变，无论阴晴。她还在睡梦中，默延啜下令不要打扰她休息，今早是册命大典，让她多休息一会儿。

册命新可贺敦大典非常隆重，是回纥自默延啜即位之后非常重要的日子，唐朝公主自然要以国礼相待，她由两名回纥司赞侍奉梳妆，完全按照回纥可贺敦的装扮，一改昨日的羞涩，更显飒爽，也多了几份威严。默延啜在其牙帐为这次册命大典布设了一个特别大的庭域，并设有许多曲折的屏风遮挡其内，庭域前面设有小座。一位都督带领她先升入这个庭域的上方,好似隔空一般。九姓部落的臣子分别引入庭域内,右转到一处庭间,只见可汗正襟危坐,并未见新可贺敦。待所有首领、衙官、都督都到齐之后,宁国公主从天而降,降落在可汗身边,飘飘若仙,倾国倾城。所有臣下都纷纷朝拜可汗、可贺敦。

有一个人却迟迟不见,默延啜便问道:"这么重要的日子叶护为何迟迟不来?"百官面面相觑,都沉默不语。众人皆知长子叶护性格倔强,做事率性而为,谁都不敢多言。他又问次子移地健:"你的兄长呢?"移地建只答:"未曾见。"默延啜正要发作,只见叶护进帐,左手放在胸前,作揖。

"请父汗恕罪,儿臣来迟。"

"罢了罢了,我大喜之日,不与你计较,拜会新可贺敦吧!"叶护早知来的是一位大唐公主,却不知是宁国公主。当他看到他内心的女子成为父汗的新可贺敦(也称作可敦)时,他内心顿时抽搐了一下。愣了几秒,还是面不改色地恭贺了几句。宁国公主早已认出他来,有过一面之缘自然不陌生,她用眼神会意叶护,示意相识,叶护并不理会,转身列入右侧,想想也罢,就一面之缘估计早已忘记。

"真是百闻不如一见, 唐朝天子的真女是器宇不凡。可贺敦倒不知是否懂我回纥汗国的规矩。"说话的是詹克明, 他是回纥最重要的大臣, 与叶护一起封为左右丁卢。

"丁卢过奖了, 我大唐女子多才貌, 余不才。陪嫁的几位媵妾皆是众里挑一的公主。回纥九姓部落, 一部落置一都督, 于本族中选有人望者为之。破拔悉密及葛逻禄, 皆收一部落, 各置都督一人。每行止战斗, 以二客部落为锋。其九姓一曰回纥, 二曰仆固, 三曰浑, 四曰拔曳固(即拔野古)五曰同罗, 六曰思结, 七曰契苾, 八曰阿布思, 九曰骨仑屋骨恐。我可汗为英武葛勒可汗, 皆出自我大唐册命。"

"那么可贺敦可懂我回纥汗国后宫规矩? 可不同于你们唐朝的三宫六院。"

"丁卢此言差矣, 后宫本是可汗的后宫, 丁卢作为我回纥汗国的重臣怎可随意干涉可汗的后宫, 这有损我回纥汗国的威严, 我既已嫁入回纥, 就已是回纥人, 怎好拿回纥与唐相提并论? 实属不敬。何况回纥在可汗的带领下逐渐强盛, 富贵城的修建就是最好的证明。余自会认真学习，请各位放心。"

"那么可贺敦可知我回纥的语言？"詹克明还想继续为难一下李婠。

"语言，余自不甚了解，不过来此之前余已跟通译学习过数日，可应付简单的交际，自然是要让丁卢说笑的。"

好一通言论，着实让在场的每一位大臣折服。自古女子居后宫，不干政，大唐女性虽多才，然亲眼所见无不赞叹。詹克明本想刁难一下唐公主，不曾想让自己尴尬。默延啜和其余诸臣都为之所震，分别投给了她赞许的目光。

默延啜说道："今日是我新可贺敦册命之日，唐天子可汗不仅送来天子真女，还派重臣送来缯彩、绢帛、金银器皿，是我回纥稀有，今日各部落都督、衙官都在，我将分与诸位，以求雨露均沾。"又说道，"既然唐天可汗如此厚待，我们应以礼示人。册命大使李瑀，请转达我对贵国天子的谢意，并献马五百匹、貂裘、白毹等物。回纥与唐自公主嫁入之后已是一家，唐公主成为可贺敦，唐的事情自是我回纥之事，歼灭叛军我们一定竭尽全力。"

李瑀等人谢恩,并请求返唐:"可汗的心意我们一定转达,我等送亲使命已经完成,不可久留,需回去复命。"

"达亥阿波!"

"臣在!"

"护送册命大使回朝。"

"遵命!"

默延啜许是被昨晚的新婚燕尔滋润了,脸色红润,含情脉脉地对宁国公主说:"可贺敦,你最近累坏了,先回去歇息,我处理完政务就过去。"新婚夫妻自然要缠绵几日,何况宁国公主并没有被回纥重臣的刁难而吓住,倒让他们看到了一个不一样的大唐公主,默延啜由喜欢变为欣赏了。

广袤的鄂尔浑山谷属于回纥民族,都城绮丽壮观,褐色城墙沿着护城河而建,她从帐内出来,对身边的媵妾李融和陪嫁婢女灵儿说:"这里与我们长安城真是完全不同啊,终年寒冷,气候清冽,人们的饮食基本以肉食、烈酒为主,所以我们都要尽快适应这里,而且你们都多长几个心眼,这里部落众多,人心涣散,不要被人利用了。"李融是荣王李琬的女儿,人文静内向，寡言沉稳，虽是宗室女却知道自己的身份，不出风头不张扬，倒与宁国公主很贴心。而灵儿则是一个好动活泼的性格，看不惯就直截了当，她倒是有些担心。

"可汗正在四处找可贺敦呢，没曾想您在这里呢，可汗请您回帐用膳。"说话的是一位年长的婢女，昨晚并未曾见过。从穿着打扮、言谈举止看得出身份不低。通译做了简单的翻译。默延啜已经安排给她两个回纥贴身女使，这位想必是管事的，也应该与她有关。

"可贺敦，奴婢是可汗派来侍奉您的，除了两个贴身宫女外，还有两个管事女使，奴婢是其中之一，可汗许名阿卡扎。"

"阿卡扎，请先回去转告可汗，我与融儿速速就来。"

当她与李融、灵儿一起进入帐内时，默延啜已经在帐内等候了。桌上摆满了各种食物，都是她在长安城未曾见过的。还有一只羊头立在中间，眼睛微闭盯着她，她顿时心里恶心。杯盏里是白色的液体，也不知为何物。看着他们进来，默延啜迎上来，关切地问道：

"可贺敦想出去看看，我可派人随行，切不可单独前往，这里不是大明宫的皇家后花园。"说着，拉着她的手示意坐下，"连日来你舟车劳顿，一定辛苦。今日是你册命可贺敦之日，也正是在我回纥生活的开始，我略备薄酒，以示庆贺。"

李婼环顾四周，并未看到其他嫔妾，和她想象的并不一样。如果是在唐皇宫内，即使是新进妃嫔也要悉数到场予以庆贺，何况一国之君还在场。而她从昨晚到现在并未看到任何妃嫔，让她非常诧异。

"今早怎么我都没有看到其他姐姐呢？"她试探地问默延啜。

"哈哈哈，回纥汗国的婚俗你还不太了解，老可汗如果驾崩，可贺敦要么殉葬，要么继续嫁给新可汗。平日里她们居于外，过更加自由自在的生活。我身边只有一个侍女，平日里她很少露面。这里你是可贺敦，自然是独大的，其他人都要臣服于你。"

"这些菜品臣妾确实不知，请可汗赐教。"与其让默延啜问住，不如先占据主动，以攻为守。

"哈哈哈，可贺敦不必诧异，这些都是我们草原国家生存的食粮，在这么寒冷的地方无酒无肉几乎是不可能的，以后你们都要适应这里的生活。"

他说话的时候眼神一直瞟着李融，昨晚他已经注意到她了。她十分安静、温婉，几乎没有主动说过一句话，像一只受惊的兔子，瑟瑟地躲在一旁观察。

"臣妾愚钝，竟不知介绍妹妹。"李婼看到了默延啜的神情，急忙说道，"可汗，这是我的妹妹融儿，虽是媵妾，但她也是亲王的女儿，和我情同亲姐妹。昨晚本应与可汗秉烛，奈何……"她没再说下去，脸红地望着默延啜。

"哈哈哈，可贺敦不必自责，自是陪嫁媵妾，就该由你决意的。"

李融哪受得了如此厚待，急忙躲在后面低着头，脸红得像做错事的孩子。默延啜是何等聪明之人，早已看明白："呵呵，可贺敦请入座，入乡随俗吧。"

一位婢女在旁伺候着："看看这个，是羊奶，可贺敦请品尝。"

她端起杯盏已然闻到一股腥膻气，再喝下去更觉胃里翻滚，强忍着没有吐出来。再看那个羊头，一直盯着她，她哪有胃口，只三两口便作罢，推说自己累而没胃口。

"可汗，连日来走走停停，确实伤元气，今日身子乏得很，让妹妹陪可汗尽兴可否？"

白瓷皮囊壶

"可贺敦不必拘礼，早些歇息。耶路，护送可贺
敦。"耶路之前是叶护身边的随从，与叶护关系甚笃。
后默延啜看其聪慧，便把他留在身边，是一名能文能
武的骁将。

默延啜深知李娾用意，顺水推舟让他与李融单独
在一起，李融年龄尚小，单纯胆怯，让他心生爱怜。
但他更佩服这个大唐公主，不仅美若天仙，而且特别
的聪慧。他望着李娾远去的背影，内心竟然有一种尊
敬之情。

"公主，您为何要给自己的媵妾作嫁衣？您可是
真正的公主啊！"回到毡帐内，灵儿不解地问道。

"你不懂，英武可汗何等聪明，他怎会不知我的
用意？我现在只是让他知道我的为人而已，作为回纥
的可贺敦怎可有嫉妒之心？"

"可是，公主，您是我大唐的公主啊，配他小小回
纥国的可汗岂不是绰绰有余？"

"嘘，灵儿，以后此类诳语切不可再说。这里是
回纥，内部非常复杂，任何一句话都有可能成为别人
攻击我们的工具。"

"灵儿知错了。"

"灵儿，我饿了，你吩咐膳房给我做点点心吧，这里的饭菜确实吃不习惯。"

"早已经备好了，早知公主不适应这里的气候和饮食，皇上特意带了这个膳夫，真是派上大用场了。"灵儿知道自己为公主做了一件贴心的事情，特别高兴。

亥时，默延啜微醉，脸显红晕，李婼已就寝，并未有人知会她今晚可汗要来。灵儿在一旁打盹，听到有人进来吓得打了个激灵跳了起来。而李婼闻到酒气，约莫是默延啜来了，起身相迎。她只穿一件薄纱，半透明的薄纱可以清晰看到她的肌肤。李婼起身跪拜，默延啜将她拦腰搂在怀里，酒精微醺，他更肆意了。那个朦胧的脸庞愈来愈近："啊，是你？"默延啜惊诧地叫道。李婼不知道发生了什么。默延啜突然松手，李婼重重地摔在地上。又像是想起了什么，默延啜酒醒了一半，意识到自己失礼急忙扶她起来，再次把她紧紧地搂在怀里。"几年前我们就曾经见过的，在三月三上巳日。"李婼像是突然想起了什么一样，脸色煞白，即刻又恢复了镇定："可汗想必喝醉了，虽然我们唐对待女子出宫较为宽容，但我父皇向来规矩多，我并未在三月三出游过，更不曾与您有过擦肩而过的经历。容貌相似的女子很多,您大约是认错了。"又打趣道,"莫非可汗曾经有过钟情的唐人女子?怕是日思夜想把我当成她了。"

"是吗?你确定你没去过?那看来是我真的认错人了。"

"可汗,您政务繁多,臣妾应该多为您分忧的,何况您还心系我们大唐,让臣妾何以为报?"

"那就用你报答吧。"说罢,整个人已经将李婼融化了,她也终于松了一口气。

由于默延啜对她非常宠爱,更念及承诺之事,八月,派子骨啜特勒和宰相帝德等三千人到唐,帮助唐朝平定安史之乱。九月,又派大首领盖将等人到唐,对宁国公主出嫁表示谢意。这两个月,她过得相对平静,没有什么宫斗和心计,每日除了见默延啜,就是到默延啜给她新建的公主府布置,或者默延啜来告诉她战事,让她安心。

情为何物

这日,她正布置新建好的公主府,公主府是父皇命默延啜特意为她而建,方圆几公里,非常气派,位于波尔加湖旁。她正独自一人站在湖边发愣，突然身后传来一个声音："可贺敦近来可好？"她回头一看，是叶护。他头戴一顶高尖蕃帽，脚蹬尖勾锦靴，佩玉石腰带没有胡须，比上次在长安城相见英俊许多，他们四目相对，她倒有几份羞涩。

"谢过叶护，一切安好。"她点头示意。

"可贺敦对我可曾有印象，还记得我们第一次在哪里相遇吗？"叶护目不转睛地盯着她，眼神里充满了暧昧。她感觉到了什么，下意识地退了退："叶护好记性，当时在大明宫紫宸殿，正值殿下助我大唐打了胜仗，父皇在紫宸殿宴请殿下和几位将军，我忝列其中，恰巧让我跳舞助兴，献丑了。"

"不是那次，是三月三日，我与父汗一同到长安城，恰巧碰到一个男装女子，非常飒爽。那个女子是我见过的长安城最美的女子。那首诗，还记得吗？"没曾想不仅让默延啜起了疑心，连叶护当时也在场，已经认出了自己，看来想要瞒过他怕是不可能了。

"哈哈，没想到那日叶护也在其中啊。我就说那么多奇装异服的异域人，原来是回纥尊贵的叶护啊！殿下怎么会一个人在这里呢？"李媠打趣道。

"公主府是专为可贺敦建造，儿臣想……"叶护正要继续说下去，他的随从同罗和她的婢女灵儿一同走来。看样子两人刚才聊过，灵儿正是豆蔻年纪，情窦初开是正常之事，况且太子随从正和她年纪相仿，又十分俊朗，自然两人会投缘。

"公主，殿下。"李婳见此情景，怕引起误会，急忙说道："我还要去看一下府内陈设，自是不能久留，先行离去了。"

"可贺敦，请留步。儿臣还有话对您说。"

"有什么话改日再谈，今日可汗命我看一下公主府的进展，耽误事体必会让可汗不悦，请叶护海涵。"李婳边说边急匆匆离去，虽不知他要说什么，但从他的眼神里，李婳已知晓一二。正如那日在紫宸殿的一瞥……

叶护望着她的身影，无法平静。

转眼已是深秋，她已经来到回纥生活了三个月有余。公主府是当初肃宗因她和亲特命人为其在回纥建造的，其规格并不亚于长安城的公主府，一切陈设也全都按照她之前生活的样貌。自从那日与叶护相遇之后，她一直谎称身体有恙，未曾去过。近日公主府基本完工，默延啜特意派人送她去看上一看。

一下马车她就看到了叶护和其随从，他们正站旁迎接，想必是默延啜的命令。

"可贺敦，儿臣奉父汗之命恭迎可贺敦来公主府监工，您有任何想法尽管吩咐。"

"受我父皇和可汗的恩泽，已让我惶恐，可汗和叶护费心了。"

他们正在交谈，只听见远处有骏马"嘶"的吼叫声，两人不约而同抬眼看，来者不是别人，正是与他一起助力大唐收复西京、东都的回纥首领耶路，是叶护非常忠实的属下，现下虽在默延啜身边，却仍然忠心于叶护。耶路见叶护，行大礼道："叶护安好。"又对李婼说道，"叶护在此，属下告退。"说罢便转身离去。

等耶路走远，叶护见李婼身边只有贴身婢女灵儿，便对随从同罗说道："同罗，带灵姑娘到公主府四处看看，看有无不妥，灵姑娘最知可贺敦习性。"又对李婼说道，"可贺敦请随我来。"李婼此时无法躲避，只好依着他走到一处僻静之处。

"可贺敦……"

"叶护,你想说什么我心里明白,可我现在已是
回纥的可贺敦,是可汗的王妃。自不可有其他非分之
想。况且我与舍妹在长安已情同姐妹,现如今我又嫁
入回纥,更是亲上加亲。"

"可我知道你并不爱我的父亲。"叶护语气突
变,空气中充满了暧昧。

"皇家儿女的婚事哪有自己做主的份儿?既已是
可贺敦,自要母仪天下才对。"

"只要你愿意,我会带着你离开这里,一辈子只爱
你一个人,绝不会有第二个。我可以放弃叶护身份,一
切都是你一句话。你知道吗?你长得很像我的生母。"

李娮这才恍然大悟,原来默延啜与叶护对自己的
钟情皆源于那个与自己没有交集的他的生母。原来叶
护的生母也是一位中原女子。她没有接话,转头看着
远方:"深秋时分,这里竟然有一丝凉意了,那么冬天
要怎样度过呢?我最不喜穿厚重的貂裘、吃半生的牛
羊肉、喝腥膻的羊奶了。好想念家乡的美食啊!"

"这有何难?娮儿,不,可贺敦请放心,叶护一定
会带来中原美食放在你面前的。"这一声称呼让她内
心为之一颤,她往后趔趄了几步,同龄男子中除了自己

的皇兄，惟独只有李鸣这样称呼过她。现在这个称呼恍如隔世，再次听到，竟从另一个异域人口中，不觉唏嘘。何况这样的称呼如果让别有用心的人听了去，将会是灭顶之灾。

此时的李婼对这位太子并无其他儿女私情，但对叶护她并不讨厌，这个性格直率、骁勇善战的回纥王子，身上有着和自己一样倔强的心，他敢爱敢恨，在兄弟内斗、父子反目的皇室，并不多见。

不一会儿，同罗匆忙而来，通知他们默延啜已经赶来，李婼整理好思绪到府外迎接默延啜，而叶护已从小路溜走，不知去向。只见默延啜带了三五个随从，各骑一匹良马，飞驰而来，头戴毡帽、腰佩玉白，自有帝王风范。看见李婼在外守候，急忙勒马，下马后把缰绳交给下臣便朝她走来。

"可汗一路辛苦，这里已接近完工，一切都超出我的预想，我非常喜欢。可汗国事繁重，还劳您为妾身这等小事操劳，实属罪过。"

"你是我心爱的女子，这不是小事，是我等大事。你的府第是我现在最为关切的事情。"默延啜深情地望着她，不知怎的，已过不惑之年竟然能再次对一个女人如此钟情。

他领着李婼到公主府四下参观，到了室内，他问李婼："听闻你们有'椒房之宠'一说，爱妃是我最宠爱的女子，我也想给你椒房之宠，想听听爱妃的意见。"

李婼之前就听闻默延啜对大唐有再造之功，又知自己的兄长李俶与叶护是结拜兄弟，但她并未参与到政务的纷争之中，更不希望因为自己而影响他们父子之间的感情。

"椒房殿确实是皇帝对自己宠妃的一种表达，因为椒房住起来冬暖夏凉，非常舒适。不过臣妾不希望可汗因专宠我而引起矛盾，何况这里本来寒冷，即使是椒房也无济于事，不如作罢。"

"我真是欣慰，能得如此良妻。我要宠爱的女子，他人怕无权干涉。这件事由我做主，你就放心住进来便是。虽说是你父皇疼爱你特意而建，但也是我内心的想法。"他非常地开心，他喜欢这位公主，不仅美丽而且非常智慧。

他们一同参观完公主府，默延啜带她上马与她骑马同行，这也是她生平第一次的经历。她由最初的厌恶到如今慢慢地改变了心意，这个能够帮助自己国家打胜仗的男人，也并没有那么令人讨厌。

乾元元年（758）十一月，公主府。

李婼已经搬离了毡帐住在了公主府，这里的一切都是按照她在长安时的闺房而建，天气愈加寒冷，房内却依然温暖。屋外还有一片牡丹园，默延啜听闻李婼喜爱牡丹，特意从中原运送过来。但这里的气候不适宜牡丹的生长，看着这片牡丹园，李婼又想起了很多往事。

"公主这是同罗送来的，是叶护的心意。"灵儿手里拿着一个木盒子。

叶护快马加鞭赶到交界处的集市为她购买。

"公主，您看，这里面有您爱吃的桂花糕！"是的，桂花糕正是应季食物，她看了之后也忍不住尝了一口，虽口感粗涩，与皇宫点心天壤之别，但这时能吃到这个，已经是难得。

"灵儿，你也尝尝。剩下的都包好，收起来，不许对任何人提起，任何人！"

"奴婢知道了，就去。"

"可贺敦，耶路将军求见。"婢女通报。

耶路怎么会来呢? 李嫦疑惑道:"请他进来。你们都先退下吧。"

"可贺敦的新府第真的是非常的阔气啊, 可见我们可汗对你用情不浅啊! "耶路边阔步迈入, 边大声说笑。

"将军说笑了, 可汗身份尊贵, 公主府本是我父皇的旨意, 可汗又与我父皇关系甚笃, 君子有成人之美, 何况作为一国王后, 自然与可汗的声誉休戚相关, 我怎敢恃宠而骄。"

"可贺敦真是伶牙俐齿, 难怪可汗与叶护都对你钟情。女子不仅以貌取人, 更要有智慧, 可贺敦是兼具美貌与智慧啊! "耶路说话毫不留情, 说罢又俯下身来悄悄地说道, "在两个男子之间周旋, 可贺敦觉得怎么样? 切莫引火烧身啊! "

这句话让李嫦吓了一大跳, 女子清誉是最重要的, 如若传到他人耳朵, 即使她是大唐公主也不会有好下场, 她厉声说道:"将军来我此地想必不是为了告诫我吧! 这种无中生有的言辞以后还是少说, 将军应上阵杀敌, 而不是在宫中参与这些毫无影子的宫闱之事, 乘机兴风作浪吧! "

"可贺敦请息怒，在下无事不登三宝殿，在下与叶护关系甚笃，曾一起为大唐平叛立下汗马功劳。只是近日，在下看到主子深情忧郁，十分憔悴，不知何故。想来能解主子心结者惟有可贺敦，还请可贺敦劝慰主子，身体要紧，国事更重，不能儿女情长啊！"

"耶路将军真是说笑了，我与叶护只有几面之缘，毫无瓜葛，何来儿女情长，如果这种污秽之语传到可汗耳中，你也知道后果的。请回去转告叶护，让他好生休养。恕不相送！"

"耶路该说的都说了，可贺敦不能忘了叶护日夜兼程为了博您好感吧！那些点心，耶路是知道的。请可贺敦放心，耶路与叶护是生死之交，在任何时候都不会出卖叶护的。在下告辞，请可贺敦一定去看望一下叶护，他的病只有你能医治。"说罢，耶路起身告退。耶路是达干将军的儿子，也是回纥的臣子，顿莫贺达干算是一位传奇人物，是默延啜的弟弟，他的儿子是叶护身边忠臣。

难道叶护真的生病了？不是刚刚派同罗榆福送来点心吗？怎么没有听同罗说起？

"灵儿，灵儿。"

无人应答，才想起来灵儿出去了。"盈盈，你过来一下。"

这个名唤盈盈的，也是宁国公主的陪嫁侍女，"你去打听一下，叶护是不是生病了？"

"公主，刚才同罗榆福送点心的时候是跟灵儿说起来过，不过他不让我告诉你，叶护要他保密的。"

"他到底怎么了？怎么突然就生病了？"

"这个奴婢也不太清楚。"

耶路不会无缘无故跑来说这些的，恐怕此事并非空穴来风。如果时间长了，默延啜难免起疑心，不如乘机见他一面，让他死心了也好。她略作迟疑便通知婢女盈盈："盈盈，你帮我找出那把广平王赠予我的匕首。"盈盈不解地问道："公主，那个匕首可是您吩咐过切不可与人说，更不能拿出来的呀！"

"你是要替我做主吗？让你拿你就拿。"显然宁国公主把刚才的气撒在了盈盈身上。盈盈讪讪地到暗室里，把那把李俶送给公主的匕首拿出来。匕首在锦盒里，锦盒外还有一个红色的丝绸包裹着。她看了看这个包裹，并没有打开，便吩咐盈盈道："安排车马，我要去一趟叶护的毡帐。"

"公主，您要去叶护住所？您要三思啊！"盈盈在提醒李婼。

"我管不了那么多了，虽说叶护和我毫无瓜葛，但他毕竟是可汗的王子，而且这件事因我而起，我必须要亲自解决。"

叶护的毡帐并不奢华，帐外看着甚至有些落寞，他对吃穿用度一概节俭，惟独对兵器钟爱。草原民族皆是毡帐，他的帐内陈设简单，惟独有一个狼首图腾挂在上面。左侧有一个地下暗室专门存放他收藏的各类兵器，这时他还不知道李婼正在来的路上。他不听下人劝说，身体不适还坚持到暗室里，看着这些兵器暗自神伤。

是家奴莫邪，他蹑手蹑脚走进来，悄声问道："可汗的新可贺敦，那位大唐来的公主看望叶护。"

"我没跟你说过吗？任何人都说我不在，我不在！咳咳咳……"他因情绪激动而剧烈咳嗽，而后平复下来又异常的冷漠，"不要再来打扰本王子，出去。"

莫邪倒着退出去，正待他关门，突然他像是想起什么似的，一个箭步飞过去，一把抓住莫邪的衣领，"你刚才说谁来了？"

莫邪吓得浑身哆嗦，颤抖着身子说道："是，是那个新可贺敦，那个大唐公主。"

话音未落，叶护已经飞奔出去，他因生病脸色绯红，满头大汗，一路跌跌撞撞冲到了毡帐外，看到宁国公主的马车十分激动，正巧李婠刚下了马车，他与她四目相对，仿佛空气在此时凝滞了。

"咳，叶护可好？听下人说殿下身体抱恙，特代可汗前来看望，是否请了太医？生病更要静养才是。"还是她先打破僵局，以免让他人看出端倪。

"没有的事，我只是思虑过多，并非生病。让可贺敦挂念实属惶恐，代我替父汗表达谢意。莫邪，迎可贺敦进帐歇息。"李婠并未久留，只略微在榻上欠了欠身子便起身要走，叶护也没有刻意挽留，双方又客套了几回才罢。

这时候李婠用眼神示意盈盈，盈盈心里明镜儿似的，悄悄绕到身后，他们一直没有看到同罗榆福，按理说同罗与叶护是形影不离的，这时候没看到同罗确实有些怪异。盈盈悄悄出了毡帐，四下张望寻找同罗，皆没有同罗的身影，她也不好再返回毡帐内，只好站在帐外等公主出现。

　　不一会儿，这位大唐来的新可贺敦就被一群妇人前后搀扶着走出帐外，叶护迎送出来。盈盈看到她出来，碎步走上前去给她使了个眼色，李媕立刻明白了，于是对着那群下人说道："你们先在外候着，可汗还让我带句话给叶护。"她带着盈盈迈入帐中，叶护也紧跟其后，只见李媕向盈盈递了眼神，盈盈随即把那个包裹递到叶护手中，李媕只道："无价之宝，请好生收着。叶护务必保重身体，切勿有杂念，你我从此不必再单独相见，望珍重。"说完便急匆匆离开，离开时不忘让众妇人搀扶着上轿，以便树立自己的威严。

　　叶护迫不及待地打开那个包裹，一看里面是个锦盒，锦盒里面竟然藏着一把匕首，只见那匕首锋利无比，发出一道寒光，他一看便知这非大唐之物，应出自异域。他素来喜爱兵器，因此一眼便知它是无价之宝。又联想到她刚说的话，莫不是要让自己死心？此去路漫漫，前路多保重。可又为何送他如此贵重之物？他顿时内心五味杂陈，既感叹她的良苦用心，又悲切自己生不逢时，错过与她的缘分。他是王子，她是可贺敦，除此之外，没有别的关系了。他眼前一黑，便什么都不知道了。

　　她们约莫半个时辰而归，回来时一使粗活儿的妇人说可汗来过，灵儿着急得自责，李婧此时内心倒忐忑起来了，按理说她的行踪早已有人通报给了默延啜，此时的默延啜应该已经知道她的去向，默延啜既没有兴师问罪，也没有来找她，她更加不安。公主府距默延啜的金帐距离不远不近，走过去也就是不到半个时辰。她坐立不安，走来走去，一直到入夜都没见到默延啜，倒是灵儿突然跑进来，在她耳边低声嘀咕道："叶护刚才晕过去了，同罗榆福刚才来过，说可汗赶过去了。"

　　坏了，如果那把匕首让默延啜看到，或者即使不是默延啜看到而是别的人看到，那么他们都将会是灭顶之灾！

　　"灵儿，你速去把融儿叫来。快去。"

　　不一会儿，李融悄无声息地走进来了，看到李婧行跪拜礼，李婧一把拦住："免了免了，又没有旁人，你我是姐妹，不必这么拘礼。姐姐刚才私自去看了叶护，恐惹是非口舌，这几日可汗如果来，你能否帮姐姐一个忙？"她们耳语几句，李融脸色绯红地答道："可贺敦放心，妾身会尽力。"李婧摇摇头，这个李融还是这么拘谨。

乾元元年（758）十一月，三日后。

"可汗到访！"听到一个陌生的声音，她此时正在内室里看着字帖打发时间，也顾不得形象，急忙出来迎接。

"可汗，这几日臣妾一直忧心忡忡，不知您是政务繁忙，还是有事在身？可汗可是好几日没来臣妾这里了。"

"叶护一直处于时而昏迷时而清醒的状态中，嘴里念念叨叨的。加之近日政务繁忙，我忙于处理这些政务，实在是没时间来看望可贺敦。"

李婠双膝跪地，向默延啜认罪："可汗请降罪，臣妾自作主张代表可汗看望生病的王子，不曾想引起更大的祸端，以至牵连朝政，甚至让唐、回纥两国蒙受影响，臣妾有罪。"

"可贺敦请起，你生长在唐，和回纥环境、礼仪自是不同，何况你作为可贺敦去看望王子，何罪之有？"默延啜没有提到这几日的烦心事，但她知道事态肯定比她想象的严重。

"呵呵，可汗真真是辛苦了，都清瘦了许多，您要

注意自己的身体啊! 灵儿, 你去吩咐后厨, 做几道可汗
爱吃的菜, 让膳夫一定要尽心去做。还有, 把我从家
乡带来的玉露酒拿出来, 让可汗品尝一下。顺便把融
儿也叫来。"她已和李融商议好了, 她们会依计行事。

依次端上来的菜分别是鹅鸭炙、甘露羹、金乳
酥, 最后是长生粥, 除此之外还有回纥菜肴烧羊蹄、
醴鱼臆等。不一会儿, 灵儿从里屋端出来一个瓷制酒
壶, 李婼说: "可汗, 这是臣妾家乡的黄酒, 和回纥的
酒口味不同, 臣妾且取名: 玉露酒, 您看如何? "

默延啜看到这一桌美食, 情绪渐渐高涨, 开怀大
笑: "哈哈哈, 爱妃真是我的可人儿, 这名儿取得甚
好, 就依你叫法。"

"可汗, 臣妾自知有罪, 今日特让妹妹作陪, 让妹
妹好生伺候可汗。"说罢, 她只陪着默延啜坐了一会
儿, 又一一把菜品做了介绍, 便与下人一起退去了, 只
留下媵妾和可汗两个人。

退下之后, 李婼急忙吩咐亲信察看是否有人跟
踪, 确定安全之后又派心腹趁着夜色前去叶护处, 她
一方面是担心叶护的身体, 另一方面是担心自己那把
匕首。那是直插自己心脏的利器, 一旦暴露, 殃及的恐

怕不只是她和陪嫁之人，还有她身后的母国。

翌日，赏赐的物品一一送达，回纥人尚金银，饰品多为金银，赏赐的物品有金、银手镯各三副，金、银耳环各两对，金步摇一副，貂绒大氅一件，羊皮小褂一件等，还有一匹红鬃马。另有其他一并赏赐了媵妾。看来她的计策是有用的，那把匕首不仅没有被发现，叶护和她的关系也明了化了。这让默延啜心里敞亮了许多，而除此之外她的不妒和大度深受默延啜喜爱。

自此，叶护与她的匕首一起沉寂了许久，她也安心地做她的可贺敦，讨好默延啜让他帮助父皇剿灭叛军。

乾元元年（758），十二月二十五日。

已是深冬，回纥异常寒冷，默延啜近日经常咳嗽、胸闷，而且越加严重，太医来看过数次都无好法子，吃了药也不见效。李婼一直在身边伺候着，这个病症来得毫无征兆，脉象也不明朗，而且太医说默延啜的咳疾不像是伤风，倒像是中毒，但他们对所中之毒束手无策。

李婼猛然想起来一个人，这个人正是建宁王妃慕容林致。她深谙医术，尤其是解毒之术。可千里之外，如何请她来？飞鸽传书、驿站情报，可毕竟时间太久，所以和亲的公主往往一辈子就待在荒凉的异域，终老一生，所谓"秋思抛云髻，腰支胜宝衣"，而且慕容林致经常是神龙见首不见尾，很难找到人。她想着想着，竟不禁掉下了眼泪。躺在床上的默延啜看到这一幕非常的心酸，以为她受到了欺辱，挣扎着起来说道："近日我病情轻了许多，一时半会儿死不了。"又是一阵剧烈的咳嗽打断了他们的谈话。

"可汗，你的病起因蹊跷，之前你有服用过什么药物吗？看你眼窝青黑，指甲发黑，太医也诊断是有中毒迹象。下毒之人必定深谙药物，拿捏到位，根本无法判断，实在是着急。"

"我身体一直强健，并不曾服用任何药物，也没有吃过别的食物。婼儿，上神自有安排，你又何必着急呢？"

这次生病来得蹊跷去得也蹊跷，惊动了他的女儿毗伽公主阿米娜。阿米娜虽人在唐朝，但回纥援兵仍在大唐，想知道可汗的消息并不难，好在阿米娜与李承寀商议之后决议带一个医术高超的医者前往。征得肃宗同意，她们即刻前往。当肃宗知道他们要去回纫，想到了和亲的宁国公主，又带了许多丝帛、玉饰、金银、书卷等一并送去。未及他们赶到，默延啜的病情已经好了一大半，直至他们前往，他已经恢复到可以每日练剑了。

看到自己的女儿回来，默延啜非常激动，他自从把女儿和亲出去之后心里十分挂念，又因路途甚远，自女儿嫁入长安就未曾相见。这次女儿女婿一同前来，大唐天子还带来如此厚礼，他十分感动，当即表示派三名妇人前往唐谢"宁国公主之聘"。阿米娜很纳闷，她悄悄把李婼拉到外面问道："明明父汗已经卧床不起，怎么没几日的功夫就精神大好了？"

"可汗本来身体就强健，这次生病又疑因中毒，但毒性剂量很小，发作时根本无法查出。"

"那么后来又是怎么好的呢？"阿米娜不解地问道。

李婼嘿嘿一笑："你还记得广平王妃中毒的事情吧？那次我们一同去王府看望嫂嫂，建宁王妃曾提到过解毒草药，其实是我根据之前建宁王妃提到过的几味药熬了水，没想到还起了作用呢！"

"可贺敦真是我父汗的福星啊！我得替我父汗好

好谢谢你。皇上还让我给你带了很多礼物呢!嘻嘻,你可别触景生情啊!"

"我父皇还好吗?我哥哥们呢?他们不知道怎么样了,听说史思明还在做最后挣扎,想必父皇和哥哥都在忧心,我已经跟可汗说了,他也答应继续派兵增援,几个月了,我真的是很想念家乡。"李婼看到眼前的此情此景,想起了自己出嫁时的情形,不仅伤心落泪。

阿米娜也不知如何回答,只好岔开话题,让唐朝来的医者为默延啜把脉,又开了中药,静静地调养方可痊愈。

"关键是我父亲怎么会中毒呢?"阿米娜不解地问道。

"是一个膳房的小厮故意在他的吃食里下毒,每日剂量甚微,短期内毫无征兆,长期才会慢性毒发,此人已经处死,只不过他一直不肯交代是谁指使他这么干的。"李婼急忙解释道。

她们都陷入了沉默,各自想着自己的心事,李婼既牵挂着自己的国家,又担忧未来的命运。但她现在顾不上那么多,因为更大的灾难即将发生在她身上……

乾元二年（759）四月初，突如其来的一件事打破了平静，叶护举兵反叛。

"可汗，大事不好，叶护率领精兵正大举向我金帐而来。"詹克明顾不上禀报，直接冲到可汗帐内，默延啜正和李婼下棋。

"什么，叶护反叛？立刻备马，我要亲自会会他。另外，你带着五千骑兵随我而来。"棋盘掀翻在地，一颗颗棋子滚落到下来，其中一颗滚到了李婼脚边，一看是"卒"。叶护起兵没有任何征兆，这让一向信任他的默延啜大为震惊。他最为看重这个长子，本已打算他继位，没想到叶护会反叛。

这一消息无疑是回纥的炸弹，顿时让整个回纥内部乱了套。李婼也慌了神，叶护平日里居功自傲，性格直率，但不至于是心狠手辣之人。上次生病到现在一直甚少消息，她一直以为叶护还在自己的帐内养病。她觉得叶护不会对他自己的父亲下手，这其中一定另有隐情。

广袤草原翠色流淌，无际无涯，低矮的山丘连绵起伏，雄鹰低空盘旋。极目远眺，隐约可见哈剌巴剌合孙巍峨耸立的王宫，在雪青色的山脉的衬托下，雄伟壮观，竟有几分海市蜃楼的虚幻。这高达二十余丈的王宫，可谓回纥汗国的标志，也是一切争执与阴谋的祸端。

默延啜带领詹克明与五千精锐骑兵绕过哈剌巴剌合孙王宫，沿近路走到山丘上，正好与叶护大军相遇。

叶护早已算好时辰，正午时又一部族的兵马将至。此际朝南面一看，尘土大作，正自窃喜，听得一声长长的"报——"声，有士卒禀道："右丁卢，勿里用氏的兵马即刻就到！"时机正好，挥袖举起弯刀。

"默延啜在此，谁敢造次！"平地里暴喝乍起，默延啜驱骏马，扬弯刀，由山丘疾奔而下，凛然如天神忽降。

叶护哈哈大笑："众将领，莫听他胡言乱语，默延啜已经是强弩之末，毫无生机了。"

默延啜长嗥一声，左手执鞭，右手弯刀终于出鞘，寒光炫转，天地失色，听得惨叫声不绝于耳，转瞬间将近十名侍卫砍翻马下，余者纷纷辟易。叶护素知默延啜武功盖世，没想到就这几下子让他的部下已经吓得魂飞魄散。默延啜的威严一声令下，他的士兵立刻束手就擒。除了他和耶路，其他人都按兵不动。而李承寀此时恰好在回纥，他的救兵很快就到，这直接让叶护四面楚歌。

李承寀喝道："叶护已经是四面楚歌，如果你们还想活命，就放下武器，缴械投降吧！念在你们是被胁迫的份儿上，可汗可以让你们将功赎罪，谁抓到叶护，谁就立了大功。"

士兵面面相觑，仍然未动。默延啜左手一挥，那些士兵便一哄而上，按住了叶护。叶护飞身一脚，右手一挥，几个士兵应声倒下，而其余士兵则强行按住叶护，道一声："叶护，对不住了。"便将他押解给了默延啜。

这期间，耶路乘机给叶护随从递话，叶护自知已无力反抗。

默延啜仰天长叹道："叶护，你是我的儿子，你怎么会有谋反之心？等不及我薨逝就要谋权篡位吗？"

"呵呵，你何曾把我当过儿子？我自幼一个人生活，甚少得到你的关爱，你只顾你的皇位、你与其他部落都督的争斗，何曾真正关心过我？虽然我是长子，但你是真的想把皇位传给我吗？移地健还小，骨啜特勒又无心皇位，你是迫于无奈。我本无心权位，奈何我心爱的女人已经离我远去，我不如孤注一掷，许能赢得她芳心。"叶护大笑几声，对着远方说道，"我要让你看到我就是草原的英雄。"

"我对不起你，确实对你关爱太少了。"默延啜眼眶红润，"你性格孤僻内向，脾气耿直，我却毫不察觉，这是为父的失职啊！是不是上次的下毒也是你干的？"

"哈哈，在你眼里我真是十恶不赦啊！我虽然恨你，但我不至于用此阴招毒害你。母亲的在天之灵也不会允许我这么做的。"叶护恨恨地说道，"既然我落在你手里了，要杀要剐，悉听尊便。"

李婼已经站在山头看到了这一幕，叶护和默延啜同时看到了她。默延啜心疼地说道："婼儿你怎么跑来了？"只见李婼身着大红长领襦裙服，梳高高的回鹘髻，髻上戴金凤冠，簪钗双插，艳丽中兼有不可凌越的高贵端庄，那是真正的凤毛麟角，却在不经意间让两个男人角逐。

"可汗，臣妾不放心你们。"她特意用了"你们"二字，而不是"你"。

默延啜并没有察觉到什么，叶护倒是听出了端倪，仰天狂笑道:"哈哈哈,父亲你知道我为什么要反叛吗?是因为我心里有牵挂,我怕我等不及。为什么我会生不逢时,为什么,啊——"说这句话的时候他的眼睛是瞟着某个人的,他心里的牵挂也全在那一个人身上。

"带他回去,押在天牢里。"无论怎样,叶护毕竟是自己的儿子,他下不了狠手。

"各位士兵,你们跟本可汗一起出生入死,既有妻儿又有父母,我们要的是安定团结,而不是内乱!"默延啜振臂一呼,对所有士兵说道。

"是,是,是!"整个山丘的士卒都起身高呼,声音响彻天际。正当此时叶护突然大声骂道:"我既然犯了死罪,必不能苟活,望可汗善待你亲近之人,叶护要用自己祭天神!"说罢挣脱了押解他的士兵,从腰间掏出一把匕首直插入心脏,嘴里还念念叨叨:"这是离我的心最近的距离。"众人措不及防,待上前叶护已经口出鲜血,一命归西了。李婼看着这场内斗,默默的,默默的,良久没有说出来一句话。她浑身发抖,脸色惨白,突然就晕倒在地了。

等她醒来,她已经躺在了温暖的床上,旁边是默延啜温柔的呼唤。她睁开眼的时候只听到默延啜一遍一遍地低声说道："让你受惊了，你估计从小到大都没见过这么血腥的场面吧？"默延啜非常地心疼她，又喝令手下，"是谁把可贺敦带过去的？一定要严惩不贷。"

李婼挣扎着想起来，但几次不成，默延啜把她按倒在床上，温柔地嗔怪道："你现在身子很虚弱，不能乱动，要静养。"

默延啜又安慰了一番才离去，让她好生歇息，明日他再来。他自始至终未提及那把匕首和叶护，她也无从问起，希望一切都悄然结束吧，相信叶护谋反并非完全是因为自己。

"灵儿，我累了，你让膳夫去煮一碗红枣桂圆羹，我想压压惊。你们都退下吧，我想睡会儿。"等所有人都退下了，她沉沉入睡，睡了很久很久。

这场纷争就这样结束了，但回纥内部显然已经不再团结，默延啜派去援助唐朝的骨啜特勒和帝德因战事不利而溃败。而默延啜也因一连串的事情而身心俱惫。

这一日默延啜与李婼一起用膳，席间默延啜咳嗽不止，李婼便说道："可汗需要用药的，上次病愈之后身体终归是不如从前了，连日来积劳成疾，怕是旧疾复发了。"

"不要紧的，我的身体还撑得住，但是婼儿身体还很虚弱，不宜劳累。婼儿，之前你从家乡带来的酒还有吗？拿出来让我尝尝。"

"您这身体不适宜饮酒的。唉，那就少喝点，灵儿，你去把上次那坛酒拿出来。"李婼知道默延啜最近诸事烦心，何况刚刚又失去一个儿子，所谓人生三大悲事，他竟然赶上两个，难怪心情郁结了。

默延啜直勾勾地瞅着那个刚刚被端上来的酒器，他被上面的花色和纹路深深地吸引。待看下去，这个上窄下宽、中间肚子大的青瓷酒器，纹路细腻，上色匀称，细微处可见青瓷中略显黛色，绝非单一色泽，在他见过的瓷器中堪称极品，用来盛酒实在可惜。李婼看出来默延啜对那个瓷器感兴趣，本要解释，没想到他先开口问道："上次没注意，这个酒壶看着真的不一般，倒出来的酒也是温润的，倒是有什么由头吗？"

"可汗有所不知，这个酒壶叫'自暖杯'，因是薄胎青瓷，上好的瓷器，酒藏于其中也是有讲究的，要把酿好的酒在库中存放数日后藏于青瓷中，然后放置于阴冷避光之所，再次喝时最好醒数个时辰，口感甚佳。"

"这倒是稀奇，早听闻大唐瓷器出众，而我回纥多以金银藏酒，自是不同，今日听可贺敦一说，真是见识了。"

李婼徐徐给默延啜和自己倒了两杯酒，不紧不慢地说道："可汗英勇盖世，早已是文韬武略，这样变着法儿夸臣妾，妾身真真不敢当呢。"一来自谦，二来夸了默延啜，一语双关啊！默延啜也十分受用，他知道自己现在面临的处境，但是到这等年纪还能遇到一个自己喜欢的女人，懂自己，已经知足了。

"可贺敦今日非常的美丽，来我回纥之后，我让你受了很多委屈，你由于语言不通，甚少交流，我给你派的三名妇人你也都安排在外室，远嫁并非你意愿，回纥又非你国家，异国他乡是一个女子最大的痛楚。"说罢将杯中的酒一饮而尽，说了一句："好酒！"

李婼不知道默延啜到底怎么了，但是自从叶护死后，他就整日闷闷不乐，经常把自己关在帐内一整天。上次中毒之后身体也大不如前。她知道一个道理：伴君如伴虎。所以她从不多言，除非有必要，否则只会招致麻烦。

"你知道么？我们回纥和唐朝向来是关系密切的，我祖辈是我们回纥汗国的大英雄，可惜，眼看着回纥就要毁在我手里了，哈哈哈，我连自己的儿子都管教不好。啊，天神啊，我如何有颜面去见我的祖辈！"默延啜把头埋在肩膀里，双手抱头，小心抽泣着，看他额上青筋凸起，印堂发黑。

"我这里很痛。"默延啜抬起头用手垂着胸口声嘶力竭，李婼上前抱住了他。这个比她大二十多岁的男子"哇"的一声，一口鲜血从口腔里喷射而出，直接喷溅到了李婼的衣襟和手臂上。鲜红色的血液顿时让在场的所有人大惊失色。

李婼此时也慌了神，不知如何是好，只是一个劲摇着默延啜。只见默延啜双眼微闭，极度虚弱，脸色煞白，嘴唇青紫，浑身颤抖。还是灵儿从旁提醒，该请太医过来，又嘱咐两个小厮把默延啜架到床上去。

不一会儿，所有的太医就一齐过来了。和太医一同前来的还有宰相帝德、几位王子，以及几个都督、部落首领。太医把脉之后便一个劲摇头，从他们的神情似乎也大约知道了答案，李婼急忙问道："太医，情况如何？"帝德呵斥道："可贺敦问话，你们为甚不予理睬？"

"算了，你们都退下吧，让我一个人静一静。太医也退下吧。"默延啜睁开了眼睛，声音极其微弱地说道。

"臣等一定竭力医治。"太医们齐声说道。

太医退下之后，一位都督与默延啜交流，只见默延啜眉头紧锁，双手攥拳，随后是一声怒吼，虽声音微弱，可李婥看得出他的愤怒。李婥约莫已经猜到他们刚才的谈话，倒也不生气，只是看着胡床旁边放置的一个香炉，里面还徐徐冒着青烟。熏香的习俗在回纥人那里是没有的，是她从千里之外的长安带过去的，她自从两次守寡之后就开始信奉佛教，案前总会熏一炉香，而香料也是特制的，里面放了苏合、沉香、木香、龙涎等多种香料，安神凝思。到色楞格河之后她只在自己房中熏香，而默延啜因与她相处愈久，愈发离不开这种香气，倒也开始熏香。

在回纥，一夫多妻制，而且有继位者娶上一任可汗妻子的习俗。她嫁到回纥之后并未上演后宫争斗的宫心计，反而是专宠，因为默延啜对她是真心的，而其他女子也并没有要争宠的意图。其实已经有人察觉到叶护对她的爱慕，也曾经向默延啜报告过，只不过默延啜对此不予理睬,这反而让李婼更加不安和愧疚。她想到了默延啜的身体和自己的未来,更觉伤感,竟嘤嘤地哭起来了。

"好了,好了,可贺敦不必哭哭啼啼了,我们大漠的英雄是不会有事的,请你不要这样。"领头说话的是内九姓部落的首领药罗葛氏。显然他对这种场面已经不耐烦,看到默延啜如今的样子,早已不把她这个大唐没落公主放在眼里。

默延啜挣扎地坐起来,挥了挥手示意他们都出去,只留下移地健。过了很久,当移地健从屋内出来时,他向站在门口左侧的李婼深深地瞅了一眼。这个眼神,将会在不久的以后派上大用场……

移地健走后,李婼赶紧回屋内,看到默延啜还是半躺的姿势,眼睛微闭,听到她进来并未睁眼,而是伸出右手示意她过来。李婼急忙抓住默延啜的手,伏在他肩膀上紧紧地抱着他,像是抱着她的孩子一样,充满了母性的怜爱。

乾元二年(759)四月底,回纥都城富贵城。

默延啜近日感觉自己精神出奇地好,几天前还不能下榻的他,突然就能到屋外走动了,而且还可以和李婧单独说上几个时辰的话。过几日就是回纥萨满祭天神的重要节庆，他感觉自己身体大好，可以参加。他到屋外踱步，突然进屋内对正在梳妆的李婧说道：

"婧儿，我突然想念我们草原的帐篷和毛毡。你能陪我到草原看看吗？"

"这里不就是草原么？可汗要去哪里的草原？"李婧不解地问道。

"是我年轻时游牧的居所，我们草原民族没有固定住所，是学习你们中原人才开始建立了富贵城、公主府。"

"那么可汗带我去色楞格河看看吧，我从长安来时曾经路过那里，发现周边热闹异常，有很多集市，我自嫁过来数月未曾出去领略我们回纥汗国的江河。"

默延啜握紧她的手，没说话，不置可否，但是没想到第二日一大早，一行车马已经备在门口候着，还派百余精兵护卫。默延啜吩咐下人好生服侍李婧，穿戴回纥最艳丽的服饰，还带着她的两个贴身婢女。李婧大吃一惊，忙劝道："可汗，这样舟车劳顿，您的身子恐吃不消，如若要去，也要等您身子恢复了之后啊！"默延啜执意前往，李婧见拦他不得只能由着。

色楞格河是回纥的圣河，这条河和另外一条河——鄂尔浑河是回纥经济发展的重要支撑，也是最为富庶之地。自与唐产生贸易以来，大批汉人带来唐先进的农业技术，让原本以牧业为生的回纥，在两河流域发展出大片肥沃的田地。而宁国公主的到来更带来了许多先进的农作物、耕种方式，加之唐与回纥贸易频繁，让两河流域的居民逐渐富足。

一队精骑在前方开路，另一队精骑在后方，中间十几辆车马徐徐而行。默延啜怕李婼中途烦闷，特地带上了她的两个贴身婢女，还有太医、随从一干人等，浩浩荡荡地前往。其实李婼想尽量人少点，可转念一想，回纥不比长安，这里的九姓部落个个都有实力，默延啜现在又非常孱弱，这也是为了保护他们不得已而为。色楞格河经过一个冬季，四月天正是万物复苏、春暖花开的时节，这里有大量的田地、牲畜，还有许多牧民。沿着河再往下走，发现成片的帐篷、马匹，时而三五，时而八九，既分散又聚集。还有一排排手工作坊，远远望去像草原里点缀的繁星。离聚集区不远是一个集市，集市形成了一条狭长的街道，有梳小辫、穿羊裘的牧民，还有穿红色窄身上衣、皮靴、长裤的妇人，也有身穿胡服的人。集市上人头攒动，他们讲着李婼听不懂的语言，当看到一群官兵时，都齐刷刷行礼，想必是知晓这车马之人非等闲之辈。

李婼对默延啜说道："可汗，这里应当是哈剌巴剌哈孙最热闹的地方了，臣妾想下车走走。"

没想到默延啜一口拒绝："不行，这里人多混杂，你是尊贵的可贺敦，应当坐在车里接受他们的朝拜。咳咳咳，咳咳咳……"说罢，默延啜一阵剧烈的咳嗽，她急忙掏出手帕擦拭，竟看到手帕被血染红了。李婼吓得脸色惨白，急忙喊来太医诊治，又让默延啜平躺盖上羊裘。随即下令快马加鞭赶回牙帐，这次出游，就这样匆匆结束了。

回到牙帐内，默延啜还未休息就有急报，萨彦岭部族有意向回纥地带进攻。萨彦岭部族一直是默延啜的心头大患，如果不主动出击，恐怕会后患无穷。他紧急召集部下商讨军事部署，想一举征服这个民族，并打算自己带兵亲征。众臣虽反对，默延啜性格执拗，很难改变，如果首领不能率兵亲征，恐怕很难鼓舞士气。萨彦岭部族是一支强悍的民族，他必须全力以赴。

宰相帝德无法，只能去找李婼。李婼自觉为难，她毕竟是女子，不可过多干政，默延啜的身体她非常清楚，可她还是没能劝住默延啜。公元759年，回纥民族与萨彦岭部族展开了一场激烈的交战，但默延啜拼尽全力，最终打了胜仗。但，他的体力已经明显不支。

大败萨彦岭部族之后，默延啜心情大好，举行了盛大的庆功宴邀请将士前来庆贺，"将士们，我们终于大败萨彦岭部族，赢得了我们的胜利，今晚是庆功宴，大家一醉方休。咳咳咳，咳咳咳！"一口鲜血喷射而出，默延啜刚刚说完这番话就轰然倒地，从此再没有起来。

一代草原英雄就这样驾崩了。

终回长安

服丧期间，李婍披麻戴孝，完全没有了人形，毗伽公主和李承案也回来守孝。而回纥的大臣、内九姓的部落首领受到宰相帝德的蛊惑，纷纷要求让唐朝来的公主殉葬。

这一日，帝德和叶护、都督、部族首领等重要大臣来到灵堂，看到在一旁守灵的李婍便说道："可汗生前最为宠爱可贺敦，可贺敦应表忠节而殉葬！何况可汗的驾崩多少与可贺敦有关系，可贺敦难道不应该为我们的葛勒可汗殉葬吗？"

李婼满脸泪痕，愤愤地说道："我中国法，婿死，即扶丧，朝夕哭临，三年行服。今回纥娶的是大唐的真公主，必须依照中国的习俗。如果是按照你们回纥的习俗，又何必万里之外重金迎娶我呢？"但是当时的帝德与李婼在大贺时有过节，心里不平，帝德不甘示弱："你现在是我回纥的可贺敦，已经不是大唐的公主了，即使你搬出大唐的那套，你的父皇也不能再插手回纥汗国的事务了，我们回纥汗国历来有殉葬的习俗，何况大唐公主与可汗情意绵绵又无子嗣，更应该履行我回纥的习俗。"双方僵持不下，不一会儿毗伽公主和李承寀前往，帝德弯腰作揖后便匆匆离开了。

李承寀看到仅仅过了半年多，宁国公主已然是一个中年妇人模样，不仅容颜大失，而且十分憔悴。李婼也起身问道："承寀有没有父皇和哥哥的消息，我在这里非常想念他们。"说罢便泣不成声，号啕大哭，在场之人无不动容。承寀也掩面而泣，拉她到一处墙角说道："广平王让我好生照应公主，但公主现在毕竟是回纥的可贺敦，我和毗伽公主也只能尽力而为。广平王听说您的处境之后也十分着急，你先不要担心，毕竟你是皇上的女儿，想必他们不会太强硬。这里耳目众多，不宜多言，万望你保重。"毗伽公主也过来用不太流利的汉语说道："可贺敦记住一句话，你一定要坚持自己的说法，回纥可贺敦地位很高，没有万不得已他们不能逼迫你。"

"哼，地位高？你们回纥可以让女人在自己男人死后嫁给新上任的可汗，这种耻辱还说是地位高？"李婥冷笑道，她现在的状态早已顾不得毗伽公主的颜面，倒是这位回纥公主也不懊恼，微微一笑拍了拍她的肩膀说道："和我们大唐的公主自然是没办法相比，不过现在回纥女人的地位还是比先时高了很多。"

"我堂堂一国公主，绝不会受制于这帮庸臣的摆布。"李婥打算誓死维护自己的尊严。

回纥汗国重臣皆把默延啜的死归罪于叶护，而叶护已死，只好用李婥作为报复的手段。眼看出殡的日子临近，她内心十分害怕，又无从说起：大不了鱼死网破，我是不会轻易屈服的！她这样暗自发誓着，悻悻地想了一阵，不知何时在灵堂前入了梦。她梦见自己又回到了长安城，又见过了父皇、哥哥和妹妹，梦见自己满脸伤疤，成为一个见不得人的丑八怪。她在铜镜前抚摸着自己的伤疤发出一阵阴森的笑声。这个笑声把她自己从梦中惊醒，睁开眼竟然已经天亮。

回纥的国葬非常的神秘而繁琐，甚至是残酷。回纥族人要求她殉葬，但是她坚决不从。

"作为堂堂的一国公主，竟然让我殉葬，在我们国家没有这样的礼节，默延啜虽然是回纥首领但也是大唐的女婿，我为什么要遵守你们的惨无人道的礼数？"李婍坚决不同意。

"不行，你既是回纥的可贺敦，就一定要遵循我们回纥的规矩，我们英武可汗对你钟情，你为他殉葬难道不是你的福分吗？"说这话的人是默延啜的堂兄，也是一位骁勇善战的将军。

"可贺敦必须殉葬！"另外一个大臣说道。然后更多的族人加入这个行列中来声讨。回纥现在助兵大唐，因此底气十足。宁国公主招架不住，一怒之下拔出护卫腰中的剑。但是由于剑太长，她怎么都难划伤自己的脸。于是又扔了剑，四下找寻匕首。大臣们左顾右盼都不知道她在做什么，终于在一个族长身上看到匕首，她怒不可遏，甚至是歇斯底里地叫道："把你的匕首拔出来！"那位族长还没反应过来，她已经夺过匕首在自己脸上划了十几刀，鲜血一直流到她的衣襟上、脖子里，流到她的手臂上。她仍然不停手，继续划着，直至整个脸都稀烂了，才扔掉匕首："这样你们总该满意了吧？哼，哼……我已经颜面尽毁，可以代替殉葬了，我发誓这辈子都不会再嫁。"回纥族人未见过这么刚烈、耿直的女子，倒一时间无语。族人们仍不罢休，还是移地健出面，说明可汗曾让他保全大唐公主，毁面代殉葬，孰让她回去吧。李婼想起那次默延啜单独召见移地健时看她的眼神。待李婼走出帐外，守在外的灵儿大叫一声，吓得脸色惨白，但事已至此，总算能有个交代，她可以回长安城了。

乾元二年（759）八月，宁国公主李婼被送回长安，父皇李亨亲自到殿外等候。

长安城仍旧，但是她已经不是当年出嫁的她了。李亨和张皇后、段婕妤、张美人一同在殿外接宁国公主回宫。只见公主身穿素服，面蒙白纱，乍一看完全认不出来。公主缓缓走来，侧面是李俶，后面跟着李承寀，旁边被灵儿搀扶着。还是张皇后眼尖，激动地跟李亨说道："皇上，你看，那不是咱们的宁国公主吗？看那个样子，怎么憔悴成那样？"说着自己先用帕子拭眼泪，倒惹得身边几个嫔妃纷纷效仿，李亨听着也动容："苦了她了，这个孩子，唉！"

宁国公主先被安排在宫里，后自行要求出宫，李亨无奈，只能在城内为她建了一个府第，让她自己清净。她想起了李鸣，不知道他现在怎么样了，自从嫁入回纥后再无音信。

之后她派灵儿多方打探，自她出嫁回纥，李鸣现在下落不明，他主动要求出征，结果在洛阳一战中下落不明，生死未知。

自此，宁国公主再无心出门，每日诵经念佛，家中供奉着佛祖，脸上的伤好了之后留下了坑坑洼洼的疤痕，除了灵儿和几个服侍的侍女，她不见任何人。

在长安城熬过了自己剩余的岁月，这位公主就这样为大唐做了牺牲，也算幸运的一位，相比起其他公主，她总算能够得偿所愿回到自己的故土，安度余生。

李婼之后被封为"萧国公主"，在公主府吃斋念佛，度完了自己的余生。

小宁国公主

青冢处亦归途路

与宁国公主一同出嫁回纥可汗的还有一位陪嫁媵女，宗室女——荣王李琬之女李融，这位公主没有自己的封号，后人随宁国公主封称其为小宁国公主。回纥可汗默延啜薨逝之后，宁国公主回了长安。李融留在回纥成为新可汗（牟羽可汗）移地健的继室，生两子。后移地健薨逝，继位者长寿天亲可汗顿莫贺达干杀其子，她痛不欲生，离开牙帐独居于郊外，直至终年。

皇门之苦

公元732年，大明宫内，未时。

"皇上，皇上，华妃要生产了！"高力士并未奏请径直前去，正在批阅奏折的唐明皇脸上掠过一丝喜悦，顿时又呈现出焦急的样子："华妃现在如何？随朕去婉玉宫！"华妃是唐明皇册封的为数不多的嫔妃之一，与惠妃、丽妃齐位，正一品。他宠幸这个嫔妃，就像温润的泉水让他感到安逸，更重要的是华妃为他生下长子李琮，他自然对华妃十分尊重。还未到婉玉宫，李隆基已经迫不及待跨步走进，见皇上前来，正在急匆匆倒热水、请太医的丫鬟们纷纷下跪，李隆基一摆手："免了免了，华妃现在情况如何？"话音未落，只听得房内一声惨叫，婆子喊道："娘娘再使点力，快了快了。"待下人禀报实情，已有婆娘从房内出来，只见一个碎小的黄布裹端在手中，边从门槛儿迈腿边喜笑颜开地说道："恭祝皇上喜得小皇子！"随即把那团肉乎乎的包裹端给李隆基。李隆基双目微闭几秒，似乎是在向上天祈福，后小心翼翼地掀开黄色包裹，看了看满脸通红的小皇子，旋即疑惑地问道："刚才怎么没听到哭声？"那个婆娘正为邀功，急忙回复道："回禀皇上，小皇子出生异禀，并未哭喊，可见是知道自己生在开明盛世，有一个疼爱自己的父皇和母妃。"李隆基听得一席赞美之词，不禁对这个婆娘侧目，捏了一下胡须道："华妃情况如何？"婆娘早已打好腹稿："华妃娘娘吉人天相，现在耗了元气正在沉睡，奴婢已让人熬制当归益母茶，太医也正在诊脉。"李隆基吩咐道："婉玉宫所有人，赏！这位婆婆明日起就来婉玉宫当差，专门侍奉华妃娘娘，并赏银百两！"李隆基又一次看了看自己的小皇子，高力士即刻明了圣意，问皇上是否赐名，李隆基想起刚才那个婆娘的话，又抬头望了望天，天色已暗，咳了一声："咳，就名'玄'吧！"于是，李嗣玄就此得名。

开元十二年（724），玄改名滉，封为荣王。开元二十五年（737），改名琬。是年，与张氏婚配。李青儿是其生也。李青儿是荣王五十八个子女中长相颇为清秀的一个，但性格内向、不善言辞，鲜少与琬接触。一晃眼，青儿已是六岁，由乳母带着，与其弟李闯（非一母同胞，珍妃所生，自幼由张妃代养）一同在园内玩耍，见园内有一处果树已经开花结果。有一个成熟较早的果子从树上自行掉落下来，青儿见其景，蹦蹦跳跳地过去，弟年幼，随其后追赶。青见状回过头来拉着弟弟跑到果树旁捡起那颗掉落的果子，左右翻转仔细看遍，递给弟弟："这个苹果送给你，母妃曾说，果实成熟就会自然掉落，应是熟透了的。"等乳母慌忙追赶上，姐弟俩已经玩作一团，满身是土了。青忙应着乳母："这是我的主意，莫怪弟弟。"正经过此处的荣王问一旁的公公："这个小女是哪一个？"几位奴才面面相觑，还是一个有眼力见儿的小奴才凑到前去说：

"回禀荣王，这是熠香苑张妃所生，您的女儿，青儿县主。"琬怔了怔，怪道这么眼熟，仔细看眉眼间和张妃真是有几分相像。身为皇家子嗣却不能与普通百姓一样享受天伦之乐，连自己的女儿都认不出来，他有些不自然地摆了摆手，情不自禁地叹道："古有孔融让梨，今有小青儿让果，是一个贤良之才！"近旁的阿公深谙荣王心意，朝那一丛果树走去。正是金秋十分，那一棵棵果树已是硕果累累。正是收获的季节，果树迎风发出窸窸窣窣的声音。阿公踏着深深浅浅的脚步进入园内，正在嬉笑的青儿下意识地停下来回头望去，只见从园西边走来一个宦官打扮的人，此人正朝她挥手。她一看便知是父王近身之人，便热情地迎了上去，还不忘让乳母和弟弟跟着自己。

还未等这位阿公开口，青儿便说："我认得你，你是我父王近身的阿公。"向来讷言的青儿这次竟主动迎合，倒是让这位阿公也吃惊不小："青儿县主，你父王正在园西的一处秋菊苑等你呢！"与荣王近距离接触，在六岁小青儿的心里这是第一次，而荣王甚至都不记得自己的这位女儿。他紧锁了一下眉头，眼眶似乎还有些红润，打量着自己的女儿，只见六岁的李青儿皮肤甚是白皙，头发微黄，发际线中有一个美人尖儿，右眼睑下有一颗若隐若现的痣，在阳光下仔细端详才看得到。鼻子和嘴巴与自己最相像，嘴唇微微发白，身材瘦小。荣王看着乖巧的青儿直接抱了起来，而身旁自己的幼子，刚满三岁的李闯，也挣脱了乳母要入父王的怀抱。青儿懂事地说道："弟弟年幼，父王把我放下，抱一抱弟弟吧！"荣王更加为这位懂事的女儿侧目，于是直接吩咐道："从今往后，青儿就改名为'融'吧！""融儿，你带着弟弟陪父王一起到熠香苑看看你母妃好么？"张妃本名张熠，是通州刺史的掌上明珠，后刺史暴毙，兄长容不下她，她只好通过选秀进宫，因举止端庄而被太后看中纳入荣王府内。初入荣王府，荣王已有了两个侧妃，她一直谨慎内敛，不争宠，固能与荣府上下交好。生融后，又生两子一女，随册封为张妃，融随后常跟随乳母，也深受母亲教诲，所以性情随母，非常沉静。

熠香苑是荣王为其单独开辟的一处住所，于府内西南角。"熠"是取其名，"香"则暗指张氏比较受爱护。苑前有一大片菜园，是张妃所爱。融和弟弟蹦蹦跶跶地边跑边喊着"母妃，母妃"，乳母紧追其后，千叮万嘱要当心。此时荣王已经屏退了其余人等，只留阿公一人在旁，张妃的贴身婢女听到喊声急忙迎出来，笑嘻嘻地嗔怪道："你们两个，小心台阶。"回头又瞪了乳母一眼，没再说话。待要推门而入，融拉了拉婢女衣袖，踮着脚尖朝她低声耳语道："父王在后。"一时间荣王已经左脚迈过门槛，朝苑内走来，并未通传。婢女看到是主子来了，吓得慌忙进去和张妃道："主……主子，荣王……荣王来了。"已经有大半年未见自己夫君，荣王的突然到访着实让熠香苑上下都乱作一团，只有张妃气定神闲，完全像没事人一样。张妃不慌不忙地跪下请安，其余下人也一同行大礼，融看到荣王脸上细微的变化，眼睛一转跑到荣王身边说："父王您看，母妃的寝宫是不是和进来时一模一样？"荣王一看熠香苑的陈设，确实已经很破旧了，早把刚才的情景忘在脑后，过去扶起了张妃，命人添置新物件儿。张妃看着自己的长女，又看看荣王，眼眶一红，泪如珠线。

眨眼间，李融快到及笄之年，天宝十三年（754）春，长安城内一片春光，细柳的绿芽已爬满树梢，整个冬季遗留的清冷仿佛一夜之间没了力气，倒春寒已经悄然远去，小姐丫鬟们都脱了大氅换上了夹袄。正午阳光正盛，年轻的姑娘们甚至都可以穿单衣了。风卷起胜利的旋涡，带着尘土一起飘零，然后是春雨。雨很细密，无声地落在长安城内空旷的石凳上，一下子带来了春意，也带得娘娘们从自己的寝宫内探出头。

前面一个追风少年策马奔驰，而后面有一个不敢挥鞭的女子大汗淋漓地嘘着嘴。追风少年不忘回头朝女子微笑，是得胜的微笑也是暧昧的从容。女子一席胡服，裤腿扎在靴子里，搭配一个短小的男士胡服，倒有几分飒爽。右眼角下有一颗痣，在葱白般的皮肤里嵌着，更加俏皮。少年骑行了很远，发现来者没有追上来，原地停留了片刻便焦急地折返。原来胡服女子在半路被甩了下来，崴了脚，低声呻吟着。

"李闯，你看我回去不让父王剥了你的皮。"见追风少年折返回来，胡服女子大声嗔怪道。

"融姐姐，你看看，这能怪我吗？只怪你骑术不佳，哈哈，穿了胡服可不一定就有胡人的能耐。这下子该上我的马了吧！"少年哈哈大笑起来，倒是红着脸，不知是因为女子的嗔怪，还是对姐姐的愧疚。这个追风少年就是李闯，而胡服女子便是李融。

　　距离荣王府十公里开外的南郊是狩猎的好去处，趁着天色变暖，李闯央求李融一同前去，李融死活不同意，便嘲笑他："你可以去找三哥、四哥啊，他们的骑射技术可是一流的。""可是，可是他们觉得我太小不愿意和我玩。"李闯神色黯淡下来，"三哥，四哥总是嘲笑我，现在连融姐姐也来嘲笑我了。"说着便哭了起来，气得要跑去找张妃说理去。

　　李融耐不过他的央求，只好答应，只是自己骑射水平太差，胆子又小，所以才一路磕磕绊绊。沿路的风景倒是非常怡人，细嫩的柳叶和白杨交替媲美，它们在风中尽显妖娆，倔强地互相比着，是的，是关于青春的气息。李闯嬉笑着不由她反驳，强行背着她。李融在不情愿中扭动着身躯，她看着比自己小三岁的弟弟吃力地背着自己，腿在颤抖着，眼看着要把自己掉下来，又把双手紧紧拽在一起，做一个蹲身跳，然后继续挪步。不巧的是，正当他们挪动到马前，准备上马回去的时候，太子李亨的长子（李俶）、次子（李倓）和次女（李婼）正巧经过此处去骑射，看到了此情景。在"十王宅"之时，荣王和太子（当时还是忠王）交好，忠王长子和荣王三子关系非常，但李融和李闯还未出世，所以彼此都不相识。三人经过之后，李婼回头看其穿着打扮定是皇亲贵胄，能穿胡服的女子非等闲之辈。李婼不顾哥哥们反对，独自一人骑马而返，看到此二人同乘一骑，另一骑紧随其后。李婼拦下问道："我是德宁郡主，二位是否需要帮忙？"李融听闻是太子女儿，便执意下马，待李闯介绍之后便说："我是荣王的女儿，李融。有幸在此与郡主姐姐相遇。早听闻郡主姐姐刚毅果敢，美貌非凡，今在此一见确信无疑。"李婼也是性情中人，看到这个小女子虽身形瘦小，但眼神炯炯，一身胡服更是衬托了她的气质。点到为止，她们互相寒暄了一番后，李闯带着姐姐折返而归。不一会儿，李俶和李俅也赶了过来，疑惑地看着表情轻松自在的李婼，李婼藏不住话，急忙说道："哥哥，刚才两位可是荣王府的公子和县主，这姐弟俩感情甚笃，倒比你们强几倍呢！"话说完自觉过火，便自己先掩面而笑，化作清风了。

"既然比我们强，那郑巽一事可别找我们帮忙了，哈哈……"二哥李俅嬉笑着过来胳肢她，他们说笑着一同骑马远去了。

看着他们远去，李融心下思忖："长这么大竟然头一次在这里遇到广平王和郡主，也真是稀奇。"

李闯没有多想，只和姐姐抱怨道："好好的一次郊游，变了味儿，害得姐姐崴了脚。"

"呦，这会子就变成郊游了，说好的骑射呢？故意甩我老远，我这点伤都算是轻的了。谁让咱技不如人呢？"她心不在此，淡淡地敷衍着，心下去别处了。

他们一同回了熠香苑，张妃倚靠在门栏上，披着一件貂绒小袄，不时地咳嗽几声。去年冬天到现在，张妃的身体日渐消瘦，太医问诊，又找江湖郎中诊治，药锅子都用坏两个了，还是不见效。她嘴里时常念叨着是求神灵保佑几个子女，眼神也渐渐呆滞，时常胡言乱语。翠儿说："自从去年上巳节在长安城内遇到一位道士之后就开始害怕什么，到底害怕什么奴婢也不清楚，时而清醒，时而糊涂。荣王过来瞧了几次，见她癔症日胜一日，更少来望。"李融将信将疑，母亲甚少和人接触，即便是三月三外出也不会抛头露面，怎么会与道士相遇还被诳语所害？翠儿支支吾吾的，像是有事隐瞒，终究没有说出口。融儿也不便多问，倒是看着母亲这样的状态，她心下着急却无计可施。张妃拉着融儿的手说道："一切都是要看开，你是我的女儿，切记凡事忍让。"说着，便哭了起来，原来是上巳节遇到了一个道士，说她有一女，眼睑处有痣，将来会有流离之苦。

融儿的贴身婢女看到主子崴了脚，心疼起来，急忙要请郎中来。融儿却不让，推说只是扭伤，不碍事，让她不要声张，她最不喜多事。

上巳节是农历的三月初三，这一天是祭祀、祈福的日子，无论是普通百姓还是皇亲贵胄都会出门到水边祭祀，即使是久居深宫的公主、王妃们也有机会出去透透气。女人的地位在当时相对较高，所以出行也是自由的。还有半个月就是上巳节，他们希望找到那个道士，为母亲解开心结。但是他们未曾见过此人，怎么寻找？又没有画像，这简直就是大海捞针。李融一母同胞的哥哥（后被玄宗封为济阴王）李俯得知母亲的情况也赶来看望，恰巧碰到妹妹。李俯城府极深，少言寡语，做事利落，所以深受玄宗喜爱。翠儿见李俯前来，正要将此事说与他听，却被张妃一把拦了下来。张妃此时的意识是清醒的，她并不希望任何人知道此事。张妃拉着李俯的手，摩挲着，儿子是她最大的荣耀："俯儿，你在皇上那里可好？母亲得知你被封为济阴王，真真替你高兴，但是凡事要谨慎，切不可被人利用，我们生为皇家人，一切都要当心！唉，一切都是命。"

李俯有些不乐意，他支开丫鬟们，在张妃耳边说道："母亲，您何时信命了？您做事一向淡泊，近来听闻你身体欠佳，我日夜焦虑，请了一位神医前来，一会儿就到。"

正在此时，融儿入屋，见哥哥在侧，十分开心。她是有日子没见哥哥了，又不知母亲的事该如何解决，便一股脑儿说与哥哥。哥哥听罢，眉头紧锁，叫她不要相信这些。

一阵急促的马蹄声，她看到哥哥带着几个陌生女子坐在母亲的厢房内。她看到一位面熟的女子在座，那不是上次狩猎时见到的德宁郡主吗？对面还坐着两位美若天仙的女子，真的是成熟中带有青春，贵气里透着脱俗。李俯看见李融进来，介绍道："这位是我带来的神医，建宁王妃，这位呢，是德宁郡主。"

德宁郡主打趣道："别算我，我只是来凑热闹的。未出阁的女子这样乱跑，会被父皇打死的。"——见过之后，建宁王妃慕容林致十分谦逊："偶闻张妃身体抱恙,那日是我多嘴说了一句是否是中巫蛊之毒的瞎话,结果李俯再三央求,我只好前来献丑。"她听闻整个过程,最后把了脉,在李俯耳边嘀咕着,说罢又对众人说,"王妃姑且需要针灸治疗,改善她的睡眠。"德宁郡主又见到了李融,十分高兴,急忙拉着她的手说道:"原来你是张妃的女儿呀,我们又见面了,真是有缘。"皇家子嗣众多,亲兄妹尚且难得一见,何况是宗亲。上巳节,他们也没有再出去,李俯说:"还是不要相信什么道士了,且治病吧,建宁王妃医术高超,定能治好母亲的病。"一连几日针灸,母亲症状似乎有所好转,但是融儿对那个道士的话仍然记忆犹新,难道是未卜先知的巫师?她一时也不太清楚,母亲说的话她也一直未对其他人提及,隐藏在心里的秘密就此生根。

及笄之年

自天宝以来,玄宗专宠杨贵妃,国家朝政由李林甫和杨国忠轮番把持。东北派节度使安禄山已经开始蠢蠢欲动。西北派节度使哥舒翰则一直与安禄山有嫌隙。安禄山的权力越来越大,不仅兼三大兵镇独自手握重军，而且管辖范围越来越大，直至天宝十四载（755）十一月拥兵反叛。玄宗常年不问政事，早已失去抵御能力，直到最后杨贵妃自尽，杨国忠被杀。玄宗自己逃到了蜀地，太子李亨匆匆在灵武登基。安禄山的势力已经有长驱直入之势，如果不借助外力很难与他们抗衡。李亨无奈之下只好与回纥联手，一起对抗安庆绪（安禄山二子）。而天下没有免费的午餐，回纥可汗默延啜答应帮助唐天子，绝不是出于人道援助，而是看重大唐的钱财、丝绸、绢帛。默延啜为了表示自己的诚意，也为了牵制李亨，把自己最心爱的女儿嫁给了当时宗室亲王李承寀。默延啜女儿被册封为毗伽公主，成为李承寀之妻。但是这似乎远远不够，回纥虽帮助唐军大败叛军，在长安城内却也强抢、掠夺，本来已是满目疮痍的长安城，再被折腾，百姓怨声载道。

就在安禄山刚刚起兵反叛的时候，玄宗命荣王李琬为征讨元帅以抵御安军的进攻。数日后，从后方传来消息，李琬薨！荣王府上下几乎是天崩地裂，得到消息的张妃还有其子女无不悲恸。张妃的病情已经有所好转，但得知此消息竟然一病不起，没多日也随之仙逝。临终前拉着李俅，让他定要保全自己的弟弟和妹妹，对李闯也是十分的抱歉，觉得自己没有照顾好他；对融儿却一句话没说，只是死盯着融儿不肯闭眼，像是不放心她，又像是有所指，没有瞑目！

眨眼间融儿已经过了及笄之年，及笄象征着一个女子的成熟，已经到了待嫁之年。而对于李融来说，这一切都是送给她及笄的"礼物"，父亲、母亲先后离世，荣王府四分五裂。好在荣王被追封为靖恭太子，她还有一个济阴王哥哥李俅，暂时不至于陷入不堪，但她身边再无亲人。李俅忙于战事，李闯也随哥哥入军，弟弟、妹妹还太小，以至她一直同嫂嫂住在一起。嫂嫂崔溪与建宁王妃慕容林致相识，父亲是崔涣，尚书司门员外郎。一来二去，她便和建宁王妃、广平王妃还有德宁郡主熟知，她之前就非常喜欢那个敢作敢为的德宁郡主。李亨继位后，德宁郡主册封为了宁国公主。

是日，融儿和她的贴身丫鬟红梅在园内散心，听到前面两个碎嘴小丫鬟在议论着什么，一个说："啧啧啧，你都不知道吧，据说宁国公主要被和亲到回纥去了。"

"是吗？怎么可能，那可是公主！"

"谁知道呢，反正传得风言风语的，跟真的似的，而且要不得的是听说皇帝让荣王的女儿作为媵妾陪嫁！"

"嘘，声音小一点。"其中一个丫鬟小声地说道，四下张望后发现后面是李融，两人面面相觑低着头仓皇逃离了。李融和丫鬟红梅都听到了刚才的谈话，李融心里咯噔一下，这种事情如果没有一点由头是不会疯传的，荣王女儿中只有自己到了适婚年龄又无依靠，难道她真的要被陪嫁到回纥？哥哥还未露面，这件事又是怎么商议的？她心里慌乱如麻，却不敢到处声张，毕竟是小丫鬟的碎嘴，谁也说不清真假。

但是事实很快明了，她知道这并不是谣言。门外有脚步划过的声音，很轻。李融正在房内写字，一盏橘黄油灯映着窗纸上的人影，身形高大。来的不是别人，竟然是自己的哥哥！她与哥哥分别已数月，对于哥哥的消息嫂嫂闭口不言，她只能从丫鬟们的嘴里得知一二。李融看到哥哥回来，激动得哭着跑过去抱着他："已经数月未见，哥哥近来可好？闯儿可好？没有你们的消息，我真真地担心。"李俯把李融推开，上下左右仔细打量了一番，叹了一口气："是我照顾不周，母亲临终前千叮万嘱让我照顾好你和闯儿，我没有做好。你现在怎的清瘦到如此地步？我还好，闯儿过几日也会回来，他适应能力不错，但毕竟还年少，总是吵着要回来找你。"李俯说完停顿了几秒钟，侧目望着那个泛着黄光的蜡烛，然后又是一声叹息，"融儿，哥哥今日来还有一件重要的事情说与你，是关于你婚姻大事。"李融听着哥哥话里有话，估摸着上次小丫鬟们的碎嘴不是空穴来风。她用力咬了咬嘴唇，自己先开口说道："哥哥是说关于我远嫁异域的事情吗？难道我真的要被发配到塞外？"她眼睛里已经开始闪烁着泪花，但仍抱着一线希望等着哥哥说"不是"。李俯吃了一惊，瞪大眼睛问她是怎么知道此事的，然后把宁国公主和亲的事情一一道来，她才知道这次恐怕是无法逃脱了。

"哥哥，你怎么能让妹妹去那么遥远的地方，去那里孤老终生。我不去，我死也不会去的，我要去为父王和母妃守灵，我哪怕一辈子不嫁人，我也不要去那么远的地方！哥哥，连你也欺负我！"融儿声嘶力竭，她要以死抗争，她是坚决不会去的。

李俯先是眼眶红润，之后干脆呜呜地哭起来，他第一次在自己妹妹面前掉眼泪："融儿，哥哥怎么舍得你去呢？可是皇上皇后偏偏选中了你，哥哥甚至到皇爷爷那里去求情都无济于事，你嫂嫂也让岳父大人积极斡旋，可是皇上已经定了此事，你我又能如何？他得知你与宁国公主曾有交集，之前又曾听父王提到过你，所以为了宽慰公主，也为了公主的颜面，只好牺牲你了。你知道父王他……母妃也不在人世了，所以哥哥，哥哥没用。"李俯声泪俱下的样子倒让李融有些动容，嫂嫂崔溪不知从哪里冒出来的，突然就冲了进来抱着李俯，也说着自己的无能。

"我不嫁，我也不做媵妾，除非让我去死！"

"哥哥，既然你们已经决定要把我和亲到回纥，我就想问问你，我是不是你妹妹？这种终身大事难道不应该和我商量一下吗？至少应该提前让我知道的。连小丫鬟们都传开了，就我蒙在鼓里。"皇家女子的终身大事是没有自主权的，商量了也没用。何况在程序上长兄为父，既然荣王已薨，那济阴王为妹妹的婚事做主也是合情合理的。再说，这是皇上的决定，李俯也没有任何说"不"的权力。

李俯心里难过，但皇上赐婚他若要反对那就是抗旨。

"你们真把女人当成一件物品了吗？我们还是摆脱不了被利用的命运，为什么是这样？甚至连皇上的女儿都免不了，呵呵！"李融越说越起劲，红梅过来急忙用手捂着她的嘴，因为那个女儿就是要和她一起和亲到回纥的宁国公主！

"融儿，不得放肆！国家大事岂是你一介女子浑说的？你要知道，你能够与宁国公主一同出去是多么荣幸的事情！你能代表大唐去和亲，完成国家重任，是多么值得高兴的事情！"李俯话锋一转，开始横眉冷对了，甚至习惯性用手指着她说话。

"哥哥，你终于说出心里话了，你巴不得我赶紧嫁了，好让你省心，这下真的如你所愿了。"

"融儿，你这样说你哥哥可真冤枉他了，你哥哥和我打心眼里心疼你、怜惜你。可是皇上指婚，你哥哥岂能违抗，他自己纠结了很久，一直没勇气开口，他真真放心不下你。"崔氏走过来反倒是一番劝解，甚至能挤出几滴眼泪来。

"红梅，我们进去收拾东西，哼！我不去，我要去父母灵前守孝。"毕竟嫂嫂是外人，所以当哥哥喋喋

说唱俑

不休的时候，嫂嫂适时地出来做个样子，也算是面子上过得去。但李融心里清楚，她此去定是有去无回，天涯路远。

李融的坚持显然是毫无用处的。

和亲的日子越来越近，李俶表面上说是想让李融和自己多待几天，实则是将她软禁起来，害怕她再生枝节。李融就在日渐消沉中度过了自己短暂却无比煎熬的等待日子。李融以媵的身份陪嫁给回纥的可汗默延啜，其实就是宁国公主的陪嫁，只不过自己成了妾。

成亲的日子定在了乾元元年（758）七月十七日，李亨次女李婼册封为宁国公主，李琬之女随同陪嫁。

宁国公主大婚，作为皇帝最宠爱的二女儿，作为为国分忧的公主，作为异域他国回纥国的可贺敦，礼遇自然是最高规格的。然而那个可怜的李融却没有那么幸运……

"主子，你看，皇上送来了不少布料，说是要你自己挑选，还有许多首饰呢！哇，这儿还有这么漂亮的折扇啊！下面还带着坠儿，这可是你最爱的东西了。主子，小主子，你快来看啊，这块布料是粉色的，最适合你的肤色了。要是夫人在，一定夸它漂亮，夫人最喜欢这个颜色了……"没等说完，红梅自觉说错了话，捂着嘴灰溜溜地向她道歉，连声说不是故意的。但话既然已经说出口，哪有收回去的道理。融儿突然被雷击了一下似的，想到自己的母亲，那个孤苦了一生的女人，最后竟在半疯癫的状态下离开人世。"半疯癫"？她突然想到了这个词，进而想起了母亲之前的那番话，恍惚间她感觉全然被命运捉弄，跌跌撞撞地向后倒退着，最后扶着椅子晃晃悠悠地摔在地上，不省人事了。

"姐姐，姐姐……"隐约中她听到有人在呼喊她，声音很小，像在遥远的天籁，又看到母亲冲她微笑，她便生气地跑向母亲，哭着说道母亲把她一个人扔下的艰辛，还说道自己要去遥远的异域，母亲还是微笑着不说话，她追着母亲，母亲却加快了脚步，于是她便也加快了脚步追赶，突然有一束光照着母亲，母亲便迎着那束光去了，而她听到呼喊声渐渐成了哭泣，她并没有跟过去，而是被这阵莫名的叫声拉回了现实。

眼睛还是很沉，勉强睁开时看到模糊的大哥、嫂嫂，还有红梅，最后那个人是……李闯！她终于看到了李闯，又黑又瘦的小矮个子，眼里还夹杂着泪花。

众人看到她醒来都松了一口气，嫂嫂最先开口说道：
"你把哥哥和嫂嫂吓坏了，怎么好端端的竟晕倒了
呢？太医刚来瞧过，说你是急火攻心，一定要好生歇
着，眼看着大婚的日子就要到了，这可怎么是好？"说
着也哽咽起来，倒看不出几分做作。其余人等一一问
好，惟独没看到李闯，刚才自己明明看到那个黑瘦的
身影了，难道又是幻觉？她想开口问个究竟，但有气
无力，想说什么却只是张了张嘴。她欠了欠身子，四下
环顾了整个屋子，没有。众人见她苏醒，渐渐散去，只
留下红梅照顾着，她还想接着睡，眼睛又沉了，很快又
进入了梦乡。梦境很乱，她手里怀抱着一个婴儿，还有
几个陌生男子，突然又被赶了出去，还有其他人向她
扑过来，宁国公主拿着刀刺向自己的脸……她感到李
闯亲吻着她的手，一滴凉凉的东西滴在她手上。她又
醒来了，李闯握着她的手，眼眶红红的，那个她最疼爱
的弟弟真的回来了！

　　"姐姐，别怕，我会想办法让你逃出去的，实在
不行我就陪着你。"李闯是一个直性子之人，有口无
心，但他对李融的感情却是最真挚的。他们从小一起
长大，虽然李融比他大三岁，但在他心里，李融不仅是

亲人，还是自己最爱的人。

李融抚摸着弟弟这张黑瘦的脸，竟多了些许胡茬，她故作镇定道："浑说呢，姐姐嫁给回纥国的可汗去做可贺敦了，你去干什么呢？"

"姐姐，我心里都清楚，你是媵妾，不是可贺敦。我宁愿让你待在我身边一辈子不嫁人，也不愿让你去那么遥远的地方受苦。"李融脸色突变，他不曾想弟弟能知晓这么多，又想到自己即将到来的日子，内心已然死灰，只好逆来顺受了，毕竟没有更好的解决办法。

这次生病让李融看起来非常瘦弱，本来个子就不高，又瘦了几圈，现在完全是一副衣服架子了。即使已到盛夏，她依然包裹严实，总说有丝丝的凉气渗入她的脖子、脚踝、手肘。眼看大婚的日子一天天临近，她的身子却一天天坏下去，到最后竟不愿意下床了。这下急坏了李俯和李闯，李俯心系皇室，怕因此影响了自己的前程；李闯则担心姐姐的身体，皮包骨的身子和黑青的脸色，不愿意开口说话，每天除了吃饭就是发呆，即使躺在床上也是睁大眼睛，看着瘆人。

一日午后，府上突然有一个道士求见，说他能治好县主的病。这个道士是个歪嘴，摇头晃脑地在门牙子上念叨，被值守的侍卫轰出去好几次，但仍然念念有词道："众人都说世间好，且知世间多苦恼；众人都道皇家福，奈何凡人未知苦。"几个值守的侍卫都凑上来看热闹，那道士蓬头垢面，歪嘴斜眼，衣衫褴褛，甚是不堪。手里摇着一把芭蕉扇，一路上念念叨叨的，像是疯子，又像看透一切，一个人径直走到最前面，也不用下人领路，竟然可以找到李融所在闺房，让其他人不觉一惊。几个侍卫都拦不住，又觉得他浑身散发恶臭，不愿靠近。

李融正在喝药，红梅拿着汤勺一口一口喂她，她也只是勉强喱了几口作罢，之后便倚靠在床上沉思。当歪嘴道士进来时，她甚至都没有抬眼看他。道士也没有说话，自顾在屋内走了一圈，然后看了看毫无生气的李融，又自言自语道："异域之苦需自尝，他人无人能解救。纵然尝遍千般苦，是为前世赎孽缘。姑娘，你需要为自己的母亲赎罪，这是你作为女儿必然在人世间的烦恼，罢罢罢。"李融听闻此言，"腾"的一下从床上跳下来，抓住那个道士的手使劲摇晃起来："原来害死我母亲的人是你，是你啊！你还在这里一派胡言,我母亲犯了什么滔天大罪了?她都不在人世了,还让我来受此罪过,合适吗?"说罢便呜呜地哭了起来,越哭越烈,哭得眼睛红肿,脸颊发红,半个时辰后已是嗓子嘶哑,浑身发汗了。那个歪嘴道士早已不见踪影。说来也怪,自歪嘴道士来过之后,李融的身子一日轻快过一日,反倒比先前还好了。再说那个道士,从此毫无影信,不知去向。

乾元元年(758),选定的吉日,她和那个只有几面之缘的宁国公主一同坐上马车去了一个吉凶未卜的异国他乡——回纥。

默延啜虽已年过不惑,但和天天养尊处优的皇亲贵胄不同,他孔武有力,看上去倒多了几分成熟。当他听到李亨把自己女儿许配给他,还搭上一个亲王的女儿做媵妾,他自然满心欢喜,也卖命为李家王朝保江山。如果他得知他要娶的是其子叶护一见钟情的女子,不知他内心会做何感想。初夏夜凉如水,满架蔷薇一院香,红粉佳偶难觅得。他并没有记起还有一个媵妾,而那个媵妾也是一个皇家之女,或许是宁国公主声名远播,正统皇室血脉又极具个性,虽不懂舞刀弄枪却能言善辩,他早已梦寐以求,现在又有李亨这个大唐天子做媒，他这个回纥国的可汗此生幸矣！李融是作为陪嫁的媵妾而来，一行车辆浩浩荡荡颠簸了十个月才终于到了回纥的牙帐，李融这时看到了一个皮肤稍黑却十分年轻英俊的男子走在迎亲队伍的前列，其余若干兵马在后，气势也十分浩荡。没人注意到她的存在，虽然她也是李隆基的孙女，这倒是给了她一个观察的好机会。她的马车在后，前面看到迎亲队伍和送亲队伍好像发生了冲突，整个队伍都停了下来，她又一次悄悄掀起帘子问站在一旁的红梅发生了什么事。红梅四顾左右，凑到她耳边如细碎的蚊子声响说道："好像是前面送亲的左司郎中与可汗的大公子叶护发生了口角。"原来是因默延啜并未亲迎，作为大唐使者倍感羞辱。毕竟这是真公主出嫁边塞，又有皇亲李巽和李瑀相送，除此之外李亨派来的送亲大臣达几十位，可见唐十分重视这次和亲，可默延啜的态度着实让大唐公主脸上无光。她们在宁国公主之后，因此隐约听到争吵声，约莫半个时辰队伍又开始行进，又将半个多时辰，整个队伍又一次停下来，这次天色渐暗，整个塞外都弥漫着一股草原的味道，云朵好像离自己很近，急匆匆地飘来飘去。融儿感觉到车子一直在上坡，好像是山路，她偶尔探出头来只看到前后行进的浩浩荡荡的队伍，她被夹在中间，车下是一望无际的草原，裹杂着泥泞。七月出发，如今已经到了五月，树叶发了新芽，草原上是新嫩的小草，散发着阵阵草香。一阵风吹过，树叶随风飘摇，不禁又是一阵伤感。轿子落下时，司勋员外郎于叔明到李融轿前俯身恭敬地说道："请公主在车内等候片刻，臣等通报之后自有人迎接。"李融本是陪嫁"媵"，地位自然谈不上，可不管怎么说，也是默延啜的王妃，想必是李瑀和李巽前往通报，毗伽阙可汗并未现身。

　　她们都在等待默延啜，但那位大名鼎鼎的毗伽阙可汗并未出现。李瑀和李巽候在牙帐外，不一会儿一个中年男子从牙帐内发出声音，傲慢不羁："两国主君臣有礼，何得不拜？"帐帘一掀，只见榻上正襟危坐着一个身穿黄袍的男子，男子满脸络腮胡，头戴胡帽，脚踩黑色长靴。李瑀见这位傲慢的可汗如此无视大唐，虽怒却不敢言，只能进一步说道："唐天子以可汗有功，故将女嫁与可汗结姻好。相比者中国与外藩亲，皆宗室子女，名义上的公主。今天子真女宁国公主，有才有貌，不远万里嫁与可汗。可汗现在是唐天子的女婿，

合有礼数，可汗岂能坐等于榻上受命？"这下子倒是将
了默延啜一军，他本想给大唐的这些皇亲贵胄一些下
马威，明白是谁的地盘，没成想这些官员个个伶牙俐
齿。默延啜与李瑀僵了几秒，还是默延啜身边的随从
耶路急忙岔开话题："我们可汗已经在此等候多时，略
备美食美酒与诸位，并穿戴黄袍以示重视。"李瑀也
不甘示弱，直言道："那就请毗伽阙可汗迎接候在帐
外的公主吧！"默延啜面有怒色却未发作，只得起身，
宁国公主李婍和陪嫁媵女李融早随着婢女们去了各自
的毡房内等待召唤。

　　到了毡房外，李融由小厮掀帘，红梅搀扶，头顶
时髦的高髻，身着红色小袄外加朱色长襟，因要与
宁国公主有所区别，反而装扮更加妩媚。宁国公主装
扮非常简约，这倒凸显了她几分姿色。但李融身材娇
小，甚至比身边的红梅都要矮半头，这让她在身材魁
梧的回纥护卫面前更渺小，她只能紧随宁国公主后
侧，低着头像做错事的孩子。唐朝女子多自信，但李
融却不同，她有很深的自卑感，虽生长在皇家，但她
因母亲地位卑微而非常谨小慎微，所以选中她做媵，
一方面与父亲早逝有关，另外也与自己无依无靠的身

份和自己胆小顺从的性格有直接的关系。

　　"哇，公主，你快看啊，这里还真是不一样！"红梅推醒了正在沉思的她，李融急忙嘘了一声："你快别叫我公主了，这里有宁国公主在，说这个话会引起大麻烦的。"红梅吐了吐舌头，并未作声。和她在一起久了，红梅好像也变得比以前温顺了。不过红梅头脑比她灵活许多，这时她发现了另外一个世界，和自己想象中的完全不一样。除了长安城她哪里也没有去过，安禄山攻打长安时，她也并未逃亡，只在近郊躲了躲。

　　放眼望去是一大片草原牧民的毡帐，一眼望不到尽头。整个空气混合着草原和泥土的味道，天空也近在咫尺，云朵就在身边，可以随时用手摘取一样。抬头就是一顶金碧辉煌的毡帐，从未见过这么漂亮奢华的毡帐。"请大唐公主移步到牙帐内，我们可汗随后就到。"李融走在李婍的后面，害羞得脸绯红，李婍则仰头挺胸，怎么说也是大唐公主。李婍看了一眼走在身后唯唯诺诺的李融，倒很和气地上前拉了一下她："融儿，你莫紧张，我们姐妹二人以后在这个异国就是最亲近的人了。"李融顿时放松了许多。进入到金帐内，她看到了有图腾色彩的兽首，还有图案各异的毡毯，除此之外还有一些她从未见过的东西，比如桌子，和皇宫用的完全不一样，胡服倒是常见，但这里的穿着与胡服还有一点差异。李融环顾四周竟然没看见大婚之夜最重要的东西：帷帐。默延啜进来时，李婼坐着，扇子遮面，李融则在一旁站着，同样也用扇子遮面。默延啜未曾看一眼她，而是径直走到了公主身边，待到公主拿下扇子，她方才拿下扇子。宁国公主上前请礼时，她也跟着一同请礼，但默延啜自始至终都没有看她一眼。随后默延啜便说道："今晚我要与宁国公主共度良宵，任何人不得打扰，都退下吧。"于是，新婚之夜，李融便独自一人在自己的毡帐内度过。

第二日一早，李婼要行册封大礼，李融也要一并前往。册封大礼结束，默延啜亲自介绍："从今往后这位大唐公主就是我回纥最尊贵的可贺敦，是我默延啜的夫人，你们都要像爱护天神一样爱护她。"几个婢女自然是唯唯诺诺地答应。

"我和妹妹融儿烦请各位多多关照。"宁国公主机灵古怪，自恃大唐公主，又得默延啜宠爱，"这是我妹妹融儿，靖恭太子李琬皇叔的女儿，李融！"

默延啜的眼神一直跟随着宁国公主，"李融见过可汗。"没等李融说出自己是陪嫁媵女的话时，默延啜已经打断了她。

"好了，宁国公主和其妹今后将住在新修建的公主府，目前暂且住在毡帐，随后将搬移至公主府。"

住所内早已摆满了各色服饰和珠宝，帐内也未见图腾，其他装扮和金帐无异。这几日的生活和之前没有太大变化，除了换了一个环境之外，其余照旧，默延啜来过一次，匆匆而过，嘱咐下人照顾好她之类的话就匆匆离去了。宁国公主举行册封大礼时，她是勉强出席的，但几乎是不重要的配角，所以没有人真正注意到她。

是日午后，耶路前来通报，今夜默延啜要来此，请各位做好准备。李融一口茶水没咽下去，呛咳起来："今晚毗伽阙可汗要来我这里？那姐姐会不会生气？不行，我还是要给姐姐说一声，以免她多心。"耶路一走，她就立刻起身前往宁国公主李婼的住所。李婼刚刚午休起来，看到神色慌张的李融以为出了什么大事，再看身边只带了红梅一个婢女，更是心生疑虑："你怎么了？出什么事了吗？"红梅先是噗嗤一笑，这让李融更加尴尬了，发怒道："在可贺敦面前竟如此无礼！"

红梅扑通跪地，急忙求饶："都是奴婢嘴贱，请可贺敦责罚。"李融欲言又止，面露难色。"红梅，你告诉我，到底什么事情？"李婼性格直爽，见不得她们吞吞吐吐的样子。红梅看了看李融，知道自己主子的性格，见李婼是在命令，急忙回复道："回禀可贺敦，其实也没啥啊，就是……午后耶路将军来过……说……可汗晚上要来……""姐姐，这个真的不是我自己的想法，妾身只是一个陪嫁媵女，还轮不到妾身……"李融羞愧难当，好像真是自己做错事一样。"融儿，你这是什么话呀，你也是堂堂宗室女，和我一样嫁到回纥，已经够苦了，千万别这么想。这件事是我和可汗提的，怎么能这么委屈你呢？当初要不是我和你相识，你也不会来这种鬼地方，唉……"说到家乡，说到远嫁，两个人都深有感触，宁国公主侍女早已备好茶水岔开话题，李婼也急忙宽慰道："傻妹妹，你不要多心，你我都是为国牺牲的苦命人，早已情同姐妹，从今往后切不可这样想，这里凡事还是要努力争取才是，不然吃亏的是自己。"李融眼角泛着泪光，喏喏地答应着。"好了，时辰不早了，回去梳妆打扮等候可汗吧。哦，对了，我记得你有一个弟弟是李闯？听说他在战场上立功了。可

唐仕女俑

汗喜欢闻香，红梅，你和盈盈去取一些香料来。"

"是，可贺敦。"不一会儿红梅手拿一个极小的纸包出来，李婼说道："这个香还是从长安带过来的，说来可笑，这是回纥的香料，我们是舍近求远了，这种香料只消在沐浴时放两粒即可。红梅，你知道怎么做了？"

"奴婢明白。"红梅扮了个鬼脸，这个婢女非常聪明，悟性极高，可惜就是出身不好。父母早逝，兄嫂把她卖到皇宫做婢女，一直跟随李融的母亲，之后才跟了李融。

沐浴更衣之后，红梅特意在床上撒了许多用香料炮制过的花瓣，又帮李融梳妆。李融身材瘦小，但胜在一头乌黑的长发，简单讨喜的回纥髻显得她娇小可人。梳妆打扮之后，李融吩咐后厨准备晚膳，还让红梅把哥哥送自己的一瓶花露拿了出来，打算兑着让可汗尝尝。据说这瓶花露当时是送给贵妃娘娘的，娘娘又转送给了李俅，哥哥一直留着又送给她作为礼物。默延啜临近未时而来，身后耶路还带着一件礼物。

"这是送给你的，小融。"当他伸出手时，耶路识时务地递给他，打开一看原来是一对金簪，金簪上镶嵌着兽首图案。这对金簪雕刻精细，但李融并不明白这个兽首图案的寓意。

"可汗，恕臣妾愚钝，可否请教可汗，这个金簪上面的图案是什么寓意？"

"哈哈哈，这是我们国家的天神，也是我们国家的保护神，只有天神才可以让我们成为草原第一。李琬将军可是一等一的强者，我非常敬佩他。听说李琬将军是你父亲。"默延啜说话的时候眼睛直勾勾地盯着她，带有情迷和挑逗，李融从未与陌生男子有过交集，这让她很羞涩。

"谢谢可汗对臣妾父亲的赞誉，可惜父亲不幸牺牲于战场，幸得可汗给予我们国家的帮助，才让大唐战胜叛军，也让百姓少受灾难和痛苦。"李融急忙谢恩，行大礼。李融来回纥之前就有嬷嬷给她教授过回纥的习俗和礼仪，这让默延啜按捺不住内心的激动，他当着几个侍女的面强行把李融抱到床上，又闻到李融身上的奇香，顿时意乱情迷。

事毕，默延啜并未停留，只是抓起她的脸亲吻了一下，然后起身匆匆离去。从默延啜过来到离去，不过一个时辰左右，但其间她却像经历了漫长的岁月。回纥人性格强蛮，却是她不得不接受的，想着想着她啜泣起来，然后昏睡过去。不知是太痛苦还是太累，一直到第二天早上她才勉强睁开眼，发现自己浑身疼痛。

永无归途

"红梅，现在是什么时辰了？"李融懒懒地躺在床上。

"公主，现在已经是辰时，要不您再多睡会儿？"

这时在外屋伺候的小丫头，名换春杏的来禀告："主子，帐外有一位回纥的大臣求见。"

"回纥大臣？是谁？"红梅抢先问道。

"不清楚，只说您见了就明白。"

"那就让他进来吧。"李融支撑起胳膊，勉强翻了一个身，挣扎着穿好衣服。

"臣同罗榆禄拜见融妃。"同罗榆禄立刻作揖。这位看上去有点老态的回纥将领，却对李融毕恭毕敬，双手还捧着一样特别的东西。

红梅接下东西，李融欠了欠身子，懒懒地问道："请将军恕罪，不知将军找妾身有何贵干？"

"臣曾与李琬太子有过私交，听闻公主在此，特前来拜见。"同罗榆禄是回纥将领一员,回纥助兵讨伐安禄山时,同罗榆禄与李琬一同抗战,私交甚好,后李琬突薨,同罗也回到回纥休养。

李融听到了父亲的名讳,激动不已,昨日的事情让她浑身酸痛,但隔着屏障已经听出了激动的声音。"唉,没想到在这里还能听到父亲的名讳,同罗将军十分抱歉,妾身今日身体欠佳,实不能亲自拜谢。"只见李融眼泛泪光,想必想起自己父母,更觉可怜。

"臣先行告退,公主有事,尽管告知。这是舍弟同罗榆福,叶护的贴身护卫,值得相信。"同罗榆禄递了一个眼神过去,同罗榆福即刻送上那个特别的东西:"公主务必好生收藏,这个物件极其珍贵。"

不一会儿又有人前来,来者不是别人,正是默延啜的护卫耶路,他给李融送来了一个金镶玉的手镯,说这件宝贝还是从大唐带回来的。这时候又有人前来,是宁国公主派人送来一棵红参,说是可以滋补身体。一上午的时间,陆陆续续来了七八拨人,都是来给她送礼物的,李融显然有些招架不住,急忙吩咐红梅:"一会儿再有人前来,就说我身体欠佳,不宜见客。"又给今日值守的另一个丫头唤彩霞的嘱咐了一番才罢。在回纥，女子虽然在婚嫁之后要寡言慎行，尽量少出门，但如果家族势力强大，或者深受可汗恩宠，她也可以见所有大臣，甚至参与政务。众人听闻默延啜昨晚宠幸了她，纷纷来献殷勤。

自此她还是早起去宁国公主毡帐内问候，默延啜也未再前来。日子就这样滑过了几个月，专门为宁国公主修建的公主府即将竣工。因宁国公主的到来，回纥边贸往来也异常繁荣，在鄂尔浑河和八里里河的交汇处和色楞格河畔建立了自己的都城，让回纥的百姓享受到了贸易带来的便利。实际上把唐朝先进的生产技术都无条件献给了回纥人民，默延啜对宁国公主宠爱有加。

默延啜后来身体有恙，李融曾去侍疾，却因李婼在此，她并不想抢风头。李婼对默延啜日夜陪护，倒让她清闲了不少。虽说后来默延啜身体有所好转，但显然是不似从前。

乾元二年（759），爆发了回纥最大的内乱，先是叶护反叛自杀，后默延啜暴毙于庆功宴上。默延啜次子移地健继位，成为牟羽可汗。自此李融的生活被彻底打乱了。

　　回纥长子叶护想要夺权，被默延啜及李承寀军队联合镇压，自刎谢罪。而默延啜却因这件事伤心过度，但他向来坚强，仍然佯装没事，结果在与萨彦岭部落的战争得胜之后，在宴请全部宾客的庆功会上突然身亡。举国上下无不震惊，就连肃宗李亨也派人前来吊唁。宁国公主更是一蹶不振，这是她的第三段婚姻，前两次都是丈夫突然去世，这次连强悍的回纥首领都没能幸免，这让她惶惶不可终日。

　　但是回纥族人因她无子嗣而强迫她殉葬，李婍坚决不从，最后割面毁容代替了殉葬，又因默延啜临终前对移地健的嘱托，宁国公主得以回国。

　　大概我们内心深处都住着一个命运之神，当我们遇到无法逃避的、无能为力的事情时，我们都习惯性地用"命"来安慰自己，李融也不例外。她马上就要成为新可汗的后妃，按照回纥的收继婚制，新任可汗可以娶前任可汗的妃子。这种耻辱大概只有她才可以体会到，但，这就是命。

　　乾元二年（759）八月。梳妆台前，一个黄瘦、蓬头垢面的女子呆坐着，眼睛肿得像核桃，左脸肿胀，隐约是一个巴掌印，嘴角还渗出一丝血。谁都想不到这就是那个娇小可人的唐朝亲王之女——李融。先是自己哭了整整一宿，然后又被牟羽可汗打了一巴掌。今日是册封可贺敦的大日子，她却活得人不人鬼不鬼。

移地健已经有了仆固怀恩的女儿仆固顺莞为自己的妻子。当初随宁国公主和她一同嫁过来的还有仆固顺莞（仆固怀恩之女），默延啜请缨要求把仆固怀恩的女儿仆固顺莞嫁给可汗少子移地健。移地健继位，仆固顺莞顺理成章成了可贺敦。回纥有少子娶其庶母之说，所以即使这样，李融仍然逃不脱嫁给自己继子的命运。仆固顺莞生性刁钻，是仆固怀恩的长女，宠爱至极，所以即便李融是亲王的女儿也不放在眼里，何况亲王已逝，她早已是无根之草。

红梅也在一旁哭泣："公主，您别这样好吗？哪怕哭出来，骂出来呢，别发呆好吗？奴婢看着害怕。"红梅是最心疼她的人，也是她在回纥唯一的亲人。

"我没事，红梅，你一会儿替我梳妆吧，再晚恐怕来不及了，一会儿可汗派人来接我。"李融却异常镇定，没有伤心也没有愤怒。

"以后您可不要再这么任性了，这个新可汗可不是什么善类。和咱们去世的可汗相比，真真差远了，您可要当心。我知道您心里难过，可再大的苦也得自己受着呢。"红梅说着说着自己又红了眼眶，捂着嘴先跑出去了。

昨日，同罗榆禄派人来禀告，说李闯不幸牺牲于战场，当下李融就昏厥过去，自己最亲的弟弟也离开自己了。结果等她苏醒之后，她得知一个更震惊的消息，其实李闯不是战死的，而是被杀害的。李闯和人发生争执，被别人一怒之下杀害，那个杀害他的人也就地正法了。

"公主，您先喝点桂花露吧，这个是宁国公主临走时留下的，据说可以让人心情愉悦一些。"红梅收敛了情绪，走进来安慰她道。"红梅，我记得哥哥不是送了我一瓶吗？那瓶桂花露呢？"当年李融出嫁时，哥哥李俯曾送给她一瓶桂花露。据说这个桂花露是很珍贵的，酿造工艺极其繁杂。杨贵妃送给李俯一瓶桂花露，李俯连嫂嫂崔溪都没给，送给了她，也算是弥补对她的愧疚吧。

"主子您忘记了吗？那瓶桂花露上次不是拿出来给葛勒可汗品尝了吗？"红梅笑着提醒她。

"你看我这记性，想想当时的场景，感觉就在眼跟前一样，一晃，我都成了新可汗的后妃了，唉！"李融触景深情，想起了当年自己初入回纥时的场景。

"主子，您就是太多情了，凡事都要朝前看，咱们在这儿已经挺苦的，如果还给自己找苦楚，那日子真的是太难熬了，奴婢不是在这儿陪着您呢吗？虽然这个可汗脾气暴躁了点，但咱不招惹他就是了，想他也不会没缘由地找茬。您且不想那些吧，看看这个桂花露，很好闻。"红梅宽慰她道。李融性格内向，多愁善感，凡事都闷在心里，好在有红梅不时地宽慰她，她才熬到现在。

红梅用黑色陶制器皿盛了一碗桂花露递过来。

"红梅，你说我为什么还要住在毡帐内？嗯，这个桂花露确实芳香扑鼻。"自宁国公主回长安之后，那个公主府就闲置下来。新可汗移地健对宁国公主非常反感，禁止所有人住在公主府，所以李融又回到了毡帐内。

"主子，奴婢听小厮们私下议论说，唐军因用兵不慎而让郭子仪将军退下来，结果史思明杀死了安庆绪，现在已经自立大燕皇帝了。"

"好了，你都从哪里听来的这些，切莫在这里浑说，要是让人听到了，仔细你的舌头。到时候我恐怕不仅保不了你，连我自己也会跟着牵连，家乡不管是什么情况，我们都无须过问。只在这里耗完自己的一生算了。"李融面无表情，不再对家乡的战事关注，甚至有些反感。

"可贺敦收拾好了没有？可汗已经催了。"只听门外一阵嘈杂声，移地健的乳母名唤阿嬷的过来叫她。这个阿嬷不是一般角色，甚至到后来对李融起到了非常重要的作用，此事随后再提。这个阿嬷本名葛逻禄古耐，因长相漂亮而被毗伽阙可汗选中，可惜一直留在身边却未有名分，之后被毗伽阙可汗嫁于自己的兄弟达干，为达干生育了四子两女，后又做了移地健的乳母，她的身份不是普通的妇人，算起来还是移地健的长辈，后被人称作阿嬷。移地健与这位阿嬷关系甚笃，甚至超过了自己的生母，而且阿嬷实际上是服侍光亲可贺敦，她的地位很高。

"啊呦，真真是美人儿，这么一打扮还真看不出来，美人胚子啊！规矩就不用老奴教你了，你都是伺候过可汗的人，所以一切还是按照之前的规矩来。"阿嬷打趣了一会儿，毫无敬意地说道："这个发簪不好看，太老气了，把这个戴上吧！这个是牟羽可汗亲自挑选的,光亲可贺敦也有一对一模一样的。赶紧吧,不然可汗又该生气了。"这位阿嬷不需要通译,因跟随少可贺敦,也习得一些中原语言。李融头上戴的是默延啜送她的那一对金簪,结果移地健送她的是银饰品。

李融被阿嬷扶到移地健毡帐内,比起宁国公主的册封,她几乎没有仪式,只是昭告天下成了新可汗的王妃。毡帐内几乎都是绿色(但这种绿色实际是蓝色的,类似于三彩中的蓝色,在丝绸布料中比较高端)。移地健毕竟年轻,身材没有默延啜魁梧,个头矮小,嘴角只有零星的几根胡茬,皮肤也是呈棕色,但眉毛很特别,右边眉毛像是被烧了半截一样,突然中止,嘴巴下边还有一颗黑痣。他们的头发都是一样的,脏乱的长发,像一堆干枯的杂草。

移地健目不转睛地盯着李融,李融却低着头,不说话。过了两刻钟,李融站得腿脚都发麻了,移地健才走过来,鼻子嗅到她的头发上,道:"我的可贺敦,你这个娇人儿,真让我欲罢不能,把衣服都脱了让我仔细瞧瞧。"

"可汗,下人们都还在这儿站着呢!"李融尴尬极了。

"退下，都给我退下！"显然移地健刚刚喝了酒，他身上还散发着一股浓烈的酒气。

下人们吓得急忙退去，只留下李融和他，李融也被吓得瑟瑟发抖。"你害怕么？哈哈哈，你越害怕，我越觉得有趣。虽然你年纪比我略长，可是我真被你迷得受不了。焉知不是你上辈子欠我的？来，把衣服都脱了。"

李融无法，只能照办。一层层脱掉，只剩下内衬，李融停了下来，用手捂着，不愿意继续。移地健看李融这个样子，上前一把把内衬撕个稀烂，哗啦啦，李融的胴体就这样展现在移地健面前。

"你真是个娇人儿……"移地健又一次说道，上前就把她扔到榻上，顾不得三两下自己也把衣服扯掉："你们汉人讲求春宵一刻值千金，让我们尽情享受吧！"

李融几个月后怀孕，翌年生子。在这段时间里，李融享受了从未有过的优待，又母凭子贵。移地健一直对李融态度较好。移地健为小王子取名阿蛮。

但是好景不长，移地健在李融生子之后渐渐对她失去兴趣，其中还有仆固顺莞的离间。

日子就在指尖缝儿里滑走了，虽然移地健这时已经对她没有之前那么大兴致，但也会时不时地来看看孩子，顺带着和她一番温存。回纥的天气多变，忽而晴空万里，又突然大雨倾盆，她很少外出，和红梅还有乳母一同照顾着阿蛮，日子也不觉得难熬。

这段时日，史思明反叛气焰更甚，唐朝对抗叛军已经力不从心，只能更加依赖回纥军队，史思明之子史朝义也在这时拉拢移地健，史朝义三番五次派人送信请求联合，并许诺重金，移地健心下动摇。

一日辰时，李融刚刚起身收拾停当，就听红梅从外回来，附在她耳边悄声说道："听说可汗打算带着仆固一同出征。"

"这个消息确信吗？"李融也疑惑起来，如若唐和回纥有变节，那么她也一定会跟着遭殃。

"明月说得真真的，应该十有八九假不了。"

李融不知所措，只得静观其变："现在我们只能等了。如若他们离去，至少我们会有一段清净的日子。"

当晚，移地健就来到她的住处，只说要带着仆固顺莞一同出征，可能时间会很久，但没说具体什么事情。移地健还是那样，眉毛处的断痕更加明显，今日说话却没有那么霸道。

"阿蛮,来,让父汗抱抱。"阿蛮还只有几个月大,并不懂得,大眼睛一眨一眨地盯着他,竟然"咯咯咯"地笑起来。移地健一听,顿时心生喜悦,夜宿李融处。

这段时间是李融最惬意的时候,没有了移地健的蛮横、仆固顺莞的刁难,她过得平静顺意。等了一年多,他们才从塞内而入。

花开时节,草原上一片绿意,青草芬芳,毡帐皑皑。李融让红梅给自己斟了一碗茶,看着绿色的茶叶在杯中翻滚,一会子整个茶碗便变成青绿,一缕缕热气从茶盖中呼之欲出,清香也随之溜出。李融微闭双眼,做深呼吸状,清爽不觉沁人心脾。

红梅此时悄悄站在李融身后,等李融睁眼,红梅悄声说道:"主子,可贺敦有身孕了,而且即将临盆。"

李融吃惊不小,瞪大双眼问道:"你从哪得来的消息,他们现在不是还没到么?"

红梅掩面而笑,旋即又收起表情,颇为严肃地说道:"早有精骑先到,已经让阿嬷准备着了,还找了几个有经验的婆子。可贺敦的荣宠甚……"看着李融脸色已经变了,红梅没有往下说。

等到仆固顺莞回来,没多久就生了一个小王子。

但是可能仆固顺茪怀身孕时受了流离之苦，所以小王子从出生始就体弱，经常生病。

待小王子百天之后，移地健又要出征，所以只剩下仆固顺茪和她执掌后宫。

可汗离开的这段时间李融过的日子更加艰难了，经常受到仆固顺茪的刁难，甚至几次是公然发飙。有一次仆固顺茪刻意叫她过去，结果仆固顺茪是为了让她给儿子喂食。茶几上放着一个小碗，李融也没有多想，以为是婴儿吃食，结果端起来之后才发现是一碗药。还没等她反应过来，仆固顺茪已经夺过碗："姐姐，您为什么要害我的孩子？您为什么要这么狠心，看不到你手里那碗是药吗？""我没，没……"李融显然没了底气，这时候仆固顺茪更加肆无忌惮，怒吼着要等可汗回来说清楚，李融实在是忍无可忍，终于说了一句："那要不这样，你认为我确实给你孩子喝了这个药是吗？认为确实是我故意的是吗？那好，这样，我们请太医过来，看看这碗药到底是什么成分，是谁的药？如果真是我的错，我甘愿受罚，如果不是，那么请光亲可贺敦今后不要为难我。"看她拿自己的孩子要挟，李融确实只能还击了。见其情形，仆固便不再坚持，只让乳母把孩子抱走，恶狠狠地留下一句话："以后当心着点"。李融眼眶早已泛红，哽咽地说道："你我都生长于长安，我还是亲王之女，相煎何太急？""我姓仆固，你姓李，你说我们是一家人吗？"原来她的心结在此，是心有不甘而报复在李融身上。

对这一切移地健心知肚明，但仆固家族毕竟是回纥人，而仆固顺莞又是自己第一个妻子，因此他往往视而不见，听之任之。而且他对仆固顺莞的感情源于发妻的爱恋，是专情，对李融只是情欲上的发泄。

唐上元二年（761），唐朝内部已经分裂，张皇后和李辅国关系逐渐僵化，唐朝继续借兵攻打史朝义，而牟羽可汗却对唐朝渐渐失去了耐心。

唐宝应元年（762），回纥率兵攻打洛阳。出征前一夜，牟羽可汗来李融住处看望自己的儿子。李融见移地健来，急忙迎上去，又嘱咐红梅端一碗桂花露。移地健闻到桂花露的香气，竟然一抬手摔在地上，把自己一岁多的儿子和其他人吓坏了。小王子哇哇大哭，乳母急忙抱出来。移地健不耐烦地吼道："明天我就要出征，你哭哭哭，我还没死呢！""啪"的一巴掌打在了李融脸上。李融猝不及防，直接摔倒在茶几旁边，额头恰好碰到了茶几角，顿时鲜血直流。移地健并未收手，反而大吼道："你这个桂花露闻着就让人心烦，以后不准再用了。"原来移地健最不喜欢李嬷，看她傲慢无礼，仗着自己的身份可以随意来去，这是对他们回纥的侮辱。

待移地健离去，李融才缓缓地站起来，她用手轻轻擦拭了一下额头的血，又到铜镜前看自己狼狈的样子，她竟然没有一滴眼泪。幸好阿蛮没在旁，不然看到了会难过的。红梅看到移地健离去，急忙飞奔过来，拿着帕子给李融擦拭伤口，又去找来金疮药膏。

不一会儿，移地健也派人送来了一瓶金疮药膏，据说有奇效，擦上去不会留下疤痕。但他自己却并未现身，直到他出征也未露面。

唐宝应元年（762）八月，天气酷热难耐，正是酷暑时节，已经快一个月没见下雨了。

"可汗即日回城，请可贺敦做好迎接准备。"一位小厮前来禀告，移地健连日到军营视察情况，对大将亲自训练。

"阿蛮，乖，来阿娘这里。"李融正和红梅、乌兰雅一起逗阿蛮。阿蛮已经长大，李融也即将生产，原来在移地健出征之前的一个月李融就已经有了身孕。

阿蛮蹒跚地朝李融走去，像一只小鸭子，甚是可爱。

"阿娘，抱抱。"阿蛮看见李融腹中胎儿，也想让李融宠爱一番。

李融和乌兰雅都温和地笑起来，红梅走过来说道："你阿娘现在如何抱得？阿蛮王子乖，来红梅姐姐这里。"

"我不要，我不要，我就要阿娘抱。"阿蛮缠着无法，李融看着心疼，努了一把劲终究是抱不成："阿蛮乖，那边有桂花糕，你去吃吧！"让小丫头带他过去。她当下就觉得肚子隐隐作痛，又挨着和乌兰雅说了会子话更觉得难受，众人都看着她脸色不对，纷纷请太医过来。

"王妃恐怕是要提前生产了，现在得赶紧把接生婆子请来。"乌兰雅是牟羽可汗的妹妹，也是默延啜最小的女儿，她因看不惯仆固顺莞刁钻的性格而格外亲近这个逆来顺受的嫂嫂李融。顺莞几次三番找茬都是乌兰雅出面摆平，不然李融恐怕都熬不到现在。

"现在去请，怎来得及？"乌兰雅焦急地问道。

"那就请阿嬷过来吧，现在只有她是最有经验的。"太医给她提醒了一下。

"那只能如此了，我去请。"现在也只有乌兰雅才能请得了阿嬷。

可是当她去找阿嬷时，阿嬷恰好去了仆固顺莞那里，说是仆固顺莞的儿子受了邪气。乌兰雅无奈，只好前往仆固顺莞住处，她们都住在都城色楞格河畔，公主府虽说闲置，但移地健因讨厌李婼而拒绝让人居住，因此她们还与移地健住在毡帐内。仆固顺莞父亲仆固怀恩是回纥人，却一直是大唐的重臣，仆固顺莞因此更加骄纵。

正是酷暑，乌兰雅已是大汗淋漓。待到帐前，下人禀告，得到的回复却是现在不便，等两个时辰后再来。乌兰雅当时气愤不已，一时气极冲进了帐内，只见帐内挂满驱鬼符，还设有萨满神坛。阿嬷脸涂得乌黑，身穿黑袍站在神坛中央，嘴里念念有词，却不见仆固顺莞和小王子。乌兰雅无法，只得退去，回纥人信奉萨满教，如有不敬，会招致灾祸。

乌兰雅只好先返回李融处，此时李融已经疼痛难忍。二胎生产时间更快，太医急得团团转，说如果再请不来阿嬷，恐怕会……

偌大的回纥牙帐竟没有一个接生婆子，只因当时

说唱俑

接生婆子恰好都不在。

"可汗到。"移地健提早回来了,听说李融生产急忙赶过来。

乌兰雅委屈地哭道:"哥哥你总算回来了。"

移地健见状大怒,要求把太医拉出去问斩,吓得太医慌忙求饶,乌兰雅说:"这不怪太医,现在王妃情况不妙,阿嬷又被光亲可贺敦叫走,急忙回不来。"

"传令下去,找寻一位经验丰富的接生阿嬷,越快越好,有重赏。"移地健踢了太医一脚,恶狠狠地说,"滚,赶紧滚!"

半个时辰不到就有一个妇人前来,此妇人约知天命,容貌和善,说自己会接生,让所有人都出去,只留下两个侍女伺候着。奄奄一息的李融早已筋疲力尽。在接生阿嬷的帮助下小王子终于出生,但由于等待时间过长,小王子出生时浑身青紫。

"生出来了,是个小王子!"接生阿嬷说道

移地健非常兴奋:"我儿子真是坚强,好,就取名'久仁'吧。"李融已经为他生下两个儿子。"不过,可汗,小王子因生产时间过久,浑身青紫,现在呼吸微弱。"

刚从死亡线上挣扎过来的李融即刻又昏死过去，乌兰雅愤怒地说："这都是光亲可贺敦造成的，明知道我今天去请阿嬷，她却故意带走阿嬷，居心何在？"移地健却不让她继续说下去："好了，这件事和可贺敦没有直接关系，以后这种话就不要再提了。她怎会料到今日融儿生产？"

"哥，你就是太偏袒光亲可贺敦了。哼！"乌兰雅愤愤地拂袖而去。移地健又责令太医一定要治好小王子，太医面露怯色。那接生的妇人又一次抢先，说道："老奴有法子，或许会让小王子好转。"

"即日起你就是久仁的阿嬷，久仁一定要治好，要活下来，朕对你有重赏。"这是移地健的命令，移地健是出了名的暴脾气，妇人承诺一定做到。

三日之后，久仁身体确是慢慢好起来了，李融多次求助移地健要一个说法，但移地健就是避而不谈。久仁虽大好，但却不爱说话，也不爱笑，和阿蛮的性格非常迥异。李融开始变得郁郁寡欢，除了照料两个儿子，极少出门。

宝应元年（762），肃宗李亨驾崩，太子李豫即位，史称代宗。代宗即位后第一件事便是铲除史思明之子史朝义以及他的党羽，史朝义杀父夺位已经在洛阳建都，自称皇帝。

唐代宗想要继续向回纥借兵，他只能求助于移地健，但移地健这时受史朝义诱骗，内心已经有所动摇。

宝应元年（762）九月初巳时，李融得到消息，光亲可敦与牟羽可汗一同入塞。

入塞之前，移地健来到她的住处，借着看小王子的名义和她商议代为照看顺莞儿子的想法。移地健先是派人送了一件貂皮大氅，之后又命人送来一个非常罕见的白玉手镯。入夜，移地健还差人过来告知她要一同用晚膳。

这一连串的举动，让李融不知所措。李融向来胆小，移地健对她也少有如此热情。来人一走，她心里便犯了嘀咕，红梅看出她的不安，随口说了一句："主子，以奴婢看，可汗想必是有求于您，不然不会突然如此殷勤的。"李融突然想起了他和仆固顺莞要入关之事，或许和此事有关，心下也坦然了许多，精心准备晚膳了。

酉时一过，移地健就来了，身旁并无他人，甚至连随从都未带，下人还未及禀报，移地健就已经入内。李融听到熟悉的脚步声，慌忙出来迎接，只见移地健面色微红，脸上一扫往日的阴郁，嘴角上扬，看得出心情不错。见李融迎上来，急忙过来扶起："融儿，多日不见，小王子可好？你需要什么尽管让下人去办。"

"可汗，小王子和妾身都好，就是多日不见可汗，小王子想您了。"李融柔声柔气地说道，生怕一句话不到位又激怒这位可汗。

"哈哈，是我的疏忽，来把小王子抱过来。"移地健对自己的儿子还是充满了宠爱。

逗了一会儿小王子，红梅悄声入内在李融耳边低语，李融急忙堆笑，说道："可汗，妾身已经备好薄酒，让妾身服侍您用晚膳吧？"

移地健一摆手说道："你和我一同用膳，让红梅留下，其余人都退下吧。"

席间，移地健把自己要去关内之事和她详细的说了一下，他鲜少和她说政事，她也鲜少多嘴。

"融儿，此次入关，我需要带着莞儿，毕竟她的父亲是仆固将军，但是有一件事还需你的帮忙。"移地健看似不经意地提到，"我们入关，小宝无人照顾，我左思右想，还是融儿最贴心，何况小宝有阿蛮和久仁陪着，也不会孤单，小宝身子骨弱，交给别人我不放心。"

"可汗，小宝就交给妾身吧，虽说我不似光亲可敦那般细心，但也会尽心照顾小宝，您大可放心。"李融自知是无法推卸的责任，既然移地健就为这件事做好了铺垫，她无论如何也得答应。

"那就辛苦你了，我甚是欣慰，能有如此良妻。嗯，这个酒味道不错……"

九月十日入夜，她安顿好两个儿子入睡，正打算熄烛入睡，只见一道寒光伴着优美的半圆弧线，卷起疾风，迎身而来，烛光即刻熄灭。此人成功避开护卫、侍女，可见武艺了得。"是谁？"李融眉头紧锁，却未听到人声，几秒之后"嗖"的一声，人影消失。"来人，来人。"她用力呼救，红梅和其他侍女，还有护卫都应声赶来，再次点亮房间却未发现任何踪迹和线索。十一日，李融加派了人手看护，并一整日未出门。但，子时刚过，昨晚的事便又重演，红梅就在身边打盹却毫无察觉。如果来者是冲着小王子而来，那必不会空手而归。显然，这人是冲着她而来。仆固顺莞已随移地健前往关内，她被悄无声息地掳走，带到牙帐外一处僻静之地。"公主，属下是同罗榆禄将军派来的，请王妃配合属下。"此人黑罩遮面，看不出形态，李融冷笑一声："哼，不可能是同罗将军派你来的，你即刻说出谁指使的，小心我一喊，你可就万劫不复了。"此人不急不缓，说道："属下只想要仆固顺莞的儿子，史朝义有意离间两国关系，牟羽可汗深陷其中听信谗言，属下只能这么做。听闻公主代为照料小王子，公主是大唐的公主，请公主成全。"李融后退一步道："两国关系竟利用一个孩子？我虽是大唐亲王之女，却也是一个母亲，这等事情决计不会做。你有这功夫，不如请仆固将军出面，可汗最宠幸光亲可贺敦，仆固将军出面，身为女婿怎可不从？"

李融一番逃脱之词未曾想倒让这位黑衣人听了进去，只见护卫军已经看到人影追赶而来，黑衣人一句"多谢"又消失不见了。李融想，是该问问同罗榆禄了。

翌日晨起，宰相顿莫贺达干匆匆求见："臣达干听闻此事，非常震惊，在回纥首领牙帐境内竟然屡次出现此等事件，是臣的失职，请可贺敦责罚。"

李融微微一笑，摆了摆手道："宰相莫自责，这等事情谁也未曾料到，万幸几位王子都安好，至于那个登徒子，我想也许是色胆包天的贼人，何必张扬让天下人耻笑？"

达干仍然躬腰说道："不彻查不足以让天下人安心，可贺敦受惊不小，几位王子更是有性命之忧，如果继续纵容，可汗恐怕也不会答应。"

李融便不好再说什么，只说让宰相受累的话。她内心战战兢兢的，达干一走便派人去请同罗榆禄。同罗榆禄矢口否认此事，说如果要这么做，必然光明正大与可贺敦商议，何必如此低俗不堪。到底是谁会怎么做？她反而害怕起来，命令同罗暗中帮忙查清楚此事，切不可声张。

说来也怪，自那黑衣人走后，牟羽可汗竟真的听了仆固怀恩将军的话，与唐天下兵马元帅李适等人一同攻打洛阳，并大败史军。但听闻他态度骄横，侮辱李适和他的随从官员。唐军收复洛阳，回纥入城大肆杀掠，杀人上万，火烧房屋一二十天不灭，抢得财物无数，都送到河阳，派兵看守。但唐朝离不开回纥兵的帮助，唐代宗无奈封牟羽可汗为"英义建功可汗"。

唐宝应二年（763），牟羽可汗携光亲可贺敦回到了回纥，带走全部赃物，还让部众沿路抢劫，唐地方官供应稍不如意，便任意杀死，毫无顾忌。其后因功而要求唐朝互市，以一匹马换唐朝丝绢40匹，造成唐朝财政上的困难，并攻掠唐朝边境地区。

六月十九日午后，牟羽可汗先派人送来大量的金银财物，并给自己的两个儿子带来了许多典籍和笔墨纸砚。随后亲自到访，李融正与小王子久仁一起玩耍，见移地健圣驾，急忙行大礼。李融让两个王子先跑过去问候自己的父亲："阿蛮，久仁，你们来给可汗行礼。"见移地健亲昵得不得了，又悄悄吩咐红梅端一杯金菊茶。茶端来了，李融亲自献上："可汗，天气渐热，您要当心身体，这是金菊茶，败心火，您这么久的劳顿，妾身恨不能分忧。"

"爱妃怎么突然这么体贴，我这次去虽帮助了大唐，但对我们回纥也是帮助不小啊！现在与唐朝互市，你看咱们经济发展得多么迅猛，这还得感谢大唐的那位皇帝啊！"移地健哈哈大笑，似乎带有一种嘲讽，李融急忙岔开话题："不知道光亲可贺敦怎么样？"

"她为了国家大事，与我奔波数月，确实让我感动，你有时间也要多与她走动走动。"

"臣妾明白。"

史朝义自缢身亡，安史之乱终

唐宝应三年（764），初冬。

寒冬时节，回纥异常难熬。李融虽已习惯，但仍然不喜这里的冬天。胡服虽说保暖，但笨拙难看，毡帐又不比房屋，冬日只有一个小炉子，炭火供应有限，因此一到冬天李融的手和脚都会生冻疮。这日移地健难得来看她，结果看到她这里炭火不足，手脚生疮，小王子也冻得不轻，倒是下令给他们增加炭火供应。正在说话的当儿，牟羽可汗的弟弟合胡禄都督药罗葛急匆匆来奏："可汗，有一要事启奏。请可汗移步牙帐。"

他们急忙前往牙帐商议国事。

"可汗，光亲可贺敦的父亲仆固怀恩将军叛节了！"合胡禄都督药罗葛压低声量说道。

"这是什么时候的事情？"对于移地健来说，这不啻为一件大事。

"就是前不久的事情，据说是仆固怀恩因唐朝对待不公而心生怨恨。关键是他还联络着突厥和咱们回纥的兵马呢！"然后又在他耳边低语了一番。

"回纥的兵马？是仆固部族，这位唐朝皇帝怎可如此对待一位有功之臣。这件事可贺敦知道吗？"移地健生怕光亲可贺敦得知此事而受不了打击。

"目前还不清楚，但估计很快就传到她耳朵里了。"话音还未落，只听到帐外呼喊声："可汗，可汗，您要救救我的父亲啊！"

只见仆固顺莞满脸泪痕地跑来，抱着移地健的小腿就是跪求："可汗，我父亲不是一个忘恩负义之人，是唐朝那帮小人太可恨，我父亲为大唐鞠躬尽瘁几十年，最后却因小人谗言而受尽磨难。他是回纥人啊，必然受到轻慢。您是女婿，又是回纥可汗，您要帮他啊！求你了，可汗！"

"我仔细了解情况之后再定夺，可贺敦莫着急。来人，先扶光亲可贺敦回去。"

"可汗，可汗，您不能不管自己的老岳父啊！可汗……"顺莞撕心裂肺地哭喊道。

很快消息就传到了李融这里，红梅竟然拍手叫好："真是解气，谁让她平素那么欺负咱们来着，这下她也神气不起来了，哼！"

"红梅，休得无礼。好了，我们不得议论前朝之事。久仁呢？刚还说陪他玩来着，一眨眼工夫不见了。"李融瞪着眼睛,佯装生气的样子。

"小王子刚刚被阿嬷抱走了,主子,您说……"红梅仍然不罢休。

"好了,再嚼舌根,小心撕烂你的嘴。仆固将军为人正直,相信一定另有原因。"李融不想继续这个话题,毕竟这些国家大事都与她一个女子无关。

结果此事因郭子仪出面而平息,却因仆固玚战乱中被杀害而激发。仆固玚是仆固怀恩的长子,公元765年,仆固怀恩又一次引吐蕃、回纥、吐谷浑等部反叛,最后于九月八日暴毙于鸣沙(宁夏青铜峡)军中。

大历三年(768),四月。

在回纥,四月春寒料峭,还有些寒气,李融感觉自己近来身体有些疲倦,总是很困乏。

光亲可敦的儿子小宝在一次意外中跌落床下,没多久就死了。仆固顺莞一病不起,愈发消沉。

"不好了,不好了,光亲可贺敦薨了。"

小丫头春杏来报,李融倒异常平静:"知道了。"

顺莞自从其父过世之后就一病不起,加上自己儿子的死,这也是意料中的事情。而移地健之所以出兵帮助唐朝击退吐蕃那帮叛军,还是权衡了与唐朝的关系，虽然移地健很爱仆固顺莞，但国事面前还是以大局为重。

"红梅，你帮我准备一份丧礼，一会儿陪我过去吊唁一下。"李融只想例行公事。

移地健在仆固顺莞去世之后半年内一直处于消沉的状态，毕竟是他的发妻。李融心生不忍，多次劝说也无济于事。这时合胡禄都督药罗葛给移地健出主意："听闻仆固将军还有一个小女儿，在仆固将军离世之后一直被皇帝收养，现如今正是芳华妙龄，和光亲可贺敦很有几分相像，可汗何不再向大唐皇帝提亲，以解可汗相思之苦？"移地健去关内时曾见过仆固顺莞的妹妹，长相与仆固顺莞颇有几分相似，而且十分伶俐。

移地健心下动摇，没多久便向唐代宗李豫请求把仆固怀恩的小女儿仆固顺怡许配给他。当时仆固顺怡已经被李豫寄养在宫里，成了李豫的女儿。李豫皇帝明知这样是害了女儿，却对回纥的无理要求无可奈何，只好答应。唐大历四年（769）五月，仆固怀恩的小女儿仆固顺怡被册封为崇徽公主，以唐代宗第十女的身份下嫁回纥可汗为可贺敦。

自从仆固顺怡来到回纥，李融的地位就逐渐式微，她原本已经不再年轻，但毕竟是两个王子的生母，因此移地健从表面上依然对她尊重。

唐大历十四年（779），移地健因与宰相顿莫贺达干在对待唐朝的关系上发生分歧，遭至杀害。一直把持朝政多年的达干最终即位，自立可汗，即长寿天亲可汗。

这几年时间李融一直在寻找那个黑衣人，但毫无线索，同罗榆禄已过世，其余人自己又不信任，因此一直没有找到。

红梅早已过了嫁人的年龄。红梅如果留在宫里，到了年龄是可以风风光光把自己嫁出去的，但她誓死要守着主子，而且她并不喜欢回纥男子，所以一直陪着李融。

唐建中元年（780），四月。

一直平静地过着自己日子的李融遭遇了灭顶之灾。那个和移地健有深仇大恨的达干抓了阿蛮和久仁，李融听闻吓得顿时瘫坐地上。

"主子，小王子被达干的人抓走了！"红梅哭着，连滚带爬到了李融身边，看她头发蓬乱，嘴角边有血迹，胸口处还有一个泥脚印，便知刚才的情形。

李融听闻"腾"地站了起来,脚后跟一软又瘫坐在地上:"我怎么没料到他会如此狠心,不行,我要去找他。"李融顾不得梳妆,踉踉跄跄地奔了出去。

"为什么要抓我的儿子?他们有什么错,不过就是因为生在帝王家族!就可以成为权力的牺牲品吗?"李融急忙去求见达干,但达干避而不见。李融在帐外等候了一天一夜,到第二天晨起,达干才见了她。"可贺敦,我不想伤害你,但阿蛮和久仁的父亲有罪,他们应该为父偿还。"李融像疯了一样扑过来,抱住达干的双腿,达干一脚踢开了她,她不死心,又一次扑上来:"求求你了,可汗,我两个可怜的儿子没有错,我保证他们不会跟你争权夺利,我带他们走得远远的好吗?只求你放过他们。"李融不停地磕头求情,"要不你杀了我吧,我一个老妪,死不足惜,只求你放过我的两个儿子。啊……"

达干厌恶了这种场景,大喊道:"侍卫都想掉脑袋吗?赶紧把这个疯子给我赶出去。让她离开这里,滚得越远越好。"她的两个儿子最终还是被达干杀害了,这也许就是生在权力旋涡中的无奈之举。

李融没有死,也没有疯,但从此再也没有开口。

她自己离开了牙帐，居住在都城以外的偏远部落。红梅陪着她，度过了剩余的人生。

临终时她想起来了那个道士的诳语，还有母亲对她说的话……

公元791年，她离开人世，红梅也随她自杀身亡。

这个一生都在权力和欲望中做着牺牲品的女人，只能用这种悲剧的方式结束自己的一生，可怜到最后自己的儿子也未能保住。唐德宗得知此消息之后为其废朝三日，以示哀悼。

李融死后，消息传到了哥哥李俯的耳朵里，他知道是自己的亲妹妹不仅客死他乡，而且死后连子嗣都没有，内心极度的自责和悲愤。这个一生都在为别人作嫁衣的女人，终将是历史的牺牲者。

光亲可敦

任性好颜色·一萼红

光亲可敦仆固顺莞

为了表示对回纥的重视，也为了让皇帝女儿颜面有光，宁国公主出嫁时不仅有荣王李琬之女作为媵妾陪嫁，还有一位公主也一同出嫁到回纥，即仆固怀恩的长女仆固顺莞，嫁给回纥可汗默延啜的次子移地健，成为少夫人。后默延啜薨，移地健继位，仆固顺莞成为可贺敦。后因父仆固怀恩反叛暴毙而伤心过度，一病不起，于公元768年病死在回纥，回纥可汗移地健甚为伤感，为其国葬。

晴天霹雳

"阿爷阿爷，你看看顺怡又欺负我了！"仆固怀恩刚刚回家就被大女儿顺莞拦住。

"阿爷，你倒是说句话啊，怎么回事嘛。不能有了小女儿就不疼爱大女儿了吧。"仆固顺莞顺势搂着父亲的脖子。

"你看看，你都多大了，马上就及笄，要为人妇了，还这么任性。到时候看哪个男人敢娶你？"仆固怀恩笑着指责自己的女儿。

"我才不要嫁人呢,我有阿爷呢,阿爷不管我,我还有哥哥呢,反正我不嫁人。"仆固顺莞虽是大女儿,但比其他两个女儿要乖张许多。

"怕是由不得你哟,什么时候女子的婚事自己说了算的?恐怕阿爷说了也不算。"仆固怀恩本是一句玩笑话,没想到一语成谶,这句话真就应验了。

乾元元年(758)五月二十日,仆固顺莞和往常一样刚刚起床收拾,准备到母亲房间里请安,没成想父亲和哥哥提早回来了,仆固顺莞感觉到非常奇怪,父亲和哥哥看上去一脸倦怠,甚至连朝服都顾不得换。不一会儿小丫头明月神色慌张地跑过来,请示顺莞:"小姐,老爷和少爷都要小姐赶紧过去一趟。"顺莞正在梳妆,说道:"你去回了我阿爷,就说我正在梳妆,一会儿过去。"明月为难得不知所措,双手来回搓着,只好继续说道:"老爷和少爷都挺严肃的,像是有要事,您还是先过去一趟吧。"顺莞想起刚才看到父亲和哥哥的样子,心下思忖:想必真是有什么要紧的事情,不然这么早就回来,真真是头一次。等她到了父母的房内,只见父母在上坐着,哥哥在右侧,整个屋子气氛凝重,她只听到母亲啜泣的声音、父亲的叹息声,哥哥说道:"父亲,您刚才怎么不劝阻呢?那么多适龄女子,怎么就偏偏选中我们的顺莞了?"顺莞心里咯噔一声,预感有什么不好的事情要发生。

"阿爷,有什么事就直说吧,估计是关于我的终身大事。"顺莞显得很从容,她以为只是许配了人,哪里会想到根本不是她能够预料到的。

"莞儿,你怎么知道的?这件事难道竟传到你耳朵里了?"仆固怀恩不解地问道。

"我不知道是什么事,但一个女子,如果是大事,一定是婚姻之事。难不成也让我和亲到回纥去吗?呵呵!"顺莞站在房间中央,她身穿一件寻常淡紫常服,看上去身材丰满,发育很好。她只是一句玩笑,想让气氛缓和一下。

她这一说,倒让父母和哥哥都吃了一惊。父亲清了清嗓子,说道:"莞儿,这件事不管是谁说的,确实已经无法改变,宁国公主和亲,自然要带几个媵女,除了荣王的女儿李融外,回纥可汗还相中了你,想让你嫁给他的次子移地健。"

"那么皇上是答应了? 阿爷也没有为我求情? 是不是, 阿爷, 你说话啊, 我是不是要去那个永远都见不到我阿娘的鬼地方了?"顺莞一反刚才的平静, 听到这个消息歇斯底里地哭起来了, "我不嫁去那里, 我死也不嫁。"

仆固怀恩呵斥道:"我们的回纥仆骨部落是一个英勇的民族, 你身为仆固家族的一员, 也应当服从皇帝的安排, 何况皇帝这么做自然有他的考虑。"仆固怀恩是铁勒族仆骨部人, 世袭金微都督。仆固家族是铁勒九大姓之一"仆固", 仆固怀恩是仆固首领仆骨歌滥拔延之孙, 之后降唐, 成为唐朝重要的将领。

"老爷, 你就不能跟皇上求求情吗? 我的女儿要嫁到那么远的地方, 为娘的怎么舍得下啊!"仆固怀恩的正室仆固三娘抓着女儿的手也大哭起来。

"好了, 皇上的圣旨岂能更改, 你本就是回纥仆骨部人, 现在嫁给回纥的少子也算是回到故土, 父亲替你骄傲。"仆固怀恩眼眶红润地说着, 但声音却毫无回旋。

"你怎么能这样, 如果要去, 我就陪着我女儿一起去, 我决不能让我的女儿一个人在那边受委屈。"仆固三娘愤愤地说道。

"皇上为什么要选莞儿，其中也有仆骨部族的考虑，也是要考验我们仆固家族的忠心。莞儿身上毕竟流淌着回纥人的血，怎么会受委屈？何况少子年轻、英勇，嫁过去并不算委屈。好了，此事已成定局，都不必哭哭啼啼了，女子迟早是要嫁人的。"仆固怀恩沉默了一会儿，低头离开了。

哥哥仆固玚并未多言，跟着父亲一同出去了，只剩下母女两个在屋子里抱头痛哭。

皇上算好了良辰吉日，定于七月十七日宁国公主大婚出嫁回纥，同时还有陪嫁的媵女李融和嫁给少子的仆固顺莞。

眼瞅着离开的日子越来越近，仆固怀恩却没有回家陪伴她的时间。唐朝叛军猖獗，父亲则与郭子仪、李光弼等战将上阵杀敌，所以只有母亲和妹妹在家中给她收拾东西，准备嫁妆，母亲几乎要把家里值钱的东西都给顺莞带上了，生怕她到了陌生的地方受委屈，女子嫁妆多，总是有娘家人撑腰。

母女三人正在屋内收拾，小妹妹顺怡不知跑哪里玩去了，明月掀帘进屋禀告："夫人，朝中的李大人前来。"仆固三娘急忙起身迎接，只见李辅国已进门，手中拿着圣旨，进屋四下打量了一番，笑着对仆固怀恩的妻子说："老奴奉皇上之命给仆固顺莞姑娘宣圣旨，这可是天大的荣耀啊！"说罢抿着嘴笑了，扭头又对着顺莞宣布道，"仆固顺莞接旨，奉天承运，皇帝诏曰：仆固怀恩之女仆固顺莞聪慧大方，才貌出众，回纥可汗屡求赐婚于少子，特婚配回纥少子，钦此。"

仆固顺莞早已跪下，双手接圣旨："臣女领旨。"

宣读完圣旨，仆固三娘留李辅国喝茶，又悄悄递了一个银锭子，李辅国笑而接纳，和仆固三娘说道："这茶老奴就不喝了，我还要赶回去给皇上回复呢，皇上念及仆固将军，特命人安排了丰厚的嫁妆。过一会儿，嫁妆就会送来。呵呵，顺莞姑娘好福气，那嫁妆可是照着公主的嫁妆准备的。老奴先告退了。"

不一会儿，嫁妆浩浩荡荡地送来了，金银玉帛自不必说，单说笔墨纸砚就可以用一辈子了，还有一把御扇。据说是皇上送给仆固顺莞的礼物，从礼物的数量和质量上，就可见仆固怀恩在唐肃宗李亨心里的地位。

但是大婚的前一日，仆固顺莞想要临阵脱逃！不知道这几日是哪里传来的消息，说回纥人非常凶残，女子地位尤其低下。连日来明月一直念叨说回纥人经常在长安城内劫财劫色，看到姑娘就奸淫，然后杀害，非常凶残。刚开始仆固顺莞并未当真，但经不起明月反复念叨，她开始害怕了。

七月十六日晚，仆固三娘为大女儿准备好了一切嫁妆，想最后嘱咐她几句，她吩咐明月陪她一起前往。明月神情却显得十分紧张，眼神游离，手里端着的茶也晃晃悠悠，差点摔碎，心事重重地说道："夫……夫人，奴婢……园子里的花还没有浇水呢！今日是奴婢值守，要不您让彩玉陪您去吧？"仆固三娘看出她一定有心事，便问道："你是不是有什么事瞒着我？"明月急忙下跪求饶："夫人，奴婢……奴婢真的不是有意的，是小姐她不让我说。"

仆固三娘眉头紧锁，呵斥道："莞儿现在已经被皇上赐婚，两日后就是大婚之日，如果有什么闪失，别说你要诛九族，连我们仆固全家都要遭殃。"明月被吓破了胆子，急忙下跪求饶："夫人，请恕罪，近日听闻回纥士兵非常残暴，在长安城里大肆抢夺，奸淫妇女, 然后杀害, 小姐心生怯意, 所以才想在今日逃婚。我是被小姐逼得没办法啊, 夫人, 请夫人恕罪! "

仆固三娘怒火中烧, 把手中端着的茶杯摔在地上, 站起身来指着明月说道: "你自进府以来, 我何曾亏待你, 你现在怎么能干出这么糊涂的事情? 你现在即刻带我去见顺莞, 等回来之后我也无法收留你了, 会禀了你的兄嫂带走你。我们仆固家族都是回纥人, 何曾残暴? 你这个小蹄子, 要是出了乱子, 看我不撕烂你的嘴。"

明月吓得全身哆嗦, 急忙起身带着仆固三娘去寻顺莞。原来顺莞因害怕, 今日一大早见过母亲之后就悄悄让明月安排自己混出府, 去了明月哥哥屋宅内。明月哥哥听闻事情的前因后果, 自知事情严重, 便不敢留住顺莞, 当下扯谎说带顺莞找一个僻静之处安身, 结果是雇了一辆马车偷偷把她又送了回来, 等仆固三娘出门时, 顺莞刚刚到门外。顺莞未知情, 看到明月的哥哥又把自己送了回来, 正嘟着嘴骂骂咧咧, 只见三娘迎了出来, 上前就是一个巴掌打在顺莞脸上, 又一把拉着顺莞的衣袖拽她进来。顺莞捂着脸不耐烦地往后退着, 三娘却用力扯着她的衣袖把她拉回府里。“阿娘，我不想回去，我不想嫁到回纥去，去了我以后是再也回不来了。说不定就老死在那里了。而且回纥人那么凶残，我能有好吗？”顺莞非常厌烦，她用力让母亲的手离开自己的胳膊。

仆固三娘气得额头爆青筋，嘴角都发青了，也不顾及院子里的下人，厉声呵斥道：“你阿爷阿娘本来就是回纥族人，你竟然能说出如此忤逆的话，我怎么生了你这么一个不孝之女。这是谁的主意，看我不摘了他的脑袋！来人，把小姐押回房内，任何人不得进出。”

大家都面面相觑，谁也不敢上前一步。

“来人啊来人，把小姐带回房去，仔细看管，不得有任何闪失，也不能让任何人进去。”

顺莞噘着嘴，非常生气，她不想被软禁在房内，也不想被和亲到回纥。

仆固三娘不顾她闹腾，只晓得一句话：“你父亲马上就回来了，看你还要闹，要是让你父亲知道了，仔细你的皮，还能容得了你这样胡闹！”

仆固怀恩念及女儿出嫁，念女心切而赶了回来，没想到回来之后却听妻说顺莞身体欠佳，早已休息，

鎏金伎乐纹银杯

因此直至晚上也未能见一面。仆固三娘自知自己夫君的秉性，所以未曾让任何人透漏半句，自己也装作无事发生，谎称仆固顺莞休息了。

次日寅时，三娘亲自来顺莞的房内看望，只见青禄和青泰（仆固家的两个奴仆）在门口东倒西歪地睡着。三娘咳了一声，吓得两人急忙起身开门，青禄迷迷糊糊中还撞到了墙上，额头顿时一个大包。再看顺莞，她坐在地上，头倚着凳子，微闭着眼睛，迷迷糊糊地睡着。眼角上还挂着泪痕，眼睛浮肿，整个人看上去像大病初愈的样子。三娘不忍心叫醒她，吩咐明月打水，吩咐彩玉准备早膳，但时间已不早，婚嫁最讲究时辰，一刻都不能耽搁，因此只得叫醒她，起来梳妆。

寅时三刻，仆固顺莞被明月搀扶起来，明月手里端着脸盆，小心翼翼地说："小姐，请洗漱。我们要提早到达等候和亲队伍一同前往。"

顺莞抬手一甩，脸盆甩出去几尺远，水花四溅，明月急忙躲闪，但是顺莞依然不依不饶："都怪你，你这个卖主求荣的贱婢，要不是你出卖了我，我现在也不会被关起来。你给我滚，我再也不想见到你！

滚——"明月哭着跑了出去,三娘听见动静急忙进来,看到地上一片狼藉,脸盆侧倒在一旁,心下便知如何。她没有责备,只面无表情地对下人说了一句:"公主是金贵之身,一会儿宫里会有专人前来接公主,你们都先退下吧。"转身又对顺莞说道,"你如若继续这样闹下去,让皇上知道的话,我们都是要人头落地的,你自己考虑吧。"

不一会儿,果真从宫里来了一位姑姑,是专门培训宫女们伺候主子的姑姑,极富经验,脸上像用多了面粉,惨白惨白的,头上挽着一个高髻,搭配也极不自然,顺莞心下思忖道:"自己都是这种装扮,怎么能给我梳妆打扮?这是宫里的老人儿?看着像怪人。"

这位姑姑先是行礼,后毕恭毕敬地说道:"老奴是奉皇帝之命从宫里过来专门为公主上妆的,请公主洗脸。"其实回纥迎亲使者早已等候多日,只等吉时一到浩荡的队伍就要奔赴回纥。想想看,一个真公主、一个亲王的女儿、一个将军的女儿同时出嫁回纥,这个阵仗恐是非常庞大的,不能有任何差池。

仆固顺莞回复道:"谢主隆恩,梳妆之事怎敢劳烦姑姑您呢?我有一个婢女明月,之前一直是她为我上妆，要不请姑姑在主屋等候一下，我梳妆结束即刻就来。”

"这个不合规矩，奴婢回去无法交差，公主远嫁异域，自然有不同的装束，只能让您受累，容老奴给您梳妆了。"

虽是宫女，但姑姑的地位有时候甚至超过某些妃嫔，因此顺莞也不再多言，只得接受姑姑的摆布。

一个时辰之后，她在铜镜里看到了一位完全不认识的女子。这个女子高耸回纥髻，头戴皇冠，左右两边各插着金钗，手上是金镯，身穿红色长裙，脖子以下都包裹严实，领口内收，和普通皇室女子的装扮截然不同。她不习惯高耸的领子，感觉十分别扭，因此总是扭来扭去。

姑姑拍了拍她的肩膀，让她安静下来，说道："回纥是草原民族，因此女子穿着以简便为主，饰品除了金银之外，她们还喜欢用动物皮毛等做成的饰品，而且草原女子擅骑射，穿着多胡服……还有……"

仆固顺莞已经不耐烦了，没有听完就打断她的话："姑姑，够了，您有所不知，我祖上都是回纥人，正统的回纥仆骨部族，我曾祖父是仆固首领仆骨歌滥拔延。想必回纥的习俗他们比您更清楚吧?"

那位姑姑也不着急,微微一笑,两只手同时抬起来抿了抿自己的头发,道:"不管您是否清楚,这些该交代的事情奴婢都要交代清楚,不然就是老奴的失职了。刚才奴婢该说的都说了,不知公主对自己的装扮是否满意?比如头饰、配饰等等,毕竟是您的大婚之日,马虎不得。"

仆固顺莞也不理会,懒懒地往凳子上一坐,摆了摆手让她出去,那位姑姑被彩玉带了出来,出来之后还不忘朝里屋白了她一眼,鼻子里发出"哼"的声音。

不一会儿,迎亲队伍很快来了,仆固怀恩、仆固三娘还有仆固玢和仆固场、仆固顺怡、仆固顺德都来送她。仆固三娘早已泣不成声,其余兄妹也十分伤感。

仆固怀恩虽看上去平静,其实内心早已动容。仆固三娘最终让明月跟随大女儿一同出塞。她们的车马先到皇城内,等待宁国公主一同前往,皇城内宁国公主的车马在最前面,左后侧是媵女李融的车马,右后侧是仆固顺莞的车马。送亲的队伍也十分隆重,有皇上的堂弟汉中郡王李瑀为摄御史大夫,充册命英武威远毗伽可汗大使,堂侄左司郎中李巽为兵部郎中、摄御史中丞、鸿胪卿，充副使。这样一来，他们于随同宁国公主一同出塞，吉时一到，和亲队伍便出发，三位公主同时出嫁，迎来城内百姓围观和驻足，就像赶着节庆看热闹一样，皇上李亨亲自送行到咸阳磁门驿外。

仆固顺莞早已心如死灰，她心想：反正是嫁出去了，难过也无济于事，不如让自己开心一点，终归嫁的不是那个老头，何况祖上还有很多亲眷在回纥，自己也不算无亲无故，这样安慰自己倒也没那么伤心。其实最伤心的莫过于明月了，明月有口无心的话惹怒了三娘，也得罪了顺莞，结果不仅自己里外不是人，还赔上了自己一辈子的命运。她没有选择的权力，仆固家已给了哥哥丰厚的赔偿，哥哥巴不得让自己赶紧离开。如果不去，遭殃的不仅是自己，还有族人。横竖都是倒霉，想想自己的以后，她竟感觉生不如死。一路颠簸，仆固顺莞总是刁难明月，走了几日的路程，人困马乏，顺莞的脾气也渐渐收敛了一些。

第二年五月，连续走了十个月的大队伍，终于看到了色楞格河，宁国公主的车马在前方停了下来，整个队伍稍作休整。顺莞祖上虽是回纥族人，但她从来没有来过这里，她从出生到长大一直都生活在中原，早已是中原人了。

当车马停下来休整时，明月提议她出来透透气。仆固顺莞掀开轿帘，被眼前的美景怔住了。这里简直是另一番世界，流淌的色楞格河、美丽的毡帐，还有繁荣的商贸。她们正在欣赏美景，只见前面跑过来一个宁国公主的随从，先在李融的陪嫁丫鬟红梅那里耳语了几句，随即又跑过来和明月说了几句。不知说了什么，明月高兴得眼睛都跟着活泛起来了。等那个随从走后，明月激动地和仆固顺莞说："主子，宁国公主让咱们一起去那边的集市逛一逛，看到什么喜欢的东西尽管买下来，她说我也可以一起去呢！"

明月自从被卖到仆固家当丫鬟之后，很少出门，逛集市买东西更是奢侈。"集市有什么可逛的，我最讨厌那种嘈杂的环境，在这里看看风景多好，你整日地不知道好好伺候主子，就知道在外面野。算了，权当我行善事，陪着你去吧。"仆固顺莞一副不耐烦的样子，故作清高，其实她从心底里已经原谅了明月，只是嘴上仍然不依不饶。

回纥人看到这一行人并非普通百姓，且有几个相貌十分俊美的女子,集市上便有人尾随。宁国公主在前,众臣皆围在其身边。小宁国公主没有出来,只有仆固顺茪在后,她自己又边走边瞧,不一会儿落在了末尾。只见一个回纥人走到她面前,叽里咕噜说一些什么话,她也听不懂。又过了一会儿,又有一个回纥人也走到她面前。她吓坏了,以为是劫匪,便大声喊叫,侍卫见状忙跑过来,那两个回纥人也不见了踪影。

原来是集市上有回纥人故意来挑衅。

"公主,您没事吧,臣办事不力,请公主责罚。"李巽带着属下一帮人等前来请罪。

回到马车里,仆固顺茪越想越生气,不由地用拳头捶打车身,心里更是气愤:"我受了这等委屈,无处诉说,真是气愤,要是阿爷在,看你们还敢这样对待我!"

正是她的这种性格,让她在之后的生活中四处受敌,也为她后来郁郁而终埋下了伏笔。

备受宠幸

历时十个月,浩浩荡荡的一路人马终于到达了回纥可汗默延啜的牙帐。这里都是一个接一个的毡帐，非常的别致。刚入夏，早晚温差大，天上朵朵白云似乎接近了地面，又似乎离得很远。青草嫩芽，一股子草香味，正是风吹草低见牛羊。回纥男女老少皮肤多黝黑。常年居于外，女人早已没有了雪肌凝脂，因此当她们第一次来到回纥，仿佛天仙下凡。毡帐颜色不一，有些是几种颜色交织的，也有纯白色的。如果遇到女人生孩子，毡帐外会挂一块红布，这样天神就会保佑。

她们分别去了不同的地方，宁国公主和李融一同去了默延啜的牙帐，而她则被带到了少子移地健的毡帐。移地健的毡帐内摆满了各式各样的书籍，早就听闻移地健是一个文武全才，没想到确实如此。毡帐内装饰简单，除了堆积如山的古书，就是满眼的青色（实则是一种蓝色），墙上、地上、榻上，所有能看到的地方几乎都充斥着青色。早有人和移地健禀报少夫人到来，他已经做好准备迎了出去。李瑀带着两位公主前往可汗处，李巽带着仆固顺莞而来。移地健毕竟年少，而且是初婚，因此格外激动。他未等李巽开口就向李巽道谢："我一向听闻唐朝女子雪肌凝脂，今日一见果真如此，李大人连日辛劳，我父汗已命人备好薄礼，请李大人笑纳，所有一切都安排妥当，请李大人在我回纥多留几日，我们也尽地主之谊。"李巽作揖道："少子真是一表人才，让臣等十分钦佩，臣等先行告退，祝少子、少夫人永结连理。"

仆固顺莞用眼角的余光瞄到了自己的夫君，个头矮小，甚至还未及自己的身高，皮肤黝黑，右边眉毛很特别，像是烧了半截子，还有一颗痣，藏在了胡茬里。

"公主，请。"一位年长的阿嬷说道，明月被拦在门外。仆固顺莞突然害怕起来："少子，明月是我贴身侍女，从未离开过我，您还是让她来服侍我吧！"

移地健拉着仆固顺莞边走边说："公主有所不知，在我们回纥，侍寝的人须是阿嬷，年轻未婚女子不得入内。"

仆固顺莞一脸疑惑却又小心翼翼，紧张到手心冒汗："但是，但是，宁国公主为什么可以带着自己的贴身侍女？"

移地健显然流露出不悦，却装作完全听不明白的样子，他拉着她的手一同坐在茶几旁边的一个黛色毛毡上，然后说："可贺敦的礼仪是由可汗定的，自然宁国公主地位不同，但其中缘由我也不甚明了。你是我的夫人，和他们自然不同，一会子会有阿嬷过来服侍，你不必紧张，这里的婢子们都是听命于你我的。"

这时阿嬷出去了，只留下他和她两个人。

移地健眼神中充满了暧昧、欲望和激情："莞儿，你长得真好看，拿下来扇子让我仔细瞧瞧。"移地健与仆固顺莞并排坐着，看着旁边这个肤白貌美、尚在发育的唐朝女子，已经克制不住自己，"莞儿，让我好好看看你。"说着，移地健就来抚摸仆固顺莞的头发，右手已经搂着她的脖子，连带着身子也倾斜过去。顺莞从未与男人有过任何身体接触，她来之前虽听母亲给自己提及过，但真的与男人有亲密的动作时，她非常不适应。于是她下意识地向后缩，头上的发冠窸窸窣窣发出声响。移地健见此状，更加按捺不住，一把推倒了顺莞，就要霸王硬上弓。

"咳，咳。"移地健的乳母名唤阿嬷的咳了两声。

"请少子起身回避，阿嬷要和公主说一些私房之言。"阿嬷并不避讳两个人，甚至可以当面斥责移地健。阿嬷是移地健的乳母，从小到大都是阿嬷带着他，感情非同一般。

"阿嬷,你没看到我们在干什么吗?出去出去。"移地健脾气十分暴躁,非常生气,但对阿嬷还是显示出了几分敬重。

"少子,这是我回纥的规矩,新婚之夜,必须有年长的嬷嬷进行教导,谁都不例外。"阿嬷毫不畏惧,直言不讳地说道。

移地健突然动怒,攥着拳头,牙齿发出"吱吱"响声,腾地站起身厉声说道:"谁都不例外?那为什么那位唐朝来的宁国公主就是例外?她到底施了什么魔法,让我父汗这样破例?哼,她能破例,为什么我就不能破例?"

阿嬷微微一笑,走到移地健身边耳语了几句,移地健态度渐渐平息,不一会儿便出去了。阿嬷见状只是笑,便又看到顺莞紧张的神情,自己也走过去一同坐在毡毯上,说话的内容自然是男女之事。起初顺莞听了脸色绯红,低着头很害羞,她毕竟才15岁,刚来月事,自然是娇羞。如此这般,仆固顺莞倒也聪慧,很快便明白,当她被阿嬷扶着站起来时,她主动要求阿嬷为她更衣。"阿嬷,我有一事不明,为何少子见我时穿着的是我们国家的服饰?听闻回纥嫁娶一定要遵循回

纥规矩,男子不应穿回纥服装吗?"仆固顺莞疑惑地
问道。

阿嬷抿嘴一笑,随即答道:"公主有所不知,少子
的生母是一位中原女子。他帐内一切布置都与他对生
母的尊敬有关,也是怀念母亲所为。"

仆固顺莞还在继续问下去:"可汗知道了不生气
吗?要知道回纥是草原民族,大婚时候穿汉服,乃是
大不敬。"

阿嬷听后脸上笑容收敛起来,换了一副陌生的面
孔,给顺莞更衣换装时竟弄疼了她的头发,嘴里嘟嘟
囔囔地说道:"公主初来回纥,有些规矩还不懂,有些
话该问的问,不该问的千万别乱问。回纥女子可没有
你们唐女子那么多言,一不留神呀,就会惹祸上身。"

她说"惹祸"两个字的时候特别加重了语气,这
是在警告她。

顺莞此后便一言不发,她更衣完毕之后就在帐内
等着她的夫君,然后仔细观察着整个房间的布局,她
看到房内放着各式各样的青瓷,其中最别致的是那个
摆放在桌上的青瓷水盂。

移地健应是喜好舞文弄墨,这在尚武轻文的回纥

确实难得。旁边还横放着一支羊毫，笔尖精细，无损毁痕迹，看上去是爱惜之人。再旁边还有一个青瓷四耳尊，和一个青瓷茶碗。顺莞正待拿起那方四耳尊细细察看，只见移地健一个人掀帘进来，身后同罗榆福并未跟着。移地健已换了衣裳，顺莞心下明白，急忙跪下行礼道："臣妾给少子请安。"移地健双手扶起仆固顺莞，看着她娇羞的样子和另一副模样，直接抱着她行鱼水之欢。因刚才阿嬷的指点，他们很快进入了另一个欢愉的世界。

第二天一大早，宁国公主的册封大礼，如无特殊情况每一个嫔妾都要到场。她早上醒来发现自己下体剧痛，床上还有一片鲜红的血迹，想到昨晚的情形，她不由地噗嗤一笑。虽疼痛难忍，但她还是挣扎着起身。"明月，明月……"没人应答，她才突然想起来昨晚明月并未伺候着，内室就她和移地健两个人。一个回纥侍女听闻她的呼喊，急忙跑进来用不太流利的汉语问道："少夫人，不知您有什么吩咐？"仆固顺莞咬着牙，皱着眉说道："你赶紧把我的贴身侍女明月找来，你们统统都下去吧！"

　　明月当晚是在仆固顺莞自己的帐内歇下了。一大早她便赶过来，但帐外已有侍卫拦住她，不一会儿听闻仆固顺莞找她，才放她进去。顺莞听到了明月的脚步声，还未见到人就激动地叫道："明月，明月。"明月急忙回应："小姐，奴婢来了。您昨晚休息得可好？"仆固顺莞嗔怪道："你这个小蹄子，昨晚跑到哪里野去了，找都找不到人。"

　　"小姐，您莫动怒，奴婢昨晚被少子遣派到您的新帐内，不过话说回来了，您的那个新帐真真漂亮，完全是另一番情景。嘻嘻嘻……"明月掩面而笑，仿佛还在回味昨晚自己居住的地方。

　　仆固顺莞用手指弹了一下明月的脑壳，眼睛瞪了一下说道："赶紧伺候我洗漱，再晚就来不及了，今日宁国公主册封大礼，我不得延误啊！"

　　忙完所有的事情，已是午时，仆固顺莞肚子咕噜噜叫着，等回到自己新帐内，赶紧命下人备午膳。她的毡帐就在移地健毡帐后面，类似于长安城内的前后院，是一个相对独立又彼此相依的布局。她自己初来乍到，想要笼络内外的下人，于是命明月给所有的下人一一奖赏，都是从自己的嫁妆中选取的，价值不菲。

起初，她以为这样就可以让所有的下人对她敬重，结果恰恰相反。没几日，下人们觉得她单纯，又年纪尚浅不拿大，因此愈发怠慢。移地健过来的时候，下人们表现殷勤，一旦离开就压根不把她放在眼里，甚至有使唤不动的时候。这下倒是难住了仆固顺莞，她从小在家娇宠跋扈，没想到在这里却无计可施。明月实在看不下去了，过了几日与仆固顺莞商议，要好好惩治一下，以立规矩。

冬日是回纥的大节日，早起仆固顺莞便知移地健一定会来，便等待着时机。明月做外应，待到辰时三刻，明月远远地看到同罗榆福来了，急忙通知顺莞。顺莞在里面故作镇静，吩咐下人安排，等移地健走到帐外，就听到仆固顺莞哭着说："我虽不是回纥女子，可我毕竟也是少子的正妻，我平日里对你们不薄，你们怎可这么待我？"移地健心下疑惑，掀起帘子一看，仆固顺莞正坐在地上，汤汁洒了一地，两个小丫鬟叽叽咕咕在说着什么。移地健见状大怒，以为仆固顺莞受到了侮辱，拿起桌上的茶杯朝她俩一摔。正要拔剑，仆固顺莞拦了下来："少子，万万不可，今日是大节日，不可动怒，这两个婢女估计也是一时错手，我不要紧的。"移地健哪是好惹的人，本就脾气暴躁，召集来所有的奴婢，喝令将那两个贱婢拉出去杖责，并发卖出去永不得回来。这下吓坏了所有人，移地健训斥道："如若让我知道还有谁对少夫人不敬，必格杀勿论！"自此，再无人敢怠慢仆固顺莞，她渐渐地变得骄纵起来了。

乾年二元（759）四月，即仆固顺莞嫁到回纥的第二年，长子叶护因谋反而下狱，后自杀身亡，可汗默延啜在攻克萨彦岭部族之后的庆功会上骤然薨逝。移地健突然就成了回纥的可汗，在此之前他从未有此想法。此时的他还沉浸在父亲薨逝的悲恸中无法自拔，一连数日，都借酒消愁。

"可汗，可汗，您醒醒啊！"移地健已经一连几日醉倒在仆固顺莞的榻上，仆固顺莞劝说了几次都无济于事，无奈仆固顺莞只好把阿嬷请过来。

"移地健！"移地健清醒了一些，看到是阿嬷，他不仅没有愤怒，反而是傻笑起来。

"来人，给我一盆凉水！"阿嬷厉声厉色地命令道，下人们都不敢动身，你看我，我看你。"这群没用的废物！"阿嬷气愤地说道，然后自己去提了一盆凉水直接泼在了移地健的头上。这下移地健彻底清醒了，他打了个激灵，极不情愿地从榻上起身，摇摇晃晃地跟阿嬷说："阿嬷，你想干什么，你别忘记我现在的身份！"

"你还知道自己的身份吗？偌大的国家你不去管理，你父亲打下的江山你不好好守护，连续数日借酒消愁，你怎么能管理好这个国家？你再这样下去，回纥迟早要败在你手里！"阿嬷说罢拂袖而去，让移地健无地自容。或许是意识到自己的问题，或许是真的清醒过来，自此移地健开始洗心革面，励精图治，管理国家。同时宁国公主因族老们要求殉葬而不从，割面毁容，最后他出面按照父亲遗愿保全了宁国公主。媵女李融留下来成为移地健的继室，仆固顺莞顺理成章成了可贺敦。

期间移地健带着仆固顺莞出征了一次，为了让自己的发妻能时刻陪在自己身边，也为了解身体之渴，所以两人大婚不久，便一同出征。只留下李融一人在回纥。在此期间，仆固顺莞有了身孕，移地健不得不带着自己的可贺敦回朝。刚一回来，仆固顺莞就顺产一子，并取名"小宝"。小宝因在腹中连日颠簸动了胎气，所以自出生就体弱，经常生病。这让仆固顺莞特别郁闷，又不能向移地健发脾气，只得把气转嫁到李融身上。

一日，她把李融叫到她的毡帐内，想让她给小宝喂食，结果李融不知桌上放着的是一碗药汤，便准备端起来哄着小宝。

"融姐姐，你想要干什么？你想要加害我的孩子吗？"她正无处发泄自己的愤懑。

"我没，并没有。如果你认为是我加害小王子，那我们请太医过来，看看这个药的成分！"

原本她打算以此事为要挟打击她，顺带连累她的儿子，没成想让李融反击自己。

当晚，她把此事禀报给了移地健，并描绘得有声有色，可移地健心思并不在这里，所以也未直接回应，只说李融应该不会做出此等事，小坐一会儿便匆匆离去了。仆固顺莞无法，只得作罢。

唐宝应元年（762），唐肃宗李亨驾崩，太子李豫（李俶后来改名为李豫）即位，史称唐代宗。代宗即位之后，史思明的儿子史朝义杀害了父亲而篡位，在洛阳建都，唐代宗无奈，又求助于回纥。

四月二十日，朝上。

　　有臣禀报，唐朝使者刘清潭前往求和，移地健在朝上。

　　"宣。"

　　刘清潭是李豫派来的使臣，自然是有事相求。此前移地健已经猜到是来借兵的，但史朝义抢先一步。史朝义先是送信，后派人来劝说移地健："唐朝现在可是乱得很，唐肃宗刚刚驾崩，唐朝新皇帝皇位还没有坐稳，这时候如果回纥能够到唐朝的地盘上去收点东西，那一定是轻而易举就拿到手了。"移地健心下摇摆起来。

　　等到刘清潭拿着李豫的诏书来求见，到了移地健的牙帐内，移地健十分轻慢，问道："都说唐朝不是马上要灭亡了吗？怎么还有使臣来呢？"刘清潭毕竟是城府极深的使臣，这时候并不露怯，反而不紧不慢地说："先帝肃宗已经薨逝，现在是新皇帝的天下，不仅是有使臣，而且回纥英武可汗可是帮助我们唐军击败了安庆绪，我们两国历来交好，唐朝两位公主都是您的可贺敦，每年唐朝还给回纥大批的金银丝绸，您肯定没有忘记。"这几句话让移地健无话可说了，毕竟移地健确实还是与唐结着亲呢，所以他让刘清潭先回

铜胡人骑驼俑

去，自己与大臣商议之后再定夺。

朝会结束之后，移地健径直来到仆固顺莞的帐内。仆固顺莞正在与明月一同学习女红，听到移地健的脚步声，急忙放下手里的活儿，出来迎接。

移地健屏退所有人，只他们两人，然后扶着顺莞慢慢移步到榻上。仆固顺莞知道移地健心中必定有事，便先开口问道："可汗今日前来一定有要事，不知臣妾能为可汗做些什么？"移地健便把朝会上刘清潭来访与唐朝李豫皇帝的请求一一道来，仆固顺莞凝思了片刻，不紧不慢地说道："顺莞本是一介女子，不应干政，但今日既然可汗问臣妾，那臣妾斗胆说一句，可汗应当一切以国家大局为主，妾身虽然身为唐朝女子，但我祖上都是回纥人，我父亲母亲是正统的仆骨部族人，所以您权衡利益再定。"

"好，我听你的，我们即刻出发前往中原，既然有利益为何不求取呢？那么，可贺敦可否陪着我一起去，顺便拜会一下岳父岳母？"移地健温情地看着仆固顺莞。

"什么？臣妾可以一同前往？"仆固顺莞雀跃起来，"自嫁到回纥以来，臣妾从未回去探望过父母，没想到有生之年臣妾还可以陪着可汗一同回去。"移地健的提议触动了她的内心，又想起自己的父母兄妹，竟然开心地流下了眼泪。

移地健过来抱着仆固顺莞，亲吻了一下她的额头，温柔地抚摸着她的头发，含情脉脉地说道："莞儿，你是我最爱的女人，我自当会听从你的意见。不要难过了，你现在已经是回纥的可贺敦，应该有可贺敦的样子，总是哭哭啼啼的，如何给回纥女人做表率？好了，不许哭了。"

顺莞的心情瞬间被平复了，她是移地健的第一个女人，又是仆固怀恩的女儿，因此移地健自然对她有几分敬重。

"可汗，我们这一走，小王子怎么办？"仆固顺莞故意装作一副楚楚可怜的样子，让移地健更加疼惜。

移地健沉思了良久，和她商量道："爱妃，我觉得小宝的身子不宜奔波，不如就留在回纥，让李融带为照管，如何？"

仆固顺莞一甩手，生气地说道："可汗，融姐姐不会再加害于我的孩子吧，她上次可是……"

"好了！"移地健面露不悦，"虽然李融性格沉闷内敛，但也不至于如此狠毒，何况还有阿蛮和久仁，她为人母，不主于此。"

仆固顺莞见状，虽然生气，也不好再说什么。所幸他们要回关内，她终于可以再见到自己的阿娘，内心还是很激动的。

当晚移地健去了李融住所。李融自从嫁给新的可汗移地健，又为移地健生了两个小王子，这位脾气暴躁的可汗对她倒是收敛了许多。

翌日清晨，他带着仆固顺莞和一支十万人马的精骑部队，离开回纥去往关内。

移地健此次前往并非善意，他听信史朝义的谗言，已经做好了攻打唐朝的准备，但朝臣上下除了自己的弟弟之外，几乎是一片反对声。老可汗默延啜向来注重与唐朝的关系交好，何况唐朝虽开始衰败，但仍不容小觑，贸然行动，恐怕会中了史朝义的圈套。但移地健想起了史朝义所说的"唐朝遍地金银可虏获"的谗言，依然动摇。虽刘清潭的前来已经让移地健的想法没有那么坚定，但从他带的精骑显然看出他内心的想法。

仆固顺莞随同移地健回塞，与上次自己出嫁相比，简直天壤之别，只用数月就达到长安，这一路快马加鞭，都是常年行军之人，自然用时较短。移地健先前已派十万大军逼近关中，引发朝野震荡。代宗李豫为笼络移地健，派专人前往迎接，但移地健和仆固顺莞商议之后，提议要见自己的父亲仆固怀恩。代宗命人通知仆固怀恩及其家人。可仆固怀恩是何许人也，自然知道不能见面。仆固怀恩与回纥的关系十分微妙，自己本就是回纥铁勒仆骨部人，现在女婿又是回纥可汗，如果轻易相见，不仅会让李豫皇帝产生怀疑，也会让朝中敌对抓住自己的把柄。仆固怀恩决意不见，移地健却以见自己的老岳父为条件强行要求见面。无奈，李豫只好给仆固怀恩发了一道免死金牌，并强令刘清潭陪同仆固怀恩一同到太原会见女儿、女婿。

宝应元年（762）八月三十日，仆固怀恩在刘清潭的陪同下见到自己的女儿女婿。仆固顺莞终于见到了自己的父亲，这是时隔四年他们父女第一次相见。

仆固顺莞远远看到一个精瘦的老者，一眼便认出是自己的父亲，但相比四年前，父亲明显苍老了许多。母亲仆固三娘听闻女儿可以回来，激动得几宿不能入眠。仆固顺莞不知，母亲自她出嫁之后就整日以泪洗面，如今眼睛已经大不如前，头发也花白，眼见着只是不惑之年的妇女倒像是暮年老者。仆固顺莞不顾一切飞奔过去,"扑通"一声跪下来给父母磕了三个响头。仆固三娘看到自己的女儿,用颤抖的手拉起顺莞,号啕大哭:"莞儿,我终于见到了我的莞儿,让为娘看看,才几年不见黑瘦了许多,皮肤也粗糙了。"她边哭边抚摸着顺莞的手,眼睛里写满了激动、怜爱、不舍。

仆固怀恩虽没有流泪,却也眼眶红润,但只一会子就恢复了威严,移地健上前给岳父鞠躬。仆固怀恩先是要给移地健行大礼,被移地健拦下,后又非常严厉地批评仆固顺莞:"莞儿,听闻你们打算和史朝义勾结来对付我大唐吗?你别忘记了,你生于唐,长于唐,是这片土地养育了你。你怎可做出这种大逆不道之事?"仆固顺莞本想辩驳,再一看父亲,只是不语。仆固怀恩又对移地健说道:"可汗,我知道您是一国之君王,自然思虑较多,但自回纥英武可汗以来就一直重视与唐朝的关系,如果您这次背离了唐,与史朝义勾结,不仅得不到您想要的东西,而且还会让回纥与唐建立的关系毁在您的手里。那您怎么去面对列祖列宗,又如何与可贺敦自处?"移地健自然是信任自己的老岳父,史朝义和唐代宗对他而言只是利益的天平，听到老岳父这么一说，他嘴上虽然没有直接表达，心里的天平却在逐渐向唐朝倾斜。

晚上歇下，他与仆固顺莞商议，顺莞自是向着自己的父亲，当然说了很多利弊，毕竟她也不希望唐朝生灵涂炭，而且父亲又是朝廷命臣。移地健听了仆固顺莞和仆固怀恩的话自然心下已经有了决断，他最终还是决定帮助唐朝。但，正因出兵帮助，移地健的态度也发生了转变。

宝应元年（762），移地健率军攻打洛阳，这次他的态度和上次完全不一样，毕竟是自己的老岳父亲自说服自己，李豫皇帝更是感恩戴德。移地健显得非常傲慢，甚至对唐朝重臣也十分无礼，天下兵马元帅李适（李豫的长子）随同移地健出征，结果在征讨过程中处处被这位回纥年轻可汗怠慢，甚至出言不逊，对下臣更是刁难苛责，军中人人都在抱怨。回纥士兵见可汗对唐重臣都十分傲慢无礼，自然也并不尊敬，每到一处战事一毕，便强抢豪夺，唐朝官兵百姓无不怨声载道。李适哪里受到如此耻辱？毕竟是皇帝之子，从小养尊处优，金枝玉叶，岂非一般人等，自然心里愤愤不平，便把此事呈上。可是父皇李豫因叛军肆虐，已经焦头烂额，如果现在得罪了回纥，势必让叛军死灰复燃，因此李豫明知回纥是有意为之却只能听之任之。

傲慢无礼的移地健的确为唐军助了一臂之力，先后收复了洛阳、河北等地。广德元年（763）四月，移地健和仆固顺茕由仆固怀恩护送，回到回纥。这为后期仆固怀恩叛变埋下了祸根。

移地健和仆固顺茕回到回纥，仆固顺茕因有功，更加傲慢，甚至他们回来，仆固顺茕都不曾主动向李融道谢，毕竟李融替自己照顾了这么久的儿子。李融也不计较，她向来是一个不争不抢的人，只要仆固顺茕不找茬，她就觉得心安。

移地健从关内回来，心情大好，又觉得李融照顾小宝实属不易，旋即赏赐了她许多珠宝，又与她温存了数日。可移地健没有待了几个月，又一次出征。

在此之前发生了一件事，移地健入关前，曾有一次出征，李融就已有了身孕，待到移地健出征回来之时，李融即将临产。

这一日，萨满法师正在为小王子作法，突然移地健的妹妹乌兰雅跑过来求助，侍卫回禀道："可贺敦，乌兰雅公主求见，说是要找阿嬷……"仆固顺茕正在气头上，自然是没有理会，又过了一会子早把这件事忘在脑后了，随后带着儿子去祈福。

谁知恰好是这一日，移地健居然提前回来了，而且回来之后并没有关心她，反而兴师问罪。

"可贺敦，刚才看到可汗从王妃毡帐内出来，下人来禀报说午后王妃生产时差点要了命，好像可汗不高兴了。"明月悄悄地跑来禀报。

"可笑之极，她难产又不是我造成的，你这么神色慌张地做什么？"仆固顺莞不以为然地说道。

"乌兰雅不是来过吗？阿嬷也没有露面啊，奴婢怕这件事可汗会怪罪在您头上，可贺敦您还是当心一点比较好。"明月实时地提醒仆固顺莞。

仆固顺莞更加生气了："他要来怪罪我？我还没有怪罪他呢，我的孩子身体不好，不都是因为我在路上奔波所致吗？好了，我相信可汗也不是那么不通情达理的人，而且这个李融不是顺利产子了吗？"

仆固顺莞原以为可汗不会为此事生气，但事实上移地健还是生气了，虽然没有当面责怪她，但是连续几日都没有来看望她和孩子，已经很说明问题了。其实事情还远不止于此。

　　虽然两人一同入关，小宝又被李融照顾，但仆固顺莞心里仍觉得委屈。回到唐朝的仆固怀恩因战功赫赫而被人妒忌从而被人陷害，宦官骆奉先听信大将辛云京的谣言诬陷仆固怀恩。仆固怀恩又是一个性格耿直之人，李豫皇帝遣宰相裴遵庆慰问，仆固怀恩见到裴遵庆之后，抱着他的脚大哭。裴遵庆让他入朝，但将行之时，副将范志诚劝他说："大帅您已经被朝廷嫌忌，为什么还要去不测之地呢？难道没看见李光弼、来瑱的下场吗？这两个人功高不赏，李光弼被夺权，来瑱被杀，您不为自己着想吗？"听闻此言，仆固怀恩便不肯入朝，李豫无奈只好派郭子仪说服。郭子仪虽说服了仆固怀恩，但此事并未就此平息。仆固怀恩一直觉得李豫对他有戒备之心，一直防备他，所以他内心十分苦恼，终于无法忍受，走上了反叛的道路。反叛之后，仆固怀恩四处借兵，这时仆固怀恩最先想到的是他的女婿移地健。

郁郁而终

　　广德二年（764）初，回纥仆固顺莞帐内。

　　仆固顺莞最先得到消息，自己的父亲在走投无路之下竟然起兵反叛。仆固顺莞起先是不相信，毕竟自己祖上一直都是忠烈之士，父亲更是为了国家鞠躬尽瘁，如果说他要叛变，那么唐朝就没有一个忠臣了，这是完全不可能的事情。但此消息是从首领药罗葛口中而来，她想要去面见移地健一问究竟。得知移地健此时正在李融处，她根本不顾形象，跌跌撞撞地冲了过去。

到了李融帐外，就听到药罗葛正在禀告，她知道此事并非子虚乌有，立刻求见可汗。移地健一听是光亲可贺敦前来，知晓她应该是为自己父亲求情的，便从李融处出来，去了牙帐内。即刻一同到了牙帐，仆固顺莞直接跪了下来。明月拉都拉不住，只好陪着可贺敦一起跪着。见移地健无动于衷，仆固顺莞跪着挪到移地健跟前，抱着他的小腿恳求："可汗，我父亲的事情恐怕您已经知晓。我父亲不是一个忘恩负义的人，是唐朝那帮小人太可恨，我父亲为大唐鞠躬尽瘁几十年，最后却因小人谗言而受尽磨难，不得已才叛变的啊！他毕竟是您的岳丈，又是回纥人，您要帮他啊，可汗！"

"我仔细了解情况之后再定夺，可贺敦莫着急。来人，先扶可贺敦回去。"

"可汗，可汗，您不能不管自己的老岳丈啊！可汗……"顺莞撕心裂肺地哭喊道。

但国事毕竟是国事，虽然有亲眷关系，也不能轻易定夺。仆固顺莞被下臣拉回帐内，完全变了一副模样。她摔了帐内所有的东西，又开始破口大骂。明月见状急忙上前捂住她的嘴："可贺敦，算奴婢求您了，别再说了，您这样对老将军一点忙都帮不上，反而会适得其反。与其在这里哭闹求情，您不如想想该怎么帮助老将军。"明月是仆固顺莞最得力的婢女，这一句话倒是点醒了她。她不再大吵大闹，而是静下来细细想想该怎么办。

仆固顺莞派人打探消息，但直到酉时都没有移地健的任何回应。因此事涉及重大，如若他轻易出兵，必然与唐公开翻脸，何况还有唐朝这块肥肉，源源不断地给自己送来金银财物，他也不想公然与唐朝作对。但如果不帮自己的老岳丈，于情于理又说不过去，他也在为此事烦心。

仆固顺莞等不来移地健的消息，心里已经凉了大半。她一宿未眠，坐在毡毯上嘟囔道："明月，你说女人的命怎么都这么苦？在男人眼里，女人算什么？我跟随移地健六年了，为了他抛下双亲，来到这里，为他生育子嗣，结果换来的是他的无情，哈哈哈。可怜我的老父亲，临了都没人帮，女儿不孝啊！"她哭喊了一宿，天亮时才迷迷糊糊地睡着，却又很快被惊醒。

求助无果，无奈之下，她只好把自己的首饰、财物等值钱的物件儿悄悄变卖，想要折点银子给父亲帮助。岂知山高路远，东西早已经几人倒手损失大半，最终也被唐军扣下，并未送到仆固怀恩手上，而双方都未可知。仆固怀恩毕竟是仆骨族人，移地健虽没有公开相助，却也暗中容忍不少，如果不是老岳丈，以移地键的性格决议不会如此帮衬。

永泰元年（765）九月，仆固怀恩声称唐代宗去世，再度引吐蕃、回纥、吐谷浑、党项、奴剌等部总共数十万人来犯，郭子仪率兵抵御。仆固怀恩的母亲责怪他不该造反，提刀追着要杀他，"吾为国家杀此贼，取其心以谢三军"。

但很不幸，仆固怀恩还是自杀于鸣沙（今宁夏青铜峡）军中。后来吐蕃、回纥大军为郭子仪所平定。而移地健因听信郭子仪之言反而帮助了唐军，并从中获得了大量的金银财物，这一举动让仆固顺莞彻底崩溃。

大历三年（768），移地健出巡回朝。此时的仆固顺莞身体已经大不如前，因哥哥和父亲的相继离世，母亲几乎是一夜白发，最后哭瞎了双眼。妹妹仆固顺怡被唐代宗接到皇宫，作为继女抚养。母亲虽有千万个不舍也只得如此。祖母年事本高，加之多重打击也不久于人世。仆固顺莞原本很受宠爱，却因父亲援兵叛变一事与移地健生了嫌隙，一直对其避而不见。

彻底摧毁仆固顺莞的还有一件事：仆固顺莞的儿子突然离世了！这个长期体弱多病的王子一直都是由顺莞精心照顾的。仆固顺莞之前一直是自己亲自照顾，而今她得知父亲突然暴毙，心情崩溃，自己先卧床不起了。小王子只得托付给阿嬷照顾，阿嬷自是可信之人，可事情很蹊跷。小王子向来体弱多病，整日都由阿嬷和婢女陪护着。这日小王子在床上熟睡，结果婢女打盹的工夫，小王子竟然从床上摔了下来，这一摔让原本就体弱的小王子彻底奄奄一息了。

仆固顺莞彻底崩溃了："你们，你们欺负我母子俩无依无靠吗？看我不剥了你们的皮，发配你们到苦寒之地！来人啊，把这个贱婢拉出去杖毙！"仆固顺莞经过这么一折腾，更加身子虚弱了，说完便顺着床沿溜下去，瘫倒在地上了。

阿嬷急忙过来扶："可贺敦，您当心自己的身子，处置一个奴婢不打紧，可是您气坏了身子，谁来照顾小宝啊！"

入秋了，天气转凉。夜晚阵阵凉风袭来，仆固顺莞一直守在孩子身边。毡帐内奴仆进进出出，非常焦急，像是要发生什么大事。"可贺敦，小宝醒来了！"是明月带着哭腔的声音。

仆固顺莞迷迷糊糊间听到明月喊叫声，坐了起来："孩子醒了，赶快宣太医过来！"奴仆们忙乱一团，都不知该做什么。

"赶紧去啊！明月你去，别在这里杵着了！"仆固顺莞非常着急，不由地声调放大。明月急匆匆地离开。

"可贺敦，不好了，小王子他又昏过去了！"一位婢女慌乱地叫着。

这不知是多少次了，从出生到现在小王子的身体就是一个心头患。奇迹没有出现，这次坚持了几日，小王子还是离开了她。小王子离开的时候，移地健正在带兵打仗，所以连小王子最后一面他都没能见到。

移地健得知消息后提前回朝，毕竟是发妻，移地健待她还算尊敬。老可汗驾崩之后，移地健虽然垂涎李融的美貌和温顺，但心底里爱着的人始终是她。仆固顺莞任性跋扈，经常对下人呼来喝去，但深得圣宠的她一直都没有受到过可汗的责罚，仆固将军的死他多少感到一丝惋惜，所以也纵容仆固顺莞的妄为。

"莞儿，你还好吗？让你受苦了。"移地健见到她的第一句话便是关心和安慰。

"可汗，孩子，没了。"短短几句话胜过万语千言，她已是泪流满面，无法言说的痛只能藏在心里。

她身着一件藏蓝色长袍格外瞩目，长袍侧开襟，右肩处有三个花纹，这是为迎接可汗回来特地赶制的。移地健看到仆固顺莞，也非常难过，急忙说道："莞儿莫伤心，我也非常地难过，小宝去了天神那里也许会更快乐吧！"

"可汗你不难受吗？你不痛心吗？我们的孩子没了，我连活下去的勇气都没有了，你怎么就没有掉一滴眼泪呢？"仆固顺莞此时已经完全丧失理智。明月急忙给她使眼色，她都停不下来。

"如果当初不是可汗带着我出征，孩子也不会在腹中受苦了。孩子现在没了，都是因为下人照管不周，他们都怠慢我和小宝,都欺负我们,会不会是他们故意这样的?"仆固顺莞还继续哭诉着,抓着他的衣袖使劲摇晃,眼神游离不定,移地健显然已经不耐烦了。

"莞儿,我知道你伤心,我自己也很伤心,可是你不能因为伤心就乱发脾气。行了,这段时间你好好休养,我会再来看你的。"

说罢,移地健嘱咐下人:"可贺敦精神恍惚,不宜外出,即日起好生休养,旁人不得打扰!"说罢拂袖而去,并未停留。仆固顺莞听罢瞬间瘫软在地。忽而哭,忽而笑,自言自语道:"可汗,我与你多年的夫妻情分,你竟待我如此!你怎能如此狠心?"说罢一口鲜血吐了出来。

明月早已泣不成声,断断续续说道:"可贺敦,您怎么就这么想不开呢?您想要可汗一直爱着您,您就不能这么任性啊,自古后宫多佳丽,可汗不会在一个人身上用情太深,您是苦了自己啊!"

"哈哈哈哈……"仆固顺莞似笑似哭地说道,这时候的她已经没有多少力气了,但还是拼着一口气要发泄出去,"我仆固顺莞是我阿爷和我阿娘的掌上明珠,嫁给移地健本来就不是我本意,没曾想在一个男人心里，女人竟然是这么的没有地位和尊严。也罢，移地健他还有两个儿子，而我呢？只有我的小宝，现在我父亲母亲薨逝了，儿子也病逝了，我也该离开了。"说罢自己就晕倒过去。

仆固顺莞病倒之后，移地健曾来看望过，命专人守护，但仆固顺莞心性太强，一直都没有让自己缓过神来，几个月之后便薨逝了。

大历三年（768）仆固顺莞薨逝于回纥，消息传到唐朝，唐代宗李豫遣右散骑常侍萧昕持节吊祠。

仆固顺莞薨逝，移地健非常伤心，下令国葬，并罢朝三日以示哀悼。但自古多痴情女，男子本就薄情，何况还是一国之君王。仆固顺莞性情刚烈，从来不会拐弯抹角。她爱的炽烈，恨得也直接，移地健虽对她有情，但也并未停止他继续娶妻。或许是一种思念，或许是一种执念，半年之后他又一次开口要李豫把仆固怀恩的小女儿仆固顺怡嫁给他，即历史上著名的崇徽公主。

这个光亲可贺敦是不幸的，但相比其他惨遭杀害或者不得善终的和亲公主，又是幸运的。也许是命运的安排，仆固怀恩一家注定要与回纥有千丝万缕的联系，这就是逃不过的命运。

崇徽公主

蒹葭苍苍·露为霜

崇徽公主李琴

公元765年，唐肃宗李亨病逝，太子李豫继位。李豫为了安抚仆固家族，让仆固怀恩小女儿仆固顺怡入宫成为养女，改名为李琴。公元768年，仆固顺茂薨逝，回纥可汗移地健又一次请求唐皇帝赐婚，并指名迎娶仆固顺茂妹妹仆固顺怡。大历四年（769）李豫册封仆固顺怡为崇徽公主远嫁到回纥。在回纥，为移地健生有一女，于公元778年离世。

入宫伴君

仆固怀恩自杀之后，整个仆固家族都蒙上了一层阴影。唐代宗李豫对仆固怀恩的死也深表愧疚，毕竟是满门忠烈之士，最后却落得如此下场。作为弥补，也为了给世人留下一个仁君的美名，他主动要求把仆固怀恩的小女儿仆固顺怡接到宫里。当时仆固顺怡年仅十岁，经历了几乎是人生最重大的几次打击。当她被唐代宗接入宫中时，她几乎不是欣喜而是惶恐。她成了皇帝的女儿，改名换姓，李豫亲自给她取名"琴"。伴君如伴虎，她虽说是寄养在李豫身边，但真公主何其多，皇宫后妃怎可容得下一个叛军之女？每一步对她而言都需小心翼翼。好在有皇上的宠爱，她还算比较顺心，就这样一直过了几年相对安宁的时光，可这种日子却很快被打破。

大历四年（769），回纥可汗移地健因失去了仆固顺莞而想再次求娶唐朝公主。这年二月初七移地健亲自前往长安，为的就是要请求大唐皇帝再次赐婚，当然这次的赐婚已经有了人选，因为移地健想要迎娶仆固怀恩的小女儿。李豫一开始非常为难，他宠爱着这个小公主，并不想她去遥远的异国他乡受苦，何况仆固怀恩一家已经家破人亡，他也不忍让李琴和亲到回纥。李豫一开始派人游说移地健，希望他能够改变主意，并承诺为他挑选一位绝色佳人，但移地健深陷其中，愈发要得到仆固怀恩的小女儿。之前与仆固顺莞回到关内时，他曾听闻仆固顺怡活泼开朗，天赋异禀，过目不忘，且比仆固顺莞更加可人，后又听闻这个女子被寄养在宫里，虽年幼，但已深得皇帝宠爱。所以唐朝皇帝越是阻拦，回纥可汗越是想得到。

"皇帝，我知道您与女儿感情深厚，可是我对公主仰慕已久，希望能让公主嫁与我做可贺敦。"

"我的女儿，您指的是哪位？"李豫故意装傻。

"当然是貌若天仙的公主，就是仆固将军的小女儿。"

"琴儿自入宫以来，被朕宠坏了。何况她年纪还小，未到适婚年龄。这样吧，我们大唐公主才貌双全者众多，您可以在王公贵胄中挑选一位自己喜欢的，我定和亲与你。"李豫心想：这焉知不是你的策略，明知仆固怀恩的大女儿已经嫁给你，竟提出这种无礼要求，真是岂有此理。生气归生气，李豫还是佯装尊敬。

"哼，要不是我们回纥，你们大唐早亡了。区区一位女子算什么，就算让你们拿出金银都是理所应当的。未到适婚年纪，我也可以等。我就是要仆固怀恩将军的小女儿。"移地健的傲慢惹怒了一旁作陪的老将郭子仪。

"老臣敬您一杯，您的想法自然没错，但我大唐与回纥历来交好，切不可因小失大。再说，我们大唐另一位公主不就在回纥吗？"显然郭子仪指的是李融。

"姐妹两个都成为我移地健的可贺敦不是更妙?"回纥拿捏着大唐的软肋,确实有恃无恐。

"好,好,这件事容朕三思,还请可汗今夜能畅饮尽兴。来,歌舞伎,给可汗献舞!"

可见此事在移地健心里是打定了主意的,不然不会亲自前来请求。微波粼粼,水光盈盈,看着这些妙曼的身姿,移地健已经不饮自醉了……

第二日早朝之上,已经有几位大臣提议此事,并赞成者较多,如若能够再牺牲一位女子换取一国之安宁,那又有何不妥?何况还是一个曾经的叛将之女?但李豫一直没有做决断,而是随后再议,他不想让自己养育的女儿去和亲,何况李琴还未到适婚年龄,需等上几个月。

"众爱卿,琴儿是朕的女儿,如若有人遑论其为叛将之女,必严惩!朝堂之上,岂能信口雌黄?回纥与我国历来确有和亲,但公主尚且年幼,还需等等再做决断。如若无奏,退朝!"

这件事便就此按下,因李琴尚且年幼,移地健也不便多言,所以悻悻而归。李豫以为此事过段时间就会被这位可汗忘在九霄云外。结果,过了两个月,移地健又一次请求和亲。这次，移地健态度很强硬，一定要迎娶这位美丽的公主，并强调自己这数月来，并未纳妾，只等公主和亲。朝堂上，众臣再一次上奏请求皇上尽快和亲。李豫这次无法，只能应允。和亲的旨意一下，移地健大喜，说要一直护唐周全，并承诺派重臣、命妇等人前来迎亲。

唐代宗李豫此时内心真的是五味杂陈。父皇留给他的是一个内忧外患的乱摊子，整个国家看似繁荣，实则不堪一击。要肃清内乱就必须借助外力，要借助外力又会受制于其他国家，如今回纥因助力平反而处处要挟，自己却束手无策。散朝后，他独自一人到太和殿，蹙眉斜靠在龙椅上，贵妃独孤靖前来，看出了他的心事，却默不作声，也未曾让侍卫通报。她静静地站在一旁看着这个励精图治却千头万绪的皇帝，很想抱一抱他。李豫陡然抬头发现独孤靖在侧，便佯装生气道："贵妃前来可曾有人通报？"独孤靖笑而不语，走到李豫身后，双手为他按压太阳穴，边按压边轻柔地说道："皇上是一国之君，要保重龙体，别让臣妾担心啊！"李豫轻轻地把头靠在她胸口，又拿起她的左手轻吻下去，独孤靖羞涩地红了脸："皇上，还有侍卫在旁呢，还是让我给您按摩一下，会舒服的。"独孤靖是李豫登基之后最宠爱的女人，她也是最懂李豫的女人。除了已经薨逝的沈氏，独孤贵妃现在几乎是后宫最重要的女人。

"父皇，父皇，你别拦着我，我要见我父皇。"这一听便知是李琴的声音。仆固顺怡自从寄养在皇宫，就一直跟随在李豫身边，有几个宫女轮番伺候着。平日里规规矩矩，自知不是真公主而谨小慎微，无论是对独孤贵妃、崔贵妃，还是张昭仪都十分懂礼数，但今日小宫女之间的非议已经让这位年幼却经历坎坷的公主坐立不安了，她不曾想姐姐的命运竟又一次落在自己头上。李总管急忙来报："皇上……"未说出口，李豫已经打断了他："我已经听到琴儿的声音了，让她赶紧进来吧。"李琴满脸泪痕，眼泪依旧哗哗流淌，眼窝深陷，头发蓬乱，面色白中泛青，还在不停地抽泣。看到独孤贵妃在旁，她只得礼貌地行礼，收敛了自己的委屈，想要开口却愈发难以开口，牙齿竟将嘴唇咬出了血。李豫叹了一口气，独孤靖也急忙扶着琴儿起身，她一把搂着独孤靖，哽咽道："独孤母妃，我不想嫁到回纥，我只想一辈子陪着父皇和母妃。姐姐已经惨死，我真的不想也嫁给同一个丈夫。"她说得甚是可怜，惹得独孤靖也哭将起来，连同李豫也眼眶红润。李豫毕竟是一国之君，只好安慰这位可怜的女儿："琴儿，自古女子的婚嫁之事都由不得自己做主，你作为仆固怀恩的女儿，又是朕最疼爱的女儿，就必须要承担一些责任，父皇深知你的委屈，但父皇也有苦衷。至于和亲之事，这是政事，也算是你为父皇效力吧。贵妃，你先陪着公主回去吧，命人好生伺候着。"

沐浴着长安绵绵细雨，伴着朦胧薄雾穿过红烛市。大明宫景，推杯换盏间，夜宴罢去，青娥散了。长安城中月如练，长安月下红袖香。遥望苍穹，惟独那安华殿内形单影只，惶惶不可终日，可是命运岂能如人愿？终究是有人悲伤有人喜，仆固怀恩的女儿流淌着回纥族的血，注定与回纥摆脱不了关系。

移地健坚持要让仆固怀恩的小女儿作自己的续室，不仅仅是贪图仆固顺怡的美貌，还有一个重要的因素，那就是移地健深信仆固家族是回纥族人，与自己是同根同源，因此从内心上更加靠近。而且仆固顺怡天资聪颖，琴棋书画、诗书礼乐都很出色。和姐姐仆固顺莞恰恰相反，仆固顺怡因伴君左右，极具察言观色的高情商，性格也温婉可人。既没有姐姐那样的骄纵，也不似李融那样的内敛，这样一个天之骄女怎能不让移地健动心？早年因仆固顺怡年纪尚小，而今已到指婚年纪，他自然是想要得到这位美丽的公主。

长安城门终悲戚，谁与言说？安华殿内人萧瑟，何来欢乐？独孤靖陪着公主一同回到安华殿，她嘱咐了婢女几句就匆匆离开了，她也不忍看着这个可怜的公主伤心。

又过了约莫一个时辰，她还是不放心，便派随身侍奉的婢女雨禾去看望。雨禾尚在外室，便听到嘤嘤的哭泣声，未曾有婢女相劝的声音。即走到内室，婢女们早已不见踪影，只见琴儿独自坐在椅上，掩面而泣。雨禾即问琴儿其他人等，琴儿也不吱声，只是哭。

雨禾回去之后即刻禀告了独孤贵妃，独孤靖心下狐疑便又亲自跑去安华殿，只见李琴一个人红肿着双眼，却不见婢女们伺候着，待问值守小厮，只说一同出去了，却都不知去向。

怒火中烧的独孤靖正要命人到处搜查，看这几个贱婢去哪里野了，结果安心和安荣恰巧回来，李琴才哭着说："她们听说我即将远嫁，心生疏离，也不再尽心伺候，开始寻找合适的主子。"独孤靖顺手捡起一个茶杯就地摔碎了，接着又一个茶杯也落地了……面色铁青的独孤靖立刻发话："你们几个贱婢，如若公主真的远嫁，你们几个全都要跟着陪嫁，如若不从，诛九族！"真是杀伐决断。

"贵妃娘娘，您听奴婢说，事情不是这样的。"安心跪着挪步到独孤靖脚下，哭着喊冤。

独孤靖一脚踢飞安心，还不解恨，一声怒吼道："来人，拉出去割了她舌头，然后发配出宫。如果皇上问起来，自有我来分说。"

谁都知道独孤贵妃是皇上最宠爱的女人，怎敢不从？安心大声喊冤，却被拖出去割舌。剩余两个宫女安荣、安乐早已吓得没了魂魄，颤抖着身子躲在一旁，独孤靖下令："即日起，任何人如若对公主不敬，即刻杖毙！琴儿，你不用担心，母妃不会让你受委屈的。"李琴不再哭泣，嘴角边流露出一丝不易察觉的笑容。

等贵妃等人离去，安荣、安乐仍瘫软在地，李琴冷冷一笑，便道："赶紧起来吧，地上凉，仔细着了凉，回头再添新症。"安心、安荣、安乐本名皆非此，因进宫分配到安华殿才得此名。安荣冷哼了一声，欲扶着墙站起身又瘫软在地，勉强扶着支撑起来，而安乐还瑟瑟发抖，问道："公主，不是您派我们去外面采摘鲜花吗？说是为了熏一熏内室的空气，怎么会这样？"

李琴冷冷地看了安乐一眼："安乐，我知道你进宫时间短，可安心和安荣是一直跟随我的，她们的心思我岂能不知？我还没离宫，你们就这样背主求荣，倘若我真有一天离宫了，你们还不知要祸害谁。安荣，今天安心的下场你也看到了，我且留你在身边，如若你尚有二心，那回纥之路漫漫，保不齐会有什么意外，你可想清楚。"安荣不曾想，年纪尚轻的公主平日里看着十分温婉，竟然有如此心机，手段毒辣，她着实害怕了。

李琴吩咐安乐给自己沏一杯茶端进来，说罢关上了内室的门。内心的苦楚和孤独一股脑涌出。今日之事绝非她本意，可连日来婢女们的冷言冷语已让她处于崩溃的边缘，她必须如此，不然以后如何自处，又如何去一个吉凶未知的异域做可贺敦？

"公主，皇上命人送来一碗安神汤，说是给公主安神补脑的，还有刚刚贵妃派人来问候公主，还送来了公主最爱吃的糖豆糕。"

其实李琴本性不坏，但实在是自幼经历了太多事世,让她不得不自我保护。前几日就见安心经常悄悄地跑出去,岂知是得知李琴要远嫁,自己尽早谋出路。她越想越生气,再一想到自己的身世,更加郁郁,不得已才出此计策,想惩治一下下人。

"为什么我们仆固家族忠心耿耿却落得如此下场?终究都是一场空,终将要被回纥的草原掩埋。"李琴这边愈发焦虑痛楚,而皇帝李豫也并不好受。移地健指名要这位公主,他为了整个国家的安宁不得不牺牲这个女儿。虽说不是亲生,却一直跟随自己多年,感情甚笃。今日早朝,旨意已下,绝无悔改之可能。作为一个皇帝,看似万人之上,可许多事也由不得自己。于是牟羽可汗在第一任妻子仆固氏薨逝之后,再次迎娶仆固氏的妹妹。皇上李豫册封李琴为崇徽公主,选良辰吉日出嫁回纥。朝后,他吩咐李总管去请独孤贵妃前来。独孤靖已经猜想到皇上的目的,所以特意主动表明心意。

"皇上,臣妾想着您估计正在为琴儿的婚事烦心,您大可放心,琴儿出嫁之事宜,由我亲自操办。"独孤靖深得皇上心,又十分体贴。

李豫抿了一口茶,抬头深情地望着独孤靖,说道:

"贵妃真是深谙朕意，那琴儿的婚事你就多费心，朕会命户部、礼部协助。"

很快，良辰吉日就选定，定于大历四年（769）五月二十四日和亲回纥，出嫁回纥牟羽可汗，册封为崇徽公主。听到她要和亲的日子，她的内心才真正落地，不再纠结痛楚，反而接受了现实。她从仆固家离开到宫里之时，就已经明白凡事只能靠自己，哥哥、父亲、姐姐、母亲相继离世，她在皇宫里也要处处小心翼翼，要有城府和心机，讨好皇上和其他嫔妃，还要与婢女相处，性情与任性跋扈的姐姐仆固顺莞截然相反，这也是她深受皇上喜爱的原因。也恰恰因此而让回纥可汗垂涎，各中利弊只有自己才知。

大婚之日已定，距离大婚也不过月余，时间仓促，她还来不及和家人道别……家人？她陡然一惊，许久不曾有过"家"的温暖了。皇宫虽奢华，却是冰冷的，皇上虽宠爱她，认她是第十女，却抵不过世态凉薄。终归还是要到回纥，莫非这就是血脉？毕竟自己身上流着回纥人的血，也不枉自己为国事牺牲。

晚膳是与皇上一同用的，这也是许久没有过的待遇了。皇上没说话，她也沉默着，整个过程倒像是完成一场不得已的差事，彼此都无话可说，也失去了往日的欢声笑语。犹记得她刚被养在宫中时，李豫处处呵护她，甚至超过了亲生女儿。她也因与皇上离得最近而深受宠爱，其他嫔妃也见机讨好，甚至独孤贵妃也待自己如亲母妃一样。而今才几年时间，她长大了，皇上也诸事忧心，再也找不到往日的欢声笑语了。还是皇上先开口："琴儿，父皇今日特命御膳房准备了你最爱吃的菜，还有蜜豆糕。你怨朕，朕知道。但很多事情，由不得你，也由不得父皇。你此去，定是有使命在身，要维护好回纥与我们的关系，你不是普通女子，你是公主，自然要肩负很重要的任务。父皇让你和亲，自然对你给予厚望。"说完这番肺腑之言，倒让李琴动容了。她仍然沉默，但眼泪已止不住顺流而下，哽咽着夹起碗里的一块蜜豆糕，手却颤抖着，始终夹不住，最后又夹起一个"芸豆百合"，勉强入口。李豫接着说道："此去回纥自是路漫漫，虽说父皇会极力派人保护你，但凡事还是要靠自己，嫁做可贺敦就要一切以夫君为主，何况还是回纥的一国之君，不可任性，且要入乡随俗，你虽是回纥仆骨部族的后代，但从小生长在唐，朕已命人教你回纥礼仪，你切要认真对待。"

一场晚膳变成了一次离别宴,好不伤感!看着婢女一个个将菜品撤下,她的心也跟着一点点变冷,一双清澈的眸子里掠过绯红地毯,茶釜茶盏,珠玉门帘,朱砂色帷帐。"琴儿,无论如何都记得有父皇在。"李豫显示出了难得的慈爱,她心疼这个可怜的女儿,却也无能为力。

"父皇!"这两个字如天籁般打在李豫心里,"女儿即将远嫁回纥,不能伴您左右了,女儿感谢父皇多年的养育之恩,请受女儿一拜!"李琴话说得如何真切,让在场的所有人都落泪了,婢女侍卫们纷纷拭泪,李豫也急忙背过身子。也许这一别,将是永远。

转眼就是和亲的大日子,虽然国库拮据,但崇徽公主还是嫁妆丰厚,仅缯彩一项就有两万段,其余金银首饰等数项,并安排了兵部侍郎李涵、祠部郎中董晋护送,其余宰相、大臣等数十人送行。队伍浩浩荡荡,想当年李豫妹妹宁国公主和亲回纥时的场景,李琴的嫁妆虽没有那般丰厚,但也是唐代宗在国库拮据的情况下所能尽的最大努力。和亲之前是册封大典,常衮为此写了册封文:

维大历四年岁次己酉五月戊辰朔二十四日辛卯，皇帝若曰：于戏！鲁邦外馆，有小君之仪。汉室和亲，从阏支之号。命公主而疏邑以封，焕于徽章，抑有前范。咨尔第十女，秉秀云汉，增华女宗，卓尔洵淑，迥然昭异，肃雍之道，能中其和，缛丽之功，自臻于妙。不资姆训，动会礼经。甫及初笄之年，眷求和凤之对，用开汤沐，方戒油軿。我有亲邻，称雄贵部，分救灾患，助平寇虞。固可申以婚姻，厚其宠渥。匪有诚请，爰从归配，是用封曰崇徽公主，出嫁回纥可汗，册封可贺敦。割爱公主，嫔于绝域。尔其式是阃则，以成妇顺。服兹嘉命，可不慎欤。

册封大典结束之后是婚礼仪式，最后是和亲到回纥。当时有不少臣子是反对和亲的，认为牺牲一国公主的幸福而换取国家一时的安定是十分不道德的。一拓芊痕更不收，翠微苍藓几经秋。谁陈帝子和番策，我是男儿为国羞。寒雨洗来香已尽，澹烟笼著恨长留。可怜汾水知人意，旁与吞声未忍休。

大历四年（769）五月二十四日，唐代宗把仆固怀恩幼女（即唐代宗第十女）册封为崇徽公主。皇恩浩荡，大婚之日几乎是惊动了整个长安，所有京城官员悉数到场相送，皇上、贵妃、昭仪也都亲自来送别，贵妃许诺让两位宫女陪嫁，所以安荣、安乐也一同前往，光是护送的人员就有前后几里远。李琴看到皇宫内外都是迎送的人，自己被人梳妆、打扮，戴头饰，施粉黛，穿长裙，铜镜中的自己已经不认识，密密麻麻的人群好像也与自己无关。她不悲不泣，踏上了姐姐曾经的路途，连一声叹息都没留下。

一路车马劳顿，到了六月初，一行人等到达了长安中渭桥。崇徽公主在中渭桥辞别为她饯行的大臣们，中渭桥此时已是杨柳阴阴细雨晴，过了中渭桥就要一路向西北出发。她朝北方望去，那里是仆固家，也是她曾经出生的地方，又朝南望去，大明宫还在那儿，虽然已经远去，她深知这一生无缘再见了。

她下了马车，礼貌地和各位大臣说道："宰相大人和各位大人辛苦了，此去路途遥远，总有离别时，我们就在中渭桥别过吧！希望今后各位大人能够尽兴辅佐我父皇，也保佑我大唐国泰民安。"说罢，头也没回地钻进车里，她是回纥人，她要奔向自己今后的归属了。

中渭桥一别，只有护送的使臣兵部侍郎李涵和祠部郎中董晋，以及护送的侍卫和回纥派来的迎亲使者一同前往。浩浩荡荡的车队顿时减少大半，只剩下侍卫、宫女和嫁妆。她并不知道此去之路如此险恶，先是被回纥官兵拦下，之后又在翻山越岭中翻车，差点丧命。好不容易到了草原，却因连日的阴雨地面泥泞无法行动，一路上虽有驿馆，却仍然十分艰辛。历经了漫长的跋涉，终于到了唐与回纥边界。一到边界竟是如此热闹，她之前见过回纥人，但也仅是一面之缘，如今一见，真是完全不一样。

他们在一个集市上停了下来，一个手拿金钗的回纥人，吆喝着，叽里咕噜地说着，她完全听不懂。随行的一个回纥通译在她耳边耳语几句，她脸上立刻泛出欢快的神情："哈哈，你问他需要多少银子？"通译接着和那个回纥人叽里咕噜一番："回禀公主，需二十两银子。公主，这个金钗，看这个成色应该不算差的，您看您需要吗？"李琴高兴得像一个孩子，她第一次遇到这种要靠通译才能完成的对话。她狠狠地点了点头，自顾自地拿了金钗就走："这个金钗做工虽粗糙了点，但看着成色不错的。这个地方是一个很热闹的地方，有很多回纥的人，还有我们的商贾。你们都四处逛一逛，一会儿回来就行，别跑太远了。"李琴和几个宫女吩咐道。这下把几个宫女激动坏了，连连点头。大概是怕公主责罚，宫女们只逛片刻就回来了，每个人手里也都拿着一两件小饰品。安乐激动地和李琴说道："公主，我发现咱们的缯彩在这里卖得很好，还有很多瓷器，很多异域人驻足呢！"

这里气候非常干燥寒冷，过了边界沿路直上就到了回纥牙帐。回纥牙帐朝右方向一直行进就是仆骨部落，左边则是独乐河，公主府就建在独乐河上游。他们一路前行，马不停蹄，越走越寒冷，到了独乐河边。这里汇集了几条河流，而回纥牙帐即在此建立，围绕着合罗川、独乐河、娑陵水、仙娥河而建的，回纥可汗所住的富贵城也在此地。背靠山环绕水，竟是草原上的一片富庶之地。宁国公主和亲时曾在合罗川建立了公主府，专供其居住，不过之后宁国公主返回唐，公主府也一直空置。当他们跋山涉水终于抵达时，李琴的心情并不是郁闷的，反而是格外清朗。虽然和唐相比还是清冷了许多，但这里是另外一番风景。"我骨子里流的是回纥族人的血，所以看着这片天地，我竟然没有一点失落。"她这么想着，自己也宽慰了许多。

越是临近，她想得越多。自古皇帝都有三宫六院，佳丽三千，回纥虽是草原民族，但可汗也是到处留情，而且继母为子妻的习俗一直沿用。"虽然我身上也流着回纥人的血，但这种陋习我实在无法接受。"她内心默默地想着，同时也盘算着自己以后的日子，如何与移地健相处，如何摆脱姐姐的影子，如何与其他妃子相处。"回是回不去了，不如就在此扎根。要为自己的人生做打算，总得有点依靠才行。"年纪轻轻的公主，却比其他人要深谋远虑。

"哒哒哒，哒……"马儿的嘶吼声伴随着男人的浑厚声音袭来，随后紧跟着几队人马，皆精兵良将。这个回纥男人下马，请礼，然后又是一番异域语言。李涵已经出面，通译也及时翻译，这个人不是别人，正是回纥国的宰相顿莫贺达干。顿莫贺达干是一个非常果敢的人。他曾经是默延啜的部下，默延啜死后，他又成了牟羽可汗移地健的宰相，辅佐移地健。他是一位亲唐派，极力促使牟羽可汗与唐交好。

"尊敬的公主，非常荣幸能够在此与你相遇，你们现在已经到了回纥牙帐，前面就是富贵城了。"富贵城是回纥最繁华的中心，相当于唐长安城。顿莫贺达干会说简单的汉语，也可以用汉语进行日常交流。

李涵率先过来，和李琴说明情况，李琴按照规矩现在还不能见回纥重臣，便在车里说道："今日劳烦大人前来迎接，一切由我们国家的使臣安排。"

安乐十分不解，便悄悄在李琴耳边问道："公主，既然回纥可汗已经派遣了几百人的队伍前去迎亲，怎么又派宰相在牙帐内迎接？"

李琴呵呵一笑，隔着车门说道："自然是一种尊重，可汗派了宰相而来，显然是表明对此事的重视。"

安乐高兴地说道："看来咱们公主很受可汗的重视呢！"

"你呀，什么时候脑子能开窍，这哪里是对我的重视，这明明的两国的较量权衡，好了，以后少说多看。"李琴嗔怪道。

及至都城，只见天高云淡，青草萋萋，毡帐与毡车，行人与牛羊，毡屋密密麻麻，穿过都城及至牙帐，便是牟羽可汗的毡屋。顿莫贺达干下马，一行人等皆停顿下来。顿莫贺达干先是行礼，然后与李涵说道：
"前面便是牙帐所在，我们回纥是草原民族，以毡屋
为主。但因唐与回纥关系密切，我们也吸取了大唐的
行宫建制，要建立宫殿，现在牟羽可汗仍住在金帐
内，不过已经按照唐风建立了宫殿，不久即入住。为崇
徽公主新修建了毡屋，请公主暂且居住，待宫殿修建
好之后即可入住。"

回纥可汗的婚礼非常的隆重。当公主嫁入回纥成
为可贺敦或者王妃时，先要请示可汗，待使臣与可汗
双方相见之后便开始行大礼，随后公主要先行回到自
己毡屋，被回纥年长有资历的妇人教导最基本的回纥
语言和回纥礼法，然后再由阿嬷给可贺敦或王妃梳洗
打扮，换以胡服，以胡人装扮。

崇徽公主到了回纥可汗的行宫之后，并未即刻见
到牟羽可汗，而是先行被一众回纥妇人带领着到自己
的毡屋，教礼法，换服饰。这个毡屋外围被侍卫层层
把守，内室非常的华美，简直让李琴不敢想象。整个
内室皆是毡毯铺设，陈设虽以回纥人的讲究为主，但
也摆设了她最爱的白瓷花瓶，还有陶器双耳壶，瓷瓶
里插了一些植物，芳香扑鼻，她却完全不认识。室外已

经有些寒凉,室内却很温暖。安荣、安乐还有通译陪同她一同进来,妇人们先行了礼,随后和通译一番嘀咕,通译毕恭毕敬地对李琴说道:"崇徽公主,按照回纥的规矩,您要先学一下基本的回纥礼法,随后会有妇人来给您换装。请您耐心等待。"李琴出嫁之前就已经在宫里接受了简单礼法,所以并不慌乱,反而显得从容而镇定,她对通译说:"你和妇人们翻译一下,一切按照回纥的礼节来。"这几位妇人许是见过大世面的,是专门负责回纥后妃们的梳妆和礼节的,见到李琴,却也啧啧不已,倒是更加谨慎了。

梳妆之后,按照回纥的规矩,可汗此时仍不能立即行房,还需要有一个阿嬷告诉新王妃如何侍奉可汗,所教之事无非是男女之事云云。当一个年迈的阿嬷到她的毡房,让她脱去沉重的礼服,换上轻便的胡服,又把笨重的发饰摘掉,只挽了一个发髻,阿嬷跟她说的时候,她也脸色绯红,低着头倒像是自己做了错事。阿嬷是一个精通汉语的回纥人,早年曾随夫君在边陲做贸易,因此学会了唐朝的语言。阿嬷哑然一笑:

"您和之前的光亲可贺敦可真像啊!"

"您见过我的姐姐?"李琴既紧张又兴奋。

"当然了，她那天晚上的神情和您一模一样。"阿嬷听她说到"姐姐"两个字时并未惊讶，反而很镇定清晰地说出了十一年前姐姐仆固顺莞来回纥时的情形，这位阿嬷想来并非简单。

"姐姐她还说了什么？她这十一年来经历了什么，您还知道些什么？能不能和我说一说啊，阿嬷，我知道您一定认识姐姐……"李琴突然失态，在阿嬷和几个侍女面前大哭起来。阿嬷也被她刚才的样子吓到了，后退几步，但毕竟经历丰富，她旋即迅速把李琴扶起来，嘱咐李琴道："今天是您大婚之日，切忌哭泣，不吉利，如若让可汗看到，那就十分麻烦了，可汗最讨厌女人的眼泪。老奴曾经侍奉过光亲可贺敦，以后有机会再慢慢说与你，但是今日，请可贺敦务必振奋起来，侍奉好可汗，您要知道您现在已经不仅仅是大唐的公主了，您现在是回纥的可贺敦了。"说罢阿嬷用力拍了拍李琴的肩膀，这是一种暗示，也是一种警告。

李琴应了下来，自觉刚才失态了，她不是一个鲁莽之人，凡事都会盘算好再决断，但听到姐姐时，还是没忍住自己的情绪。她即刻调整了情绪，转而一笑，对阿嬷说道："刚才是我太失礼了，阿嬷莫怪。"在移地健来之前，阿嬷特意命人给她重新扑粉，又用了香料。

这一晚移地健的眼睛几乎都没有离开过李琴，他一次又一次疯狂地占有李琴，他迷恋着这个公主。如果仆固顺莞给自己的是一种野性美，激起男性的好奇心，那李琴就是那个让男人欲罢不能的生物，她时时刻刻让男人想要征服、探索。因为她在美丽的外表下有一颗读懂男人的内心。

第二日便是大典。

按照回纥规矩，可贺敦要举行册封大礼，崇徽公主当时和亲时，代宗是以第十女的身份下嫁（虽不是真公主，但代宗以真公主身份和亲回纥），并要求册立为可贺敦。移地健在楼台高处，文武百官皆在两侧，崇徽公主先行礼，随后接受册封和百官朝拜。

很快，李琴换了一套装扮缓缓而出，只见她发髻高耸，髻上另戴一顶缀满珠玉的桃形金冠，上缀凤鸟。两鬓插有簪钗，耳边及颈项各佩许多精美的首饰，再看脚上则穿着翘头软锦鞋。服饰则是一袭大红色长袍，翻领，袖子窄小而衣身宽大，下长曳地，像是燕尾。唐朝女人喜风韵，丰满，而回纥女子多健壮，李琴则结合两者特点，身材高挑，身形丰满且不油腻，

绛唇微点，粉黛轻盈而俏皮，比实际年龄更加成熟而
妩媚。李琴随着妇人们牵引，从毡屋而出，走到楼台
高处，牟羽可汗和众多大臣正在那里等着。当她走出
来的那一刻，移地健眼睛都发光了，只见他目不转睛
地盯着这位美丽的公主，又见她面容姣好且嘴角上
扬。李琴深知自己现在要步步为营，不能像姐姐那样
任性傲慢。她先是俯身行礼，随后递给移地健一个暧
昧的眼神，这眼神里充满了激情、想象、依恋。移地健
本是喜怒形于色之人，当他看到这么一个可人儿竟然
比她姐姐还要美丽、温和，他更加不能自持。回纥人
的婚恋观与唐朝有很大的区别，回纥人对女性婚前
的恋爱持有自由甚至是放任的态度，婚后如果可汗离
世，年轻的后妃可以被新可汗纳娶，甚至可以册立为
可贺敦。李融就是一个例子。李琴眼睛一眨，像是突
然开窍了一样，穿着她大红色的拖地燕尾长裙，俯身
给移地健行礼，扬起一双手在空中划出一道完美的弧
形。红裙舒展拉长，罩住了她的鞋子，她嘴角微微翘
起，看着一直是亲和的，却在说话间掷地有声，又不
失作为一个王后的威严。百官朝拜，她示意移地健，
移地健心里早已不在礼节上，恨不得早早结束，而她

读懂了他的心思，却仍旧要完整地进行了全部册封大礼。在场的回纥百官和唐朝的使臣，在这个小女子一颦一笑间心生敬佩。"女人的悲欢离合都由男人决定，那既然要与这个男人周旋一生，不如索性开始就勾住他的心。"李琴这样想着，自然也是这么做的。

大典时所有嫔妃都悉数到场了，李融早知仆固顺莞的妹妹和亲给了移地健，等大典全部结束，她便随着嫔妃们一同去给李琴道贺。等其余人等都退下了，李融才笑盈盈地迎上来，李琴诧异道：在长安时，听闻李融娇小可人，别具风韵，现在一看，来回纥这几年，经历了宁国公主和我姐姐，现在完全成了一个老妪，如果不是在此相遇，我都不会想到她曾经是县主！

李融笑盈盈地走过来，拉着李琴的手说道："可贺敦真是天仙啊，我看着都甚为欢喜。"

移地健听了此言，哈哈大笑，便也说道："你要多帮衬和照应她，琴儿刚入回纥，还有很多不适应。"

李融点头答应着，又冲李琴道："可贺敦，你我算起来也是亲眷，又同是可汗的王妃，同在异域他乡自然要互相怜惜，我比你年长几岁，又在回纥多年，自是忝知一二，今后如有需要可以随时来找我。"其余王妃皆回纥人，只是附和着。崇徽公主随身带着一个通译，和姐姐不同，她需要的是时刻让自己保持沟通的能力。当初未嫁之时，她曾经让通译教过她一些简单的回纥语言，不过时间仓促，她只会简短的几句。她要学会回纥语言，以便随时与当地人沟通。一切都完结之后，她已经累到筋疲力尽，待回到自己的毡房，早已瘫软在地，安荣、安乐急忙把她扶到床上，她竟也昏昏沉沉地睡去了。

　　不知睡了多久，等她睁开眼睛时，才仔细地四下打量整个毡房的陈设，毡房虽是帐篷支撑而成，却也分内室和外室。内室非常奢华，用于居住，外室用于待客、堆放物品以及厨房之用，地上铺有毡毯，墙上还有一个兽首挂着。毡毯是一个回形图案，之前她就听说回纥人对摩尼教非常敬重，他们信奉爱、信、诚、敬、智、顺、识、觉、秘、察等十德，并且要每日斋戒、祈祷。但昨天晚上她就看到了那个双耳陶壶，还有一些唐朝的装饰物件，心里倒是颤动了一下。这个回纥可汗，看上去健硕有力，有一种与生俱来的聪慧，眼睛小而聚神，皮肤黝黑而光亮，总是阴沉着脸，眉头皱着留下了印痕，看上去有几分野性。她摸不透这个男人，索性先观察和顺从。没到晌午，移地健已经急匆匆赶回来看望这位公主，又命人送来了许多金银首饰和香料：

"爱妃连日劳累，昨晚一直睡到现在，我十分担忧，幸好无碍，只是劳累过度，我已命人送来上好的人参，还有一些首饰和香料，自然这个香料不比你研制的，你当试试便罢，这里让婢女们日夜伺候着。"李琴欠起身来娇嗔道："谢谢可汗为我做的这一切，臣妾……"

"好了，什么都不要说了，等你身子休息好了，我带你去骑射，带你看看我们回纥的美景，哈哈哈。"移地健又略坐了一会儿才离去，并再三吩咐婢女们照顾好可贺敦。接连几日，移地健都会来看望她，李融也每日吩咐婢女前来问候，并送了许多补品。其他王妃纷纷前来问候，甚至主动要和李琴学习语言，以便交流。

天气渐渐变凉了，李琴的身子也恢复如常，移地健兑现承诺，经常带着她一同去大草原，对她的宠爱日渐加深。又过了半年时间，李琴有孕，移地健非常的激动，对李琴更加爱护，之后宫殿建成，李琴也随同移地健一同搬入了宫殿内。这个皇宫是仿照唐朝而建，回纥人一直住在帐里。

移地健自继位以来一直与唐有利益往来，一方面利用自己的兵力帮助唐平定叛军，另一方面则从唐朝获得了大量的财物。他逐渐向唐靠拢，屡次被邀请入大明宫，让他深深地为唐朝的建筑所折服，之后就下令要建一个类似的宫殿。此宫殿的奢华程度与大明宫相比有过之而无不及，移地健把从唐朝得来的大量珍贵物品都摆放在皇宫里，但其中的陈设还保留了回纥人的习俗。

移地健带着后妃们一同入住到了宫殿内，其中李琴在东，李融在西侧，其余后妃分住东西两侧，中间为移地健所在。移地健陪着李琴去看了自己的住所，在东侧一处宽敞的区域内，只见门上方赫然挂着"淑芳居"的字样。淑芳居旁被花草所围绕，再进入殿内，虽然刚刚建成，感觉有些阴冷、空旷，但陈设却典雅大气，左侧是一个案台，应是平日书写绘画之用，右侧有桌椅，用于会客。屏风后是寝室，皆按照唐风而建，但地面是由毡毯铺设，不仅更加美观，还兼具保暖特性。

"喜欢吗？这个就是你即将入住的寝宫了。"移地健宠溺地望着她，一只大手紧紧地握着她的手，粗糙而有力，"你的手还是有些冰凉，虽然身子无碍但也要细细调养才是，你看看这里面还缺什么，我再命人预备着。"李琴急忙回复道："真的非常好了,住在这里竟有一种归家的感觉,谢谢可汗。只不过臣妾还有一事相求。"

"但说无妨。"

"臣妾是仆固怀恩的女儿,也是回纥仆骨族的后代,但如今臣妾父母、姐姐皆离去,只剩下一个弟弟孤零零在唐,臣妾恳请您能否让他来回纥效力,这样臣妾也无牵挂。"

"我当是什么事呢,仆骨族本就是我回纥的后代,自然是可以,况且又是我的妻弟,更不在话下。"仆固怀恩有三女两子,姐姐都和亲到回纥,长姐仆固顺莞是可贺敦,二姐仆固顺德也陪嫁到了回纥,哥哥仆固玚也在战役中战死,只剩下一个弟弟仆固安。在这个举目无亲的地方,只有自己的亲人才靠得住,因此让弟弟来回纥帮衬自己,壮大仆固家族的势力是再合适不过了。

"爱妃,这件事何必忧心,有我在就一定会让爱妃如愿的,我们再到别处看看。"李琴愣了神,却被移地健看破了心思,但让妻弟来帮衬自己自然是利大于弊的,何况还能让李琴高兴,何乐而不为?

没过多久，移地健就履行了自己的承诺，不仅让其弟来回纥参与政务，没多久又封其为叶护，直接位居要员。

唐大历五年（770）初夏，天气渐暖，微风沉醉，夜色暖，空气清甜。李琴倚靠在门沿，在想着什么。安乐看着主子一个人倚在门边儿，急急忙忙拿了一件衣服为她披上，还不停地嘱咐道："可贺敦，夜深了，您还是早些歇着吧，您现在可不能有半点差池，不然奴婢们要跟着遭殃的。"李琴不耐烦地进了门，又把披着的衣服扔在她手里："你整日里絮絮叨叨的，都要成了老妪了，我没事的，你们就是太紧张了。"

"是谁太紧张啊？难道是她们又惹爱妃不开心吗？"只听得一阵浑厚的嗓音在空中划过，落入自己的耳朵。嗓音渐近，一双大脚"腾腾腾"地踏进来："爱妃，你现在怀有身孕，自然要格外当心，不能动怒，不能受凉。"一个粗壮的男人竟然小心翼翼地扶着李琴回到屋里坐下，"你是我可汗的女人，是为我生王子的女人，一定是最金贵的。"

李琴显然有些尴尬和紧张："可汗，我肚子里的不

海兽葡萄镜

一定是王子,也可能是位公主,您这么一说,我倒愈发不安了。"移地健轻轻地拿起她的手放在自己手心里,拍了拍:"公主甚好,我已经有两个王子了,再添一位公主,我也喜欢。爱妃切莫有不安,一切以身体为宜。"

十月怀胎,一朝落地,李琴果真生了一位公主。移地健非但没有不开心,反而重重奖赏了李琴,包括她的婢女们。他为公主取名哲米依,但谁都想不到,就是这个被宠爱的小公主,日后有惊人之举。

移地健非常宠溺这个公主,相比李融所生的两个王子,他似乎更喜爱这个公主,经常让其跟随左右。小公主之后的成就皆源自与父亲的长期接触。

大历六年(771)四月,回纥与唐的贸易往来更加频繁,回纥运送马匹,再换来绢布,且贸易量达到万匹。而回纥也从唐朝掠夺来大量的汉人,两国之间的贸易更加频繁。

李琴来到回纥已经两年时间,公主哲米依也已经快一岁了,小公主已经学会了走路,开始牙牙学语了。移地健忙完政务就来看望自己的公主,恰好公主被乳母带出,只有李琴一人在殿内。李琴平日里闲来无事便会写写诗文，或者研制香料，移地健虽移居在宫殿里，但平日政务还会在牙帐内，甚至于经常在毡房就寝。他习惯于帐篷，所以多数时日还是在牙帐里。李琴深知移地健的想法，因此也经常带着小公主去牙帐内看望移地健，或者也住在毡房内。有时自己亲自下厨为移地健学做素食，外加自己亲手做的小点心。

移地健自引入摩尼教之后，回纥内部因摩尼教与萨满教的纠纷曾经发生过动荡，他自己以身示范，信摩尼教，并且每日坚持一餐素食，祈祷。移地健为了在整个回纥推行摩尼教，不仅自己信仰，还让自己的后妃们也跟着一起信教。李琴接受的是佛教，并不情愿接受摩尼教，而且对摩尼教的戒律也不能完全适应，但为了迎合移地健，她还是满口答应了下来，而且完全没有一点质疑。所以移地健专宠她一个，对其他嫔妃甚是冷落。

大历八年（773），回纥在移地健的统治之下逐渐兴盛，因助唐平反有功，更加得意。回纥从乾元(758—759)以来，每年都求互市，一匹马换唐四十匹缣，动至数万匹，而所给马皆驽瘠无用，朝廷叫苦不堪。所给缣多不能足其数。大历八年（773）七月，代宗想满足回纥要求，遂命尽买其马。二十八日，回纥辞归，载所赐物及马价，共用车千余乘。八月二十九日，回纥又遣使者赤心以马万匹来求互市。代宗无奈，只好用市价购买六千匹马，这下回纥赚得盆满钵满。

回纥的经济更加繁盛了，移地健自然十分欢喜。他一直认为仆固怀恩的两个女儿就是自己的幸运之神，自从他娶了仆固顺莞和仆固顺怡两姐妹，他的国家就蒸蒸日上，国力也日渐强盛，移地健的嘴角渐渐向上扬，脸上也露出了不易察觉的笑容。

"爱妃，你真是我的幸运之神，这次我要重重地赏赐叶护仆固安，他这次功不可没啊，哈哈哈！爱妃，你不知道，我们这次从唐那里获得了多少财物。李豫那个皇帝，奈我如何，如果没有我回纥，他大唐早就完了！哼！"移地健边说边搂着李琴的脖子上前亲了一口。李琴冲移地健谄媚地笑了，移地健很少表现出这副洋洋自得的样子，可见他这次是真的获利不少。

"是是是，可汗真的是一个明君啊，回纥现在国运昌盛都是因为可汗治理有加。可汗这次辛苦了吧，我熬好了银耳汤，让婢女端上来。"李琴想说什么，话到嘴边却又收了回去。

她扭头去端汤，移地健一把把她按倒在床，也顾不上有旁人在，摆了摆手示意下人都退下去，两个人云雨了一番。事后，李琴看了看移地健，又不经意地说了一句："可汗，我们和唐毕竟是多年的利益关系，何况李豫皇帝还是我的父皇，留着他们，我们并没有坏处。可汗不妨好好想想。"移地健显然没有耐心听这些："夫人的想法我记下了，定会好好思量，好了，我还有政务要处理，你先歇着，我随后来看你。"恰好此时乳母把小公主抱了进来，小公主嚷嚷着要父亲，他都未曾搭理，只放一句"随后再来"的话起身走了。

此时，因回纥国力日渐强盛，唐朝国力逐年衰弱，回纥动了心思想要与唐交战。而且朝臣中有人提议要吞并唐朝，弟弟合胡禄都督药罗葛也经常和他嘀咕，说唐朝现在国政衰弱，内忧外患。不过宰相顿莫贺达干是亲唐派，他在其中一直劝阻，要移地健记住自己父亲是如何建立起强大的回纥帝国，如何利用唐朝让回纥有了现在的成就。所以移地健只是一味地向唐代宗索取，并没有任何犯唐之意。

又过了四年，到大历十二年（777），李琴已经完全适应了回纥的生活，而且现在还有自己的弟弟在回纥作为自己的依靠，小公主哲米依逐渐长大，经常黏着父亲，从父亲那里学到了回纥语、汉语、骑射，从母亲那里学到了绘画、制香。李琴虽然只有二十出头，身材和相貌却发生了变化，比以前皮肤变黑了，也变得臃肿了一些。这年三月，李琴又一次怀孕，这次怀孕她并没有像上次那样在意。一开始李琴并不知道自己怀孕，甚至并没有断了和移地健在一起，之后她发现自己已经有两个月没有来月事，才请太医来诊治，结果太医发现她怀孕了，而且已经两月有余。同时为她诊治，说她现在的身体因不适应回纥的天气而异常虚寒，如若留下这个孩子必将对她的身体大有损伤。

　　李琴听罢沉思了片刻，然后对大夫说道："请您为我保密，我还是想要留下这个孩子，虽然不知是王子还是公主，但他既然想要来到这个世上，自然是与我有缘的。"然后又吩咐安乐好生送太医，并赐太医重金。安乐刚才其实已经听到了大夫的说辞，这才急忙和李琴说道："公主，您在回纥这些年也算生活得安逸，但奴婢知道您的身体根本不宜有身孕，您这么坚持到底是为了什么呀？"

　　李琴惊诧地看着安乐，她不知道她自己的这个秘密怎么会被安乐发现了。更让她吃惊的是，安乐明知道自己不宜有孕，却在她怀了小公主时并未劝阻，直至如今才说出来这个秘密，可见安乐城府很深。李琴愣了半晌，才问道："安乐，这个事情你怎么会知道，你又是什么时候知道的？"

　　安乐扑通跪下求饶："公主，这件事奴婢不是有意隐瞒的，这件事是安华告诉奴婢的，当时奴婢不相信，也不敢妄言，直至后来看您生下公主后身体大不如前，才想起安华的话，公主，奴婢是一心为您着想啊！请公主责罚。"

　　"既然你是一心为我着想，又有何罪？我又怎么能责罚你呢？但是这件事我希望你能一直替我保密下去，我不想让其他人知道此事。"李琴平静地说出了这番话。

　　"可是您的身体真的不能再折腾了，原本小公主的到来就让您在鬼门关里走了一圈，现在又有身孕，这对您身体伤害太大啊！"安乐说着说着竟哭了，但李琴却是一个很固执的人，她决定的事情没人能改变，正如当初她在安华殿那样。

　　但是太医预料的事还是发生了，李琴之后的身体随着孕期负担越来越大，下肢开始水肿，体力也明显不支，但是移地健并不知情，他还为自己即将到来的又一个孩子而兴奋，又忙碌着拓展自己的疆域，所以并没有在意李琴的身体。

　　已经临近产期，正是冬日，李琴拖着笨重的身体时而走动一下，平日里都有安荣和安乐陪着，今日安荣去领炭火了，安乐去李融那里取衣服了，李融为即将出世的孩子亲手缝制了一件衣服。只剩下李琴和几个外室伺候的婢女，李琴一个人在内室走动着，突然感觉眼前一晕，她下意识地去扶桌子想让自己保持平衡，结果手一滑抓空了，一个茶杯和她同时摔在了地上，她后脑勺重重地摔在地上，自己的手还竭力护着肚子，整个人却瞬间失去了知觉。此时的移地健正在关内与唐交战，根本不知道内情。

　　她就这样一直昏迷着，孩子也胎死腹中，直至去世也未醒来。崇徽公主去世的时间大约是公元778年左右，而这个时间正是牟羽可汗（移地健）为了掠夺财物，进攻太原，杀唐军民万余人，纵兵大掠之时。唐代州都督张光晟击败了回纥兵，移地健只好退走。等他返回回纥时，发现自己最爱的女人已经薨逝，顿时心生悲凉。移地健一心想要再有一个王子，结果因为婢女的疏忽导致了自己的妻子和孩子都丧命。他一怒之下下令让侍奉崇徽公主的所有婢女全部殉葬，同时命人厚葬崇徽公主，为其建造墓陵，并为其昼夜祷告四十九日。

崇徽公主死后，移地健消沉了很长一段时间，他对这位可贺敦是非常爱恋的。移地健身边虽来来去去几任妻，但都没有李琴给她的感觉强烈，李琴聪慧、有谋略，能读懂他的心，他有心事也愿意与她分享。他甚至有些自责，自己常年忙于政务，都不知她不宜有孕，即使有了小公主，他都没有关注过她的身子。之后他再也无心迎娶他人，而是一心带着小公主生活，看到小公主就仿佛崇徽公主还在自己身边一样。他把所有的精力都放在国事上，为了从唐朝掠夺更多的财物，他疯狂地进犯。

由于在对待唐的问题上，移地健与顿莫贺达干产生了纠纷，达干是亲唐派，一心要与唐联合，而移地健则对唐越来越不友好，两人因此嫌隙日深。

唐建中元年（780），宰相达干与移地健矛盾越来越深，移地健已经不再听达干的劝诫了。达干这时并没有立刻与他发生正面冲突，而是表面顺从，暗中积蓄力量。趁着移地健对自己放松了警惕，趁机刺杀了移地健。移地健就这样被自己身边最信任的人刺杀身亡，结束了自己的政治生涯，也结束了自己的生命。这个一生戎马、有很深谋略的男人甚至还没来得及留下遗言。达干不仅杀死了他，还杀死了他的两个儿子，所谓斩草要除根，生怕他儿子长大后反叛。小宁国公主李融接受不了连失两子的打击，离开了都城，一个人居住在郊外，十一年后在贫病交加中身亡了。

就这样，崇徽公主从出生就经历了自己家族的变故，之后又被迫进宫，成了唐代宗李豫的养女，再嫁回纥牟羽可汗移地健，直至生一个女儿，到最后因身体原因而薨逝。相比宁国公主割面自救，小宁国公主继婚，痛失两个儿子，她的一生是相对平顺的，甚至她的女儿小公主哲米依也幸运地没有被杀害，成为日后回纥非常有名的叶公主。

咸安公主

力挽狂澜女豪杰

咸安公主李安

公元788年，唐德宗李适把自己的第八个女儿咸安公主嫁给长寿天亲可汗。咸安公主和亲到回纥之后，分别嫁了四任可汗（长寿天亲可汗、忠贞可汗、奉诚可汗、怀信可汗），于公元808年薨逝。在回纥生活了二十一年。她是和亲真公主中唯一一个没有回到故乡之人。她在回纥时，促进了回纥与唐经济贸易公平化，是一位颇有政治才干的公主。逝后追封为燕国襄穆公主。

初入回纥

"公主，您还是下来吧，这要是让别人看到了，又是奴婢的错了，公主，公主。"这个在御花园里心惊胆战的宫女，不是别人，正是唐德宗的第八女咸安公主的婢女阿碧。

此时的咸安公主刚满十三岁，看着是一脸稚气，但那双眼睛却十分灵动，长长的睫毛里面有一颗黑葡萄般的眼睛。她瞪了一眼阿碧，说道："阿碧，你别管，有啥事有我兜着呢，马上就好啦！"只见咸安公主一个翻身就越到了旁边的一棵树上，"好了，摘到啦！"她朝阿碧挥了挥手，结果看到树下已经围了很多宫女，大家都在那里指指点点，估计已经有好事的宫女去皇上那里告状了。

果不其然，皇上派人来接八公主问话。昭华殿内，唐德宗一言不发坐在榻上，八公主也是一言不发站在旁边，她没有低着头认错的态度，反而左顾右盼，突然发现唐德宗书房内挂着一幅画，是她之前没看到过的，她甚是好奇。"安儿，你是一位公主，怎么能这样粗野？不老老实实认错，还要左顾右盼，你是要面壁思过吗？"唐德宗被这个公主气得不知该怎么教训她了。

"父皇，您墙上的画是新得的吗？我真真是喜欢，能不能摘下来让我欣赏一下？"咸安公主压根没听到唐德宗在说什么，她只顾自己欣赏那幅画。画确实是有人进贡的，据说是顾恺之的真迹。

唐德宗无奈，只能提高了嗓门，"朕看是要让你好好静思己过了，来人，带咸安公主回去，三日之内不准踏出房门半步，如若违抗，拿你们是问！"

"父皇,女儿做错什么了?"

"一个女孩子,一个公主,竟然学着爬山上树,你成何体统?好了,你回去好好反省一下自己。"

这就是这位调皮古怪的咸安公主,三日之后,她还是央求唐德宗把那幅画让她看看,唐德宗看她对作画很感兴趣,便命老师专心调教。没成想,咸安公主天赋极高,不仅作画了得,而且酷爱汉典,还经常和哥哥们一起射箭。唐朝女子可以学骑射,但仍强调静雅,但咸安公主本性聪慧,她自己对诗书礼仪都精通,又擅长作画,学习骑射也并不比男孩子差,总是把唐德宗气得够呛,转眼却又欢声笑语。唐德宗经常说她:"你啊,你啊,迟早有一天朕要把你嫁得远远的,眼不见心不烦。"

转眼到了及笄之年,咸安公主到了婚嫁的年龄,但是唐德宗觉得她还年幼,并不着急出嫁。其他适婚年龄的公主基本都已出嫁,而今她到了适婚的年龄,他想留着这个公主在身边多待几年。

是日早朝,回纥又派使者前来求亲。这次还是和上次一样,唐德宗并没有答应,但是显然回纥使者已经没有前几次的耐心,表情上已经显示出了他们的不悦。早朝过后，宰相李泌求见皇上。李泌先是行礼，唐德宗其实已经猜到李泌此次求见的目的，唐德宗先发话："爱卿前来是否为和亲之事？如果是为和亲之事，那就不必说了，朕在做雍王时就已经暗自发誓，将来如若朕做了皇帝，一定不能让回纥再得逞。有朕在的一日，他们就休想再和亲。"唐德宗李适还是雍王时，就因回纥可汗移地健的凶狠、跋扈而受辱，甚至当时的大臣魏琚和韦少华被回纥大将杖责而死，他竟然无能为力。这件事对李适的打击太大，所以这颗仇恨的种子就一直埋藏在心里，当回纥可汗移地健被当时回纥宰相顿莫贺达干杀害，顿莫贺达干当了可汗之后，请求和亲就一直未停止，但唐德宗始终没有答应。

　　李泌不慌不忙，又一次下跪行礼，起身之后，李泌说："皇上可知吐蕃现在对我们的威胁？皇上可知我们现在的国库亏空？皇上可知我们的国力和军力？皇上忧国忧民，心怀天下，臣认为皇上就是一代明君。可是我们国家现在内忧外患，如若再得罪了回纥，那我们将面临无妄之灾。如若和回纥联手，在与吐蕃的对抗中回纥还能助我们一臂之力。这是一举多得的好事情。臣深知皇上内心的愤恨，臣也一样，但臣作为一国之宰相，必须要顾全大局，皇上身为大唐的皇帝，有时候也要有所忍。"李泌说完，只见唐德宗陷入深深的沉思之中，李泌没有即刻要皇上的答复，而是悄然退下。

事情过去几日，吐蕃因实力强大，又见唐朝国力不济，因此屡次侵犯。唐德宗无力抵抗，唐军节节败退，唐德宗非常的愁苦。这时回纥可汗又派人前来请求和亲，李泌再一次和唐德宗晓之以理，这次唐德宗十分不情愿地答应了，如果还不答应，不仅回纥不高兴，甚至会让觊觎已久的吐蕃更加猖獗，所以唐德宗只能牺牲自己内心，顾全大局了。但是让哪一个公主和亲又成为争议之事。唐德宗坚决不让自己的亲生女儿与回纥和亲，他想要从宗室中选择一个适婚年龄的县主嫁过去，结果此事遭到了群臣的一致反对。因顿莫贺达干请求公主和亲，如果只是一个宗室之女，不仅达不到应有的效果，反而会让顿莫贺达干更加生气，以为唐朝在敷衍他。李泌和其他大臣纷纷上奏折要求真公主和亲。唐德宗想了想自己的女儿们，只有八公主和九公主到了适婚年龄且未婚配，但是唐德宗并不愿意这位八公主嫁过去，毕竟是自己的亲生女儿，而且自己又十分疼爱,唐德宗李适十分无奈。当时的朝臣除了李泌,还有李适的心腹大臣陆贽、裴延龄都在劝说他。李适思来想去,还是心有不甘,于是便摆驾前往皇后的宫内。而此时皇后正在病榻上,听闻咸安公主要和亲,她因害怕自己的嫡女和亲,又对咸安公主的调皮任性向来有芥蒂,所以便从旁敲边鼓,说服了唐德宗和亲之事。

但,咸安公主自始至终还蒙在鼓里。

唐贞元三年(787)六月,长安城内酷暑难当,繁茂的树叶上听到知了日夜的鸣叫,咸安公主一个人在书房内读书,额头微汗,正打算起身休息一下,只见阿碧匆匆忙忙跑进屋里,对咸安公主说:"公主,公主,有一件事现在在皇宫内都传开了,他们都在嚼舌根,说您要被皇上和亲到回纥。"

咸安公主并没有抬头,只是"嗯"了一声。阿碧倒是显得更加着急,非常急切地问道:"您倒是说句话啊,和亲公主向来都是非常凄惨,如果真的被和亲到异域,那这辈子恐怕是回不来了。"

咸安公主把书放下,起身看了阿碧一眼,然后走到窗户旁边,呆呆地说道:"这件事我早有耳闻,恐怕是无风不起浪，如果真要和亲，公主里面只有我到了适婚年龄，九公主虽也到年龄，但毕竟比我年幼，我自然是没有生母庇护，又生性鲁莽，父皇已经说过想要将我嫁得远远的，这下倒是遂了他心意了，呵呵。"咸安公主抠着自己的手，像是在沉思什么。

阿碧眼眶都红了，还是咸安公主劝慰道："你哭什么？一切都是命中注定的，公主有那么好当吗？自然也要替父皇分忧的，何况我要是和亲，你必然是跟随我的，你也是吃苦受累的命。"

这句话倒把阿碧逗乐，她"噗嗤"一声笑了。这种换了谁都十分痛苦的事情，在咸安公主眼里也没有那么可怕。

"你想想，先前和亲的公主中不是有一个宁国公主吗？据说生性非常的刚烈，硬生生地割面毁容。"咸安公主故意说给阿碧听。

阿碧听了更加害怕了，声音都有些颤抖："公主，那我们是不是也要割面毁容？"

八公主哈哈大笑："如果我毁容了，我连回纥的老可汗都嫁不了了，到时候耽误了国家大事，那我岂不是罪过？"

咸安公主并不是毫无胆怯之心，只是她早有耳闻回纥要求和亲，何况自己一直没有出嫁，想来想去父皇让自己和亲也是无奈之举，她只是认命而已。

"武惠妃驾到！"只听到门外有小宦官在喊，咸安公主心下思忖：武惠妃是父皇最得宠的妃子，她怎么突然来我这里了？

"武惠妃好。"咸安公主看到武惠妃甚至还有点怯怯的感觉。

武惠妃四下打量了一番，然后屏退了所有人，只剩下她们两个："安儿，我知道你从小受苦了，自己的生母离开得早，皇上又整日忙于公务，你自己一个人真的很可怜。"说着还用帕子擦了擦眼睛。咸安公主本名李安，咸安公主不知道这个武惠妃唱的是哪一出戏码，她们平日甚少走动，武惠妃深受圣恩，根本不可能关注到她这个公主。

"听说皇后极力劝说皇上让你和亲，这个事情你知道吗？"原来是因为要抗衡皇后才来当说客啊，可是皇后身体已经抱恙，和亲之事本来就是国家大事，皇上其实已经做好决定了，只不过需要一个人推波助澜而已。

"惠妃娘娘，我没有听说。"

"那你就甘愿自己嫁到那么远的地方吗？"

"我当然不想，但是在国家大义面前，我也必须牺牲个人感情。身为公主，就要有这种担当。"咸安公主显然是不上当的。

"安儿，你怎么能这么想呢？公主何其多，皇后娘娘怎么不让她的九公主和亲过去，偏偏游说皇上选中了你？安儿，我真替你感到不值啊，那些蛮夷之地，一个锦衣玉食惯了的公主如何受得了？去了更是吃苦受累，你如果不敢和你父皇说，那我来替你向皇上求情怎么样？同样是公主，我们八公主怎么就要和亲，偏偏皇后的九公主就好好的？哼！"武惠妃此次前来，不是为了她，而是为了和皇后抗衡，这才关心起她的事情来。但是自古女子没有皇权争夺之忧，所以也构不成威胁，何苦抓着皇后的嫡公主九公主不放啊。她自己也想不明白。

"我就是看不惯皇后那副假模假样的嘴脸，安儿，真是委屈你了。"她看咸安公主不作声，又继续说道。

"多谢武惠妃费心。这件事，安儿也是刚得知，我还没有任何心理准备，我想让父皇亲自和我说。"咸安公主并不想卷入任何人的纷争之中，反正注定是要嫁得很远，不如现在就安心等待自己的命运。

武惠妃见状，愤愤离去，她原想借故安慰八公主，可以让八公主去请求皇上，这样皇上为难，皇后就会出面，自然会生嫌隙，结果这位八公主压根没有理会，她这算是自讨苦吃。出了门子还不忘骂道："这个公主，真的是活该被和亲到蛮夷之地，脑子一点都不开窍！"

皇上当晚见了安儿，说明了原委，也诉说了自己的无奈，还嘱咐安儿一定要不辱使命，尽力让回纥帮助大唐，这样牺牲才有意义。一个十五岁的小姑娘，毕竟还不懂这些国家大事，只是懵懂地看着李适，点了点头。

唐德宗答应了顿莫贺达干的请求，在宣政殿会见他们，并把咸安公主的画像送给顿莫贺达干。顿莫贺达干一看，啊呀！这么漂亮的一个公主，心下十分欢喜。第二年派了一千多人前来大唐迎亲，其中有官员、公主、命妇，这个迎亲队伍真的是庞大，而且顿莫贺达干亲自上书道谢，并跟唐德宗说道："皇帝你我之前是兄弟，现在我是你的女婿,大唐有任何需要我们都会鼎力相助的。要是西戎再来犯,我们一定会除掉它。"因为和亲来之不易,所以这位回纥可汗也是非常的珍视。

唐德宗看了看,来的人太多了,大酋妇人和宰相足夹跌、公主一千多人,队伍着实庞大,所以只让三百人来迎亲,其余人等都留在朔州、太原等地。唐德宗在麟德殿摆宴,还在延禧门亲自接见。

唐德宗对宰相李泌说道:"这次事关重大,朕要亲自接见,爱卿要安排妥当。"当晚(十月十四日)唐德宗就在麟德殿会见了回纥的公主。回纥公主个个貌美,且有异域特色,唐德宗十分倾慕。他还专门安排了自己的三个公主贞穆、宪穆、庄穆作陪,三个公主在翻译的指引下分别与回纥公主见面,回纥公主下拜,唐公主答拜,边作揖,边进去。然后唐德宗又进了一个秘殿,回纥公主就要进去拜见。随后由内史宾带领他们到三个公主那里,再由翻译引导到宴席处。

唐德宗在宴会上高兴地举杯:"朕今日十分高兴,能够与回纥国来的各位公主一同欢聚在此。朕的八公主,咸安公主将要成为回纥的可贺敦,朕要感谢远道而来的各位迎亲的公主,今日皆有赏赐。来人,把朕的赏赐拿来!"回纥公主在银台门要降阶下拜,接受唐德宗的封赏。唐德宗此举无非是想让回纥知道,唐朝的威严还在,回纥依然要臣属于唐朝。

这一切这位咸安公主浑然不知,她静静地等待自己和亲那天,也听到了回纥派人来迎亲,据说阵势很大。十四日晚上,阿碧借口出去,半晌不见人影,咸安公主就派另外一个叫春和的婢女出去寻找,结果俩人回来之后兴奋地和公主说道:"公主,公主,今晚银台门那里非常热闹,都是迎亲的回纥公主。您这下子可是真的风光了,奴婢觉得嫁到回纥当了皇后也不错。"春和无所顾忌地说道,阿碧瞪了她一眼。咸安公主起先听了非常恼火,待春和说了一句"到回纥当那个皇后也不错"时,她忍不住笑了。忘记了刚才的恼怒,用手指戳了一下春和的头:"你真是一个傻丫头,回纥哪里有皇后,应该称其为可敦或可贺敦。去了之后首先语言都不通,处处都要靠通译,不被人欺负就已经烧高香了,我看呀,我也应该把你一起带去。"春和吐了吐舌头,朝咸安公主作揖赔罪。

唐德宗因对自己的八女儿有所愧疚,又因回纥武义成功可汗的诚意,次年二月十六日,特册封回纥可汗为"汨咄禄长寿天亲毗伽可汗"，咸安公主为"智惠端正长寿孝顺可敦"，又为自己的女儿建立了公主府，视同亲王府。可见其规格之高，这些其实都为咸安公主在回纥今后的生活做了铺垫，至少让回纥可汗对她非常尊敬。

唐德宗李适让贤妃常去咸安公主处探望，皇后久病，而得宠的惠妃又因上次的事情与咸安公主不睦，李安的生母早已病逝，所以宫里最合适的人选便是贤妃。但是咸安公主自然是不买账，心想：我都要嫁那么远的地方了，父皇竟然也不亲自来看我，今天让这个妃子来，明天让那个宠妃来，就算女儿再多，我也算是牺牲自己为国做贡献了。她把自己的心思直接告诉了贤妃，希望父皇能真心跟她道别。

翌日未时，唐德宗派人前来接咸安公主，同时为她准备了丰盛的晚膳，贤妃也作陪，咸安公主反而没有那么难过，和自己的父皇开开心心地吃了一顿饭，最后她说了一句："父皇，国家大事，女儿不敢抗旨，但女儿有一个小小的请求。"唐德宗自然满口应声。"女儿只想要您书房墙上的那幅画。"唐德宗本没想到这个女儿会要自己喜欢的画，以为小姑娘要的无非就是金银首饰或者胭脂水粉，没成想竟然是这个要求，只是君无戏言，所以唐德宗虽有不舍，但还是痛快地答应了。"安儿若是喜欢，父皇会再送一些字画给你的。而且你也不必担心纸笔不够，父皇会满足你的。"唐德宗本不是一个喜欢煽情的人，这句话却说中了安儿的心思，咸安公主喜欢的是字画、弓弩、良马，她性格柔中带刚，也为她日后在回纥的生活打下了基础。

眼看和亲的日子就要到了，唐德宗自然也送上了很丰厚的嫁妆，光是绢就达十万匹，还有许多金银制品，包括鎏金双狐纹双桃形银盘、鎏金鸟纹银盘、素面金盘、素面金碗，金银首饰盒若干，金盘银盘若干，金锁银锁若干，鸳鸯莲瓣纹金碗，金银高脚杯若干，红宝石、蓝宝石、绿玉髓首饰，金钗银钗、金镶玉等等，但是对于这个酷爱读书、作画的公主而言，最珍贵的莫过于那幅东晋时期顾恺之的画以及书籍、墨宝。

贞元四年（788）十一月，唐德宗命殿中监李湛然为咸安公主婚礼使，主持婚礼，由右仆射关播负责护送咸安公主，唐德宗还亲自作诗送别咸安公主，泪洒长安城，而且亲自为咸安公主践行。诗人孙叔向也作《送咸安公主》一诗，诗云：卤簿迟迟出国门，汉家公主嫁乌孙。玉颜便向穹庐去，卫霍空承明主恩。这首诗正是表达对唐朝廷的不满，但木已成舟，咸安公主还是由关播护送到了番外。陪嫁之人自然不在少数，除了阿碧和春和，她身边伺候着的女使都被陪嫁过去了。

因长寿天亲可汗的重视，迎亲之人甚多，因此一路上礼遇甚厚，一路上春和总是得空就问公主："公主，这一路上我们好像行进得很顺畅啊，没有遇到什么抢劫、掠财之人啊，不是说番外非常的艰险吗？"咸安公主每次都不理她，到最后实在被问心烦，便回她一句："春和，你要是再问这个问题，我就把你嫁给胡人，到苦寒之地，看你怎么办？语言不通，生活困苦，比回纥的都城还要艰苦百倍！"阿碧则从来都笑而不语，春和只好保持沉默，不再多言。

回纥的自然景象倒是别具一番风味，自然不能与长安城相比，但随处可见的毡房远远望去像是一个个小山包，此起彼伏，而炊烟升起的地方又让人感受到了人间的气息，草原、山脉、河流这些大自然的馈赠，是属于这个民族的，唯一觉得不太适应的就是气候、饮食和语言。她曾和阿碧诉苦道："我真的不愿意学习他们国家的语言，也不愿意去适应这种饮食，想想都觉得难受。特别是说话，我们说啥他们也听不懂，真的是鸡同鸭讲，好不费力啊！"但是旋即又安慰一旁沮丧的阿碧："不要替我难过，语言不通也有好处啊，至少我们说什么他们听不懂，骂几句也没人觉得是问题。而且我们去了不住毡帐，可以住公主府，所以去了也未必尽是苦楚，说不定还可以苦中作乐呢！"

因为路途遥远，他们的行程经历九个多月才到达了回纥牙帐，等到达之时已经是次年的七月了，从寒冬到了酷暑，整整经历了三个季节。

关播把公主安全护送到了回纥牙帐，而长寿天亲可汗也早已在牙帐等候。回纥在当时应是臣属于唐朝，所以关播作为使臣并没有下跪之礼。而顿莫贺达干也没有当初毗伽阙可汗那样的傲慢，反而是在焦急等待大唐的公主，长寿天亲可汗在牙帐内迎接公主和使臣。咸安公主车马停下来，由使臣亲自去交接，长寿天亲可汗激动地对关播说道："我和唐朝天子现在是翁婿关系，所以关大人不必拘礼，没想到唐朝皇帝如此厚爱，有如此丰厚的嫁妆。"于是也馈赠了许多礼物给唐朝使臣。

　　咸安公主先是被人带去了公主府，公主府的建制视同亲王府，规格之大可想而知。而后由命妇教授她礼仪和基本的语言，再告诉她可贺敦的基本行为规则，以及如何与回纥的可汗相处。咸安公主听着这些人翻译过来的语言，简直让人觉得困乏。阿碧、春和在此期间是要回避的，咸安公主只觉得时间过得很慢，好不容易挨到所有妇人都退去，她还要去行礼。等一切都结束了，公主府还是那么的寂静，她在等待着自己的夫君。这个时候她才顾得上看看公主府，这个公主府面积并不小，规格相当于一个亲王府，分为前后两院，前院是杂役、粗使、下人使用，还有一片小小的花园，后院则是她的住所，非常宽阔。这个正房陈设非常奢华，完全体现了她作为一个唐朝公主的身份，她在想：偌大的院子，空空荡荡的，住着都有点害怕呢。整个房屋全部都是金银器皿，而且整个房间的布局是按照她在宫里时的布局设计，让她有一种归家的感觉，也让回纥人知道下嫁公主，对他们而言是什么。

　　"公主，公主，我现在可以进去吗？"长寿天亲可汗小心翼翼地问道。这个可汗是刺杀前任可汗牟羽可汗上位,需要依靠唐朝的威信来树立自己在回纥的威严,对大唐公主自然不敢怠慢。

"可汗,请进。"咸安公主也并不显得殷切,而是端坐在床上,只见长寿天亲可汗小心翼翼地进屋,四下环顾之后眼光锁定在屋子一角,一个长长的身影,红色长裙,点绛唇,高挑的眉毛,丹凤眼,鹅蛋脸上有几个俏皮的雀斑。咸安公主正视着这个夺权上位的可汗,她见过异域回纥人,都是十分粗壮的,这个可汗虽然看着体格健壮,但皮肤并没有那么粗糙,也没有络腮胡子,虽说年长自己很多,但看上去并不是一个垂暮的老者。

"可贺敦,如果你还有什么不满意的地方就和我说,我会尽力满足你的。"他凝视着对方,目不转睛,好像是一个崇拜者看着自己欣赏的女人。长寿天亲可汗对咸安公主非常的友好,甚至是尊敬,这在回纥可汗中是十分少见的。

可是好景不长,咸安公主才嫁给这个可汗不到一年时间,长寿天亲可汗就去世了。回纥为其废朝三日,文武三品以上就鸿胪寺吊其来使。按照回纥的规定,长寿天亲可汗的长子多逻斯继位。多逻斯年轻英俊,但是能力不足,性情也比较懦弱,而多逻斯的弟弟一直觊觎着这个可汗的位子。按照回纥收继婚制度，咸安公主要继续嫁给多逻斯，可是咸安公主还沉浸在长寿天亲可汗去世的悲恸中没有缓过劲来，又一次匆匆忙忙地嫁给了顿莫贺达干的儿子多逻斯，她一时半会儿难以适应，所以她没有离开过公主府，她只是把自己关在屋子里与史书为伴。

多逻斯刚刚继位，朝政不稳，而且有许多反对者，所以也无暇顾及咸安公主。咸安公主倒是落得清净，整日足不出户，多逻斯经常在自己的帐内处理政务，而咸安公主又很少出公主府，所以两人的交集并不多，更谈不上恩爱。但多逻斯急需唐朝的影响力来巩固自己的政权，唐德宗封他为忠贞可汗，也是希望他能够善待自己的女儿。他偶尔也会来府上与咸安公主商讨国事，征求公主意见。咸安公主总是劝说他："可汗，您的性格太过良善，这样会影响决断的，您是一国之君，自然要立威严的。"多逻斯十分苦恼，他深知自己的弟弟心存不良，但因为是亲兄弟，又不忍下手。

这日多逻斯主动到府上看望可贺敦。他屏退了下人，又让下人把扇门掩住，确定周围没有旁人了，他一把抱住了咸安公主，痛哭流涕地说道："可贺敦，我心里真的很烦很苦，我是真的不愿意看到这种场景，本为同根生，相煎何太急？"咸安公主没想到堂堂可汗会有如此举动，何况她和这个新任可汗还未十分亲近，见面的次数都屈指可数。但是看到他可以放下戒备，主动向自己倾诉，她紧紧地把他搂在怀里，然后非常温柔地说道："可汗，您现在是回纥的一国之君，也是阿啜的父亲，您不仅要为回纥百姓负责，也要为阿啜立榜样啊！即使是亲兄弟，也要有分寸。人不害我，我不害人，可是别人要加害于我，我也不会袖手旁观的。"这番话倒是点醒了这个性格有些懦弱的可汗。

但是人算不如天算，多逻斯知道自己的亲兄弟觊觎自己的汗位，可不知道他背后还有一个人帮衬，所以当崇徽公主与牟羽可汗所生的女儿叶公主哲米依派人在他的饭菜里下毒时，他自己也没有意识到。这位大名鼎鼎的叶公主正是当年牟羽可汗最宠爱的女儿，而多逻斯的父亲顿莫贺达干害死自己的父亲篡位之后，她内心已经积攒了太多的仇怨。这些年这位公主与多逻斯的弟弟交好，就是希望有朝一日能够复仇成功，结果还未等复仇这位老可汗就已经病死了，那就只好再次对新可汗下手。

　　贞元六年（790）四月初五午时，咸安公主正在由下人安排用膳，有一位大将匆匆忙忙赶来通报，请可贺敦过去。咸安公主自然不明就里，但没有紧急事务，是不会要可贺敦去牙帐的。"可贺敦，大事不好，可汗被人下毒，现在已经昏迷不醒。"咸安公主心下一惊，手里端着的一只金碗也随之滚落在地，她顿时慌作一团。她顾不得梳妆打扮，急忙前往牙帐内，而等她到了之后才发现一切都已经晚了，这位刚刚继位三个多月的可汗已经薨逝了。

　　咸安公主悲愤不已，急忙召见众臣商议，又派侍卫暗中调查此事，务必找出真凶。此时的回纥朝政一片混乱，多逻斯的弟弟趁乱要自立可汗，但咸安公主岂能答应？咸安公主一方面查出了真凶是牟羽可汗的女儿哲米依与多逻斯弟弟，另一方面派人快马加鞭前往前线通知大将颉干迦斯前来稳定朝廷，同时又命次相做好一切准备。事已至此，咸安公主只能先下手为强。于是她一方面在回纥都城内制造舆论，说多逻斯的弟弟和哲米依联合起来毒死了自己的哥哥，想要谋权篡位。大肆宣扬这位叶公主的险恶用心，同时处决了当日负责多逻斯膳食的所有人，无一幸免。另一方面, 她派人让大将颉干迦斯紧急调集军队精骑, 随时准备抓捕逆贼, 防止内乱。另外, 咸安公主还派人向父皇唐德宗报信, 让其对叛逆者不予支持, 所以到后来多逻斯的弟弟四面楚歌, 又受到社会舆论的谴责。而当他要自立可汗时, 回纥次相以及许多武将都群起而攻之, 没多久这位反叛者和叶公主哲米依就被处决, 同时大将颉干迦斯也快马加鞭地从战事中抽离出来, 稳定局面, 众臣又拥立多逻斯年仅十五岁的幼子阿啜继位。当这一切最终尘埃落定时, 咸安公主又要嫁给这位比自己小五岁的可汗, 成为继室。

阿碧看着连日来非常紧张、疲惫的公主, 心疼又有些不解。等到事情终于有了眉目, 整日不见踪影的可贺敦又静下来准备和新可汗的婚礼时, 阿碧才小心翼翼地问了一句: "公主, 您这样费心费力处理他们之间的内乱是图什么啊? 总归自己还是要按照他们的习俗来, 还把自己搞得这么狼狈。"

"你不懂的, 如果让逆贼篡位, 我们的日子更加难, 逆贼也不会放过我的。他和唐朝的关系又如何? 父皇让我和亲, 是出于国家利益考虑, 如果我不能助唐朝一臂之力, 那我不是白白牺牲了自己的青春和幸福了吗?"

春和在一旁生气地嘟着嘴,和阿碧说道:"阿碧,公主有自己的打算,也不管我们操心不操心,哼!要是有什么事,还不是我们最心疼吗?"

咸安公主笑着摇了摇头,春和与阿碧是两种性格,春和性子直来直去,而阿碧则比较温婉,但对自己都是十分忠心的。咸安公主心想:如果不是那个逆贼被处决,我今天的处境估计更加不利。但旋即又想:唉,她们说的何尝不在理?我又要成为这个小可汗的继室了。古代都是三妻四妾,后宫佳丽三千人,我也算是嫁过多个男人了,自己想着忍不住苦笑一声,但咸安公主也必须接受命运的安排。

"你们两个就不要再为难我了,春和你帮我去拿来那个放胭脂的金盒,阿碧你把我最喜欢的那对儿金钗拿过来。"看着一点愁容都没有的公主,阿碧甚至有些担忧。

"公主,您没事吧,咱还没到成为新可贺敦呢,怎么就想起来用首饰了?有什么心事和阿碧说说吧!"阿碧担忧地问道。

"我哪里有什么事情,我不能让自己打扮得姣好吗?自然,我现在已经嫁过两任可汗,可我还是正值芳华的女子啊！好了，我只是最近心情烦累，想打扮自己换一个心情而已，你赶紧去取吧。"

彼时，春和、阿碧都已经取来了，又命她们梳妆，回纥女子的装扮是短小的衣襟，束腰，头发是高高的发髻，自然另一番风趣。当年长寿天亲可汗是容许自己用唐朝装束的，而忠贞可汗与自己交集很短，所以还未曾在长寿天亲可汗的离世悲恸中走出来，忠贞可汗也突然薨逝了。她在铜镜中看到一张沧桑的面容，没有生气和活力，倒是多了几分温惠与柔明。她心里默默为自己打气：你终于从一个懵懂的小公主成长为处变不惊的可贺敦，你身上还肩负着更多的重担，该是你大显身手的时候了。

贞元六年（790），忠贞可汗的幼子阿啜继位，年仅十五岁，而比他大整整五岁的咸安公主又一次嫁给他成了可贺敦。唐德宗册封新可汗为奉诚可汗。

叱咤一时

阿啜虽是可汗，但年纪尚轻，很多事情自己还不清楚，所以回纥的政务自然而然需要咸安公主辅佐。咸安公主并不想干涉过多的政权，她只想在自己有生之年能够让唐朝和回纥之间交好，但阿啜对咸安公主与其说是爱恋，不如说是依赖，像一个弟弟依靠姐姐一样依赖着这位聪慧机警的可贺敦。在此期间，不仅回纥帮助唐朝摆脱了吐蕃的纷扰，而且还稳固了回纥与唐朝的绢马贸易。但是当时真正掌权的人不是阿啜，而是大相颉干迦斯。阿啜的父亲忠贞可汗在位时，吐蕃实力已经强大，吐蕃率葛逻禄白服突厥攻占唐朝设立的北庭都护府，颉干迦斯迎敌，结果自然是大败。

这位大相屡战屡败，自然在朝臣中威信大减，而足智多谋的咸安公主则成为阿啜身边出谋划策的人。这位大相对唐朝也是十分不友好，咸安公主早已想摆脱他，但迫于权力，他们只能忍气吞声。但是机会还是随着颉干迦斯的败落而至。

贞元六年（790）冬日的一天，咸安公主和阿啜在公主府用晚膳，并备有唐朝带来的米酒，咸安公主席间和阿啜商议："可汗，现在我们国家危机四伏，如若我们不能找到一位骁勇善战的将领击败吐蕃，那我们将会面临灭顶之灾啊！"阿啜侧耳恭听她的讲话，咸安公主又说道："我觉得次相就是一个不可多得的将才，可汗一定要重用啊，我知道朝中有人对他的身世提出异议，但是英雄不问出处，我们现在是解决国家危难之际，一切还是要以大局为重。"

阿啜急忙说道："可贺敦言之有理，但是回纥是九姓部落，对出身十分看重，想要十分重用还要看次相的能力。"

咸安公主早已准备好说辞："可汗说的是，那我们是不是应该让这位次相临危受命，同时考验一下他呢？何况大相已然老矣，如果再继续把持朝政，让回纥百姓如何看待可汗您？朝臣也无法信服啊！不如这样，让次相出征去征战黠戛斯人，能力如何一测便知。"

"可贺敦此言有理。"

咸安公主的一番话让官拜次相的骨咄禄率军远征黠戛斯人，而那位屡战屡败的大相自然权力式微，即使是药罗葛氏，也已经不再能一手遮天了。这自然是咸安公主想要看到的，一方面是要稳住回纥才能保住自己的地位，而且那位嚣张的大相也早该滚远一点了。这也为日后骨咄禄对咸安公主的敬重打下了基础。

"可贺敦说的极是，只是一切不能操之过急，当务之急是要稳住江山，外敌甚是猖獗，如果我们不能打胜仗，恐怕会让我们国家陷入灾难之中，百姓永无宁日，这是我不希望看到的，也是我父亲不愿意看到的。"阿啜又陷入了深深的沮丧之中。

"可汗，您首先要稳住局面，这个国家才不会乱，知道吗？"咸安公主这时候真的像一个知心大姐姐一样，只恨自己不是男儿身，不然就可以上战场杀敌了，她可是射箭的好手。

自然那位次相骨咄禄也确实不负众望，在与黠戛斯人的战争中一路获胜，赢得了朝臣的一致赞誉。虽然有人议论他出生卑微，但没人能够取代他，只有他此时才能带领整个回纥打胜仗。正当士气大振之时，吐蕃又一次来犯，让回纥再一次陷入混乱之中。

大相在与吐蕃的失利中又一次举兵大战，结果北庭和沙陀部落都为吐蕃所有，北庭节度使杨袭古率众二千余人逃往西州。大相颉干迦斯率全国丁壮数万人进取北庭，又被吐蕃战败，士卒死亡大半，杨袭古兵损失尤重，只剩下六七百人。颉干迦斯诱杀杨袭古。

"紧急军情！"

"大事不妙，葛逻禄人袭击了浮图川，直逼而入！"

阿啜已然没了主意，咸安公主则急中生智说了一句："跑！"

跑？跑到哪里去？堂堂一国之君竟然要逃跑？这成何体统，阿啜坚决不从，何况回纥还有士兵保卫，至少能顶一阵子。浮图川是唐朝与回纥之间的要冲，是非常重要的关隘。浮图川失守，意味着回纥敞开了大门等着吐蕃长驱直入。

"可汗，跑不是懦弱，而是缓兵之计，如果回纥没有了可汗，那才是真的群龙无首。我们只是采用迂回的战术，另外要紧急把次相骨咄禄请回救援。"咸安公主不慌不忙地给他分析，这时已经没了主意的阿啜只能听从咸安公主的建议。

"传令下去，紧急军情，召集文武百官商议国事。"阿啜此时要把药罗葛氏的人员都召集在一起，药罗葛氏是九姓回纥里最大的一支，也是他的氏族。目前在朝廷中把持要位的皆药罗葛氏之人。

朝臣自然是不同意"逃跑"的做法，但是葛逻禄人是不会善罢甘休的，擒贼先擒王，他们自然想要捉拿住回纥的可汗。咸安公主不等这位可汗下定决心，执意要带着他一起往色楞格河西方向逃走，结果当葛逻禄人长驱直入时，差一点就要被活捉的阿啜在精骑的护送下躲过一劫。眼看着国家危在旦夕，骨咄禄率领大军杀了回来，一举打败了葛逻禄人和吐蕃人，保护了可汗和可贺敦。

骨咄禄成了护主功臣，自然受到重用，咸安公主一看，这个次相确实有才干，不如让他乘胜大战，于是建议可汗让骨咄禄再次出征，把回纥与唐朝的重要地域：北庭都护府给抢夺回来，阿啜想了想也是在理的，北庭都护府对回纥有着十分重要的意义，而且是唐与回纥的一个门庭，北庭都护府算是折在大相手里了，如果能夺回来也算是替回纥挣回了颜面。

两个月后，阿啜随即又命骨咄禄出征吐蕃。当然骨咄禄依然不负众望，大败吐蕃，夺回了北庭都护府。骨咄禄也顺理成章地成了回纥的大相。

阿啜心情大好，想到了连日来咸安公主对自己的照拂，于是和咸安公主说："可贺敦，我知道你的心事，这次我们的大相夺回了北庭都护府，这是唐朝在边陲的重镇，也是我们与唐朝之间的交往枢纽，所以我打算把这个当成战利品献给皇帝，哦，是父皇。可贺敦为我们回纥国家尽心尽力，这个也算是对你的一个交代。"

咸安公主大吃一惊，虽然她知道阿啜对自己言听计从，甚至是一往情深，但把北庭都护府还给唐朝，她仍然十分感动。

到了夜深时，她单独把阿碧叫到内室，和阿碧说道："阿碧，从今以后，你不必再帮我熬药了，我想停一段时间。"原来，咸安公主自从忠贞可汗去世之后就一直在服药，她没有告诉任何人，甚至连春和都不知道。她悄悄命阿碧在夜深时给自己熬制好这味特殊的药，一直服用了一年多。

阿碧不解："公主，您不是已经想好了吗？怎么现在改变主意了？"

咸安公主坐在床沿，头倚靠着床栏："因为我觉得这样真的对不起可汗，他对我几乎是情有独钟，这次把北庭都护府献给父皇，完全也是为了讨我欢心。而我却害怕留有一子半女，为自己做打算。"

"那不是应该的吗？公主为他做了那么多，如果不是公主，恐怕现在都没有这个可汗了呢！何况连续两个可汗短时间内薨逝，公主这样做也是迫不得已。您是不是再考虑一下？"阿碧对咸安公主是忠心耿耿，所以对主子的做法也深表理解。

"你先按照我说的做吧，至于以后，我们只能走一步看一步了。"咸安公主是被阿啜感动到了，虽然顿莫贺达干对自己也非常的尊敬，但那份尊敬是长者对年轻妻子的宠幸和来自唐朝的恩宠，而多逻斯对自己更像是朋友，只有阿啜对自己是依赖，像一个弟弟一般依赖自己，也离不开自己。

"阿碧，你年纪也不小了，我不想一直耽搁着你，如果你同意，我会请求父皇给你配一门好婚事，让你嫁回长安。"咸安公主不知怎么突然说出这样的话，看着阿碧陪伴自己多年，现在年纪越来越大，她心有不忍。

这一番话倒是把阿碧吓了一跳，让她猝不及防。

"公主，您是不打算要奴婢了吗？当初陪嫁的时候您可是只让奴婢陪着的，奴婢也是心甘情愿跟过来的，现在好不容易能适应这里，又让奴婢回去？奴婢这辈子是不打算嫁人的，就想一直侍奉您。"说着自己哭了起来，气冲冲地跑出去了。

咸安心想：唉，这个傻丫头，真的是不理解我的苦心。好吧，随她去吧，我也只是随口一说。

直到咸安公主去世，阿碧和春和都一直守护在她身边，她留下遗嘱，让她的侄子宪宗善待她的两个婢女，这自然是后话。

自从停药之后，咸安公主就控制不住地发胖。和奉诚可汗在一起眼看着就要四年了，还是没有身孕，但自己之前的身形却不复存在了。这期间她也找了许多郎中，甚至还信奉了摩尼教，开始吃素，可是还是抑制不住自己身体不断地发福。阿啜看着也十分着急，遍寻名医为她医治，但效果都不佳。后来索性她也放弃医治，想着自己是不是得了什么病，将要不久于人世了。

突然有一日，一个疯疯癫癫、穿着邋遢、自称是会说汉语的人进入她的视线。之前她发现近日总有一个奇怪的人在公主府门前徘徊，先前被人赶走，之后又继续前来，嘴里还念念叨叨。春和有一次没忍住告诉了咸安公主，咸安公主没当回事，可是过了几日还是赶不走，侍卫便请示公主如何处置。公主一听这种疯癫之人必然是图财，又听闻他说一口流利的中原语言，便让春和过去给他一些钱财便是。谁成想，这人并非图财，还可清楚说出春和的一些遭际，甚是吓人。咸安公主一听，也想会会此人，便说："让他进来。"只见此人蓬头垢面，花白头发，眼角还残存着眼屎，浑身恶臭，左顾右盼，并不安生。公主便问道："你来此何意？东张西望又是为何？"

"公主，听闻您身体抱恙，我只有一句话相送：凡事莫强求，想让身体复原，还需继续服药。"

"服药？"咸安公主不解，"我一直未曾断药，请遍名医也不见效，想必是寿数至此，罢了罢了。"

"哈哈哈哈……"疯癫之人狂笑起来，"您之前服的什么药，如今继续服什么药，红花汤一服用必会见效。五行需要和谐方能长久，凡事莫强求、莫强求……"说罢，又要飘然而去，咸安公主觉得此人疯疯癫癫，便让春和给些银子打发出去，他也不拒绝，收下便告辞。

阿碧觉得此人是疯子，话不可信，咸安公主叹了一口气道："且试试吧。看他的手，白白净净，而且并不粗糙，一定不是粗鄙之人。只是装疯卖傻罢了。"咸安公主吩咐下去，今日之事公主府上下都不许与外人透露半个字，包括奉诚可汗。奉诚可汗还是一个少年男子，并不懂得这些。结果又把之前让阿碧煎的药连服数日，果真一日强于一日，七日之后竟能下床行走了。身子也逐渐清瘦下去，奉诚可汗以为是之前请的郎中妙手回春，急忙想打听出来打算重金酬谢，并留在牙帐中为众臣诊治疾患，公主也未说明缘由，只说是一个江湖郎中，便由他去了。

但自此，咸安公主就不会有身孕，她想起了那个疯癫之人的话：凡事莫强求，也许说的正是此事。以后便精心对待可汗，辅佐朝政。岂知那红花汤是何？自然是避子之药，看着身边的可汗来来去去，她不愿意过早有身孕。她和亲之前曾专门问太医要了此方。但现在，她苦笑一声，再也不会有孩子了。

她于是一心扑在政务上。在她辅佐之下，骨咄禄为回纥打下了一个相对稳固的疆土，同时她把唐朝许多农业技术带到回纥，也让原本混乱的交易市场恢复到正规。之前回纥一直借出兵之事在经济上盘剥唐朝，比如用绢布换马匹，回纥的马匹往往是病弱之马，质量差，数量少，成了不等价交换，而咸安公主让这一不等价交易成为历史。她规定了绢布换取马匹的制度，按照严格的制度进行交换，绢布的成色、等级、分量兑换同样大小、年龄、分量的马匹，做到了相对的公正。

　　奉诚可汗看着身材和身体都恢复过来的可贺敦，内心甚是欢喜。天气逐渐回暖，春天的脚步晚了一些，眼看着就要初夏了，他让咸安公主穿着胡服，打扮成男子，专门安排了一天时间带她到回纥最好的马场骑马，又带她射箭。来到回纥之后她一直是以可贺敦的身份恪守本分，早已忘记自己曾经是一个骄傲的公主。

　　"可汗，这是一匹纯种的栗色马，真是漂亮。看样子还很年轻，是一个美男子呢！"咸安公主抚摸着马的头部，表现出十分喜爱的样子，这匹马也十分温顺，任由她抚摸。

　　"这是我送给爱妃的礼物，这匹马以后就是你的了。你可以给它取一个名字。"这位小可汗对咸安公主用情颇深，知道她的喜好，所以决心送她一匹最好的马。

　　"是吗？可汗送给我了？这是我收到的最好的礼物了，如果再能配上一副我最爱的弓箭那就再好不过了。"说毕，咸安公主就要行礼，阿啜自然是拦下不肯。

　　"这个心愿，作为我们回纥国的可贺敦自然是要满足的，我已经为爱妃准备妥当了。来人，把可贺敦的弓箭拿上来。"原来一切都是奉诚可汗精心为她准备的，准备好了之后他就打算放在今日给她一个惊喜，不为别的，只为给最爱的女人一个好心情，真是煞费苦心。

"可汗如何得知我喜爱这些呢? 女子本是要圈在闺阁中，学礼仪，学女红，可是我自幼就喜欢骑马、射箭，和别的女子总是不同，呵呵。"

"我们回纥的女子都是要学习骑射的，反而看不起娇滴滴的女子。你是我们草原民族最美的女子。"阿啜说道。

这一日应是咸安公主来到回纥之后最开心的一日，虽然身体还未完全康复，但她又一次体会到了自己儿时的情形，想起了有哥哥们陪伴的身影。

"谢谢可汗给我这个惊喜，我真的太喜欢了。"随即当着众人的面给了奉诚可汗一个大大的拥抱。

奉诚可汗在位期间，由于骨咄禄的助力，回纥处于一个相对平稳的时期，这一时期的经济、政治由于暂时没有受到外敌的干扰，发展相对比较迅猛，但随之而来的是，骨咄禄的地位逐渐壮大，许多时候都完全压制住了可汗。这个时候, 咸安公主也意识到了这个问题, 但现在正是回纥用人之际, 骨咄禄完全取得了阿啜的信任, 怎么办呢? 她正为此事犯愁。

当务之急是要让骨咄禄能够心甘情愿为阿啜服务, 还不能有任何的谋反之心, 所以她想来想去还是由自己出面来和骨咄禄谈一次。

她悄悄吩咐阿碧去请骨咄禄来一趟牙帐。

骨咄禄在回纥算是一个外姓人, 是阿跌部落的孤儿, 原来是在费尔干纳东部的毫不起眼的小部落, 在回纥九姓部落中根本不值一提。回纥是一个部落族群国家, 所以当骨咄禄开始崭露头角时, 最先出来反对的也是以药罗葛部族为首的这些老臣们, 但是当国家出现危难, 这些族人却无能为力, 骨咄禄的军事领导才能逐渐凸显, 其中最重要的是他在与突厥的战争中大获全胜, 这还有什么可说呢? 可是骨咄禄的野心远不止于此, 在取得了阿啜的完全信任之后, 他在朝中的地位也逐渐稳固起来, 军心一定, 自然是人心所向。

咸安公主在帐内踱步, 骨咄禄一会儿就到。她刻意支开了阿啜, 又不愿意在公主府与骨咄禄相见, 避免口舌，正当她苦思冥想之际，听到了一个声音："可贺敦可好？"是骨咄禄没错。

"我今天约大相前来，自然是对大相表达谢意，另外我还有一个请求……我希望大相能够对可汗多多支持。大相是我们国家的重臣，可汗自然是离不开您，也是最信任您的，所以在国事上您要多为他分担，不要让其他有谋权篡位之心的人得逞才好。"咸安公主一语双关，自然是项庄舞剑，意在沛公。

骨咄禄也听出了端倪，但是他没有生气，他走到她身边，身子向前倾，双手不由自主地捏住她的肩膀，狠狠地按了按，眼睛盯着她，生怕她跑掉一样："既然是可贺敦交代的事情，我没有不服从的道理。只要有可贺敦在，我骨咄禄就不会有谋反之心。"

咸安公主下意识地向后退了几步，四下看了看，发现金帐没有旁人，然后她低着头，脸色早已绯红，手不知道该往哪里放，只好捋了捋自己的头发。她梳着高髻，头上有两个发髻，是唐代最流行的发式，唇色用的是大红色，没有用胭脂，只画了一个黛眉，鹅蛋脸，身材又比较丰满，翻领小短袍外加一双高底靴，让她多了几分英姿。

"咳咳,那就有劳大相了。阿碧,送一送大相。"她急忙叫来阿碧,又用的是自己的语言。还好,在回纥这些年她基本可以用回纥语言对话,不需要通译在侧。

"我对可贺敦的倾慕也请可贺敦铭记在心。"骨咄禄临走时还不忘回头对她说了这么一句。

骨咄禄并没有食言,阿啜在位期间他没有任何谋权篡位之心,也一心辅佐阿啜,虽然阿啜不知情,这其实成了他和她之间的秘密。

缓慢的后半生

唐贞元十一年(795),奉诚可汗突然染疾去世。这让原本平静生活了几年的咸安公主又一次陷入悲痛中。接下来,她甚至来不及悲痛,因为随着骨咄禄在朝中的势力逐渐稳固,军权在握,当阿啜无子嗣继位时,骨咄禄顺理成章地提出自己就是药罗葛氏的后人。自然谁都知道这是谎言,药罗葛氏没有这样的一个人,当然也无人反对,现在药罗葛氏整体没落,这个阿跌族的孤儿自然就独揽大权。

咸安公主自从阿啜薨逝之后愈发显得憔悴,这和她刚来回纥时判若两人,刚来回纥时的咸安公主开朗大方, 还是一个热情的少女, 而今嫁了几任可汗, 周旋在几个男人之间, 连自己都不认识自己了。她看着铜镜中的自己, 甚至觉得自己都不是以前的长相了。以前的自己很活泼, 有着粉嘟嘟的脸蛋, 现在的自己, 还是一样风韵, 却少了青春和活力。如果骨咄禄真的成了可汗, 她很难不再嫁: "我为什么要嫁给这么多的男人? 为什么父皇偏偏选中我和亲?"想当初自己满腔的热血, 可是现在的自己却真的有点不甘心了。

"公主, 您还愣着干吗啊? 您看看大相给您带来了什么宝贝?"不知道是什么宝贝, 被包裹在一个硕大的盒子里。春和还兴奋不已, 但是她却兴奋不起来, 她已经猜到里面大约是什么了, 但一想到自己又要嫁给另一个可汗, 内心十分反感。

"春和, 你说如果是你, 嫁了这么多男人, 你会开心吗? 如果还让你再嫁, 你会乐意吗?"咸安公主没头没脑地蹦出这几个字, 春和一时竟无语。

"开心谈不上, 不过奴婢觉得如果是大相的话, 还是可以的, 毕竟他对您也不错。既然无法选择, 那也只好接受命运。"春和没多想, 只是下意识说出自己想法。

　　咸安公主猜想得没错,骨咄禄送给她的确实是一套典籍。自然她是不缺乏书籍的,但是看到骨咄禄如此用心,甚至极力打探她的喜好,她自然也不是无动于衷。在回纥可汗之位的角逐中,骨咄禄是最有竞争力的,而且骨咄禄充分利用了唐朝的影响力,很快得了人心,成为回纥历史上的新任可汗。成为可汗之后,他做的第一件事情便是迎娶咸安公主。当梦寐以求的女人成为自己的可贺敦时,想必是男人内心最得意的时候。紧接着,乘着咸安公主的脸面,他乘势向唐请求册封。在回纥汗国中,只有取得了唐朝的册封才算得上是名正言顺。自然唐德宗不得不给这个册封,倚靠着回纥来对付突厥的唐朝,现在只能对回纥听之任之,因此,很快就册封骨咄禄为“怀信可汗”。但骨咄禄不满足于回纥目前的疆域,于是继位不久便开始南征北战,先是镇压了叛乱的黠戛斯人,之后又帮助唐军对付了突厥,让安西一带处于相对安宁的局面。之后又向西,征服了反复无常的葛逻禄人和突厥语部落。骨咄禄很多时候都是自己亲征,所以回纥内部的事情一直是由这位可贺敦操持着。

　　但是,咸安公主却越来越不快乐了,骨咄禄和之

前的阿啜完全不同。他是一位真正的草原英雄，具有
非凡的军事才能，在成为可汗之前其实已经有几个妻
妾了，但是回纥女子和唐朝公主怎能相提并论？所以当
这位公主出现在他眼前时，他首先想到的是得到她。但
骨咄禄并没有更多的时间和精力来陪伴她，多是送礼
物来满足咸安公主，让她开心，但很少能真正走进她、
聆听她，更别说依靠她了。即使打了胜仗回来，也只
是大摆庆功宴，歌舞伎都要来表演，行事作风更加奢
靡。所以咸安公主感受到了深深的挫败和伤心。

这日，骨咄禄来到公主府，结果看到公主正站在
院里发呆，他没让下人通传，而是悄悄地走近她身边：
"我的可人儿，你发什么呆呢？是不是我怠慢了你，你
近来有点不开心了？"骨咄禄一下子紧紧地抱住了咸安
公主，她被这突如其来的背后拥抱吓了一跳，随即扭
过头来。骨咄禄示意下人都退下，他很想要这个公主
真正臣服于她。

"那么多的女人都对我崇拜敬仰，唯独你，我的
可人儿，没有献媚。难道你就不能对我撒个娇吗？"
骨咄禄把她抱得更紧了，那双粗大的手开始在她身上
摸索着。

"可汗，我何尝不敬仰您，只是我……我如今可能是老了，如何也提不起精神。"

"在我心里，你是最美的。"

骨咄禄对咸安公主宠幸了一段时间，但骨咄禄毕竟不是阿啜，身边女人如云，须知咸安公主又是一个不会献媚的，所以过了一段时间骨咄禄来公主府的次数渐少了。

咸安公主越发没了事情做，政务上也懒得插手，骨咄禄自是一个有远见的，不需要她来帮扶，所以她越发觉得自己没用了。

回纥在骨咄禄的带领下愈发强大，成为一个大回纥汗国。在骨咄禄手里的十年时间，也是回纥最强盛的时候。而没人关注过，这位唐朝公主已经嫁了四任丈夫，咸安公主年纪渐长，不能满足骨咄禄的需求，所以除了那份尊重，骨咄禄实际很少和她在一起，所以对外，咸安公主是一个帮助可汗处理内务的贤内助，对内，她只是他内心最尊敬的女人。骨咄禄也想保持一定的距离，让咸安公主对他一直有一种敬仰之情。

唐贞元二十一年（805），骨咄禄的身体因为常年征战逐渐走下坡路。当他躺在病床上的时候，他反而

更加怀念咸安公主，要求公主每日来陪他一会儿，来
了之后并不说话，只是平静地看着对方，看着她眼角
的细纹，从清澈到暗淡的眸子，看着她风韵到丰满的
身形，还有梳着高髻、插着金钿、拖着长裙的舒缓，那
个机智聪慧的少女不见了，他们两个都老了。

　　就这样，骨咄禄在咸安公主的陪伴下薨逝，骨咄
禄在世时保全了唐朝不受吐蕃的侵犯，骨咄禄薨逝
后，咸安公主也逐渐走向暮年。

　　"阿碧，春和，你们都老了，呵呵……跟了我一辈
子，到头来什么都没有，你们放心好了，我不会亏待你
们的，将来有一天我先离开人世，我留下的这些财物
够你们衣食无忧了。"骨咄禄薨逝之后，咸安公主就开
始思考自己的去路，不知为何，年纪越大越觉得凡事
都要思量到位。

　　"春和还年轻，就是你，阿碧，千万要好好活着，
和春和做个伴也好。"春和、阿碧已经哭成个泪人，在
回纥十几年时间都是三个人相互扶持，"你们哭什么
啊，我现在只是会想到很多往事，你们说，如果当初
父皇选中的不是我，那又会怎么样？"

　　阿碧和春和都安慰她说不要胡思乱想，但是咸安

公主现在一个人住在公主府，不可能不去想，她没有留下任何子嗣，只有自己和贴身的婢女陪伴着。

唐元和三年（808），咸安公主薨逝。当时唐朝的皇帝已经是自己的侄子唐宪宗李纯，李纯得知自己的姑姑在回纥薨逝，特意废朝三日以示哀悼，而且还追封自己的姑姑为燕国襄穆大公主。

至于阿碧和春和，咸安公主早有安排，留有遗愿让唐宪宗善待这两个人，同时把她们接回长安安度晚年。

咸安公主的一生虽然是不幸的，她是唯一一位至死都留在回纥的真公主，但比起唐朝几位嫁到回纥的公主算是幸运的，至少在精神上没有受到任何虐待，物质上几个可汗都给了她荣华富贵，特别是和奉诚可汗在一起的那几年，是她最舒心的时候。最终她选择留在回纥，也算是自己对回纥的一种执念，正如那个疯癫之人所说：一切皆是命。这个为了大唐的稳定，一生嫁了四任可汗的皇帝真女，终于卸下她的包袱，成为历史的一个回忆了。

太和公主

颠沛流离 一生苦 无处诉

太和公主李静

回鹘（此时回纥已改为回鹘）最后一位和亲公主，唐宪宗之女太和公主。公元821年，被皇兄唐穆宗和亲回鹘崇德可汗，出嫁场面极其隆重。这位公主在回鹘经历颇为波折，先后嫁给崇德可汗、昭礼可汗（崇德可汗弟弟）、彰信可汗（昭礼可汗侄子），后被乌介可汗掳走，受尽凌辱。后回鹘汗国瓦解，太和公主回国，被册封为定安大长公主，郁郁而终，终年40岁。

蒹葭苍苍

蒹葭苍苍，白露为霜，所谓伊人，在水一方。唐元和十五年(820)，长安城内人头攒动，热闹非凡，上元节原本是一个合家团聚的节日，家家户户的老百姓都要出来看看热闹，所以这一日的街道比往常热闹许多，久而久之也变成了一个出来赏灯猜谜的日子，即使在皇宫，王子公主们也穿着漂亮的新衣等待着在大明宫里的庆典。

当时尚年轻的唐朝皇帝李恒有几个妹妹，其中有一个妹妹名李静，是自己的第十妹太和公主，长相不算太出众，但性格温顺，不善言谈，寡言敏行。李恒的父皇唐宪宗给自己的这个女儿取名"静"，没成想真的是非常的安静美好，但地位却不甚高，因太和公主的这位生母是一个名不见经传的嫔妃。当时唐宪宗宠幸了自己的一个侍女，结果这个侍女很快有了身孕，本想母凭子贵，但是侍女生下了一个女儿，没多久就被其他妃嫔陷害离间，抑郁而终。太和公主之前寄养在秋妃名下，但秋妃有自己的大公主，而且也体弱多病，所以她一直由自己的乳母照顾。她还有一个婢女，比自己大两岁，唤莺歌的，倒像是自己的玩伴。

童年时的太和公主没有得到父母的关爱，生母地位卑微，自己又是女儿，所以当自己的生母去世之后，她便养成了不善言谈的性格，只喜欢站在角落里静静地观察别人，观察周围的人和事。不久之后父皇也驾崩，哥哥李恒继位，她的地位更加卑微了，因为不是一母同胞，所以李恒对自己的这个妹妹并没有太多的感情，直至李静到了适婚年龄，一直未见动静。

今日是上元节，公主们都穿着漂亮的衣服，梳的或是高髻，或是双环望仙髻，或是双环垂髻，个个争奇斗艳，或用金钗，或用真花，或两者皆用。

太和公主的婢女莺歌从外面回来，兴高采烈地和太和公主说道："公主，奴婢刚刚出去就已经看到许多公主和贵妃们都打扮起来了，奴婢也给您梳妆吧，今晚皇上要在昭华殿宴请大家，还有很多歌舞呢，据说有异域来的歌舞伎，美艳非凡，奴婢都想去看了。"

"我不去。"太和公主冷冷地说道，"我对那些个表演没有兴趣，何况都是表演给哥哥看的，我去了也是被冷落的那一个，还不如不去扫兴。"

本来是一年之中最开心的节日，和静阁里却十分的安静。太和公主看到大家都扫兴，觉得有些失态，旋即又补充了一句："你们想去就一起去凑凑热闹吧，莺歌，你不许单独去，要去你也和小圆圆一起去。"小圆圆是一个小婢女，当初太和公主无意之中在长安城内看到快饿死的小圆圆，便自作主张带回宫里，为此还和唐宪宗闹得不愉快。唐宪宗觉得一个堂堂的公主，又不是缺一个婢女，怎么还从外面招揽些不明身份的人。可她看到小圆圆就想到自己，最终哭着求了父皇多日，李纯才勉强答应，最终留下了小圆圆，也救了她一命。给她取名小圆圆，便是希望她今后团团圆圆的，不再受苦。之后小圆圆就一直和李静生活在一起，现在也帮忙做点杂事。

"公主，奴婢想陪着你，让莺歌一个人去吧，或者让小叶子陪她去。"小叶子是紫静殿里的一个小内监，之前是服侍秋妃的，太和公主搬出来之后又服侍了太和公主。"小叶子，你陪着莺歌去看热闹吧，我要陪着公主。反正你和莺歌也很亲近。"

莺歌当下就生气了，耷拉着脸，追着就要撕掉小圆圆的嘴："你这个小蹄子，看我不撕烂你的嘴！让你再继续浑说！"两个人，一个追，一个跑，倒显得屋子里有了一些生气。

"你们两个先别闹腾了，陪我去一趟舒心阁吧。小圆圆，你去把今日做的点心装一份，我要带给永安公主。"太和公主突然想去看望姐姐，这两个丫头面面相觑，本想着能去凑热闹，结果谁都去不了了。

永安公主所住的地方比较偏远，待她们三个人一同到了之后才发现永安公主并不在舒心阁，只有两个贴身婢女，原来永安公主让小内监陪着去道观烧香了，早起就出门子了，按理说应该快回来了。女子无故出入皇宫一般是不被准许的,但永安公主是例外。她一心要做道士修行,早已看破红尘,只是皇帝李恒不允,所以才拖着,但皇帝答应她,她是可以在祭祀之日出去烧香的。

永安公主此前被哥哥李恒许诺和亲给了回鹘的保义可汗。可是还未等出嫁,保义可汗便薨逝,永安公主还未嫁便成了寡妇。她受不了宫里其他人的流言蜚语,所以一心想要当道姑,可是哥哥李恒觉得有损皇家声誉,所以一直未允。

返回的路上,李静内心一直不能平静,不知为何自己隐隐感受到了一丝悲凉,不为别人,只是为了自己。"假如有一天,我也和亲到了荒蛮之地,是不是我也和姐姐一样,要抑郁而终?"李静想着这些事情,突然有些害怕,愈发担忧起来,回鹘素喜与唐朝和亲,何况在诸多公主中,只有自己的生母早逝,自己又在年龄之内,越想越怕,低着头急匆匆逃离了。

这个节日过得实在是不舒心。先是听说回鹘新任可汗又向皇上请求和亲,一时间后宫传得沸沸扬扬,适婚女子都担忧着;之后自己的身体又频繁出现问题,刚开始是不思饮食,之后完全不能进食,只要吃一点东西就会呕吐不止。皇上派了太医来诊治，稍有效果，但不甚明显。之后又派人遍访江湖名医，只要能医治就愿意出重金。

但是她还是一直这样病病歪歪的，连身边的婢女也跟着揪心。婢女们都觉得上元节从永安公主府回来之后就开始生病，而且那天晚上太和公主回来之后表现得就很异常，是不是冲撞了什么?

李恒看着自己的妹妹生病，也不忍心，先后找了很多太医诊治，都没有效果，又念及兄妹之情，所以时常来看望。李静心里有事，一直想问皇兄，却不敢开口，所以郁结于胸，病症却是日甚一日了。这日李恒听说静儿身子不大好，又在午后来探望。

李静这次忍了很久，她不知该怎么开口和哥哥说，先是起身给哥哥行礼，然后又左右观望示意哥哥屏退旁人。自然李恒是看出来了:"静儿，你想说什么就直说吧，朕身为你的皇兄，疏于对你的照拂，朕也很难过。"

"哥哥，如果回鹘要和亲公主，你是不是打算把我和亲出去?"李静的话直截了当，让李恒一时间没反应过来。

李恒没有正面回答，只是说道："和亲也是政治需要，身为大唐的公主，有时是要牺牲自己来成全国家的。至于和亲公主的人选，也不是皇兄一个人说了算的。朕虽是一国之君，但很多时候也是身不由己，你且不必担心这个，你现在这个身体状况，是要先养病，其他不要多想。"

说来也奇怪，在这次和李恒聊天后，她竟然没有了内心的芥蒂，身体也逐渐恢复过来了。莺歌、小圆圆在高兴之余觉得十分奇怪，病来得突然，去得也蹊跷。至于公主是怎么得的这个病，谁也说不好，只是公主身子逐渐好转，众人才都放下心来。

如果事情就此结束，那么历史上就没有这位著名的和亲公主了。果不其然，回鹘新任可汗上任不久就请求和亲，李恒因为边疆需要回鹘的支持，自己又不理朝政，整日沉溺女色，所以不得已答应了，但是这次和亲公主人选让他犯难了。年纪大的公主已经出嫁，年纪相当的公主又已经有了婚约，选来选去没有合适的人选。或者从宗室女中挑选一位，但现在唐朝的国运不济，如若是一个宗室女，怕应付不了回鹘。这时候一位大臣建议说，那个久病的太和公主可以作为和亲公主。刚开始李恒自然是不答应，无论如何李静也是自己的妹妹，但是回鹘可汗三番五次派人前来，请求和亲，李恒自然是无奈，想来想去最后交给自己母后郭太后定夺。李恒是一个不喜朝政之人，整日沉溺玩乐，郭太后当然选择了无依无靠的李静，又非皇帝嫡亲的妹妹。何况李静久病刚愈，既没有出色的才貌，也没有母妃支撑，还不太会讨巧，所以选择她是最放心的。

郭太后亲自把李静叫到身边安抚："静儿，你是你皇兄最中意的一个妹妹，虽然不是一母同胞，但母后也十分喜欢你，这次回鹘三番五次要求和亲，你的皇帝哥哥执意不肯让你和亲，对你十分挂念。母后心念甚切，奈何回鹘不肯罢手，思来想去，唯有静儿端惠大方、仁孝端丽、葳蕤内敛、勤俭有度、知书懂礼，所以母后特意把你叫来，想让你帮皇帝哥哥一个忙。你是大唐的公主，也是皇家的后人，国家有事自然是要有担当的。"这一番话先是夸赞了一番太和公主，之后又用皇家人的身份压制她，最后又表现出皇上的诸多不舍。

太和公主心想：不愧是太后，这一番话让我如何反击?

"太后既然已经选定, 又何必多此一举呢? 无论我愿意或者不愿意, 这个可汗我是非嫁不可, 岂有我选择之余地? "太和公主站在郭太后座椅前, 不慌不忙地说道。她认定不是皇上的主意, 而是这个太后的主张。这个郭太后手段非同一般, 整个朝政也是由她把持。自己的那个哥哥本就不是一个勤政之人, 如今更三朝两日地不理朝政了, 郭太后是李恒的亲生母亲, 自然更倚重些。

郭太后从座椅上起身, 主动过来拉着李静坐下。虽然已是初春, 可寒冷依旧, 房内炉火炙热, 和外面的寒冬显然是另一番天地。见李静依然抿着嘴不说话, 只得关心地问道: "静儿的身子可大好了? 哀家这里有一些大补的人参, 一会儿我派人送到紫静殿去。如果婢女们不称心, 哀家再给你挑几个伶俐的送过去。"停顿了几秒钟, 又提到, "你已经到了婚配的年纪, 自然是要嫁人的, 回鹘固然是远了一些, 胜在那边是可汗, 你过去就是一国之母, 你要做甚, 谁敢说个不字? 哪怕是可汗, 也要想想你的身份, 敬你三分。如果过去了有什么不妥, 你哥哥岂能撒下你不管? 这里一直都是你的娘家，不会任由你在那边受苦不管的。"

"回来？嫁过去哪有回来的道理？我又不是皇上的亲妹妹。如若是嫡公主，怎能说和亲就和亲？我自然是没有地位的。我既然没有选择，那也只能认命，谢谢母后今日的一席话，如果没有旁的事情，女儿就先退下了。"太和公主向来谨小慎微，很少多言，这次公然出言不逊，自然是很反常。

"等等！"郭太后叫住了她，"让你和亲到回鹘是有使命让你完成的，如果你哥哥不是看你聪慧谨慎，也不会让你去周旋回鹘。你自去之后，定当竭尽所能助我大唐一臂之力，并借回鹘之兵马保我大唐之安宁，你可明白？皇上是关心你这个妹妹，可哀家要说与你听，这个恶人自然是由我来当了。和亲公主并不仅仅是一个身份而已，促进两国之关系，护全我们大唐的荣辱才是要紧的，自然你自己也要当心，那边毕竟是另外一个天地，凡事还是要靠自己，多动脑子少妄言。"说罢，由人搀扶着进了里屋。

等到太和公主回来，莺歌和小圆圆早已急得团团转，看到她回来了急忙都围过去，问道："公主，太后找你是不是因为和亲之事？现在怎么样，是不是可以不用和亲了?"

"看来京城传遍的和亲是真的,只是我们养在深宫不自知罢了。既然太后跟我说了,事情自然是没有任何回转的余地。估计是皇上早有打算,只是碍于情面找来太后说与我听,免得我和皇帝哥哥闹腾,让他为难。前几日我去永安公主府时,心里就十分惶恐,没成想这个担忧竟然成了事实。"太和公主冷静地诉说着这件事,像是说旁人的事情一样,只有她自己心里清楚,她有多么害怕和忧虑。

说来也怪,李静原本十分忧心自己会被和亲,所以自从永安公主府回来之后一直郁结生病,但是现下她真的被选中了,反而没有了那种紧张和焦虑,释怀了。身子虽然还很虚弱,却已无大碍。倒是她身边的婢女们得知她要和亲,都难过得哭了起来。

"公主放心,不论您去哪里,奴婢都一定会陪着您的,奴婢的命是您救下来的,实在不行奴婢就替公主去和亲。"小圆圆急忙表忠心,这番话倒让在场的人都笑了。莺歌戳了一下她的头,说道:"你以为你是公主吗?你想和亲呢,也不看看有没有这个资格。"说笑归说笑,事实归事实,莺歌也红着眼睛说道:"公主,奴婢也一同去，不管您去哪里，奴婢都陪您一起去。"
三个人抱在一起哭哭啼啼了一阵子，连屋内的炉子没
有了炭火都不知道，还是小叶子进来禀报才打断她们
的思绪。

小叶子一进屋子就看到这种场景，已猜个八九不
离十，自然也跟着难过了一阵子，回头想起正事，才急
忙禀报道："公主，您先别难过了，太后派人来禀报，
说一会子要送些东西过来，让公主好生休养，凡事要
往大处想。"

郭太后自知太和公主的性情，于是早已准备好了
礼物，等到公主一回去，便差人送了过来，自然不过是
一些金银饰品和绫罗绸缎，还有上好的人参、鹿茸等
补品。李静等送的人都撤走之后，拿起一根人参抬手
摔到了地上，又觉得气不过，用脚使劲跺了跺，喊道：
"小叶子，你把这些个东西都拿出去扔掉！"小叶子自
知是气话，何况是太后御赐之物，如果扔掉是大不敬，
于是给莺歌使了眼色，让她拿到后屋去。

李恒知道妹妹已经得知此事，随即又亲自把太和
公主叫去，分析利弊，让她一定不要怪罪自己这个哥
哥，而且说这个是委以重任，当政治使命来看待。太和

公主突然感到自己不仅是一个政治工具，更是一个筹码，但能不能完成使命，她自己心里没底，甚至能不能活着回来都是一个未知数。

回鹘现在的实力和之前相比已经衰败了许多，骨咄禄打下的回鹘汗国，却因之后几个可汗的能力不足而逐渐衰落，到了崇德可汗继位，回鹘已经内忧外患了。

和亲的日子说来就来，才刚过了春就已经定好了日子，迎亲的队伍也马上就要到。回鹘嗣立的崇德可汗很快就派都督、都渠、叶护、公主等两千多人的庞大队伍来唐朝迎婚，纳马两万匹、驼千匹为聘礼。于是唐穆宗择取良辰吉日为太和公主送亲。

太和公主没想到自己这么快就要离开长安城，去往一个不知归途的陌生地方，但事已至此，她无从选择。因为陪嫁的时候，会把自己身边的婢女都陪嫁过去，但莺歌已经到了可以出宫的年龄，而小圆圆则是一个孩子，她不想让她们也跟着一起去受苦，打算给她们足够的财物让她们自谋出路。

出嫁前，她特意把她们叫到一起，破天荒邀请她们在一个桌子吃饭，这是皇家绝对不允许的事情。主仆有别，何况是尊重的公主？太和公主还拿出了之前从父皇那里讨要来的一瓶玉液酒，她把自己这些年的委屈、不满、心酸都说给了这几个跟了她多年的婢女和内监，边说边哭，哭到最后是一把鼻涕一把泪，妆容也花了，桌上一片狼藉。李静还不忘自己该说的话："姑娘们，你们听好了，从今以后各走各的路，我不想让你们跟着我了，我自己已经另外选好了几个伶俐、勤快的宫女跟着我一同前往。莺歌，你看看你，好吃懒做，不学无术，除了天天和小叶子斗嘴还会什么，我早就想让你出宫去了。小圆圆，当初我救你，也是出于同情心，没想让你跟着我一辈子，你现在已经长大了，还要继续跟着我吃闲饭可说不过去了，自谋生路去吧！小叶子，小全子，就自己去找新的主子吧，都别跟着我了，看着我都烦了。这顿饭算是我们最后一次聚在一起。"说罢，她冷冷地进了内室，不让他们看到她的脆弱和伤心。这几个人刚才还是兴高采烈，以为不管去哪里还能在一起，结果这一番话下来心彻底凉透了，大家面面相觑不知发生了什么事。因为有酒精的作用，大家都稀里糊涂地睡下了，竟然来不及细想刚才太和公主的那番话。

　　李静以为她已经说得很清楚了,而且当初答应哥哥和亲时提出的唯一要求也是善待这几个奴仆,还有自己的乳母,李恒自然满口答应。李静想,自己身为皇家女儿已经很不幸了,婢女们有什么错? 不过是因为出身不好,不得已入宫受苦。现在如果还不能守着自己的故乡度过一生,还要跟着自己去一个蛮夷之地再次受苦,这一生过得也太委屈了,让她们都有一个好的归宿,也不枉侍奉了自己一场。唐长庆元年(821)五月初,太和公主出嫁回鹘。

　　唐穆宗因为对自己妹妹的愧疚,所以嫁妆颇丰。不仅派了两个通译,还陪嫁了若干婢女、内监和侍卫,另外还有回鹘迎亲的命妇也一同返往回鹘,阵势比当年宁国公主和亲还要隆重。太和公主特意梳了一个唐朝贵妇流行的四环抛髻,髻前斜插着一个步摇,抛环上镶嵌有红宝石,两侧分别用金钗固定,非常的高贵。额前的花钿也最是不同,上穿宽领对襟的大袖明衣,内束抹胸,绣花的披帛绕臂,下穿长裙,上窄下宽,佩以蔽膝,缠枝花为饰,腰束长带,脚上是高头如意履。只见公主收拾妥当,再回头看了一眼自己曾经生活过的地方,想着最后再见莺歌和小圆圆一面,结果一直没等到她们的出现。一早就见她们出门了，以为她们是因为伤心而回避，其实她们早已静候在宫门外，当太和公主出来时，看到已经装扮妥当的两人，想想自己之前说过的话，真是又好气又好笑。这两个人径直走到公主跟前，太和公主十分吃惊，之前不动声色的两个人居然心里早有了主意。"你们两个，居然骗了我这么久！谁让你们跟着过来的，我不是说了我都烦了你们了吗？"但是这两个人毫不理会她，自顾自地跟在她身后，甚至还有说有笑。李静知道说不过她们，心下倒也欢喜，总归是有人做伴，不至于孤苦，而且这两个人还是忠仆，不是骂两句就能打发走的。

"公主，您就省点力气吧，这里到回鹘可是山高路远，您一个人在路上，我们怎么能放心啊！而且不止奴婢和小圆圆，小叶子也跟着来了，所以说您到哪儿，我们就跟在哪儿啊，您那些话赶不走我们的。"莺歌最先开口，听得太和公主眼眶都湿了。可今儿是大婚的好日子，公主不能流眼泪，后面还有几百辆车马跟着，一切只能这样了。

唐穆宗为了和亲的体面，亲自挑选了送亲使臣，其中有左金吾卫大将军胡证检校户部尚书，持节作送公主及册可汗使；光禄卿李宪兼御史中丞，充当副使；太常博士殷侑改殿中侍御史，作判官；太府卿李说为婚礼使。唐穆宗亲自送亲到通化门外，而其他文武百官早已恭候在章敬寺外。浩浩荡荡的仪卫队伍让整个长安城的百姓都出来看热闹，比节日的庆典还要热闹，大家都议论纷纷，想一睹公主的芳容。回鹘的可汗自然也不敢怠慢，专程派出伊难珠、句录都督思结、外宰相、驸马、梅禄司马、叶护、叶公主及达干带着驼马千余匹到唐朝迎接太和公主。还有许多文人为太和公主舍身为国的大义而写下许多诗作，正如张籍在《送和蕃公主》中写道：

塞上如今无战尘，汉家公主出和亲。
邑司犹属宗卿寺，册号还同房帐人。
九姓旗幡先引路，一生衣服尽随身。
毡城南望无回日，空见沙蓬水柳春。

就这样，太和公主被护送前往回鹘，开始新的生活。

初入·惊魂

在去往回鹘的漫长路途中，吐蕃得知了消息。吐蕃因回鹘之前的怀信可汗骨咄禄大败他们，一直怀恨在心，所以当他们得知回鹘又要迎娶唐朝公主时，自然是想方设法地阻止。吐蕃一路阻拦，继而发兵侵扰青塞堡，被盐州刺史李文悦击退。

太和公主一路上惊魂未定，从出生到现在都是养在金闺中的她，没想到还遇到了此事。刚开始在路上就有一个眼生的小侍卫一直在她身边徘徊，伺机接近她。起初她不太在意，之后发现那人总是鬼鬼祟祟，便留意起来，没成想后来那个小侍卫竟然判节，把他们的行进路线告知了吐蕃，才让吐蕃有机可乘。虽然那个小侍卫被处以极刑，但仍然难平她心中的忧虑，她慢慢懂得，对人对事不能太善良。

其后，为了安全地将太和公主迎回回鹘，回鹘崇德可汗派一万骑兵出北庭，一万骑兵出安西，以便抗拒吐蕃的侵扰。而唐穆宗也下诏发兵三千赴蔚州，抗拒吐蕃。行进在途中，回鹘为了保护公主，又派760人领驼马及车，至黄芦泉迎候公主，丰州刺史李佑则在卿泉迎接太和公主以及护送她的三千兵士。

太和公主一路上经过了漫天浑浊的黄沙地带，经过呼延谷、呼延栅、归唐栅，过了十里沙碛，翻过鹿耳、错甲等三座山头，跋涉八百多里到达了燕子井，经过近一年的漫长跋涉，终于快到回鹘牙帐了。因为之前曾经见到了画像，所以等待了许久的崇德可汗自然是难耐内心的欲望，特意派了宰相与送亲的使臣胡证大将军交涉，想要私下先与公主见一面，胡证怎能答应他的这个无理要求？一口回绝。之后胡证又与太和公主提及此事，让她一定要拿出大唐公主的威严和智慧，在回鹘不比在唐朝，凡事都要三思而后行。这一次，又让太和公主明白了一个道理：凡事只有自己强硬才可以，如果一开始就懦弱和退让，势必会受到欺辱。

太和公主意识到自己现在的地位不同，在路途中的经历又让她成长了不少，所以当她到了牙帐之后，处处谨言慎行、有礼有节，不再像过去那样是一个站在角落里的卑微的公主了。

长庆二年（822）四月底，历经一年的颠簸，终于到达回鹘牙帐。胡证将军先到牙帐外请示，崇德可汗起身相迎。崇德可汗见派来的人马阵势庞大，而且是胡证大将军亲自护送，所以也不敢怠慢，让命妇、宰相、都督、叶护等人悉数到场相迎，另外以最高礼遇接待唐朝来的使臣。太和公主自然是依照此前和亲公主的礼遇相待，崇德可汗按照可贺敦的待遇为其准备了公主府，府内不仅有回鹘的装饰，还有唐朝的风格，所用之物皆为金银或水晶、玛瑙，回鹘的白玉，另外也为太和公主雕琢了一块金镶玉手镯。府内还有备好的胡服和侍女，另配有一个通译和一个阿嬷、四个侍卫。太和公主先是被一个阿嬷引到了自己的毡帐内，等着重新梳洗，打扮，再由妇人们教导回鹘礼节，随后才能引见到崇德可汗处。

崇德可汗早已迫不及待要见一见这位公主，可是等了半个多时辰都不见人影，便命人前去催。下人刚出去，便见有人来报，公主已准备妥当。只见公主半遮面，猩红色拖地长裙，酥胸微露，睫毛又黑又长，一眨一眨甚是好看。崇德可汗便上前说道："公主数月奔波甚是辛劳，又受了不少惊吓，恐是疲惫有余。今到我回鹘，我作为可汗定当护公主周全，公主可否拿了蒲扇让我一睹芳容？"太和公主一听可汗已经发话，自是应允，拿了半遮面的蒲扇，竟是娇羞非常，别有一番动人之处。当下崇德可汗按耐不住，自是洞房花烛不在话下。

次日便是公主的册封大典，太和公主正式册封为"仁孝端丽明智上寿可贺敦"，回鹘可汗册封为"登啰羽录没蜜施勾主毗伽崇德可汗"。在回鹘，册封可贺敦的仪式非常的繁琐，先是要面向楼东而坐，由回鹘公主向太和公主传授回鹘礼仪，太和公主脱下唐朝公主服饰，换上回鹘服装，由一个老妪服侍，到牙帐前朝西而拜。第二次俯拜结束后，进入设在楼下的毡房内，脱掉回鹘服装，披上可贺敦服装。可贺敦服装长袍大襦，都是茜色，鎏金皇冠戴在头上，非常醒目。然后太和公主走出毡房向可汗俯拜。回鹘事先陈设大舆（大的轿子）曲扆，前面陈列小座，司仪引公主登上大舆，回鹘九姓相分别抬起此舆，在牙庭前右转九圈。公主下舆登楼，与可汗一同面向东而坐。从此开始，回鹘臣民朝谒回鹘可汗时，要同时拜见可贺敦。

所有的仪式结束后，太和公主才回毡帐歇息，和唐朝审美不同，回鹘人喜欢女子的健康美，并不一定要丰满，反而是要匀称。太和公主在唐朝并不算长相出众的女子，但是却深受崇德可汗的喜欢。数月的奔波和惊险已经让这位公主身子吃不消，又加之与自己的夫君——这位可汗的洞房花烛，更让她精力消耗殆尽。她一到毡帐就命莺歌给自己铺床，她实在是支撑不住了。

"莺歌，你在外室帮我抵挡着，如若有人前来，就说我病了，需要休养。如若可汗前来，你再禀报与我。"

崇德可汗果真听闻她生病的消息，急忙赶来。她自己也挣扎着起身，说明原委。可汗又派太医诊治，又命人送来不少珍贵的补品，自是十分珍视。她毕竟年轻，没几日便恢复了精力。

由于唐朝之前的示意，太和公主到了回鹘之后也建立了自己的牙帐，设立了自己的大相，并得到了唐使臣的鼎力协助。胡证等唐朝使臣即将离开回鹘时，太和公主还在自己的牙帐内宴请使臣。这个牙帐的作用实际上是要让太和公主成为唐朝在回鹘的间接执掌者，一切事务都由太和公主和崇德可汗一并处理。这样，这位公主就不仅仅是可贺敦，更兼具了政治任务。但对于一个芳华女子而言，这是何其难之事！

胡证等人把太和公主安全送到回鹘之后，就要返程。太和公主在自己的牙帐内宴请使臣们时，不禁想到自己即将孤苦无依，说着说着竟哭了起来："各位臣相，你们今日就要启程返回我大唐，我感谢各位臣相连日来的悉心照料，我略备薄酒以表谢意。"说罢自己端起酒杯先干为敬，接着又悉数敬了在座的使臣们。酒过三巡，太和公主难掩自己的伤心之情，忍不住呜咽起来，边哭边说："我希望自己能够不辱使命，但是本公主能力有限，还望臣相们在皇兄面前尽示其好。"

使臣们见此情形也纷纷伤心地落泪，直到第二日他们返程，太和公主都未能平复自己的内心，一连数日都沉浸在伤感之中。这时，崇德可汗时常来安慰："金莲公主不要伤心，虽然你远离故土和家园，但在这里你是回鹘子民尊重的可贺敦，是我们的金莲公主，切不可伤心伤身。"金莲公主是一个尊称，在回鹘是非常受人尊敬的公主。太和公主起初是让通译随时跟着自己，之后就下定决心自己学习回鹘语言，不出数月便通晓回鹘语言和文字，并学习了回鹘的律法制度，自己和可汗可以商议国事，甚至参与决策事务。但须知当时的太和公主只有十六岁，并未参与过政务，也未曾像哥哥们一样接受过相关教育，回鹘又少有自己的心腹帮衬，所以很多时候那些大臣看着她年幼，总是怠慢她。

李静非常气恼，自己却又无能为力，看似自己可以参与政务，实则能做主的少之又少。"这可怎么办？郭太后如果知道我在这里处处受掣肘，自然会和哥哥说嘴，我这个公主岂不是要落人话柄？"她急得团团转，已经嫁过来数月，她还是无法达到当初和亲时郭太后所托，她自己着急上火，不日便生病了。

"公主，您就歇歇吧，您的嘴角都生疮了，最近您不思饮食，神色倦怠，真的需要好好歇歇了。奴婢给公主熬了梨汤，您喝一碗吧！"莺歌看着李静说道。

李静此时正在牙帐内，内心极其烦躁。她一言不发，突然看到了什么奏折，勃然大怒，把一碗梨汤推翻在地，声嘶力竭地大叫起来，吓得其他下人急忙退下。莺歌也从未见过公主如此发脾气，的确被镇住了，站在一旁低着头不敢上前。

发泄完毕，李静慢慢平复了情绪。她突然感觉好累，从头到脚都充斥着疲惫、倦怠，她起身见牙帐内只剩莺歌一人，便说道："莺歌，我想休息一会儿，走吧。"

"莺歌，我真的觉得好累，你说我是不是很没用？"她不避讳地和自己最贴身的婢女说道。

"公主，奴婢觉得公主真的很了不起，这个世道原本是男人才可以讨论国事，谁曾想，我们的公主也可以坐在这里处理政务。"

太和公主，当时只有十六岁，独自面对回鹘的纷争，与可汗分庭原本就是一件极其不易之事。何况李静本不善于这些，天资平平，处理起来更加困难。这是唐穆宗当初让妹妹远嫁回鹘的一个重要原因，想要通过她来掌控回鹘使其听从唐朝。崇德可汗比较尊敬唐，所以对唐公主建立牙帐并开始履行行政职务并未有不满。而太和公主因在回鹘路途中遭遇的事情之后，深知自己要掌握主动权，还要完成皇兄交代的使命，所以虽然对她而言是一件非常困难的事情，但她还是坚持着。

但是事情远没有她想象的那么简单。公元824年，崇德可汗暴毙，原本生活平静的太和公主一下子陷入另一种悲伤之中。国不可一日无君，崇德可汗的弟弟曷萨特勒继位。曷萨特勒继位时，唐穆宗恰好驾崩。唐穆宗的儿子李湛继位，也就是太和公主的侄

子，李湛继位时年纪尚轻，根本无暇顾及回鹘，所以
只是派人实行了册封仪式，册封其为"爱登里罗汩没
密施合毘伽昭礼可汗"。太和公主按照收继婚制嫁给
了昭礼可汗做了后妃，也继续着自己的生活，但昭礼可
汗眼看这唐朝皇帝不满十八岁，年轻幼稚，唐朝国力
衰弱，所以对太和公主并没有崇德可汗那样尊重，虽
然太和公主还继续在自己的牙帐内处理事务，但显然
已经没有那么重要的地位了。

　　李湛只在位两年就被宦官所杀，之后是唐文宗李
昂继位。李昂是唐穆宗的第二子，虽然是姑侄关系，
但唐文宗一心想铲除唐朝内部的宦官专权，所以无暇
顾及边疆，更没有过问太和公主在回鹘的近况。而且
回鹘当时正值动荡时期，政权更迭也比较频繁，作为
昭礼可汗的后妃，太和公主的地位远不及崇德可汗那
时候，但毕竟还是唐朝来的金莲公主，而且有自己的
牙帐，昭礼可汗一直对太和公主还算尊重。但是昭礼
可汗不是一个励精图治之人，回鹘的政权逐渐被自己
的部下掌控。

　　"金莲公主，请您去看看我们的可汗吧，可汗
他现在整日醉酒，完全不理朝政。可贺敦如若继续

放任可汗，恐怕我回鹘会有麻烦。"回鹘宰相（大相）来请李静出面，李静此时正在牙帐内为堆积如山的公务烦闷。

"又是醉酒，真是不省心。好，我即刻便去，你先行退下吧。"李静用回鹘语流利地交谈着。她也知道回鹘现在局面特别微妙，牵一发而动全身。她来回鹘之后就开始自己参与政务，之后更是能与可汗平起平坐，但同时也有一个问题：她和可汗的感情也变了味儿，不再是夫妻，更像是盟友。

昭礼可汗很少来她的牙帐，她也很少去昭礼可汗的牙帐，虽然时不时地她会派婢女送一些自己做的吃食过去，但昭礼可汗越来越不理朝政，之后又渐渐酗酒，臣下们都请示过多次，但她一直都是听之任之。但是今日她不得不去过问一下了，回鹘现在动荡不安，如若遇到麻烦，她也不会有好日子过。

她放下手中的公文，叫上一个侍卫前往昭礼可汗的住处。此时昭礼可汗正在内室喝着酒，身边有几位婢女陪着。见金莲公主前来，婢女们纷纷退下，昭礼可汗仍坐在地上，抬头斜眼一看，又自顾自地喝酒。太和公主上前夺下他的酒壶，乘势扔在地上："如果你再这样继续喝下去，回鹘迟早会毁在你手里！"

"哈哈哈，毁在我手里？我还有权势吗？你是在说笑吗，金莲公主？"他似哭似笑，又像是醉态。

"你如何对得起回鹘汗国的祖先，还有你的父亲和哥哥，他们看到你现在这个样子绝对会痛心的。既然有人要谋权篡位，自然是要铲除异己，而不是在这里醉酒。"太和公主放下狠话，这个有着自己牙帐的公主，经历几年的磨炼倒愈发成熟稳重了。

这一番话像是提醒了昭礼可汗，他听从了太和公主的建议，开始励精图治，又暗中阻止谋权篡位者。没成想他的这一举动，早已被安插在他身边的叛贼出卖，昭礼可汗被其中一个部下暗杀了。

战乱之苦

太和六年（832）七月十四日。

"金莲公主，大事不妙，昭礼可汗被人谋害了！"一名侍卫前来禀告，神色显得很慌张。

及至牙帐，昭礼可汗的尸首还停放在中央。李静被莺歌挽扶着，缓缓地挪到棺旁边。只见昭礼可汗嘴角还留有干涸的血迹，眼睛睁着很大，胸口处一个明显的伤口,上衣已被染成朱红色。李静吓得后退几步,扭过头去,又看着几个面无表情的侍卫,随即下令让婢女们给昭礼可汗换衣服。婢女们面面相觑,都不敢上前,自然十分害怕。她无法,只得让几个胆子大的侍卫帮忙,不一会儿,众臣皆来此。

李静看着这些大臣,下令要彻查此事,可是众臣皆无语。昭礼可汗原本继位时就是一个架空了的傀儡,何况大家都清楚这其中的缘由,谁敢依着她去查下去?其中一个大臣说道:"金莲公主,昭礼可汗在世时原本就整日醉酒,现在他被杀害我们也很痛心。可是国不可一日无君,我们当务之急是要新立可汗,稳住朝纲,而不是急着查清楚凶手,毕竟人死不能复生。"

李静气得直接骂道:"你们这帮老臣,焉知不是合伙治他于死地?这对你们有何益处?"

"金莲公主,如若这样说来,那你也脱不了干系,昭礼可汗与你感情不深,何况整日醉酒,是不是你从中作梗要了他的性命,好让自己掌控整个回鹘朝政?"一位部下无惧她,直接让她难堪。

"你,你们……"李静一时急火攻心,竟晕倒在牙帐内。等她醒来,看到莺歌在身边,第一句话便问道:"莺歌,可汗那边怎么样了? 有没有抓到叛贼? "

这个问题让莺歌无从回答,自从来到这个地方,语言不通,环境不熟,她像是一个笼中之鸟,禁锢在了这个方寸之地。

"公主,您先照顾好自己的身体,可汗薨逝自然让您又惊又怕,但我们是女儿身,哪可能管得了他们国家的事情? "莺歌在一旁嘀咕着,像是说给自己听。

"我在问你话,可汗那边处理得到底怎么样了? "太和公主着急地开始大吼起来。正在此时,回鹘的大相来报,说是叛贼已正法,如今国不可一日无君,还请可贺敦裁定。

"正法? 这么快? "她无论如何不相信,这一定是找了一个替罪羊。昭礼可汗向来是一个懦弱的君王,突然一下子振作起来自然是威胁到某些人的利益。

"说来说去还是我间接害死了他! "太和公主号啕大哭,不顾有旁人在场,"这个逆贼绝对没有那么好对付,我一定活捉了你,你等着! "而她也只能发泄一下,她深知回鹘这趟浑水不好搅浑了。如果她来插手,即使有唐朝在背后撑腰,恐怕也是凶多吉少。

　　昭礼可汗没有子嗣，所以要新立可汗只能从宗室中寻找，于是昭礼可汗的侄子胡特勤在乱世中继位，之后唐文宗李昂又派使臣册封其为"彰信可汗"。胡特勤虽然之后又娶了太和公主，但和太和公主没有太多的感情，只是遵从回鹘收继婚制，也忌惮唐朝的威严。彰信可汗年幼，且并非是一个有雄图大志之人，原本也没想到自己能当可汗，当宰相掘罗勿荐公推举他时，无非是想操控他。

　　这个彰信可汗和她谈不上感情，甚至和她没有见过几次，更多的时候彰信可汗一个人带着一众嫔妾在毡帐内莺歌燕舞，朝政自然由宰相（大相）把持着。他无法，就是一个听人指挥的可汗。宰相掘罗勿荐公是回鹘的老臣，昭礼可汗时就是重臣，在回鹘威望很高，但他没有为难李静，对她还是很客气。

　　就这样，李静在自己的牙帐里度过了孤独而又相对平静的六年时间，但是她对处理政事越来越力不从心，感觉到心力交瘁。

　　这日，天气晴好，原本公主打算出去散散心。结果有一人忽然到访。

　　"公主，大相求见。"莺歌悄声说道。

"大相？请他进来。"

"掘罗勿荐公拜见可贺敦。"

"大相快快免礼，莺歌，沏一杯茶。"李静急忙热情招待。

"可贺敦，臣下此次前来是有一事相求。"

李静心里已经盘算到，此次掘罗勿荐公前来必定有事。这个宰相非常的专断，现在又把持朝政，得罪不起。"大相有何事不妨直说，您是重臣，何必拘礼？"

"臣在想，现下可汗无心朝政，边疆诸国虎视眈眈，可贺敦要多受累才是，您是大唐公主，地位尊贵，如若我们两国联手，必定无人可敌。"这个宰相自然是醉翁之意不在酒，他与公主并无多少交集，这番话不过是想要师出有名罢了。

李静心想：这个宰相真的是得寸进尺，现在的回鹘已经由他掌控，胡特勤本就不善理政，他还不甘心，还想要更进一步。于是听罢，她朝宰相微微一笑："大相真是抬举我了，我现在对政务之事越来越烦心。原本就是一介女子，硬要推在这个位子上，自然是不能得心得力，如若还要辅佐整个回鹘朝政，怕是多有不便。大相全心全力辅佐可汗，虽说十分劳累，也只能让大相继续受累了。回鹘汗国有如今基业，也实属不易，局面稳定，国家才能昌盛，对可汗、对大相、对回鹘的每一个子民都是利好的。"掘罗勿荐公听罢尴尬一笑，自然明白是何意。

李静明知掘罗勿荐公是前来试探的，还要说上一说。掘罗勿荐公的谋权之心不是一日两日了，这次前来更是寓意明显，说不准他就是杀害昭礼可汗的幕后之人。但彰信可汗原本就是一个担不起大事之人，又非可汗之子，回鹘现在是处于风雨飘摇之中。

等掘罗勿荐公走后，李静即刻命人前往胡特勤处，胡特勤正在与一个回鹘歌妓嬉戏，李静命人通传，胡特勤一摆手，歌妓便匆匆退下，胡特勤看到李静一脸严肃，便问道："是谁招惹了我们的金莲公主？你这是来兴师问罪的吗？"

"妾身不敢，只是今日一早大相便来我处，我想许久没见可汗了，特前来看望。顺便给可汗带了我亲手做的酥饼。"说罢，便亲自端给胡特勤。

李静看到可汗心情不错，所以又进一步说道："可汗，妾身以为回鹘现在边疆不稳，其他国家眼看着虎视眈眈，军队也需要整顿，朝政又让大相把持着，妾身十分忧心。"

"可贺敦不必担忧，大相本是十分忠心，还有将军名末录贺，我也十分放心，你是太过担忧了。好了，我累了，送可贺敦回府。我过几日再去看你。"李静一听此言，识趣地急忙退下了。她心想，这个可汗竟还不知现在的回鹘早已暗流涌动了，她轻轻地叹了一口气。

太和公主的担忧不日便成了现实。彰信可汗在位期间，朝政一直是由掘罗勿荐公把持。到了公元839年，回鹘早已被宰相控制，宰相掘罗勿荐公引沙陀突厥进攻回鹘，彰信可汗无奈只得自杀身亡。将军名末录贺引黠戛斯的部落进攻回鹘，又杀死了掘罗勿荐公，同时将回鹘的牙帐烧了一个精光。昭礼可汗的弟弟乌介率残余的十三部落南迁至唐朝边境错子山，并于公元841年自立为乌介可汗。

此时的回鹘正值春暖十分，天气很怡人，是一年之中最舒服的时候，可回鹘的内部却不再舒服。经历了一场血雨腥风，太和公主现在早已自顾不暇，无心赏花赏月了。在这期间，太和公主李静一直躲在暗处，并不露面，她深知如果自己卷入这场纷争，不会有好下场,不如躲在公主府。

"公主,我们现在该怎么办啊?如果继续待在这里恐怕连命都没了。"莺歌焦急地说着,带着哭腔的声音让太和公主也烦躁不安。

"你个小蹄子,让我静一静好么?"

"不如我们回长安吧,一直朝关内而去,皇帝一定会知道我们现在的处境派人营救我们的。"小圆圆此时出了主意。

"营救我们?我现在是唐朝的罪人,原本指望我来控制回鹘,结果回鹘在我手上变成这样,不仅帮不了忙,反而还滋生事端,我无颜面见皇上呐!"太和公主内心痛苦不堪。

"公主,此时不是自责的时候,还是要及早定夺,不然我们真的会死在这里。"小叶子也开始着急起来。

"公主,属下以为回鹘现在动荡不安,如果我们现在还不能逃出去,那我们只有死路一条啊!"一位跟随李静多年的部下也急忙说道。

"我不能逃跑,如果我逃跑了,我也没办法回到长安城,既然已经嫁到回鹘,那就只能和这个国家一同面对了。"李静还是坚持不走。

"公主,听闻回鹘乌介可汗有意要让唐助其一臂之力,如果是这样,那么他坐稳可汗之位后第一件事便是利用公主来要挟皇帝。"这位部下给李静分析道。

李静一听,顿时傻眼了,那怎么办?如果被挟持,那不仅完不成哥哥交代的任务,甚至会死在这里。

这位可怜的太和公主现在也已乱了方寸,只得带着自己的随从和一些细软回长安。他们原本打算一路向中原方向行进,途中还带着自己的亲信,结果遇到了回鹘混战。在混战中,太和公主不幸被黠戛斯的军队俘虏。黠戛斯自认是西汉名将李陵之后,与李氏唐室本为一家,遂派达干等十人送太和公主归唐。途中,乌介可汗发兵袭杀达干,抢回了太和公主,并以太和公主的名义请表唐朝以求册封。

乌介可汗带着太和公主辗转奔波,已经让太和公主吃不消了,太和公主想着无论如何也要想办法逃出去。这日,太和公主趁乌介可汗心情好,便开口道:

"可汗,我……我只是一介女子,您没有必要为我费神,不如您把我放了吧,这样我回去之后可以让皇帝助你一臂之力。"

"哈哈哈，这是自然，不过要放了你还不是时候。"

乌介可汗此时十分得意，一直在挑衅太和公主："金莲公主，委屈你了，既然你是大唐的公主，唐朝皇帝自然是不能坐视不管的，所以为了我们国家东山再起，我只能向唐朝皇帝请求援助了。"说罢还用手狠劲捏着她的下巴，让她不得不抬头，"公主，你现在是我的人了，无论如何你都得帮我！我今晚就要你！"说罢他兽性大发，不顾有旁人在，粗暴地撕扯太和公主的衣服，强行要与她发生关系。太和公主就在这种耻辱中度过了颠沛流离的战乱岁月。

事毕，他命人以太和公主的名义上书唐朝皇帝唐武宗（当时唐朝皇帝已经更迭，唐文宗驾崩，唐穆宗第五个儿子李炎继位），请求册封和救援。毕竟是自己的姑姑，看着太和公主经受着战乱之苦，唐武宗也于心不忍，他在听取了宰相李德裕的建议之后，特派使者前往乌介驻地慰问赈济，借了三万石粮食，并正式封其为乌介可汗。

然而乌介可汗并不满足，不断向唐提出借粮借兵等条件，希望唐朝廷助其复国。此时的唐朝已经不再是当年的盛唐，所以没有满足他的种种要求。乌介于是劫持太和公主南下，侵犯大唐的边境，先后攻打掠夺了大同、马邑、天德、振武等地方。

伴随着兵荒马乱，居无定所，这个公主已经沦落为乌介可汗的工具，早已没有了尊贵可言。他们已经在路上整整颠簸了数月。没有什么吃食，甚至多数时候是和士兵们同吃。她和莺歌、小圆圆住在一起，早已没有主仆之分，而小叶子经常被乌介可汗拉过去或打或骂或使唤。乌介可汗有几次都想要得到莺歌，奈何李静不允，他也就作罢。但他内心依然躁动，在与李静床笫之欢时还要莺歌在旁守着，这个昔日尊贵的公主，如今连在自己婢女面前都毫无尊严了。

这几日乌介可汗在外打仗，顾不得他们，李静难得有几日清净。她一改往日的愁云，让莺歌和小圆圆为自己梳妆。"莺歌，你最知道我在紫静殿里的装扮，你今日还为我梳一次那样的发式，再拿出来我之前未曾佩戴的饰品。"李静一大早就对莺歌说道。

"公主，您没事吧，这几日那个老贼不在，您不必这样为难自己。您心里不痛快就哭出来，别这样憋在心里。"莺歌听到李静的这番话，心里害怕极了，哭着央求她。

"没事，你别担心，我现在真的想看看自己年轻时的样子，我都忘记了。"李静没有气恼，反而对莺歌微笑地说道。

"公主，今日外面小雨淅沥，帐内也昏暗，奴婢怕弄不好，您别怪罪。"莺歌说着，手里已经拿着发簪开始为李静梳妆。

李静没有回话，听着外面的雨声，滴滴答答，伴随着自己的心跳声，思绪回到了那个上元节的夜晚。他们几个吵着要去看热闹，她最终却没能让他们如愿。大姐姐永安公主可还好？如果不是保义可汗突然暴毙，那么今日在此哀伤的怕是大姐姐了。可命运就是如此奇妙，大姐姐未嫁先守寡，她却代替姐姐成为和亲公主。可是她那年才十五岁啊！

"静儿，你别跑那么快，小心摔倒。"是母亲的声音，母亲在后面追着她。

"母妃，静儿累，静儿要抱抱。"李静伸出小胳膊就要母亲抱。

婢女急忙抱起来，她却又哭又闹，偏央求着母亲抱。母亲无法，努着劲儿将她抱起。

"静儿,你要记得,凡事都要靠自己,母妃人微言轻,不能保全你一辈子,你要靠自己争取。"她还记得母亲常对她说的话。

她震了一下,回过神来,莺歌已经为自己上好妆了,再看镜中自己,这个女子是谁?她已经不认识自己了。

"公主,您真是美人胚子,真的太美了。"莺歌和小圆圆都啧啧地夸赞道,她们已经很久没看到如此精心打扮的公主了。

"你们都退下吧,我想要休息一会儿。记得把帷帘放下。"李静让她们都退下,还让她们离开内室,实则是自己已经做了最后的打算,她再也无法忍受这种被羞辱的生活,除了一死,她想不出别的办法。她之前已写好信放在枕边,给莺歌和小圆圆留了一笔钱财,还有一些首饰,足够她们逃回长安了。

"父皇,母妃,静儿无能,无法完成皇家使命,有辱皇室清誉。静儿唯有以死谢罪。"她内心默念道,又面朝西跪地而拜。随后她打碎了一个茶碗,正要用碎瓷片划破手腕,让血流干而竭,突然听到小圆圆哭喊的声音。

"公主,莺歌被可汗强行拉出去了!"小圆圆哭着跑回来说。

他们跟着乌介可汗四处奔波，早已经没有了锦衣玉食，甚至在外人面前李静连最基本的廉耻都没有了。但是这个可汗依然不满足，看到有点姿色的姑娘就要得到。

"这个老贼！"太和公主气冲冲地跑去乌介可汗的毡帐内，毕竟是自己最亲近的婢女，也不能任由他欺辱。

可还是晚了一步，莺歌已经被乌介可汗强行糟蹋了。等太和公主过去时，就只剩下莺歌一人在哭泣。她衣衫不整，衣袖还被撕扯了下来，头发蓬乱，听到有人进来，吓得大叫起来，一看是太和公主和小圆圆，又羞得躲在角落里，死活不肯出来。

李静和小圆圆都红了眼眶，李静走到莺歌身边，一把将她抱住，哭着说道："莺歌，你自幼就跟着我，我们虽是主仆，情同姐妹，是我害了你，这个老贼我恨不能杀了他！"

莺歌起初是抗拒的，听到李静说出了肺腑之言，也放声大哭起来，哭得喘不过气来，嗓子嘶哑，自此莺歌便不再见生人。有几次乌介可汗还要强行拉走莺歌，李静挡着前面，以死相逼才罢手。乌介可汗毕竟有求于唐朝，便不好真的让太和公主丢了性命，一个婢女，他想想也就作罢了。

乌介可汗经常侮辱和打骂太和公主，太和公主忍无可忍，甚至有好几次想到了自杀。在逃亡过程中，莺歌走散了，小圆圆生病去世了，只剩下她自己一个人孤苦伶仃的，她甚至不知道自己身在何处。为了求死，她绝食、自缢，每次都被救下来，继续遭受凌辱和折磨。乌介可汗恶狠狠地说道："如果你死了，我如何向唐朝皇帝索要钱财？所以你想都别想着死，我不会让你得逞的。"他命人每日监视着太和公主，以防她再次寻死。就这样，太和公主在生不如死中度过了一日又一日。

乌介可汗企图奉公主南徙至唐朝边境重振河山。这时大唐见其衰败若此，便觉得无须再忍，果断出兵予以痛击。

会昌三年(843)正月，唐武宗（太和公主李静的侄子，唐穆宗第五子）和宰相李德裕派天德军使石雄出战回鹘。石雄出奇计，亲率数名精兵趁着黑夜奇袭乌介可汗的驻地，随后石雄的大军与麟州刺史朱邪赤心配合，与乌介可汗在杀胡山(黑山)大战。此战唐军大败回鹘, 并抢回太和公主, 一吐忍了将近百年的恶气。乌介可汗不曾料到和亲了这么多年的"亲家", 竟会从背后给自己来这么一刀, 仓皇中率三千人逃走, 后为部下所杀, 回鹘汗国瓦解, 众部族离散。

悲愤落幕

回鹘瓦解后, 太和公主自然要回到自己国家。石雄把太和公主从回鹘手中救出之后就把她送到了太原。唐武宗自知自己的姑姑受到了很多屈辱, 所以派人前往太原慰问, 还把黠戛斯奉献的白貂皮、玉指环等都赠送给了太和公主以示安慰。太和公主自然十分感动, 但是她内心却没有任何归属感, 她失去了莺歌、小圆圆, 没有人再真正地关心她, 一想到自己在乌介可汗手中受到的屈辱就崩溃大哭, 精神几近崩溃。

太和公主虽然回国了, 但是她并没有按照当时和亲时的目的完成使命, 唐武宗虽在物质上宽慰自己的姑姑, 但是仍然对她在回鹘的作为表示不满, 还让宰相李德裕草拟了一份诏书:

　　先朝割爱降婚，义宁家国，谓回鹘必能御侮，安静塞垣。今回鹘所为，甚不循理，每马首南向，姑得不畏高祖、太宗之威灵！欲侵扰边疆，岂不思太皇太后之慈爱！为其国母，足得指挥，若回鹘不能禀命，则是弃绝姻好。今日以后，不得以姑为词！

　　接到诏书太和公主自然要回朝复命。三月二十五日，左右神策军出动四百人与太常仪仗一起从长乐驿迎接太和公主进入长安城。宰相和文武百官都在章静寺门前等候，太和公主乘坐着辂车直奔太庙，然后来到光顺门，脱掉盛装，去掉簪珥，请求对自己降罪。

　　"我自和亲回鹘以来，未完全使命，有负圣恩，请求皇帝降罪，以示公允。"太和公主跪地膜拜，请求降罪。

　　唐武宗想了想，派人去接太和公主回到京城，并没有治罪，改其为安定大长公主，还让宣城、真宁、义宁、临真、真源等六个公主前去迎接。但是这六个公主根本就没有去迎接自己的姐姐，甚至都不愿意去看望她。听说太和公主受到了欺辱，她们觉得不仅有碍皇家的颜面，而且还没有完成使命，不配回京。唐武宗得知后非常气愤，责罚了这六个公主，还强迫她们一定要前去看望。

太和公主得知此事之后，又伤心又气愤。自己在回鹘二十二年的生活，受尽了屈辱，嫁了三任可汗，而且饱尝流离之苦，结果最终自己却落到如此的下场，还让自己的亲姐妹嫌弃，回到京城之后就一直生病，身体愈发消瘦。

真源、宣城、真宁、义宁、临真等六个公主虽然迫不得已前去看望自己的姐姐，但是却一副冷嘲热讽之样，再看她的穿着饮食，早已融入回鹘的生活中，更是不齿。等她们走后没多久，太和公主就一病不起……

最后只剩下小叶子一人在身边了。午夜时分，她看到了自己的母亲。于是大声呼喊："母亲，是你吗？你把自己的女儿撇下就不管了吗？"呼喊中声嘶力竭。

小叶子闻声急忙过来，太和公主拉着他的手说道："我看到母亲了，是我的生母，她冲我笑呢！"

"公主您别这样好吗？奴才知道您心里委屈，可是您不能这样啊！现在就奴才陪着您了，如果您有好歹，以后奴才还怎么活啊！"小叶子泣不成声，他没想到最后的结局竟然是这样的。

"小叶子，我对不起你，让你跟着我苦了自己一辈子。"说罢太和公主两行泪顺着眼角流出。

又过了几日，太和公主薨逝了。

这位在回鹘历史上有名的公主，在大唐和亲公主历史上却只是作为最后一位和亲公主轻轻带过。其实太和公主不仅在回鹘直接参与了政治事务，甚至得到了回鹘百姓的一致爱戴，称其为"金莲公主"。而且她生活在回鹘末期，政治动荡，自始至终保持着自己唐朝公主的节操，虽颠沛流离却坚强地生存下来。被乌介可汗挟持之后，虽然饱受侮辱，甚至是欺凌，却还是等到了回国负荆请罪的那一刻。可惜，没有人真正心疼这位为国牺牲的公主，当她回到自己的故土，得到的是自己亲人的责备、嘲讽。这加速了她的死亡，她的一生注定是坎坷离奇的。

古代女子的命运很难由自己掌控，十之八九都受制于人，即使在唐朝这个相对开放自由的时期，女子的命运也不例外。生为皇家之女，在普通百姓眼中是锦衣玉食和享不尽的荣华富贵，可在她们心里，却愁苦万分。她们周旋在政治与情感之间，处处小心谨慎，为了国家牺牲自己一生的幸福，甚至是性命，这些和亲公主，应当载入史册，应当受人尊敬。

唐朝是中国封建社会最强盛的一个朝代，开启了贞观之治和开元盛世。盛唐时和亲公主是一种荣耀，而且和亲公主多宗室女，或者宗室出女，比如文成公主、金城公主。她们不仅受到了异域国家的厚待，而且也在历史上留有浓墨重彩的一笔。而到了中晚唐，和亲公主变成了政治筹码，想要通过和亲达到某种政治交易，甚至出现了皇上的亲女儿和亲，比如宁国公主、咸安公主和太和公主。她们不仅要承担着唐朝给她们的压力，还要受着异域给她们的耻辱，或者生不如死，颠沛流离，最终回到长安却被姐妹亲人耻笑，比如太和公主。甚至有些公主被随意杀害，比如宜芳公主、静乐公主。这些和亲公主，几乎都带着血和泪，每个人身上都有着自己不同的故事，或受到欺辱，或被随意杀害，或郁郁而终，或子嗣被杀害，或颠沛流离生不如死，或割面毁容只为活着，她们的牺牲史书上记载寥寥，甚至后期很多公主都只是一笔带过，可是在当时，对她们而言，需要付出一生的代价来成全一个国家的安宁。

后 记

漫漫古道 长河落日

　　女性自古都是柔弱的、被动的，在强权的男性社会中，无论是普通人家的女子，还是皇家女儿，婚姻都由不得自己做主。即使在比较开放的唐朝，女性仍然受制于父权，她们也许抗争过、反抗过，最终都不得不接受命运的安排。

　　寻常人家或以父为主，父亡则由兄长代之，无论好坏皆认命即可。皇亲贵胄之女，也往往是利益之权衡。或有开明之父兄，保全女子之颜面；或被皇帝赐婚，达成政治之交易；或为国之利益所迫，和亲外藩。历朝历代为国家之利益，牺牲一人之荣辱，以求安定之事，并不少见。昔汉高祖在对匈奴的作战中，遭遇"白登之围"，知晓步兵车战难以匹敌骑兵部队，接受娄敬建议，采取怀柔的"和亲政策"，从而开启了历代和亲之路。

　　自汉以降，和亲之女日渐增多，汉有14位公主和亲，唐有17位公主和亲外藩。和亲之女除有三位真公主外，大多为宗室女或宗室出女。及笄之年，豆蔻年华，那些被选中和亲的女性承受了本不该她们承受的苦楚和艰辛，她们虽不能像男性那样献身疆场、叱咤风云，但她们以自己柔弱的血肉之躯、顾全大局的牺牲精神、坚韧顽强的品格智慧和开放包容的胸怀，为种族的融合、民族的团结、文化的碰撞与交融搭起了一座不朽的和平的桥梁。她们化解了原本剑拔弩张的民族关系，影响了异域文明，带去了先进技术，甚至参与了国之政务。她们忍辱负重，为的是国家的安定团结和百姓的安居乐业。她们的牺牲应该被历史铭记，她们的故事应该被载入史册。

　　皇皇史书，寥若星辰。真正记得她们的又有几何？史书上的一笔带过，可见其分量。为了她们默默无闻的牺牲，为了她们为国付出的代价，也为她们对民族融合作出的贡献，此套丛书把她们的经历一一抒写出来，让我们在阅读她们的不平凡的故事的同时，了解并铭记这些不平凡的名字。

　　《和亲之路·唐》下卷写了8位和亲公主的故事，

以五分之一的篇幅，写了唐玄宗孙女小宁国公主李融的和亲故事。如果漫漫长夜异国他乡，又多次改嫁，甚至自己的亲生骨肉都被夫君杀害，那是一种什么样的痛楚？一个皇室妙龄少女，为了皇室家国大业而甘愿做媵妾，又是一种什么心理体验？唐代和亲公主中就有一位结局十分凄惨的公主——小宁国公主。这位和亲公主至死都没有自己正式的名号，作为唐肃宗嫡亲的公主宁国公主陪嫁的媵妾，随同宁国公主和亲到了回纥，史上只以"小宁国公主"称之。她不仅二嫁回纥可汗（英武可汗、英义可汗），而且自己的亲生骨肉最后被第三任长寿天亲可汗所杀，自己也被流放在郊外，最终了却余生。放在如今，再狗血的编剧也很难编出这么传奇的人生。那么小宁国公主是何许人也？唐玄宗第六子、荣王李琬在唐玄宗的几个子嗣中最有大将之风，深受玄宗喜爱，却英年早逝。荣王虽然子嗣众多，但是李融是众多子女中容貌最出众的一个，也是最温顺乖巧的一个。这可是正经八百的皇室血统。唐朝中后期的和亲公主中大多命运悲惨，小宁国公主因其内敛、沉静的性格让她随时受到回纥可汗的任意摆布，也正因此让她能够斡旋于几任可汗，最终保全了自身。她终将是唐朝历史中不能忽略的一位公主，她用自己的一生挽回了大唐暂时的荣耀。生在皇家，家在异域，这就是一个皇家女子跌宕悲惨的一生。

唐朝最后一位和亲公主——太和公主，是我一直想施以浓墨重彩的一位。太和公主的一生饱受折磨，异常坎坷，但也在历史上留下了重要的一笔，她是最后一位和亲到回鹘的公主。她虽是一位真公主，却历经了回鹘由盛及衰的过程。她在回鹘建立了牙帐，执掌过政权，甚至成为回鹘的"金莲公主"，后又堕入困顿，过着颠沛流离的日子。被侮辱，被虐待，被掳走，这位公主仍坚强地活着，只为有朝一日回唐请罪。终有一日得以回归故土，却被自己姊妹轻视，郁郁而终。她没有被苦难打败，却被亲人击溃，或许皇家女子是幸运的，至少曾经有过锦衣玉食，可又是不幸的，她们的命运从来不属于自己。

及至晚唐，国力衰弱，唐以和亲之名安抚边境，其和亲之公主不仅身份高贵，且命运多舛。咸安公主本名李安，唐德宗第八女，生性聪慧机警，因其生母位份低微而不受宠幸。咸安公主素喜典籍，又酷爱骑射，文武兼备，奈何生得女儿身。回纥武义成功可汗一心想要求娶大唐公主，而唐德宗却因自己年少时的一桩经历对回纥耿耿于怀，誓不与回纥结亲，但武义成功可汗求娶心切，一再上表，周边异域也颇有骚动，如果不应恐生变节，所以宰相李泌劝说和亲。无奈之下，德宗下嫁第八女咸安公主，咸安公主嫁入回纥之后经历颇为波折，先后嫁四任可汗，且未能生育，一生孤苦，但她颇有政治眼光，协助四个可汗，改回纥为回鹘，成为回鹘汗国。后病逝于回鹘，她是唯一一位至死未能归故土的真公主。

　　和亲公主中最负盛名的莫过于文成公主，其和亲吐蕃之后，数十载，唐与吐蕃和平安稳，协助尺尊公主建"惹萨寺"，自己修建了"热木齐寺"，将中原先进的技术带到吐蕃，发展经济，深受百姓爱戴，也成为历史上和亲公主的佳话。文成公主和亲前往吐蕃的时候，正值隆冬，长安城内外，白茫茫一片。文成公主在唐朝和吐蕃专使及文士、工匠、乐队、宫女等随从的陪同下，向着寒冷而陌生的西域前行，跋山涉水、历尽艰辛。停驻青海扎陵湖，翻过巴颜喀拉山，越过通天河，到玉树贝纳沟、逻些（今拉萨）。公主一行拿出谷物种子和菜籽，与工匠一起向吐蕃百姓传授农作物种植的方法、农具制造、纺织、缫丝、建筑、造纸、酿酒、制陶、辗磨、冶金等生产技术。公主带来的诗文、史书、佛经、历法、医典等典籍，促进了吐蕃经济、文化的发展和汉藏文化交融。吐蕃没有文字，记事都用绳子打结或在木头上刻符号表示，公主劝赞普设法造字；又协助赞普效仿大唐建立吐蕃的法律和典章制度，制定吐蕃六部大法。随行的文士们帮助整理吐蕃的文献，记录大事件，使吐蕃的政治走向正规化；吐蕃人民开始挖沟平畦，阡陌纵横，牛羊遍野。"金色的微风，吹过一千三百年；银白的云朵，飘过一千三百年；美丽动人的故事，流传了一千三百年……"蓝天、白云、雪山、湖泊、河流、草原、湿地、森林，雄鹰、奔马、牦牛、羚羊，宫殿、寺院、经幡、唐卡，青稞酒、酥油茶、糌粑……优美的乐曲在吐蕃辽阔广袤的大地上回荡。

蒹葭苍苍，白露为霜，那些从长安出发渐行渐远的公主们，她们无法挣脱命运的摆布，忍辱负重，砥砺前行，却在历史的长河中留下了自己或深或浅的印记。她们以自己的力量默默无闻地参与历史的进程，以一种平和的方式，造就了中华民族的大同世界。